Richard Saage

Der erste Präsident

Karl Renner –
eine politische Biografie

Paul Zsolnay Verlag

Für Ingrid

1 2 3 4 5   20 19 18 17 16

ISBN 978-3-552-05773-9
Alle Rechte vorbehalten
© Paul Zsolnay Verlag Wien 2016
Bildnachweis: Verein der Geschichte der ArbeiterInnen-
bewegung, Wien (S. 13/Foto: Simonis, S. 125/Grafik Robert Fuchs:
Bildarchiv ÖNB, S. 266 und 330/Foto: Franz Blaha)
Satz: Eva Kaltenbrunner-Dorfinger, Wien
Druck und Bindung: CPI books GmbH, Leck
Printed in Germany

Inhalt

Einleitung 9

1. Soziokulturelle Prägungen eines *homo politicus* 17
   Auf der Suche nach Authentizität 18
   Kindheit und Jugend im Spiegel einer bäuerlichen Herkunft .. 21
   Entwicklungsschübe in der Metropole Wien 29
   Renners Verankerung im Schonraum familiärer Beziehungen . 33

2. Die Formung eines Sozialdemokraten 43
   Stufen der Konstituierung eines emanzipatorischen
   Theorieansatzes 43
   Annäherung an die Sozialdemokratie 48
   Beamter der k. u. k. Monarchie und politischer Schriftsteller 53
   Grundlegung einer materialistischen Rechtssoziologie 57
   Der Kampf um das allgemeine und gleiche Wahlrecht 64
   Die Nationalitätenfrage 70
   Renners Eintritt in die Politik 75

3. Karl Renner im Ersten Weltkrieg 79
   Der politische Handlungsspielraum Renners zu
   Beginn des Großen Krieges 80
   »Oesterreichs Erneuerung« und die Mitteleuropa-Debatte 89
   »Marxismus, Krieg und Internationale« 96
   Friedrich Adlers Kampfansage an Renner 106
   Der Parteitag von 1917 und die Dominanz der »Linken« 114

4. Karl Renner als Staatskanzler der Ersten Republik 123
Renner auf dem Weg zur Staatskanzlerschaft 124
Regieren und handeln auf der Basis provisorischer
Verfassungsnormen 129
Das Projekt des Anschlusses an das Deutsche Reich und die
Friedensverhandlungen von St. Germain 138
Karl Renner und die Verfassung von 1920 147
Die Bilanz der Regierung Renner und der Bruch der
Großen Koalition 152

5. Der Rückzug aus der »großen Politik« 155
Vom Regierungschef zum staatstragenden
Oppositionspolitiker 156
Renners Kapitalanalyse und das Problem der Sozialisierung ... 165
Der Funktionär und Theoretiker des Genossenschafts-
wesens 170
Das Rote Wien und das »Linzer Programm« von 1926 aus
dem Blickwinkel Renners 179

6. Der 15. Juli 1927, die Koalitionsfrage und die Perspektiven
der Wirtschaftsdemokratie 183
Ursachen und Folgen einer innenpolitischen Katastrophe 185
Der Parteitag der SDAP 1927 in Wien 194
Renners »empirischer« Marxismus auf dem Prüfstand 200
Wege zur Verwirklichung der Wirtschaftsdemokratie 204
Renners Kritik der »Bourgeoisrepublik« Bauers 214

7. Von der demokratischen Republik zum
austrofaschistischen Ständestaat 222
Das Scheitern eines Brückenbauers 225
Die »Selbstausschaltung« des Nationalrats 234
Renners Kampf um eine verlorene Republik 239

Der Bürgerkrieg im Februar 1934 245
Renners Analyse des austrofaschistischen Regimes 255

8. Der »Anschluss« Österreichs an das Dritte Reich 264
Renners Ja zum »Anschluss« und zum Münchner
Abkommen 265
Renners Motive zwischen österreichischem Patriotismus
und Existenzangst 274
Der Nationalsozialismus in der Sichtweise Renners 280
Vom Politiker zum politischen Schriftsteller und Dichter 290

9. Der Architekt der Zweiten Republik 303
Karl Renners Weg zum ersten Kanzler und zum Bundes-
präsidenten der Zweiten Republik 304
Die Trennung vom Deutschen Reich und die
Konstituierung der Zweiten Republik 313
Renners Umgang mit dem Widerstand gegen den National-
sozialismus und mit dem Holocaust 317
Probleme des Übergangs von der Diktatur zur Demokratie 325
Karl Renner – ein Marxist als erster Bundespräsident
der Zweiten Republik 335

Epilog 349

Anmerkungen 363
Abkürzungsverzeichnis 379
Zeittafel 380
Quellen und Literatur 393
Danksagung 410
Personenregister 412

Einleitung

Karl Renner, einst gefeierter Jahrhundertpolitiker, dem die Gründung zweier Republiken in Österreich zugeschrieben wird, ist ins Zwielicht geraten. Als im Jahr 2012 in Wien die Umbenennung des Dr.-Karl-Lueger-Rings in den Universitätsring erfolgt war, weil dessen Namensgeber den Antisemitismus in Österreich politikfähig gemacht hatte, wurde ernsthaft diskutiert, ob man nicht auch den Dr.-Karl-Renner-Ring beispielsweise als »Parlamentsring« neu benennen sollte.[1] Der Präsident der Israelitischen Kultusgemeinde in Salzburg äußerte in einem Interview 2013 die Meinung, Renner musste 1938 gewusst haben, was in Deutschland geschah. Trotzdem habe er sich als »begeisterter Befürworter des ›Anschlusses‹ an Hitler-Deutschland« profiliert.[2]

Kein Zweifel: Einst zum Staatsmythos stilisiert, befindet sich das Renner-Bild heute im Sinkflug – ein Prozess, der an den Fundamenten seines gesamten Lebenswerks rüttelt. Anderseits ruft dieser Paradigmenwechsel ein neues Interesse an Karl Renner hervor. Wer war er wirklich als Mensch, Politiker und Theoretiker jenseits von Hagiografie und Demontage seines Ansehens? Was bleibt von seinem Erbe, wenn man ihn erneut im gesellschaftlichen und politischen Kontext seiner Zeit analysiert und nach Möglichkeit nicht nur Aspekte seiner Vita, sondern – soweit dies überhaupt machbar ist – sein gesamtes Lebenswerk fokussiert?

Nun herrscht an Auseinandersetzungen mit Renners Leben kein Mangel, wie die Biografien Jacques Hannaks[3], Nobert Lesers[4], Heinz Fischers[5], Karl R. Stadlers[6], Siegfried Naskos[7], Walter Goldingers[8], Anton Pelinkas[9], Walter Rauschers[10] sowie Siegfried Naskos und Johannes Reichls[11] zeigen. Zu nennen sind außerdem Renners Autobiografie[12] und sein historiografisches Werk über Österreichs Entwicklung von der Ersten zur Zweiten Republik.[13] Jeder neue Versuch, sich an ein solches Projekt zu wagen, steht also unter Rechtfertigungszwang. So will der Verfasser die Vita Renners aus der Perspektive von 1870, also von seiner Geburt an, nicht aus dem Blickwinkel seiner Präsidentschaft in der Zweiten Republik von 1945 bis 1950 aufrollen, als er zum Staatsmythos stilisiert wurde. Anstatt einer teleologischen Chronologie, die Renners politische Laufbahn von ihrem Zenit her interpretiert und diesen als den Zielpunkt seines politischen Lebens unterstellt, soll die Offenheit und Kontingenz seiner Entwicklung aufgezeigt werden, in der Zufälle, restriktive Bedingungen, aber auch zielstrebig von Renner selbst bewirkte Entwicklungsschübe eine bedeutende Rolle spielten.

Eine »Totalhistorisierung« ist dabei weder möglich noch beabsichtigt. Im Sinne der Hermeneutik Hans-Georg Gadamers[14] strebt der Verfasser vielmehr eine Art »Horizontverschmelzung« zwischen der Lebenswelt Renners, die seine Texte prägte, und seiner eigenen an. Nur wenn es zu einer gemeinsamen Schnittmenge der Vorstellungswelt des Autors eines Textes mit der des Interpreten kommt, sind die Voraussetzungen des kritischen Verstehens einer Vita gegeben. Neue Fragen – wie etwa Renners Verhältnis zum Judentum, das in früheren Biografien keine Rolle spielte – tauchen ebenso auf wie jene Prägungen seines Charakters als *homo politicus*, die auf seine Kindheit und frühe Jugend zurückgehen. Die bisherige biografische Literatur stellte Renner vorwiegend als Politiker (Hannak, Fischer, Stadler, Rauscher, Goldinger), als Theoretiker (Leser, Pelinka) oder als Mensch (Nasko, Nasko/Reichl) dar. Demgegenüber zielt die hier vorliegende Biografie darauf ab, den »ganzen« Renner darzustellen: den praktischen Politiker in seinem historischen Kontext und den führenden Austromarxisten mit einem unverkennbaren persönlichen Profil. Die Konvergenz dieser drei Dimensionen in den verschiedenen Phasen seiner Politikerlaufbahn soll hier verdeutlicht werden.

Dass Renner eine komplexe Persönlichkeit war, deren Schichten sich als personales Pentagon zwischen austromarxistischem Theoretiker, Lehrer der Arbeiterklasse, pragmatischem und zugleich visionärem Politiker, sozialdemokratisch grundiertem Patriot und Verfasser sozial-lyrischer Texte gegenseitig durchdrangen, ist bekannt. Neu aber ist der Versuch, die wechselnde Bedeutung dieser fünf Eckwerte der Persönlichkeit Renners in den verschiedenen Kontexten seiner Laufbahn zu justieren.

Reaktiv und gestaltend zugleich erlangen sie je nach den Herausforderungen der wechselnden sozio-politischen Umstände einen exponierten oder zurückgenommenen Stellenwert. Diese flexible Herangehensweise an das Phänomen Karl Renner hat den Vorteil, ihn nicht auf eines der genannten fünf Attribute festzulegen. Zwar sind alle präsent, treten jedoch als handlungsmotivierende Kräfte in seinen verschiedenen Lebensphasen in unterschiedlichem Maß in Erscheinung. In den meisten Biografien – ausgenommen die von Nasko und Reichl sowie Nasko vorgelegten Arbeiten – wird Renner gemeinhin als »fertiger« Politiker und Theoretiker vorgestellt. Was fehlt, ist der dynamische Aspekt der Formierung seiner Persönlichkeit. Um ihn verstehen zu können, ist auf drei Quellensorten zurückzugreifen.

Die erste Kategorie umfasst Quellen, die uns Auskunft über die lebensweltlichen Prägungen geben können, die es ihm – in Verbindung mit seiner genetischen Ausstattung – ermöglichten, das zu werden, was er später als Politiker und Theoretiker war. Da diese Quellensorte im Wesentlichen mangels alternativer Dokumente aus dem besteht, was Renner in seinen Lebenserinnerungen und in seinen im Nachlass befindlichen Aufzeichnungen über sich selbst äußerte, sind idealisierte Projektionen seiner selbst nicht auszuschließen. Quellenkritik hat hier die unverzichtbare Aufgabe, zwischen Manipulationen des Selbstbildnisses einerseits und authentischen Aussagen von analytischem Wert andererseits zu unterscheiden. Das Kriterium dieser Differenz kann nur darin bestehen, die Selbstcharakterisierungen mit Renners späterem tatsächlichem Verhalten zu konfrontieren.

Bei der zweiten Quellensorte handelt es sich um jene Texte Renners, die er als Politiker und Theoretiker in Form zahlreicher Bücher, Broschüren und Aufsätze publizierte. Hinzu kommen seine Parlamentsreden, die Heinz Fischer publizierte. Diese Dokumente setzen zwar seine lebensgeschichtlichen Prägungen voraus, verselbständigen sich von diesen aber. Wie sie einerseits nicht ohne den biografischen Rekurs zu verstehen sind, so erfolgt ihre Verifizierung und Falsifizierung andererseits nicht in der lebensweltlichen Sphäre des praktischen Verhaltens, sondern im Licht der kritischen Öffentlichkeit. Zu ergänzen sind sie freilich durch Renners Nachlässe mit seiner umfassenden Korrespondenz im Österreichischen Staatsarchiv, im Allgemeinen Verwaltungsarchiv und im Verein für Geschichte der ArbeiterInnenbewegung in Wien. Insbesondere die zahlreichen Briefe von und an Renner vermitteln oft authentische Aufschlüsse über seine subjektive Befindlichkeit als Mensch und Politiker.

Eine dritte wichtige Quellengattung sind Dokumente, welche eine Außensicht auf Renner vermitteln. Die erste und zweite Quellensorte mit umfassend, ist hier vor allem Siegfried Naskos *Karl Renner in Dokumenten und Erinnerungen* hervorzuheben. Während uns seine Autobiografie mitteilt, wie Renner sich selbst und seine Entwicklung sah, können Widerspiegelungen Renners in den Erinnerungen von Zeitzeugen und Wegbegleitern als Korrektiv und als wichtige Ergänzungen seiner Selbstwahrnehmung dienen.

Dass die erste Quellensorte besonders bei der Darstellung, in der es um die Formierung der Persönlichkeit Renners geht, eine tragende Rolle spielt (erstes und teilweise zweites Kapitel), ist evident. Dagegen stellen die wissenschaftlichen und publizistischen Texte Renners, also die zweite Quellengattung, die entscheidende Grundlage für die Charakterisierung des Politikers und des Theoretikers zur Zeit der österreichischen Monarchie, in der Ersten und Zweiten Republik sowie während seiner »inneren Emigration« im austrofaschistischen Regime und im Dritten Reich dar (teilweise zweites bis neuntes Kapitel). Seit Beginn seiner Wiener Zeit und verstärkt nach seiner Entscheidung für eine Laufbahn als sozialdemokratischer Politiker geht die vorliegende Biografie spätestens ab dem dritten Kapitel von den passiv erfahrenen Prägungen über zu Renners aktivem Mitwirken an der Veränderung der politischen Rahmenbedingungen, innerhalb derer die Emanzipation der Arbeiterklasse und seine eigene konvergieren. Welchen Eindruck dieser Vorgang auf seine Zeitgenossen machte, hat sich in der dritten Quellensorte (erstes bis neuntes Kapitel) niedergeschlagen.

Selbstverständlich sah ich mich mit dem Problem konfrontiert, wie und ob die »integrierende Mitte« des von Renner hinterlassenen Œuvres zu bestimmen ist. Die Schwierigkeit besteht in den quantitativen Dimensionen der Renner'schen Schriften. In Hans Schroths Bibliografie[15] um-

fasst das publizistische Werk in der bloßen Aufzählung seiner Einzeltitel 137 Druckseiten. Die Ursachen dieser Fülle liegen auf der Hand. Es ist nicht nur Renners bis in sein achtzigstes Lebensjahr hinein ungebrochene Produktivität, sondern auch die Tatsache, dass er seine innovativen theoretischen Reflexionen zugleich auch als Politiker so popularisierte, dass sie dem breiten Publikum zugänglich waren. Abgesehen von seinen lyrisch-sozialen Dichtungen kommt die große inhaltliche Bandbreite der von ihm verfassten Schriften hinzu, die juristische, ökonomische, politische, evolutionsbiologische und theoretische Themen behandeln.

Als Renner 1941 einen Plan zur Bearbeitung seines literarischen Nachlasses zu entwerfen begann, wurde ihm selbst das Fragmentarische seines Œuvres bewusst. In einem Brief an Adolf Schärf vom 12. November 1941 heißt es: »Die gewonnene Übersicht hat mir so recht zum Bewusstsein gebracht, wie vielseitig und dabei wie lückenhaft meine bisherige literarische Lebensarbeit geworden ist, wie viel noch dazu gehören würde, aus den vielen Ansätzen ein Ganzes zu gestalten und wie notwendig es schliesslich wäre, den meisten Arbeiten einen zeitgemässen Abschluss zu geben. Dabei habe ich das Gefühl, dass sie so manche Erkenntnisse und Ideen enthalten, deren Untergang ein Verlust für die Allgemeinheit wäre. (…) Ich bin ratlos, womit ich beginnen soll. Das Ganze zu vollenden(,) wird mir kaum gestattet sein.«[16]

Diese Aussage hat mich darin bestätigt, eine Systematisierung des komplexen Werks Karl Renners gar nicht erst zu versuchen. Wohl aber war mir daran gelegen, das praktische politische Tun Renners mit seinen theoretischen Überlegungen in eine Verbindung zu bringen. Sie entzieht sich zwar dem orthodox-marxistischen Diktum der »Einheit von Theorie und Praxis«, dokumentiert jedoch, dass Renner weder ein »reiner Theoretiker« noch ein theorieloser Pragmatiker war. Wenn für ihn auch die politische Praxis eigenen Gesetzmäßigkeiten unterliegt, so hat sie doch in der theoretischen Reflexion ein unverzichtbares Korrektiv, wie umgekehrt die Theorie ihm zufolge zum bloßen Selbstzweck verkommt, wenn sie sich von ihren empirischen Bezügen löst.[17]

Gleichzeitig bin ich überzeugt, dass man dem politischen und wissenschaftlichen Werk Renners nur gerecht werden kann, wenn man Einseitigkeiten in der Wahrnehmung seiner Persönlichkeit vermeidet. Tatsächlich gerät eine Biografie über Karl Renner zur politischen Demontage, wenn man diese ausschließlich im Licht der von Renner unleugbar begangenen »Fehler« rekonstruiert. Was auf den Politologen Theodor Eschenburg und seine Verstrickungen ins Dritte Reich gemünzt war, trifft auch auf Karl Renner zu: »Grau ist heller als Schwarz und dunkler als Weiß. Weiß sind nur die Engel, sie sind ziemlich langweilige Wesen, die sich nicht fortpflanzen« (Peter Steinbach).[18] Oder anders formuliert: Der scharfkantigen Schwarz-Weiß-Konturierung des Renner-Bildes dürfen nicht die Grautöne zum Opfer fallen. Ob diese vielleicht sogar überwiegen, ist eine Frage, die nach dem Durchgang durch das biografische Material nicht tabuisiert werden sollte. In dieser Ambivalenz sind auch Renners »Fehler« zu bewerten. Diesen methodologischen Überlegungen, in deren Perspektive die gedruckten und ungedruckten Quellen auszuwerten sind, versucht eine Gliederung Rechnung zu tragen, die aus neun Kapiteln besteht.

In neueren historischen und politikwissenschaftlichen Untersuchungen kommt es nicht selten vor, dass sie zwar ihren Untersuchungsgegenstand akribisch analysieren, eine zusammenfassende Diagnose dessen, was erkannt wurde, aber vermissen lassen. Um einer solchen Beliebigkeit der Auslegung der ausgebreiteten Materialien dieser Biografie zu begegnen, führe ich im abschließenden Epilog die vielen Facetten der Vita Karl Renners so zusammen, dass sich der Leser selbst ein Bild von diesem Lebensentwurf machen kann. Ohne dem Druck einer zwanghaften Homogenisierung nachzugeben, deckt sich das Ziel dieses Epilogs und der ihm vorausgehenden neun Kapitel mit dem, was Siegfried Nasko und Johannes Reichl gültig formuliert haben: Es gehe im Kern darum, »Renners Taten und Handeln dingfest zu machen. Sie aber nicht unhinterfragt und verloren im Raum stehen zu lassen, sondern mit seiner Persönlichkeitsstruktur in Beziehung zu setzen.«[19] Ob dieses riskante Unternehmen ansatzweise geglückt ist, muss der Leser entscheiden.

1. Soziokulturelle Prägungen eines *homo politicus*

Eine politische Biografie hat es mit dem konkreten Leben eines Menschen zu tun, der in seiner Kindheit und Jugend von seinem genetischen Potenzial und von seiner soziokulturellen Lebenswelt geprägt worden ist. Erst das Zusammenspiel beider Dimensionen befähigt ihn, die Taten zu vollbringen, die ihn als *homo politicus* ausweisen. Tatsache ist jedoch auch, dass unser bewusstes Leben in seiner soziokulturellen Überformung stattfindet. Wie seine Autobiografie zeigt, machte Karl Renner in dieser Hinsicht keine Ausnahme. Dieser Selbstwahrnehmung tritt der Blick von außen gegenüber, der mit dem Bild, das Renner von sich selbst konstruierte, keineswegs übereinstimmen muss. So haben ihn seine Zeitgenossen und spätere Kommentatoren als einen hochgradig aktiven und schöpferischen Menschen, Politiker und Theoretiker wahrgenommen, den die einen bewunderten und respektierten[1], zu dem andere aber auch in kritischer Distanz verharrten.[2]

Allerdings fallen die über Renner geäußerten Werturteile oft durch einen eher statischen Charakter auf: Man hat sich ein eher positives oder ein eher negatives Bild von diesem Mann gemacht und gießt es in der Regel in die Form eines unveränderlichen Urteils. Freilich gibt es eine Ausnahme, die eine gravierende Entwicklung in der Einschätzung von Renners Charakter und Leistungen erkennen lässt. Sie stammt von Friedrich Adler, dem Sohn Victor Adlers, des legendären Parteigründers der SDAP. In seinem Brief vom 31. Mai 1915 lobte er Renner: »Ihr Artikel vom Samstag war wirklich famos – jetzt stellt sich heraus, daß Sie nicht nur Gelehrter, Publizist usw., sondern auch Journalist sind. Sie leisten nicht nur dem Blatte, sondern der Partei ungemeine Dienste. Es ist ja, als ob man bei einem übervollen Faß den Zapfen ausgestoßen hätte, so quillt das!«[3] Aber schon zwei Jahre später, als sich Friedrich Adler wegen seines Mordes an dem Ministerpräsidenten Stürgkh vor dem

Ausnahmegericht zu verteidigen hatte, kritisierte er Renner als die Verkörperung des »Geists der biederen Verlogenheit«[4], der Eingang in die SDAP gefunden habe.

Auf der Suche nach Authentizität

Es besteht kein Anlass, an der Ambivalenz des Bildes zu zweifeln, das Zeitgenossen und Biografen von Karl Renner entwarfen. Aber was die zitierten Stellungnahmen vermissen lassen, ist die sozio-politische Genese, die Renner zu jener öffentlichen Figur machten, an deren Wahrnehmung sich bis heute die Geister scheiden. Unter den zahlreichen Biografien wurde nur mit einer der Versuch unternommen, sich auf diesen dynamischen Aspekt der Persönlichkeitsentwicklung Renners zu konzentrieren: Siegfried Naskos und Johannes Reichls *Karl Renner. Zwischen Anschluß und Europa*.[5] Die Autoren sind sich über das Problem im Klaren, das es zu lösen gilt, wenn man den Anspruch erhebt, ein wirklich authentisches Renner-Bild zu entwerfen. Sie wissen, dass es nicht ausreicht, ihn als »fertigen« Politiker in die Biografie einzuführen, ohne untersucht zu haben, welche Prägungen in seiner Kindheit und Jugend dazu beitrugen, Renner zu dem zu machen, als der er uns heute erscheint.

Doch die entsprechende Quellenlage ist prekär: »Renner können wir heute nicht mehr direkt zum Gespräch bitten, aber wir haben immerhin die Möglichkeit, indirekt – und doch aus seinem Munde – mit ihm über seine Kindheit, Jugend- und Studienzeit zu kommunizieren, indem wir auf seine während der NS-Zeit entstandene Autobiografie ›An der Wende zweier Zeiten‹ zurückgreifen. Das wird, zugegeben, ein sehr einseitiges, subjektives Bild ergeben, aber andere Zeugenberichte aus dieser Zeit haben wir leider nicht.«[6] Abgesehen von seinen Briefen hat Renner tatsächlich weder Tagebücher noch andere für eine Biografie relevante Aufzeichnungen hinterlassen, die seine Lebenserinnerungen ergänzten respektive korrigieren könnten. Zudem fehlen Kommentare von Zeitgenossen, die geeignet wären, authentische Einblicke in Renners Kindheit und Jugend zu vermitteln. Aber was ist von der Validität seiner Lebenserinnerungen als einziger Quelle der Formierung seiner Persönlichkeit in der Kindheit und Jugend zu halten? Ist der Autor einer Selbstbiografie in der Regel nicht darauf bedacht, sich in bestmöglichem Licht darzustellen? Da bekannt ist, dass Renner das Metier der Selbstinszenierung beherrschte, muss man damit rechnen, dass dies auch in seiner Autobiografie der Fall ist.

Freilich versuchte Renner einer solchen epistemischen Skepsis entgegenzuwirken. Er will den Leser davon überzeugen, dass es ihm um mehr geht als um die Auslotung seiner eigenen Subjektivität unter dem Gesichtspunkt ihrer Entwicklung, ihrer Kontinuitäten und ihrer Brüche. Vielmehr stellt er sie von Anfang an in den Kontext der sozio-politischen Umwälzungen im Habsburger Vielvölkerstaat. Er nennt folgende sozio-politische Wendepunkte, die sich gleichsam in seiner Biografie reflektieren: Erstens »durchmißt« sein Leben »alle Höhen und Tiefen der Klassenscheidung«[7], die aus der allmählichen Entwicklung der »geschlossenen Hauswirtschaft« zu einer kapitalistischen Struktur aufgrund der liberalen Reformen der Habsburgermonarchie in der zweiten Hälfte des 19. Jahrhunderts resultierte. Zweitens steht sein eigenes Schicksal und das seiner Familie exemplarisch für diese soziale Umschichtung um die Jahrhundertwende. Drittens erlebt er – an der deutsch-tschechischen Sprachgrenze im Grenzbereich zwischen Niederösterreich und Mähren lebend – die Nationalitätenfrage seit früher Kindheit »sozusagen am Elterntisch«.[8] Und viertens: Als Kind frommer katholischer Eltern in seiner Kindheit und frühen Jugend tiefreligiös, vollzieht sich in ihm der allgemeine Trend zur Säkularisierung. Ihre Spur reicht vom Glauben an die katholischen Mythen über die Ineinssetzung mit der antiken Welt und die Rezeption der Naturwissenschaften sowie der neueren Philosophie bis hin zum Selbststudium der Lehren von Karl Marx.

Aber Renner stilisiert seine Lebenserinnerung nicht nur als Medium der »sozialen und geistigen Kämpfe seiner Zeit«.[9] Er hofft, beim Leser auch aus zwei anderen Gründen auf Interesse zu stoßen: Einerseits ist die Auseinandersetzung mit Zeitproblemen, die sich in seiner Biografie widerspiegeln, nicht das Produkt angelesenen Wissens, sondern aufgrund seiner spezifischen Biografie »zugleich Erlebnis, somit Erfahrung und unmittelbare Anschauung«.[10] Andererseits will er dem Leser durch seine Lebenserinnerungen Mut machen, vor den restriktiven Bedingungen der eigenen Existenz nicht zu kapitulieren, sondern aus *seinem Beispiel* die Kraft zu schöpfen, für die eigene und die kollektive Emanzipation zu kämpfen. »Ich preise das Schicksal, das mich aus der Enge gesicherten Besitzes und ständischer Abschließung herausgeworfen und durch die ganze Stufenleiter aller Schichten und Klassen in die Reihen jener Bewegung geführt hat, der die Zukunft gehört.«[11] Doch Renners Bestreben, seine Autobiografie in dem Sinne zu »objektivieren«, dass er sie als Spiegel einer gesellschaftlichen Umbruchsituation ausgibt, birgt auch erkenntnistheoretische Gefahren. Denn dieser Ansatz ist von dem Versuch begleitet, seinen eigenen Aufstieg als Vorbild für andere, ja für eine ganze Klasse zu stilisieren.

Bei der Auswertung der Renner'schen Biografie ist also quellenkritische Vorsicht geboten. Während Biografen wie Jacques Hannak und Walter Rauscher Kindheit und Jugend Renners eins zu eins aus der Perspektive seiner Lebenserinnerungen schildern, nähern sich Siegfried Nasko und Johannes Reichl ihnen mit einem gewissen epistemischen Vorbehalt[12]: »Da finden wir bereits in jungen Jahren eine Altersklugheit, die in Wahrheit nur vom alten Renner dem jungen Alter ego in den Mund gelegt worden sein kann. Da finden wir wohl auch bewußt herausgestrichene, scheinbar gar nicht so spektakuläre Lebensepisoden, die nur aus der unmittelbaren Gegenwart und Vergangenheit heraus erklärt werden können. Zum Beispiel einige Episoden mit Juden, wo sich Renner als der große Kämpfer gegen den Antisemitismus inszeniert – immerhin hat er damals nicht allzulange vorher sein ›Ja‹ zum Anschluß verkündet. Und letztlich werden von Renner, ebenso Meister des selektiven Gedächtnisses, auch andere, zwar wichtige, aber für ihn vielleicht nicht schmeichelhafte Episoden bewußt weggelassen worden sein.«[13]

Kindheit und Jugend im Spiegel einer bäuerlichen Herkunft

Trotz dieser Einschränkungen des Aussagewerts von Renners *An der Wende zweier Zeiten* enthält diese Autobiografie Informationen, an deren Authentizität nicht zu zweifeln ist, solange kein Gegenbeweis vorliegt. Entscheidendes Kriterium ist, inwiefern Renners autobiografische Aussagen mit den Fakten seiner späteren Lebensphasen in Übereinstimmung zu bringen sind. Die über Renners Lebenswerk gesicherten Tatsachen sind in der Zeittafel im Anhang dieser Biografie aufgeführt[14] und sollen hier nicht wiederholt werden. Aber es handelt sich um nichts weiter als Daten, die zwar Stationen der Vita Renners kennzeichnen, aber nichts über die biografisch vermittelte Genesis aussagen, deren formales Resultat sie sind. Welche Entwicklungen stehen hinter diesen Fakten? Wie hat Renner sie als Teil seiner Lebenswirklichkeit selbst empfunden? Wie prägen sie seine subjektiv wahrgenommene Lebenswelt jenseits aller Stilisierungen? Diese Fragen sind ohne den bäuerlichen Hintergrund der Familiengeschichte Renners nicht zu beantworten.

Renner wurde am 14. Dezember 1870 als siebzehntes oder achtzehntes Zwillingskind einer Bauernfamilie in Unter-Tannowitz (Mähren) geboren. Der Vater, Matthäus Renner, entstammte einer sächsischen Familie, die um 1770 von einer Gutsherrschaft aus Sachsen nach Südmähren umgesiedelt wurde. Die Mutter, eine geborene Habiger, wurde in Kunzendorf bei Mährisch-Trübau als Tochter einer Bauernfamilie geboren, die nachweisbar seit zweihundert Jahren ihren Hof bewirtschaftet hatte.[15] Obwohl ursprünglich durchaus zu den wohlhabenden Bauern zählend, sahen sich Renners Eltern 1873 gezwungen, die Hälfte ihres Bauernhauses zu verkaufen. Da der wirtschaftliche Abstieg der Familie nicht aufzuhalten war, erfolgte im Mai 1885 die Versteigerung des Hofes von Renners Eltern, die ins Armenhaus umziehen mussten. Dem *Südmährischen Jahrbuch 1971* zufolge war die Zwangsversteigerung von Matthäus Renners Hof kein Einzelfall: »Im damaligen Bezirk Nikolsburg, der 29 Gemeinden umfaßte, wurden z.B. im Jahre 1876 141 Versteigerungen bekannt gemacht, 117 im Jahre 1877, 152 im Jahre

1878. Noch unfaßbarer erscheint die Art einer solchen Zwangsversteigerung. Nach erfolgter Veröffentlichung fanden drei ›Feilbietungstagfahrten‹ in Abständen von je einem Monat statt. Traten bei den ersten beiden Tagfahrten keine Kaufwilligen auf, die bereit waren, mindestens den gerichtlich festgelegten Schätzwert zu bieten, so erfolgte bei der dritten Tagfahrt eine Versteigerung ›um jeden Preis‹. Nach diesem Verfahren wurde auch das Elternhaus des nachmaligen österreichischen Bundespräsidenten Dr. Karl Renner in Untertannowitz im Jahre 1885 versteigert.«[16] War diese Versteigerung im historischen Kontext auch nicht besonders spektakulär, so wurde sie für Renner zu einem Wendepunkt in seinem Leben, auf den er sich immer wieder bezog, wenn er seine Entscheidung für die Arbeiterbewegung begründete. Der Verdacht, dass es sich hier um eine autobiografische Selbstinszenierung handelt, ist sicher nicht von der Hand zu weisen. Doch die Tatsache, dass der junge Renner durch den hautnah miterlebten wirtschaftlichen Niedergang seiner Eltern nicht nur demütigende soziale Ausgrenzungen in Unter-Tannowitz erfahren musste, sondern als Gymnasiast in Nikolsburg buchstäblich auf sich allein gestellt war, spricht für den authentischen Kern dieses Schlüsselerlebnisses.

So erscheint Renners Selbstaussage durchaus glaubhaft, dass er unter dem Geschick seiner Eltern schwer gelitten hat. »Das kann nicht gerecht sein! Kann das alles ein gütiger Vater im Himmel zulassen? Wie haben das meine Brüder und Schwestern, wie haben das meine Eltern verdient? War nicht der Vater ein frommer ehrlicher Mann, bei aller Fahrigkeit eifrig, klug und welterfahren? War nicht meine Mutter ein Engel, ein wahrer Engel an Herzensgüte, eine Dulderin, deren Mutterherz mehr als sieben Schwerter durchbohrt hatten? Und darf das sein? Wo sind die reichen Verwandten? Wo alle die Frauen, denen die Mutter in deren schweren Stunden die Wäsche geschenkt, die sie unter ihrem kranken Leib selbst hervorgezogen? Wo sind die Behörden, die Gerichte, die Unrecht verhüten sollen? Aber gerade diese hatten ja in die Versteigerung eingewilligt, ja, sie eingeleitet und durchgeführt!«[17] Auf diesem Tiefpunkt seines Lebens angelangt, kapituliert Renner nicht vor dem Elend, das er schonungslos benennt, sondern er reagiert darauf in einer Weise, die sich wie ein roter Faden durch sein ganzes späteres Leben zieht: Er zeigt eine im Hier und Jetzt verankerte Alternative auf: »Und da gelobte ich mir: Du kommst nicht mehr zurück! Du betrittst Unter-Tannowitz nicht mehr! Ich erinnerte mich an die Verachtung der wohlhabenden Leute, unter der wir Kinder soviel gelitten hatten. Nein ich will von diesen Menschen keinen mehr wiedersehen!«[18] Aber entscheidend ist, dass Renner es nicht bei diesem Bruch belässt, sondern dass er ihn im Sinne Hegels »aufhebt«. Der Bruch, den das Individuum Renner mit seiner Herkunftswelt vollzieht, ist nicht dergestalt, dass er sich als Einzelner dem materiellen und psychischen Elend entzieht und seinen Aufstieg in der bürgerlichen Welt vorbereitet. Er will der Depravation der unterbürgerlichen Schichten vielmehr auf einer kollektiven Ebene den Boden entziehen. »Aber doch! Ich will zurückkehren! Einmal! Denn die Zeit ist ja nicht mehr fern, wo die Vertriebenen zurückkehren und das entrissene Erbe wieder holen! Wartet nur, wir kommen wieder!«[19]

Auch wenn er Fehlentscheidungen seines Vaters und die große Geschwisterschaar als Gründe für den wirtschaftlichen Niedergang nicht verschweigt, sind es sozioökonomische Strukturen des Übergangs von der geschlossenen Hauswirtschaft zum Agrarkapitalismus, die das Unheil erst ermöglichten. Renner nimmt hier einen Paradigmenwechsel vor, indem er die Erlebniswelt des heranwachsenden Knaben mit der analytischen Perspektive des marxistisch geschulten Soziologen vertauscht. Er gab nicht zufällig seinen Lebenserinnerungen den Titel *An der Wende zweier Zeiten*. Tatsächlich ging er davon aus, dass die soziopolitischen Rahmenbedingungen seiner Kindheit und frühen Jugend ganz wesentlich durch eine agrarische Gesellschaft geprägt waren. In diesem gesellschaftlichen Kontext löste das kapitalistische Prinzip der Geldwirtschaft die Oikos-Ökonomie der »geschlossenen Hauswirtschaft« ab, also das Prinzip des Wirtschaftens für den Eigenbedarf durch die Produktion für den Markt mit dem Ziel der Gewinnmaximierung. Ihm war bewusst, dass diese Transformation Gewinner und Verlierer ebenso hervorbrachte wie eine Erosion des traditionellen Werteverständnisses der Dorfgemeinschaft mit ihrem althergebrachten naturwüchsigen Solidaritätsprinzip, dem nun die Individualisierung der dörflichen Lebenswelt auf der Grundlage der egoistischen Nutzenmaximierung gegenüberstand.

Die Perspektiven der Landwirtschaft waren für einen Teil der Bauern um 1848 eher günstig: »(...) die letzten Grundlasten (waren) weggefallen und die Bauern endlich freie Herren auf ihrem ererbten Grund und Boden geworden, das rasche Aufblühen der Städte, nicht nur der großen, sondern auch der mittleren, der Kleinstädte und Märkte, der Ausbau der Verkehrsstraßen und der Bahnbau hatten eine Umstellung der ländlichen Wirtschaft nötig gemacht, und die Denkenden unter den Bauern vollzogen sie rasch. Sie gingen von der geschlossenen Hauswirtschaft und der bloßen Erzeugung für den Eigenbedarf zur Marktproduktion über, kamen zu Geld und benützten es, um ihre Wirtschaft zu verbessern.«[20] Dem standen freilich solche Bauern gegenüber, die sich – aus welchen Gründen auch immer – verschulden mussten, bis die Zinslast sie insolvent machte. Denn die Liberalisierung der Wirtschaft brachte es mit sich, dass damals der Wucher auf keine gesetzlichen Schranken stieß. Der Prototyp eines solchen Verlierers war Renners eigener Vater Matthäus.

Dieser Vorgang der sozialen Polarisierung wirkte sich selbstverständlich so gravierend auf die zwischenmenschlichen Beziehungen im Dorf aus, dass Renner feststellen konnte: »In den ersten zwanzig Jahren meines Lebens, von 1870 bis 1890, hat sich das Antlitz des Ortes (Unter-Tannowitz, R. S.) völlig verändert und das friedliche freundnachbarschaftliche Zusammenwohnen der ersten Jahre sich so in böse, gehässige Gegnerschaft verwandelt.«[21] Renner macht diesen Wertewandel am Beispiel des Mundraubs der Kinder proletarisierter Familien deutlich. Galt es bisher als »lässliche Sünde, zu der die Bauern lachten, weil sie darin eher eine Schule der Schlauheit als eine wirkliche Verfehlung ihres Nachwuchses sahen«, so änderte sich nun diese tolerante Einstellung grundlegend: »Jetzt war das anders, weil die Kinder der proletarisierten Familien den Obstdiebstahl nicht mehr als eine gelegentliche Näscherei, sondern als Teil ihrer Ernährung betrieben.«[22] Diese Gegensätze machten sich, so Renner, auch bei der Familiengründung bemerkbar. Spielten früher Tüchtigkeit, Tauglichkeit und Arbeitseifer bei der Partnerwahl eine Rolle, so »dachten die vermögenden Alten anders und erhoben leidenschaftlichen Widerstand gegen die Verbindung mit ärmeren oder auch nur zweitrangigen Familien«.[23] Sehr eindringlich schildert Renner als marxistisch imprägnierter Soziologe die spürbaren »Klassenunterschiede« im Dorf, welche deren Gemeinschaftsstrukturen zunehmend zerstörten. So wird die Aufnahmeprüfung im Nikolsburger Gymnasium für ihn zu einem demütigenden Erlebnis, als sich der Pfarrer erstaunt darüber zeigt, dass der Sohn eines in bitterer Armut lebenden Bauern eine gymnasiale Ausbildung anstrebt. »Obwohl der Pfarrer«, so glaubte Renner zumindest im Nachhinein, »dies einfach auf die wirtschaftliche Potenz des Vaters bezieht, fühlt sich der kleine Junge gedemütigt, ausgestoßen und minderwertig.«[24]

Der sozioökonomische Umbruch der agrarischen Sozialstruktur machte auch vor der katholischen Volksfrömmigkeit nicht halt. Renner bekennt, er sei in seiner Kindheit und frühen Jugend tiefreligiös gewesen. Er folgte in dieser Hinsicht dem Vorbild seiner Eltern, die keinen Kirchgang versäumten, »auch zur Zeit der Not noch immer nach Möglichkeit in den Klingelbeutel (spendeten)«.[25] Insbesondere die Predigten weckten das Interesse des jungen Renner. »Kindlicher Ehrgeiz hatte mich schon lange angetrieben, bei der Predigt aufmerksam zuzuhören und mir möglichst viel zu merken, um den Geschwistern nicht nachzustehen. Immer häufiger übernahm ich die Wiedergabe, immer mehr kam ich in Übung.«[26] In dieser Wiedergabe der Predigten nach dem Gottesdienst lag nach Renners Ansicht der Ursprung seiner späteren Fähigkeit als Redner. Doch Renners ursprüngliche Religiosität begann mit seiner Entwicklung zu verblassen. Das hatte subjektive, aber auch objektive Gründe. In der vormodernen Welt sei die Religion ein wichtiger Faktor des Alltagslebens gewesen. »Je mehr Natur und Wohnweise die Landbewohner isoliert, um so ausschließlicher sind es die kirchlichen Gebräuche, die ihr gesellschaftliches Leben ausdrücken und um so treuer halten sie an ihnen fest.«[27] Aber in dem Maße, wie die geschlossene Hauswirtschaft dem Geld- und Marktprinzip weicht, so können wir Renner interpretieren, öffnet sich die Isolation der ländlichen Lebenswelt den Einflüssen der »großen Welt«. »In einer Großgemeinde des Flachlandes aber, wie die der unsrigen, berühren sich die Menschen alltäglich und es entstehen darum andere gesellschaftliche Bindungen, die sich nicht mehr religiös ausdrücken, die aber das gesellschaftliche Bedürfnis ebenso befriedigen, die Phantasie ebenso ausfüllen und die alte innige Gläubigkeit zurückdrängen. So war ich in meiner Jugend Zeuge einer Entwicklung, die die Psyche der Mitbewohner des Ortes änderte.«[28] Und mit ihr auch jene Renners.

Die wichtigste Prägung in seiner Jugend, die Renner in seiner Autobiografie beschreibt, ist jedoch seine frühe Einsicht, dass es nur ein Mittel gibt, den elenden Verhältnissen seiner Herkunft zu entkommen und in der Gesellschaft aufzusteigen: die Aneignung einer umfassenden Bildung. Um sie zu erlangen, nahm er in den ersten zwei Jahren seiner Gymnasialzeit bei Hitze, Kälte und Regen die tägliche Wanderung von Unter-Tannowitz nach Nikolsburg und zurück in Kauf. In gesellschaftlicher Hinsicht fühlte er bald, dass ihm sein erfolgreiches Bildungsstreben die Anerkennung des Nikolsburger Bürgertums einbrachte: Nicht umsonst konnte er sich bald durch den Nachhilfeunterricht für Schüler aus diesen Kreisen nicht nur ein Grundeinkommen sichern. Gleichzeitig erwarb er auch didaktische und pädagogische Fähigkeiten, die er später in den Arbeiterbildungsvereinen weiterentwickeln sollte. Tatsächlich sah Renner in der Bildung nicht nur sein eigenes Emanzipationsmedium, sondern das der Arbeiterklasse insgesamt.

In enger Verbindung mit Renners persönlichem Bildungsstreben und seiner Berufung, als Lehrer Bildung an die Arbeiterschichten weiterzugeben, muss eine weitere Neigung Renners genannt werden, die wohl auf seine Gymnasialzeit in Nikolsburg zurückgeht: seine Liebe zur Literatur, die seine Lehrer Jerusalem und Kornitzer in ihm weckten. »Renner wird diese Bereicherung in seinem Leben nie mehr missen wollen, und da mögen tatsächlich Jerusalem wie Kornitzer ihren Keim in den jungen Renner eingepflanzt haben, anstatt das literarische Pflänzchen durch Drill abzutöten. Bis zu seinem Tod ist Renner nicht nur Verfasser wissenschaftlicher, programmatischer wie propagandistischer Schriften, sondern tritt stets auch als Dichter in Erscheinung – und zwar nicht nur als Verfasser deutscher, sondern bisweilen sogar lateinischer und griechischer Verse. In Latein ist Renner überhaupt ein wahres As, so daß ihn Professor Kornitzer sogar zur Mitarbeit an einer Cicero-Ausgabe einlädt.«[29] Man wird also davon ausgehen können, dass Renners schriftstellerisches Talent während seiner humanistisch geprägten Gymnasialzeit in Nikolsburg nachhaltig gefördert wurde – ein Bildungserlebnis, ohne das seine führende Rolle bei der Entwicklung des austromarxistischen Paradigmas kaum möglich gewesen wäre.

Wichtig erscheint in diesem Zusammenhang auch, dass der junge Renner auf seinem langen Schulweg von Unter-Tannowitz nach Nikolsburg und zurück auf zwei Handwerksgesellen traf, die Renners Klassenerfahrungen aus ihrem lokalen Kontext lösten und sie als ein allgemeines Problem der bürgerlich-kapitalistischen Gesellschaft darstellten. Der eine, ein Schlossergeselle, berichtete von der Unterdrückung der Arbeiter im Deutschen Reich unter dem Sozialistengesetz Bismarcks. Renner bekennt, dass diese Aussagen sein positives Bild von den siegreichen Preußen erschüttern. Doch habe er ähnliche Meinungen, die man sozialistisch nennen könnte, von anderen Handwerksgesellen nicht vernommen. »Um jene Zeit drang von dieser Bewegung meines Wissens nicht einmal der Name in unseren Ort oder wenigstens in meine Umgebung.«[30] Der andere, ein Buchbinder aus Nordböhmen, erklärte das Elend seiner Eltern direkt aus der Polarisierungstendenz der bürgerlich-kapitalistischen Gesellschaft. Die Spaltung zwischen Armen und Reichen könne nur der Sozialismus verhindern und rückgängig machen. »Daß der Mann so mein eigenes und der Meinigen Los zum Beispiel genommen und so vieles ausgesprochen hatte, das wühlte mich auf und wochenlang kam ich davon nicht los.«[31]

Renner hatte also seinen ersten Kontakt mit dem Sozialismus im Alter von elf oder zwölf Jahren. Doch bald klangen diese starken Eindrücke wieder ab, weil sie von neuen Erlebnissen überlagert wurden, »bis sie eines Tages, abermals auf der Landstraße, in brennender Grellheit lebendig werden« sollten – allerdings erst drei Jahre später«[32], also 1885, als Renner fünfzehn Jahre alt war: die Zwangsversteigerung des Bauernhofes seiner Eltern und deren Übersiedlung ins Armenhaus. Wenn sich später diese Sensibilisierung für die soziale Frage zu einer Lebensentscheidung verdichtete, dann dürfte sie vielleicht auch von Schuldgefühlen unterfüttert worden sein, »selbst die Eltern im Stich gelassen zu haben, ihnen nie beigestanden zu sein? Letztlich der Keim für die spätere politische Tätigkeit auf Seite der Unterdrückten?«[33] Alle diese Erfahrungen könnten Renner den Zugang zum sozialistischen Schrifttum, zum Engagement in der Sozialdemokratie und letztlich zum Austromarxismus geebnet haben. Sie sensibilisierten ihn hochgradig für die Tatsache des Klassenkampfes als notwendige Erscheinungsform der bürgerlich-kapitalistischen Gesellschaft und gleichzeitig für seine Parteinahme zugunsten der Unterdrückten.

Auf der anderen Seite stand die Erfahrung, dass er ohne die Unterstützung bürgerlicher Familien, aber auch von Institutionen wie die des Gymnasiums in Nikolsburg seinen Aufstieg vom Bauernjungen zum Bildungsbürger nie hätte verwirklichen können. Während seiner letzten Gymnasialjahre hielt sich Renner finanziell mit Nachhilfeunterricht in bürgerlichen Haushalten über Wasser. Diese Geldquellen ermöglichten ihm, »selbst für sein Quartier aufzukommen. Auch mehrere Bürger der Stadt greifen dem Bauernburschen mit sogenannten Freitischen unter die Arme.«[34] Renner nennt neben drei christlichen auch drei jüdische Familien, die für sein Frühstück und Mittagessen sorgten. »Jede dieser Familien meinte, mich vor dem Verhungern retten zu müssen und stopfte in mich hinein, was möglich war.«[35] Die Vermutung ist plausibel, dass es »vielleicht (...) gerade diese Freitische bei den wohlhabenden christlichen und jüdischen Bürgerfamilien (sind), die den späteren sozialdemokratischen Politiker Renner der Bourgeoisie mit Toleranz und Gesprächsbereitschaft begegnen lassen«.[36] Darüber hinaus dürfte Renner nie vergessen haben, dass es die feudal-bürgerlichen Eliten der k.u.k. Monarchie waren, die ihn zum Beamten avancieren ließen und ihm zum ersten Mal in seinem Leben zu einem gesicherten Einkommen verhalfen – für einen jungen Mann wie Renner, der aus den Tiefen der unterbürgerlichen Welt am Rande der Armut aufgestiegen war, gewiss ein hohes Gut. Aber auch während seines Studiums waren es bürgerliche Professoren wie Philippovich und Menger, die ihn förderten und ihm den Weg für ein erfolgreiches juristisches und nationalökonomisches Studium ebneten.

Die Zäsur durch den Bruch mit der Vergangenheit, so mutmaßen Nasko und Reichl ferner, könnte der entscheidende Motivationsimpuls für Renners Geltungsbedürfnis und Durchsetzungswillen als Politiker, aber auch für seinen Entschluss, sich der Sozialdemokratie anzuschließen, gewesen sein. War der Wendepunkt seines Lebens, den Renner mit der Versteigerung des elterlichen Hofes 1885 in Verbindung bringt, »die endgültige Angst und Flucht vor diesem elenden Leben? Und die daraus resultierende Motivation, sicher nie so enden zu wollen wie Vater und Mutter. Die Schmach der Eltern, die auch als persönliche Demütigung und Minderwertigkeit empfunden wird und vielleicht zum Ursprung des großen Geltungsbedürfnisses, des ewigen Zwanges des ›Siegenmüssens‹ wird? (…) Es gibt Momente im Leben, die scheinbar mit einem Mal alles grundlegend ändern – und am Tag danach ist es nie wieder so wie zuvor. Wendepunkte.«[37]

Entwicklungsschübe in der Metropole Wien

Renners Prägungen durch die dörfliche Welt waren bloß eine Vorstufe seiner weiteren Entwicklung, die sich Impulsen verdankt, die er nur in der kulturellen und politischen Metropole der k. u. k. Monarchie empfangen und umsetzen konnte. So bedeutet der Studienbeginn an der Wiener Universität für Renner nicht den Anfang »einer gelangweilten Selbstverständlichkeit, mit der die meisten Hörer das Hochschulstudium als den unvermeidlichen Umweg zu einer einträglichen und angesehenen Stellung hinnehmen«.[38] Vielmehr empfand er jedes Mal, wenn er »die Rampe der Universität betrat, die ausgedehnte helle Halle durchschritt und die breite Treppe der juristischen Fakultät hinanstieg, (…) das Gefühl der Genugtuung, ja des Sieges. Mit wieviel Mühsal, unter wie vielen Wechselfällen des Schicksals hatte ich mir das Recht erobert, in diese Hörsäle einzutreten und an den durch Jahrtausende angehäuften Schätzen des Wissens Anteil zu nehmen.«[39]

Wir müssen uns den jungen Renner als einen bildungshungrigen Menschen vorstellen, der als Seiltänzer ohne Netz agiert: Ein Fehltritt, und der Sturz in den Abgrund ist unvermeidbar. Wer wie er mit hohem Risiko die Flucht nach vorn antritt, glaubt nur dann erfolgreich zu sein, wenn er sich auf die jeweiligen Tatsachen seines lebensweltlichen Kontextes, die seinen Aufstieg zu befördern vermögen, optimal einstellt. Das aber setzt nicht nur den unbändigen Willen zum Erfolg und die pragmatische Einstellung in der Analyse empirischer Details voraus, sondern auch die visionäre Kraft, in den Status quo überwindenden Alternativen denken zu können. Alle diese Schichten seiner Persönlichkeit sind im Profil des späteren Politikers und Theoretikers Karl Renner zu beobachten.

Doch welche Einflüsse in der Jugend nennt Renner, aus denen sein Interesse am Staat, an der Nationalitätenproblematik des Vielvölkerstaates in der Habsburgermonarchie, an der Massenversorgung im Heer und später in der Genossenschaftsbewegung sowie schließlich sein Engagement in der Sozialdemokratie zu erklären ist? Renner richtet bei der Beantwortung dieser Fragen das Augenmerk des Lesers auf seinen »Einjährig-Freiwilligen-Kurs«, den er im Rahmen seines Militärdienstes vom 1. Dezember 1889 bis Ende September 1890 in der Reichshauptstadt Wien absolvierte. »Was sich Renner dieses Jahr beim Heer vor allem offenbart, ist im Grund genommen die Konfrontation mit der Wirklichkeit der Monarchie, mit dem ›draußen‹ außerhalb der Idylle in der kleinen verschlafenen Provinzstadt Nikolsburg. Bereits sein Entschluß, sofort zum Heer zu gehen, konfrontiert den Neunzehnjährigen erstmals mit der Frage nach dem Staat.«[40] Er tritt ihm als eine Art Realitätsprinzip im Kontrast zu seiner abgehobenen humanistischen Bildung entgegen: »Ich empfand es als skandalös, daß ein junger Mann, der sich mit gewissem Recht als gebildet bezeichnen konnte, dank unserer Studieneinrichtungen ein Reifezeugnis mit Auszeichnung tragen konnte, in voller Unkenntnis des Staates und seiner Einrichtungen war. (...) Die Staatsverfassung des Sulla, die Heeresordnung Alt-Roms und die Heeresreform des Marius – die kannte ich genau –, ob Österreich eine Verfassung besitze und welche, darüber war ich im unklaren.«[41] Gleichzeitig will er aber als Bürger dem Staat auch dienen, »wie die jungen Bauernknechte und Taglöhnerkinder, wollte von untenauf eintreten in das, was mir als Hauptsache der Staatsbürgerschaft gelten mußte. Den Staat kennenzulernen, schien mir vor allem wichtig.«[42] So ist Nasko und Reichl sicherlich zuzustimmen, dass seine Entscheidung für das Rechtsstudium kein Zufall, sondern eine Selbstverständlichkeit, eine logische Folge des in seiner Militärzeit entstandenen Interesses am Staat zu werten ist.[43]

Während seines Militärdienstes beeindruckte Renner noch ein anderes wichtiges Politikfeld der Habsburgermonarchie: die Nationalitätenfrage, mit der er sich gleichfalls zeit seines Lebens beschäftigte. In der Armee trat ihm »zum erstenmal die ganze alte Österreichisch-Ungarische Monarchie in leibhaftiger Gestalt und in einem siebenfach verschieden gesprochenen Deutsch (…) entgegen«.[44] Er begann hier, das ganze für die Einheit des Imperiums destruktive Potenzial des Nationalitätenstreits zu begreifen. Der Bestand der Habsburgermonarchie schien ihm bisher eine »selbstverständliche Gegebenheit« zu sein, »wie daß das Himmelsgewölbe als gemeinsames Dach über Stadt und Land ruhte. Kann der Bauer ruhig sein Feld pflügen, der Städter ruhig in seiner Werkstatt seinem Handwerk nachgehen, wenn das Gewölbe über ihm einzustürzen droht?«[45] Unter dem Eindruck der Erkenntnis, dass die k.u.k. Monarchie nicht jene heile Welt ist, wie sie ihm in Unter-Tannowitz erschien, reifte in ihm nach eigenem Bekunden der Entschluss: »Man muß die Politik *studieren*! Und damals erhielt ich den Anstoß, einzusetzen bei der obersten Frage, *bei dem Problem des Reiches und seiner Nationen*.«[46]

Besondere Bedeutung für die Prägung seines politischen und wissenschaftlichen Profils maß Renner während seiner Militärzeit der Versetzung ins Verpflegungsmagazin am 1. Januar 1890 bei. Ein Oberintendant habe es verstanden, ihn für den als trocken geltenden Stoff der Heeresversorgung zu begeistern. Bald rundeten sich, so Renner, die Detailkenntnisse zu einem Ganzen ab. Tatsächlich war der Erwerb dieses Basiswissens, verbunden mit seinem hochgradigen Interesse an Fragen der Massenversorgung, für Renners Zukunft prägend. In seinem vorhergegangenen Leben habe ihn die Not wirtschaftlich denken gelehrt: »Dieses Denken war durch die parnassischen Jahre der Obermittelschule nur zurückgestaut worden und drängte jetzt voll an die Oberfläche. Man mußte Volkswirtschaft, mußte die Rechte studieren und den Staat in allen seinen Einzelheiten kennenlernen – das war es, was man brauchte, um in der Welt etwas auszurichten. Immer mehr reifte in mir der Entschluß, nicht Philosophie, sondern die Rechte zu studieren. Nur so ließe sich das lebendige Wesen fassen und gestalten.«[47] Das in der Militärzeit erworbene Basiswissen über die Massenversorgung machte ihn nicht nur für die alten Eliten attraktiv, als er im Ersten Weltkrieg ins Direktorium des Ernährungsamtes berufen wurde. Nicht weniger wichtig für sein späteres Leben war, dass er es später erfolgreich in das sozialdemokratische Genossenschaftswesen einbringen konnte.

Deutlich wird in dieser Phase auch Renners pragmatisch-strategische Methode, anstehende Probleme der eigenen Lebensplanung zu lösen, auch wenn dies eine Abkehr von eigenen Überzeugungen zu implizieren scheint. Dass er nach dem Bruch mit seiner Heimat in Unter-Tannowitz und in Nikolsburg Wien als neue Wirkungsstätte wählte, ist alles andere als ein Zufall, sondern Ergebnis einer durchdachten Strategie der Lebensplanung. »Ich mußte mich nach Wien melden, um dort irgendwie in der Universitätsstadt Fuß zu fassen, Menschen und Erwerbsmöglichkeiten kennenzulernen und einen solchen Erwerb zu sichern, der mir das Studium erst ermöglichte. Da ich auf Staatskosten dienen konnte, war zur Not für ein Jahr gesorgt.«[48] Noch wichtiger freilich für die pragmatische Orientierung Renners ist seine Entscheidung für die Stelle eines Bibliothekars im Reichsrat, die ihn zumindest vorübergehend von der Sozialdemokratie trennte, weil er sich als Beamter der k. u. k. Monarchie jeglicher politischen Aktivität enthalten musste. »Wir sehen hier Renner wieder ganz eindeutig als den rationalen, kühlen, wenn man so will auch – und dies ist kein Vorwurf, auch nicht verwerflich, aber Tatsache – egoistischen Pragmatiker. Für einen späteren sozialistischen Führer dennoch bemerkenswert. Renner ist kein ›Revolutionsromantiker‹, er ist nicht der durch und durch entflammte Idealist, daß er anstatt des bürgerlichen Lebens sozusagen als Held, als eine Art ›heiliger Franziskus‹ der Arbeiterschaft freiwillig die Armut, den Kampf, gar die Illegalität auf sich nehmen und mit seinen Genossen Seite an Seite kämpfen würde. Er entfernt sich – zumindest oberflächlich – völlig von der Arbeiterbewegung.«[49]

Der Eintritt in die Beamtenlaufbahn als Archivar der Reichsratsbibliothek verlangte Renner aber noch ein anderes Opfer ab, das seinen Pragmatismus bezeugt. Bis dahin hatte er mehrere Jahre mit seiner Frau Luise in freier Lebenspartnerschaft zusammengelebt, weil er die bürgerliche Ehe als überholte Institution ablehnte. Der Beamtenstatus aber verlangte, dass diese Beziehung durch eine ordentliche Heirat »legalisiert« werden musste. Renner entsprach – wenn auch ohne Begeisterung – dieser Erwartung. Vor die Entscheidung gestellt, seiner Überzeugung treu zu bleiben oder in den Besitz eines gesicherten Beamtengehalts zu gelangen, entschied er sich für die zweite Alternative. Damit schließt sich der Kreis jener Prägungen in Kindheit und Jugend Karl Renners, die das Pentagon seiner Persönlichkeitsschichten durchscheinen lassen: als austromarxistischer Theoretiker, als sozialdemokratischer Politiker, als Lehrer der Arbeiterklasse, als österreichischer Patriot und als Visionär mit literarischen Ambitionen. Doch dieses Spektrum wäre unvollständig, blieben jene Voraussetzungen undiskutiert, die Renner nach der Verbindung mit seiner späteren Ehefrau Luise Stoicsics einen Rückzugs- und Regenerierungsraum boten, ohne den er seine pentagonale Persönlichkeitsstruktur nicht entfalten hätte können.

Renners Verankerung im Schonraum familiärer Beziehungen

In seiner Autobiografie schildert Renner eine Episode, die er als »Ein Trauerspiel der Liebe«[50] bezeichnet. Diese Tragödie, in die der junge Renner verwickelt war, spielte sich auf dem Bauernhof seines Onkels ab. Dessen Großknecht begegnete Renner mit »unverhohlener Feindschaft«[51], weil er ihn anscheinend grundlos verdächtigte, mit einer Magd, in die er selbst verliebt war, eine Liebesbeziehung zu unterhalten. Nachdem er von der jungen Frau abgewiesen worden war, erschoss er sich mit einer Schrotflinte. »Ich war mir keiner Schuld bewußt«, schrieb Renner, »dennoch fühlte ich aber zum ersten Mal im Leben, was Schuld bedeutet, welchen zermürbenden Einfluß sie auf die Seele des Opfers ausüben muß. Und eine Lehre zog ich aus dem Vorfall, die Lehre, daß die Liebe eine bitterernste Sache sei, mit der man nicht spielen dürfe.«[52] Diese Einsicht prägte Renners Verhältnis zu Sexualität und Erotik grundlegend. So hielt er sich während seines Studiums von den sexuellen Eskapaden seiner Kommilitonen fern. Er bekannte »einen

Luise und Karl Renner mit
Tochter Lepoldine um 1895

wahren Ekel«[53] vor jeder Form der Promiskuität, »in der die studierenden Bourgeoisiesöhnchen zu leben gezwungen sind, bis sie in den Dreißigerjahren, oder noch später, in soziale Positionen gelangen, eine standesgemäße Ehe zu schließen und junge, unerfahrene Mädchenblüten vermögender Häuser zeitlebens zu Enttäuschten und Unglücklichen zu machen«.[54]

Renner lehnte eine solche Form der »bürgerlichen Ehe als eine verächtliche Einrichtung und die staatskirchliche Zeremonie der Eheschließung als Farce«[55] ab. Aber er hielt die Ehe »als das ernsteste, dauerndste Bündnis des Leibes und der Seele«[56] jenseits von Versorgungs- und Statusmentalität so hoch, dass sie zu einem wichtigen Teil seines Lebens wurde. Obwohl durchaus lebenslustig, ist nicht bekannt, dass Renner sexuelle Kontakte mit Frauen außerhalb seiner Ehe gepflegt hätte. Entsprechende Gerüchte sind nie bestätigt worden. In seiner Autobiografie schildert Renner ausführlich, wie er Luise Stoicsics kennenlernte, einige Jahre mit ihr in freier Liebesgemeinschaft zusammenlebte und es erst zur Heirat kam, als seine Einstellung als Bibliothekar der Reichsratsbibliothek diesen Schritt notwendig machte. Renner verschweigt auch nicht, dass sie ihre Tochter Leopoldine aufgrund der prekären Beschäftigungsverhältnisse der Eltern zunächst der Obhut einer befreundeten Familie überlassen mussten und sie sich ihrem Kind in den ersten Jahren nur an den Wochenenden widmen konnten. Diese schwierige, den prekären materiellen Verhältnissen geschuldete Ausgangsposition bei der Familiengründung hat offensichtlich erheblich zu deren engem Zusammenhalt und wohl auch zu einer eher permissiven Erziehung Leopoldines als eine Art Wiedergutmachung beigetragen.

Was mag Renner an Luise neben seiner emotionalen Zuneigung gefesselt haben, die er in einem seiner Briefe während der Zeit der Friedensverhandlungen in St. Germain einmal zärtlich seine »liebe, ferne Kanzlerin«[57] genannt hatte? Vielleicht war es die unverbrüchliche Loyalität ihrem Mann gegenüber, mit dem sie darüber hinaus ihre eigene proletarische Herkunft verband. Rosa Jochmann sah das Zusammenspiel zwischen beiden, das familiäre Privatheit sowie Rückzugs- und Regenerierungsräume bot, in Luises Charakter begründet, in dem sich Intelligenz und Einfachheit verbanden: »Sie hatte zu jedem Kontakt, ob es die Bedienerin, die Wäscherin oder der Briefträger war. Beleidigen konnte man sie, wenn man die ›Genossin Renner‹ als ›Frau Präsident‹ ansprach. Ich sagte ›Luise‹ zu ihr. Wie sie, so war auch Tochter Leopoldine außerordentlich liebenswert und bescheiden.«[58] Was Renner aber an Luise besonders zu schätzen schien, war ihr aufopferungsbereites Engagement in der Großfamilie. Gleichzeitig fürchtete er aber, dass sie sich mit ihrem Einsatz für die Familie gesundheitlich übernimmt. Immer wieder mahnte er sie, sich zu schonen. So schrieb er seinem Schwiegersohn Hans Deutsch aus St. Germain: »Morgen feiert ihr Mutters Namenstag. (...) Schaut nur ein bißchen auf die Mutter. Sie muß auch das Auto eifrig benutzen und sich nicht ohne Not ablaufen.«[59] In seinem Brief vom 21. Juni 1919 schrieb er an Luise: »Ich ängstige mich (...) darüber, ob Du während meiner Abwesenheit Dir auch wirklich was Ordentliches kochst und genügend ißt, ob Du Dich nicht überanstrengst und ob Du ganz gesund bist.«[60] Aber auch Luises Bescheidenheit und Gradlinigkeit sowie ihre Ordnungsliebe könnten ihn beeindruckt haben. »Ich erinnere mich noch deutlich«, schreibt Enkelsohn Karl, »eine der wichtigsten Sachen im Haushalt war die Pünktlichkeit. Nichts wurde vergessen. Für ein Kind ist das natürlich von großer Wichtigkeit. Frühstück, Mittagessen, Abendessen, Ruhezeiten wurden ganz genau festgelegt. Meine Eltern waren damit vollständig einverstanden und haben sich natürlich immer sehr gut mit meinen Großeltern verstanden.«[61]

Ohne dies bewusst zu beabsichtigen, erschien Luises Leben an der Seite ihres Mannes zumindest in der Parteiöffentlichkeit so selbstbestimmt und prägend im Sinne eines sozialistischen Wertehorizontes, dass sie zu einer Art Ikone nicht nur der Emanzipation der Frau, sondern auch der Arbeiterklasse insgesamt aufstieg. Dies vorausgesetzt, heißt es in einem Artikel am 21. Juni 1952 anlässlich ihres achtzigsten Geburtstags vier Tage später: »Zart und heiter, von angeborener Liebenswürdigkeit des Wesens, ist aus dieser ehemaligen Kuhmagd und Hausgehilfin ein Mensch geworden, der in selbstsicherer Bescheidenheit die Erste Dame der Republik nicht nur verkörperte, sondern war.«[62]

In proletarischen Verhältnissen im burgenländischen Güssing am 25. Juni 1872 geboren und aufgewachsen, ist den Zeitgenossen nicht entgangen, was Renner ihr verdankte. Dessen Lebensfreude, so brachte es Jacques Hannak einst auf den Punkt, resultierte gewiss ganz entscheidend aus der »Erdgebundenheit und Kernigkeit« seines Wesens selbst. »Aber zur vollen Entfaltung gelangen konnte es nur dadurch, daß er eine Frau hatte wie Luise Renner.«[63] Dass Luise seine loyale Lebenspartnerin in allen Höhen und Tiefen seiner Vita war, die erheblich zu seinem inneren Gleichgewicht beitrug, hat, wie wir sahen, Renner auch stets anerkannt und gewürdigt.

Wie sich Renner besonders in fortgeschrittenem Alter in der Öffentlichkeit in der Rolle des *pater patriae* zu gefallen schien, so hatte er in der Familie den Status des unbestrittenen *pater familias* inne. Allerdings stellte er einen neuen Typ des Familienpatriarchen dar, kam ohne tyrannische Allüren aus und vermittelte Autorität aufgrund seiner inneren Substanz und Überzeugungskraft. Seine Familienmitglieder waren ihm verbunden, wie er umgekehrt zu wissen schien, was er ihrer liebevollen Zuneigung zu verdanken hatte: sein inneres Gleichgewicht – auch und vor allem in Krisensituationen, wie etwa bei den Friedensverhandlungen von St. Germain. Insbesondere einige Briefe an Luise aus dieser Zeit beweisen die tiefe Zuneigung zu seiner Frau und die Bedeutung, die er dem Familienleben beimaß. Am 21. Mai 1919 schrieb er: »Wie geht es bei Euch? Ist in Gloggnitz schon angebaut? Jeder Krautkopf wird im kommenden Winter seine Wichtigkeit haben, ich bitte Dich daher, nichts unausgenützt zu lassen, insbesondere die Kartoffeln unter die Erde zu bringen. Ich bitte Dich zugleich, (...) Dir selbst reichlich zu kaufen. Krankheiten sind bei Unterernährung sehr zu fürchten, besonders bei Personen, die wie Du sich gern überanstrengen.«[64] Immer wieder forderte Renner während seines dreimonatigen Aufenthaltes in St. Germain neue Fotografien von Frau und Familie, um den Seinen wenigstens visuell nahe zu sein: ein starkes Indiz dafür, wie wichtig ihm der Kontakt mit seiner Frau für seine psychische Stabilität war.

Die Innigkeit, die ihn darüber hinaus mit seiner Tochter Leopoldine, aber auch mit seinem jüdischen Schwiegersohn Hans Deutsch und seinen Enkelsöhnen John und Karl Deutsch-Renner und umgekehrt verband, geht aus drei Dokumenten hervor, die Nasko in seiner Quellensammlung überliefert hat. Als Renner aufgrund eines Wahlkampfes vergessen hatte, Leopoldine zur bestandenen Matura zu gratulieren, war er nach ihrer Aussage »sprachlos und tief beschämt. Später gestand er, er sei so ›herzlos‹ gewesen, dieses wichtige Ereignis im bisherigen Leben seiner Tochter einfach total vergessen zu haben. Ich ›verzieh‹ ihm, denn ich wußte genau, wie lieb er uns alle hatte.«[65] Leopoldines Verbundenheit mit dem Vater war so tief, dass sie aus der Emigration, zu der sie wegen der jüdischen Herkunft ihres Mannes während der Nazizeit gezwungen war, zu ihren Eltern zurückkehrte. Auch John Deutsch-Renner wies auf an ihn gerichtete und vom Großvater geschriebene Briefe hin, die verdeutlichen, »wie ein großer Genius, wie es Dr. Karl Renner war, ein solch starkes Familiengefühl hatte und sich um Kleinigkeiten im Familienleben kümmerte«.[66] Karl Deutsch-Renners Kindheit stand ebenfalls ganz im Zeichen der engen Verbundenheit mit dem Großvater. »Unser Familienleben war vielleicht etwas ungewöhnlich, weil wir immer drei Generationen waren, die zusammengelebt haben. Es war immer ganz klar, daß mein Großvater der Mittelpunkt der Familie war und daß sich eigentlich alles um ihn drehte. (...) Es war manchmal wirklich schwierig, sich vorzustellen, daß dieser Mann, der so viele schwierige Entscheidungen treffen mußte in der Politik, in seinen verschiedenen Aktivitäten, (...) das nicht auf das Familienleben übertragen hatte.«[67] Tatsächlich scheint Renner diese Trennung perfekt gelungen zu sein. Jedenfalls schrieb er am 20. Juni 1919 an Hans Deutsch: »Es geht doch nichts über das Nest, das ich mir gerichtet habe und das du nun in so herrlicher Weise fortheckst. Ich bin manches Mal ganz stolz darauf, daß wir uns so gut zusammengefunden haben.«[68]

Wer sich in solchen lobenden Worten über das Familienleben äußert, ist weit von der in manchen sozialistischen und kommunistischen Kreisen erhobenen Forderung nach Auflösung der Ehe als einer Säule der *possessive market society* entfernt. Auch in dieser Hinsicht klafften bei Renner Theorie und Praxis keineswegs auseinander. Wenn Rudolf Neck Renner attestiert, seine moderaten politischen Überzeugungen divergierten nie von seiner politischen Praxis[69], dann trifft dies auch auf den Privatmann Renner zu, der fröhlich und mit sich in Übereinstimmung gutes Essen und erlesene Weine zu schätzen wusste. Gewichtsprobleme, mit denen er zeit seines Lebens kämpfte, nahm er in Kauf. Als Sozialdemokrat führte er bewusst ein harmonisches Familienleben, das er nicht verheimlichte, sondern durch den Erwerb seiner Villa in Gloggnitz auch nach außen hin für jedermann sichtbar zur Schau stellte. Diesen familiären Hintergrund im Rücken, spielte sich auch sein geselliges Leben in Formen ab, die allen Varianten eines proletarischen Sektierertums eine Absage erteilten. Er öffnete sich nicht nur künstlerischen Kreisen, wie seine Bekanntschaft mit Alma Mahler zeigt. Und Ada Chlup, deren Vater mit Renner befreundet war, berichtet: »Herr Dr. Renner und mein Vater liebten sehr Musik im häuslichen Kreis. In der gemütlichen Zirbelholzstube der Villa fanden daher des öfteren Hausmusikabende statt. (...) Es waren wirklich nette Abende im Hause Renner.«[70] Auch Gartenarbeit, regelmäßige Kinobesuche und das Tarockspiel im Freundeskreis zählten zu seinen bevorzugten Abwechslungen im Alltag.

Doch wie weit reichte Renners Fürsorge außerhalb der engeren Familie? Nasko und Reichl kontrastieren Renners Idealisierung seiner Eltern in der Autobiografie mit der tatsächlichen Fürsorge, die er ihnen faktisch entzogen habe. Diese Hypothese wirft die Frage auf, ob Renner einen Bruch auch mit seiner Verwandtschaft insgesamt vollzog. Mögliche Gründe für einen solchen Schritt gab es genug. Aus seinem Nachlass geht hervor, dass ein von der Wiener Polizei gefasster Alfred Renner ebenso Kleinkrimineller war wie ein Ernst Renner, der als Betrüger nach Spanien floh. Mizzi Kornhuber, eine Nichte Luise Renners, berichtete 1923 in einem Schreiben an Renner über dessen Schwiegervater: »Vater ist oft so rabiat, dass es sehr selten ist, dass zwei Tage vergehen und nicht ein Skandal mit Schlägereien (passiert), der oft bis nach Mitternacht stattfindet. Ich glaube, dass diese Wutausbrüche seiner Krankheit zuzuschreiben sind.«[71] Die anderen Verwandten aus Renners Familie wohnten in der Tschechoslowakei, unter anderem in Unter-Tannowitz. Renners Besuche waren in der Ersten Republik wegen der Pass- und Terminprobleme zeitlich sehr aufwendig, weshalb sich der Kontakt auf Briefe reduzierte. Doch wer die im Österreichischen Staatsarchiv aufbewahrte Korrespondenz[72] durchsieht, kommt zu einem eindeutigen Befund. Es waren vorwiegend Bitten, die nach seinem Aufstieg zum sozialdemokratischen Spitzenpolitiker an Renner gerichtet wurden: Sie reichen von dem Wunsch, Stellen für Familienmitglieder in der Gemeinde Wien zu akquirieren, über Bitten um finanzielle Zuwendungen und Bürgschaften für Darlehen bis zu Empfehlungen für Bewerbungen und Protektion bei Wohnungsbeschaffungen. Tatsächlich bestand die Korrespondenz mit seinen Verwandten für Renner zum großen Teil darin, ihnen zu erklären, dass er ihre Bitten ablehnen musste.

So schrieb er in seinem Brief vom 10. April 1930 an die Familie Renner in Unter-Tannowitz: »Erstens sind in Oesterreich über 300 000 Arbeits- und Stellenlose und es ist bei der gegenwärtigen Krise schier unmöglich, jemanden unterzubringen. Zweitens besteht auch das gesetzliche Hindernis, dass Ausländer, also auch Staatsangehörige der Tschechoslovakei, bei uns nicht angestellt werden dürfen. Wie ich auf diese Weise jemanden von meinen Neffen unterbringen soll, weiss ich nicht und werdet Ihr auch selbst nicht sagen können. Dazu kommt noch, dass die Sozialdemokratie seit mehr als zehn Jahren gegen die Regierung in Opposition ist und dass daher weder die Regierung noch Privatunternehmer Leute anstellen, die von Sozialdemokraten empfohlen sind. Ihr befindet Euch deshalb in einem vollen Irrtum, wenn Ihr glaubt, dass ich dabei eine besondere Macht habe, da ich ja schon über zehn Jahre ausserhalb der Regierung stehe. Offenbar lasst Ihr Euch durch die Tatsache täuschen, dass ich vor zehn Jahren einmal in der Regierung gewesen bin. Was Eure Kinder betrifft, so werden sie immer ein leichteres Fortkommen in der Tschechoslovakei als in Oesterreich haben. Die Tschechoslovakei ist reich und Oesterreich ist arm. Wer es kann, schickt seine Kinder ins Ausland, weil im Inland keine Aussicht ist. Die wirtschaftlichen Verhältnisse sind bei Euch weitaus besser als bei uns.«[73] In seinem Brief an seine Schwägerin Therese Renner in Unter-Tannowitz vom 2. Oktober 1926 stellte Renner klar, dass die starke Stellung der Sozialdemokraten in Wien nicht als Stellenvermittlungsagentur für notleidende Verwandte missverstanden werden dürfe: »Ich kann mir schon denken, dass Du die Auffassung hast, die Sozialdemokraten treiben es wie die anderen und betrachten ihre Vertrauensstellung als ein Mittel, um Protektion zu üben und Verwandte unterzubringen. Ich muss Dir aber sagen, dass das ganz falsch ist. Wir geben uns Mühe, alle Protektion auszuschliessen und alle Stellen nur nach Recht und Gerechtigkeit zu vergeben. Und das ist eben der Grund, warum wir die Gemeinde Wien gut verwalten, während die Anderen sie schlecht verwalten.«[74]

Andererseits zeigte Renner seinen Verwandten außerhalb der engeren Familie nicht einfach die kalte Schulter. Dass er ein liebevolles Verhältnis zu seiner Schwester Anna hatte, die er oft in Wien besuchte, ist bekannt und wird durch seine private Korrespondenz bestätigt. Seinen kranken Bruder Johann unterstützte Renner über Jahre hinweg mit Geldzuwendungen. Nach dessen Tod stellte er die Zahlungen ein. In einem Brief am 28. Dezember 1927 an seinen Bruder Ignaz begründete er diesen Schritt damit, dass die Unterstützung seiner eigenen Enkelkinder für ihn Priorität habe: »Ich muss jetzt, da ich mich den Sechzigern nähere, in erster Linie an meine Familie denken und kann also irgendwelche Subventionen nicht geben.«[75] Renner fühlte sich seinen Verwandten gegenüber also durchaus verantwortlich, wenn auch mit Einschränkungen. Diese Ambivalenz spiegelt sich in seinem Brief an den Bürgermeister von Gloggnitz vom 24. Oktober 1924 wider: »Aus dieser Notiz (in einer Zeitung, R. S.) entnehme ich, dass es sich in diesem Falle nicht um meinen Bruder Johann handelt, für den ich vorgesorgt habe, sondern dass inzwischen mein anderer Bruder, der christlichsozialer Gewerbetreibender, nämlich Tischlermeister, ist, verarmt sein könnte. Ich habe von ihm natürlich keinen Brief empfangen und weiß überhaupt nicht, dass es diesem schlecht geht. Ich muss nun raschestens von Unter-Tannowitz Nachrichten einholen, bevor ich die Berichtigung schicke. Es ist mir unangenehm, dass die Berichtigung eine Nummer verspätet kommen wird, denn das bedeutet, dass diese Notiz einstweilen unberichtigt durch alle Zeitungen geht. Dieser Bruder, der als ehrenwerter Gewerbetreibender bezeichnet wird, ist durch seine Heirat ganz wohlhabend gewesen, trinkt aber sehr gern und spielt Karten; er hat also wahrscheinlich alles vertan. Doch hat er viele erwachsene Kinder, dass ich nicht glaube, dass diese ihn in einen wirklichen Notstand kommen lassen. Niederträchtig ist nur, dass kein einziger von diesen Verwandten eine Zeile schreibt. Ich werde mich bemühen, so rasch als möglich über den Tatbestand Näheres zu erfahren.«[76]

Zweifellos hat Renners Lebensstil entscheidend mit dazu beigetragen, ihn vom linken Flügel der SDAP zu isolieren. Er lebte das konkret, was von diesem als »bourgeois«, wenn nicht als »kleinbürgerlich« stigmatisiert wurde. Aber was im Kaiserreich und in der Ersten Republik innerhalb der Sozialdemokratie keineswegs Konsens war und als »Verspießerung« denunziert wurde, sollte sich nach dem Zweiten Weltkrieg als Normalfall erweisen. Schon in der Ersten Republik machte er sich für die Eigenheimbewegung stark. Im Pressedienst für das Bauspar- und Siedlungswesen bekannte er am 12. September 1931: »Als Dorfkind und Bauernsohn habe ich volles Verständnis für alle Bestrebungen, die Menschen wieder der Scholle und ihren Segnungen näherzubringen und ihnen eine eigene Heimstatt zu sichern. Ein Weg hiezu ist durch die nun auch auf dem Kontinent sich ausbreitende *Bausparbewegung, die in den angelsächsischen Ländern seit vielen Jahrzehnten besonders unter der Arbeiterschaft mit viel Erfolg wirkt*, gegeben. Die *halbländliche Siedlung*, die das

Ziel der Bausparkassen ist, kann gerade in schwerer Wirtschaftsnot viel dazu beitragen, der *Arbeiterschaft über Kurzarbeit und Feierzeit hinwegzuhelfen*. Die sogenannte zusätzliche Arbeit, die in der Bestellung des Eigengartens, in der Gewinnung von Gemüse und Obst für den eigenen Haushalt liegt, gereicht der *Arbeiterfamilie* zum Vorteil und trägt zu deren *wirtschaftlicher Unabhängigkeit* bei. Außerdem befruchtet auch diese wie jene andere Art der Wohnbautätigkeit die industrielle und gewerbliche Produktion und trägt, wenn auch in bescheidener Weise, zur *Linderung der Arbeitslosigkeit* bei. Ich hege die Hoffnung, dass eine geeignete *gesetzliche Regelung* und verständnisvolle Mitarbeit der staatlichen Verwaltung diese Bewegung in erfolgreiche Bahnen lenken wird.«[77]

So gesehen war Renner als Sozialdemokrat auch in der Antizipation der lebensweltlichen Zukunft der Arbeiterbewegung seiner Zeit voraus. Doch darf der Preis für diese »Verkleinbürgerlichung«, die mit dem Aufstieg der proletarischen Parias zu Staatsbürgern mit aktivem und passivem Wahlrecht und dem Eindringen der Sozialdemokratie und der Gewerkschaften in den bürgerlichen Staat und in die Aufsichtsräte der kapitalistischen Wirtschaft einherging, nicht verschwiegen werden. Jacques Hannak benannte ihn einst in seiner Renner-Biografie[78]: die ideologische Verflachung der Partei und der Verlust ihrer sozialistischen Aura, eine Alternative zur bürgerlichen Gesellschaft anzubieten, wie es ihr ansatzweise in der Zwischenkriegszeit im Roten Wien gelungen war. Aber diese Vorwegnahme der Auflösung proletarischer Milieus darf nicht die Tatsache überlagern, dass dem jungen Renner, aus einer bäuerlich-katholischen Familie stammend, die Mitgliedschaft in der Sozialdemokratie keineswegs in die Wiege gelegt wurde. Auch der Erwerb einer umfassenden humanistischen Bildung am Gymnasium in Nikolsburg prädestinierte ihn nicht unbedingt für eine Laufbahn in der frühen Sozialdemokratie. Wie es trotzdem zu dieser Entwicklung kam, die dem Leben Renners eine entscheidende Wende gab, ist im folgenden Kapitel zu untersuchen.

2. Die Formung eines Sozialdemokraten

Karl Renners Entscheidung für die Sozialdemokratie erfolgte nicht abrupt, sondern eher graduell, und zwar auf zwei Ebenen: einerseits als intellektuelle Aneignung sozialdemokratischer Theoriebildung, die ihn schon früh zu publizistischen Arbeiten und zur Auseinandersetzung mit juristischen und volkswirtschaftlichen Fragen anregte; andererseits als Lehrer und Referent in Arbeiterbildungsvereinen, was ihn mit bekannten Sozialdemokraten vernetzte, deren Autorität nachhaltig auf ihn einwirkte. Auch wenn beide Rezeptionslinien parallel verliefen, liegt es nahe, mit Renners Erarbeitung seines theoretischen Standpunktes zu beginnen: Bei aller Empiriebesessenheit seines Ansatzes war er doch stets auch ein Intellektueller, der sehr genau wusste, dass »Tatsachen« als solche nicht für sich selbst stehen, sondern nur innerhalb eines theoretisch abgesicherten Paradigmas wahrnehmbar erscheinen.

Stufen der Konstituierung eines emanzipatorischen Theorieansatzes

Wir haben gesehen, dass sich Renner unter schwierigen, heute kaum noch nachvollziehbaren Bedingungen auf dem Gymnasium in Nikolsburg eine umfassende humanistische Bildung aneignete. Renner schildert in seiner Autobiografie sehr ausführlich, wie er nach der Matura eine »Götterdämmerung der Antike«[1] erlebte. Die Annahme liegt nahe, dass er seine »Bildungskrise« durch die Auseinandersetzung mit sozialistischen Ideen überwand, weil er diese wie keine andere Denkrichtung als Schlüssel zur individuellen und kollektiven Emanzipation ausmachen zu können glaubte. Vereinfacht ausgedrückt lassen sich drei

Stufen unterscheiden, über die seine Aneignung der sozialistischen Gedankenwelt erfolgte.

Die erste Stufe der systematischen Rezeption sozialistischer Theorie in seiner Studentenzeit stand nicht im Zeichen von Karl Marx. Vielmehr waren es die Prozessreden von Ferdinand Lassalle, die tiefen Eindruck auf den jungen Renner machten.[2] Dass er in dieser frühen Phase seiner Entwicklung Lassalle den Vorzug vor Marx gab, mag verschiedene Gründe haben. Einerseits könnte der nicht nur den Verstand, sondern auch die Emotionen des Lesers ansprechende Duktus der Schriften Lassalles seinem Lebensgefühl mehr entsprochen haben als die ökonomisch versachlichte Argumentation des Marx'schen *Kapitals*. Andererseits ist aber auch nicht auszuschließen, dass ihm die Schriften Lassalles weniger Rezeptionsprobleme bereiteten als die dialektischen Argumentationsfiguren des Hegel-Schülers Marx. Insbesondere Lassalles Forderung nach der Allianz von Wissenschaft und Volk, von Wissenschaft und Arbeiter faszinierte Renner ebenso wie dessen Verteidigung demokratischer Volksrechte vor preußischen Gerichten.[3] Aber auch Lassalles Agitation für das allgemeine Wahlrecht musste Renners Aufmerksamkeit erregen, war sie doch mit dem Ziel verbunden, dass proletarische Interessen Einfluss auf den Staat nehmen.

Für Lassalle kam es außerdem darauf an, die Arbeiterschaft vom Einfluss der Liberalen in den von ihnen gegründeten Arbeiterbildungsvereinen ebenso zu lösen wie von dem auf Selbsthilfe angelegten Programm der Produktionsgenossenschaften von Hermann Schulze-Delitzsch. Diesen Ansatz kritisierte Lassalle mit dem Argument, er müsse an dem »ehernen Lohngesetz« scheitern, das den Arbeitern nur so viel Lohn vom erwirtschafteten Profit zugestehe, wie zur Erhaltung ihrer physischen Existenz notwendig sei. Ihm stellte Lassalle seine Konzeption der sozialen Demokratie entgegen, auf deren Spuren sich Renner später als Politiker der Arbeiterbewegung profilierte. Die Produktionsgenossenschaften sollten sich nicht nur wie bei Schulze-Delitzsch auf Selbsthilfe allein gründen, sondern auch auf die Intervention des Staates. Das aber war nur möglich, wenn die Arbeiterklasse durch das Erkämpfen des allgemeinen und gleichen Wahlrechts mit dem Staat verschmolz – ein Ziel, für das Renner zeit seines Lebens kämpfte.

Der zweite Schub der theoretischen Fundierung von Renners Sozialismusverständnis erfolgte während seines Studiums an der Wiener Universität in einem sozialistischen Diskussionskreis, der sich in der Gastwirtschaft zum »Heiligen Leopold« traf: »Zu dieser Zelle stießen etwa im zweiten Semester des Jahrgangs, im ersten Frühjahr 1893, wertvolle Mitarbeiter, Max Adler, Rudolf Hilferding und J. Freundlich.«[4] Der intellektuelle Leiter des Kreises war Julius Sesser. Nachdem Renner bei seinem frühen Versuch, das Marx'sche *Kapital* zu verstehen und ihm analytische Perspektiven abzugewinnen, gescheitert war, hatte er unter der Anleitung von Sesser mehr Erfolg. »Hier erfuhr ich zu meinem Leidwesen, daß und worin Lassalle veraltet war, hier erhielt ich unter der scharfsinnigen Anleitung von S(esser) den Schlüssel zu der Lektüre von Marx. Ich bekam zunächst Kautskys Büchlein ›Marx' ökonomische Lehren‹ zu lesen und mehrere Abende referierte und diskutierte man über die materialistische Geschichtsauffassung.«[5] Ergänzt wurde die Marx-Rezeption durch die Lektüre der Zeitschrift *Die Neue Zeit*. Dieses von Kautsky und Mehring herausgegebene theoretische Zentralorgan der SPD habe, so Renner, in der damaligen Zeit »die sozialdemokratische Bewegung in der ganzen Welt« geistig geleitet. Nach Renners Meinung spielte es für die internationale Sozialdemokratie dieselbe Rolle »wie die französische Enzyklopädie im Aufklärungszeitalter«.[6]

Neben dem »Kreis des heiligen Leopold« existierte noch ein weiterer sozialistischer Zirkel, der sich den Namen »Veritas« gab und der im berühmten Café Griensteidl auf dem Michaelerplatz tagte. In ihm verkehrten junge Schriftsteller und Künstler, aber auch sozialdemokratische Spitzenpolitiker wie Victor Adler, Wilhelm Ellenbogen und Karl Leuthner sowie ausländische Sozialisten, insbesondere polnische und russische Flüchtlinge. Zwischen den beiden Kreisen gab es Reibereien. Aus der Sicht der Gruppe des »Heiligen Leopold« waren die »Veritas«-Anhänger zu bourgeois. Umgekehrt gab es in deren Reihen Leute, die der Vereinigung »Heiliger Leopold« kleinbürgerliche Neigungen nachsagten. Doch es gelang, den Streit zu beenden und beide Gruppen zu fusionieren.

»Unter der Obmannschaft von Max Adler wurde die Freie Vereinigung sozialistischer Studenten an der Wiener Universität gegründet, die von jetzt ab durch drei Jahrzehnte der theoretische und gesellschaftliche Sammelpunkt aller sozialistischen Studenten an der Wiener Universität werden sollte. Alles, was unter den sozialistischen Studenten ernste wissenschaftliche Arbeit leisten konnte, arbeitete dort mit und die Vereinigung hatte vielmehr den Charakter eines wissenschaftlichen Seminars als einer geselligen Veranstaltung.«[7] Eine weitere für Renner wichtige Institution war der »Sozialwissenschaftliche Bildungsverein« (SWBV), dessen Schriftführer und dessen Obmann er in späteren Jahren wurde. »Der SWBV wurde so für die akademische Jugend dasselbe, was die ›Gesellschaft der Fabier‹, die um dieselbe Zeit ihre Tätigkeit aufnahm, für das gebildete sozialpolitische Bürgertum bedeutete.«[8]

Auf einer dritten Stufe vorangetrieben wurde Renners Theorieentwicklung schließlich im Rahmen seines Studiums durch die Auseinandersetzung mit seinen akademischen Lehrern Carl Menger und Eugen von Philippovich. Menger veröffentlichte 1871 sein Hauptwerk *Volkswirtschaftslehre*[9], das ihn zum geistigen Vater der österreichischen Grenznutzenschule avancieren ließ. In diesem Buch entwickelte er das ökonomische Axiom, dass der Wert eines Gutes von den individuellen Bedürfnissen beziehungsweise der subjektiven Wertschätzung des Konsumenten abhängig sei. Auf dieser Grundlage leitet Mengers Grenznutzenschule das Angebot von der Nachfrage ab. Mengers Ansatz wurde später von Ökonomen wie Eugen Böhm von Bawerk, Friedrich von Wieser, Ludwig von Mises und Friedrich August von Hayek systematisch weiterentwickelt. Interessant war Menger für Renner insofern, als er in dessen Ansatz eine Alternative zur Marx'schen Mehrwertlehre sah. Außerdem trat Menger von seinem radikal liberalen Ansatz her auch als Kritiker der österreichischen Aristokratie hervor: Seine 1878 veröffentlichte Streitschrift konvergierte in manchen Aspekten durchaus mit sozialdemokratischen Vorstellungen.

Ebenso wichtig wie Carl Menger wurde für Renners Entwicklung Eugen von Philippovich. Er muss sogar als einer der großen Förderer des jungen Renner gelten, denn durch seine Vermittlung konnte dieser am 1. Dezember 1895 seinen Dienst in der Parlamentsbibliothek antreten. Philippovich gehörte zu den Professoren, die sich von einem bürgerlichen Standpunkt aus systematisch der sozialen Frage annahmen.

1894 veröffentlichte er unter dem Titel *Wiener Wohnungsverhältnisse* die erste Studie über das Wiener Wohnungselend. In seinem Hauptwerk *Grundriss der Politischen Ökonomie*[10] ging er zwar wie Carl Menger von einer individualistisch respektive subjektivistisch geprägten Volkswirtschaftslehre aus, vertrat aber die Ansicht, dass diese durch Wirtschaftsgeschichte und Institutionen zu ergänzen sei. Insbesondere stellte er die Volkswirtschaftslehre in den Dienst vom Staat geförderter wirtschafts- und sozialpolitischer Reformen, deren Ziel die Minimierung der sozialen Ungleichheit war.

Die Bedeutung, die die Ansätze einer bürgerlichen politischen Ökonomie bei Carl Menger und Eugen Philippovich für die geistige Entwicklung des jungen Renner während seines Studiums an der Wiener Universität hatten, ist gar nicht hoch genug einzuschätzen. Renner hat diese frühen Erkenntnisinteressen, die darauf abzielten, im »Wirtschaftsleben (…) Fuß zu fassen«, um »auf diesem Felde (…) für mich und meine Mitmenschen zu wirken«[11], auch in Auseinandersetzung mit Menger und Philippovich konsequent in seinem Studium an der Wiener Universität umgesetzt. »Mein Hauptinteresse galt (…) der Volkswirtschaftslehre, der Wirtschaftspolitik und der Finanzwirtschaft. (…) Im Mengerschen Seminar behandelte man damals die aktuellen Fragen der Währung, der Notenbanken und der Handelspolitik (…). Das Philippovichsche Seminar pflegte mehr die Wirtschaftsprobleme mit sozialem Einschlag und zu diesen fühlte ich mich hingezogen.«[12] Dieses Bekenntnis Renners über die zentralen Motivationen und Interessen seines Studiums macht aber auch deutlich, dass er zu keinem Zeitpunkt einen Marxismus vertreten hat, der sich gegenüber der bürgerlichen Wissenschaft abschottet. Wie alle Vertreter des Austromarxismus setzte er sich für einen offenen Umgang mit dem Marx'schen Werk ein – jenseits aller Dogmatisierung. Die Rezeption der Theorien Mengers und Philippovichs sowie der Grenznutzentheorie der österreichischen Schule eröffneten ihm im Gegenteil wichtige Zugänge zum Marx'schen *Kapital*. »So gelang es mir auch«, bekannte Renner, »das berühmte Erste Kapitel von Marx' *Kapital* zu bewältigen, an dem ich vor zwei Jahren so kläglich gescheitert war.«[13]

Dazu kommt ein zweiter wichtiger Aspekt. Unter dem Einfluss der

Wissenschaftssprache der bürgerlichen politischen Ökonomie kritisierte Renner in seiner Autobiografie rückblickend Marx, dieser habe sein Werk, das »eine einzige gewaltige Induktion aus den Wirtschaftstatsachen« sei, in ein hegelianisches Kategoriensystem als Ausdruck »der deduktiv abstrakten Methode der vierziger Jahre des vorigen Jahrhunderts« gekleidet: Es sei verantwortlich dafür, dass die Kernaussage des historischen Materialismus infolge »der induktiven Denkweise des ausgehenden Jahrhunderts einfach undurchdringlich und unübersteiglich bleibt und so den Zugang zu den Hauptpartien des Werkes dem Leser von heute verrammelt. Noch beklagenswerter finde ich es, daß bis heute keiner seiner Interpreten das Werk aus dem Hegelschen in den John-Stuart-Millschen Stil, aus der abstrakt-deduktiven in die konkret-induktive Methode übertragen hat.«[14]

Annäherung an die Sozialdemokratie

Renners intellektuelle Lernprozesse wurden durch seine allmähliche Annäherung an die Arbeiterbewegung ergänzt. Während seines Militärdienstes in Wien nahm er sie gleichsam sinnlich-konkret zum ersten Mal als politisches Kollektiv wahr: Es war das Erlebnis der ersten Demonstration der Wiener Arbeiterschaft am 1. Mai 1890. »Anderthalb Menschenalter nach diesem Ereignis, nachdem die Welt sich an unzähligen Demonstrationen aller Gesinnungsrichtungen gewöhnt hat, versteht man kaum mehr den ungeheuren Eindruck, den der plötzliche Aufmarsch des Proletariats, der Zug von gewiß zweihunderttausend Angehörigen der unteren Klassen in den Prater, ihr selbstbewußter Aufzug mitten durch die in Massen aufgebotene Polizei und vorbei an den Kasernen, in denen sämtliche Truppen bereitgestellt waren, auf das Wiener Bürgertum machen mußte, auf das bisher polizeifrommste Bürgertum der Welt, das höchstens zu einem Wirtshausradau zu haben war und in größeren Massen nur als Spalier bei den Praterfahrten des hohen Adels und der reichen Bourgeoisie auftrat.«[15]

Diese Maifeier des Wiener Proletariats, so Renner, war umso eindrucksvoller, »galten doch Arbeiterbewegung und Sozialismus nicht als

Gegenstand des geistigen, gesellschaftlichen, staatlichen, politischen Lebens, sondern bloß als Sache der Kriminalpolizei, eine Auffassung, die durch die vorangegangenen Ausnahmezustände in Österreich und das Sozialistengesetz in Deutschland großgezogen war«.[16] Durch die Zeitungsberichte aus dem In- und Ausland gewann Renner die Überzeugung, »daß die soziale Erhebung zu einer wirklichen Weltbewegung gediehen sei. Obwohl ich ihr noch in vielfachen inneren Vorbehalten entgegenkam, empfand ich doch deutlich den Beruf und die Pflicht, mich von der Stunde meiner persönlichen Freiheit an in ihren Dienst zu stellen: Wie viele Irrtümer auch unterlaufen möchten, es wären doch meine Brüder und Schwestern und ihresgleichen, um die es sich handelte.«[17] In gewisser Weise war Renner bereits damals zum Sozialisten geworden, ohne etwas vom Sozialismus zu wissen.[18]

In dieser frühen Wiener Zeit muss man Renner als einen »Gefühlssozialisten« bezeichnen, dessen Sympathien für die »enterbten Volksklassen« sich bereits zu einer Lebensentscheidung verdichtet hatten.[19] Renner wurde mit der sozialen Frage zunächst im agrarischen Kontext konfrontiert. Hier erlebte er, wie schon hervorgehoben[20], den Übergang von der »geschlossenen Hauswirtschaft« zur Geldwirtschaft, von Selbstversorgung und agrarischem Naturalaustausch zur Lohnarbeit und zum Zerfall der Dorfgemeinschaft und ihres Wertesystems durch das egoistische Paradigma der Nutzenmaximierung.[21] Renners Begegnung mit der Industriearbeiterschaft, der eigentlichen Massenbasis der Sozialdemokratie, und dem industriellen Kapitalismus erfolgte erst relativ spät während seines Studiums in Wien.

Unter der Überschrift »Erstmaliger Besuch eines industriellen Großbetriebes« berichtet Renner nicht ohne Pathos von seinem Besuch des Hüttenwerkes in Zöptau: »Es war überhaupt das erste industrielle Großunternehmen (...) in das ich eindringen und industrielle Arbeiter an der Arbeit sehen konnte.«[22] Erst jetzt, bekannte er, wurde ihm klar, was Lassalles Forderung der Einheit von Arbeit und Wissenschaft, von Volk und Technik bedeutete: »Schweißgebadet, halb taub und halb geblendet, verließen wir diese Hölle, glücklich wieder freie Luft zu atmen und das Tageslicht zu schauen – was hatten die Zyklopen da drinnen auszuhalten, die in zwölfstündiger Schicht für sich und für Weib und Kind fronten? Dieses Wunder der Technik – war das nicht Buchwissenschaft ins Leben übertragen, Wissenschaft am Werke? Und seltsam! Hier war Wissenschaft und Volk, Wissenschaft und Arbeit vereinigt, aber doch wohl in ganz anderer Weise vereinigt, als Lassalle erträumt hat, nicht verschwistert und vermählt, sondern mit eisernen Hämmern aneinandergeschmiedet. Was erzwingt, daß diese Verbindung gerade solche Form annimmt? Welche Macht kann die Fessel sprengen und die erzwungene Gemeinschaft in einen freien und freudigen Bund verwandeln? Noch war mir kein Weg dazu vorstellbar, außer einem Wunder.«[23]

Renner musste bald klar geworden sein, dass es nur eine politische Kraft gab, die dieses »Wunder« vollbringen konnte: die sozialdemokratische Arbeiterbewegung, deren kollektive Kraft er während der Mai-Demonstration von 1890 wahrgenommen hatte. Bei seinen Versuchen, Anschluss an die industrielle Arbeiterschaft und die Sozialdemokratie zu finden, spielte nach Renners Aussagen Alois Rohrauer eine Schlüsselrolle. »Seine Person, sein Leben, sein Wirken verkörperte geradezu den Aufstieg, den das industrielle Proletariat bis zur Jahrhundertwende in Österreich genommen hat, alle intellektuellen und moralischen Triebkräfte dieses Aufstiegs haben in diesem seltsamen Manne Gestalt und Wirksamkeit angenommen, und so war er mir zugleich Zögling, Lehrer und Vorbild.«[24] Renner sah in der Person des ehemaligen Schmiedegesellen und späteren Metallfacharbeiters Rohrauer die Personifikation der in seinen Augen positiven Seiten der modernen industriellen Technik.[25] Aber er verband mit ihm nicht nur das instrumentelle Naturverhältnis der fortschreitenden Industrialisierung, deren Subjekt und Objekt die industrielle Arbeiterschaft war, sondern auch dessen gleichzeitige Ehrfurcht vor der Natur, die für das industrielle Proletariat einen unverzichtbaren Erholungs- und Regenerierungsraum bot.[26] Offenbar klafften in der Sichtweise Renners und Rohrauers die Beherrschung der Natur durch Technik und das Bewusstsein, als Mensch selbst Teil der Natur zu sein und nur in und mit ihr regenerierende Erholung zu finden, noch nicht auseinander. So unterstützte Renner Rohrauers Initiative der Gründung der »Naturfreunde« im Studienjahr 1894/95. Nach anfänglichem Widerstand aus der SDAP, die angesichts ihrer Wahlrechtskämpfe eine Verschleuderung ihrer Ressourcen befürchtete, wurde diese Vereinigung durch die Vermittlung Victor Adlers als eine sozialdemokratische Organisation anerkannt und in der *Arbeiter-Zeitung* für sie geworben. Die Begründung des Werts dieser Vereinigung für das Industrieproletariat habe, so Renner, Alois Rohrauer geliefert: Er predigte »mir und allen Freunden bei jedem Anlaß den hohen Wert, den sie (die Touristik, R. S.) für die kämpfende Arbeiterklasse haben müßte: Sie allein schütze ihn vor physischem Verkommen, sie allein vermöge ihn dem Fluche des Alkoholismus zu entreißen, sie allein brächte ihn zurück zur Natur, lehre ihn die Natur wissenschaftlich betrachten und entziehe ihn so verdummenden Einflüssen des Aberglaubens.«[27]

Renners frühe Kontakte mit der sozialistischen Idee erfolgten ohne Vermittlung durch die sozialdemokratischen Organisationen. Der sozialistische Gesprächskreis »Heiliger Leopold« fand ebenso ohne direkte Verbindung mit der Wiener Sozialdemokratie statt wie Renners Bemühungen, durch Bildung die Emanzipation der Arbeiter voranzutreiben. Auf sich allein gestellt, kümmerte sich Renner zunächst um Heimarbeiter, deren Elend aufgrund der langen Arbeitszeit zu exzessivem Genuss von Alkohol führte.[28] Er berichtet, dass diese Aktivitäten den einschlägigen Polizeidienststellen in Wien nicht vorborgen blieben. Im Verdacht, subversiven Tätigkeiten nachzugehen, wurde er zeitweilig unter Polizeibeobachtung gestellt. Da sich aber der Anfangsverdacht, Renner würde Arbeiter gegen die Obrigkeit aufwiegeln, nicht erhärten ließ, stellte man das gegen ihn angestrengte Verfahren ein. Darüber hinaus tat sich Renner als einer der Begründer des Arbeiterbildungsvereins »Galilei« hervor.[29]

Tatsächlich erfolgte Renners Integration in das Netz sozialdemokratischer Institutionen erst durch persönliche Begegnungen mit führenden Sozialdemokraten, durch seine Kontakte mit der *Arbeiter-Zeitung* und seinen Einstieg in die Arbeiterbildungsarbeit in der SDAP. Eine Schlüsselrolle spielte in diesem Zusammenhang Renners erste Begegnung mit Victor Adler. Was Renner an dessen Worten beeindruckte, war Adlers Bestimmung der Rolle der Intellektuellen in der Partei. Adler vertrat nach Renner die Meinung, dass »Schreiben und Reden, das Agitieren und Organisieren«[30] und selbst die Parteiführung Angelegenheit der Arbeiter selber sei. Die Rolle der Intellektuellen beschränke sich darauf, »die führenden Köpfe aus der Arbeiterschaft herauszuholen und für ihr schweres Amt auszubilden«.[31] Die Partei dürfe kein Tummelpatz für Ehrgeizlinge beziehungsweise Karrieristen sein. Vielmehr sollten sie sich durch Leistungen in der bürgerlichen Gesellschaft bewähren und in den Dienst der Partei stellen, wenn sie für die obengenannten Aufgaben berufen werden. »Diese unvergessene Unterredung«, so Renner, wurde seiner Frau Luise und ihm zur Richtschnur. »Erst sehr spät erkannte ich, wie sehr er in seiner unendlichen Weisheit für die damalige Epoche, aber auch allzeit recht gehabt hat.«[32] Auch wenn diese Bemerkung allzu sehr Renners eigene spätere Laufbahn als Beamter und sein damit verbundenes vorläufiges Ausscheiden aus der SDAP zu legitimieren scheint, so ist sein großer Respekt Victor Adler gegenüber doch unbestritten.

Neben Victor Adler wurde der junge Renner vor allem durch Engelbert Pernerstorfer beeinflusst. »Für Pernerstorfer bestand die Aufgabe des Sozialismus vor allem darin, die hohe Kultur und Zivilisation, welche die Geistesheroen der Deutschen geschaffen, zum Gemeingut aller Volksgenossen zu machen. Für ihn war der Sozialismus das Erbe Goethes und Schillers, Kants und Fichtes, Beethovens und Wagners, ein Erbe, zur Zeit von einer schmalen Oberschicht monopolisiert, das den Massen zugänglich zu machen, Pflicht aller geistigen Menschen und zugleich nationale Pflicht sei. Diese letztere schließe in sich, daß jeder wahrhaft Nationale das, was er für sein Volk verlangt, auch jedem anderen Volke einzuräumen bereits sei: Die Internationale war in seinen Augen die anzustrebende Gemeinschaft gleicher und freier Nationen. In seinen Augen war nichts so unnational wie nationaler Chauvinismus.«[33] Wie wichtig Renner Pernerstorfer einschätzte, geht aus der Tatsache hervor, dass er ihn auf Augenhöhe mit Victor Adler als sich ergänzende Gegensätze konfrontierte. »Beide waren Kämpfer; für Adler bedeutete Kampf nichts anderes als unermüdliche, bis zur Erschöpfung fortgesetzte Arbeit – für Pernerstorfer hieß Kampf der heldenhafte Vorstoß. (...) Viktor Adler holte den Widerspruch heraus, widerlegte ihn und überzeugte – Pernerstorfer überrannte den Widerspruch und riß die Widerstrebenden mit sich fort; jener war die blitzende Vernunft, dieser das wärmende Pathos.«[34]

Renners Engagement in der Arbeiterbildung, zusammen mit seiner Teilnahme an den sozialistischen Gesprächskreisen, sprach sich in den sozialdemokratischen Parteiorganisationen herum, sodass er bezahlter Referent der SDAP wurde. Zusätzliche Mittel für den Lebensunterhalt verdiente sich Renner durch gelegentliche Beiträge für die *Arbeiter-Zeitung* und durch Nachhilfeunterricht in reichen Familien.

Beamter der k. u. k. Monarchie und politischer Schriftsteller

Am Ende seiner Autobiografie schildert Renner unter der Kapitelüberschrift »Die Qual der Berufswahl« einen entscheidenden Wendepunkt in seinem Leben. Worum ging es? Pernerstorfer teilte ihm mit, Professor Philippovich habe sich bei ihm nach Renners Adresse erkundigt. Es gehe um eine interessante Beschäftigung für ihn. Von Philippovich erfuhr Renner, der Direktor der Reichsratsbibliothek Lipiner suche »einen jungen Mann, der im staatswissenschaftlichen Seminar gearbeitet, außer nationalökonomische auch eingehende staatsrechtliche Kenntnis erworben und politisches Interesse habe, vor allem aber ein flinker Arbeiter sei; Lipiner beabsichtige, den Buchbestand der Bibliothek neu aufzunehmen und einen Materienkatalog in Druck herstellen zu lassen.«[35] Zwar sei die Arbeit zunächst auf einige Monate befristet. Doch bei Eignung könne Renner als Beamter in der Bibliothek dauerhaft eingestellt werden. Wenn diese Anstellung auch nicht mit einer Karriereerwartung verbunden sei, so lasse sie doch Raum für wissenschaftliches Arbeiten und stelle damit eine gute Ausgangsposition für eine akademische Laufbahn dar. Allerdings müsse Renner in dieser Position auf jede politische Parteitätigkeit verzichten, da er als Beamter »allen Parteien in gleicher Weise zu dienen habe«.[36]

Renner beschloss, sich auf diese Stelle zu bewerben, wenn auch nicht ohne Bedenken. Sein Problem war nicht die Furcht, abgewiesen zu werden, denn bisher war er »in beinahe allen Bewerbungen Sieger geblieben«.[37] Was ihm eher Sorge bereitete, war die grundlegende Veränderung seiner bisherigen Berufsplanung. »Auf jeden Fall bedeutete dieser Schritt eine Abkehr von dem praktischen Ziele, das ich immer in erster Linie vor Augen gehabt, von dem Anwaltsberuf: Den politischen Kämpfern, die zur Zeit und in absehbarer Zukunft schweren gerichtlichen Verfolgungen ausgesetzt waren, als Verteidiger beizustehen und im Gerichtssaal die Ideen mit der Glut der Begeisterung, die ich in Lassalles Reden bewunderte, vor der Öffentlichkeit zu vertreten, schien mir das, was die Bewegung brauchte, was sie nach der Unterredung mit Viktor Adler von mir erwarten durfte.«[38] Fast problematischer noch war für Renner, dass er aus der Parteiarbeit aussteigen musste. »Alles in mir lehnte sich gegen diese Zumutung auf. Auch nicht mehr als Berater und Lehrer, auch nicht mehr an dem kulturellen Organisationsleben mitzuarbeiten, das schien mir das härteste Opfer.«[39] Auch wenn Renner nach eigenen Aussagen zu diesem Zeitpunkt niemals eine führende Rolle in der Partei angestrebt hatte, so war er doch stark an der »aktiven Mitarbeit an dem Propaganda- und Organisationswerk«[40] interessiert. »Auch darauf zu verzichten schien mir in diesem Augenblick unerträglich hart.«[41]

Andererseits hatte Philippovich in Verbindung mit der Bibliotheksstelle im Reichsrat eine akademische Laufbahn in Aussicht gestellt. Trotz aller Vorbehalte gegenüber dem akademischen Betrieb als berufsqualifizierende und statussichernde Anstalt mit ihren »verschlafenen Hörsälen« und dem von ihr geförderten »Hochmut einer aufgezwungenen Bildung in der bürgerlichen Gesellschaft«[42] begann Renner, »die Aussicht auf freie Zeit und ungehinderte Gelegenheit zur wissenschaftlichen Arbeit immer mehr anzusprechen«.[43] Nachdem er die Auflagen – das Ausscheiden aus der Bewegung, das Doktordiplom und die offizielle, durch Trauschein beurkundete Verheiratung mit seiner »Braut« Luise – erfüllt hatte und ihm nach einigen Konflikten unter seinen Vorgesetzten ein »positives Sittenzeugnis« ausgestellt worden war, konnte er seinen Dienst in der Parlamentsbibliothek am 1. Dezember 1895 antreten, um nach erfolgreicher Probezeit ein Jahr später verbeamtet zu werden. Wie Nasko und Reichl bestätigen können, enttäuschte Renner die Fürsprache Philippovichs nicht, sondern bestätigte sie glänzend.[44]

Tatsächlich hatte Renner jetzt zum ersten Mal nicht nur ein gesichertes und regelmäßiges Einkommen für seine kleine Familie, sondern auch Zeit und Muße für seine literarischen und wissenschaftlichen Arbeiten. Dennoch kam es zu keinem wirklichen Bruch mit seinem bisherigen sozialen Engagement. Renner war zwar zu dieser Zeit in der Wiener Arbeiterschaft so gut wie unbekannt. Aber das Proletariat war für ihn eine wichtige Quelle poetischer Inspiration, wie der 1902 veröffentlichte Gedichtband *Der schwarze Schmid* zeigt. Hinter dieser Metapher verbarg sich niemand anders als sein Freund und proletarisches Vorbild Alois Rohrauer. Ihn verklärte Renner voller Pathos zu einer idealisierten Arbeitergestalt: »Der schwarze Bart – das lange Haar! / So bleich – so ernst das Angesicht! / Sieht aus wie Marx – wie Christus gar ...«[45]

Dieses Bild des ausgebeuteten, aber seines messianischen Auftrags bewussten Hintersassen der Industriegesellschaft konfrontierte Renner in klassenkämpferischer Manier mit dem dekadenten Bourgeois: »Auf sammt'nem Divan, bei Zigarr' und Mokka, / Macht man in Kunst und hütet die Kultur! / Wir aber sind Barbaren und Vandalen, / Die jeder

Schönheit drohn den Untergang. / Ja, ja, die heuchlerische Sippe lügt / Nicht über uns nur, sie belügt sich selbst.«[46]

Auch wenn die Fülle des Materials in dieser Biografie eine Marginalisierung der sozialen Lyrik Renners unumgänglich macht, ist sie für ihn in ihrer Bedeutung als Kommunikationsmedium innerhalb der österreichischen Arbeiterbewegung gar nicht hoch genug einzuschätzen. Der Grund ist evident. Renner wollte nicht nur den analytischen Verstand seiner Leser in der Arbeiterschaft erreichen, sondern auch deren Herzen. Davon zeugen einerseits jene Verse, die er zum Beispiel dem trostlosen Arbeitsleben eines alten Maurers[47] oder einer Magd[48] widmete. Andererseits sah er aber auch in der sozialen Lyrik die literarische Form, um der Befreiung der Arbeit von kapitalistischer Ausbeutung visionären Ausdruck zu verleihen: »Ja wacht Genossen! Es wird anders werden! / In euren Händen liegt die neue Zeit: / Ihr schafft euch selbst das Paradies auf Erden, / wenn ihr euch mutig aneinander reiht! / Und wenn ihr selbst im Kampf erliegen müßtet, / so zieh'n befreit doch eure Kinder ein: / Darum wacht Genossen, bleibet treu und rüstet, / die Stunde schlägt – und es wird anders sein.«[49]

Wie wichtig für Renner diese soziale Lyrik war, verdeutlicht ein Brief, den er an Victor Adler richtete. 1901 schrieb er ein Gedicht über den Parteiführer. Als dieser jedoch die Veröffentlichung ablehnte, erwiderte ihm Renner bedauernd: »Ich bin dessen sicher, daß unsere Genossen den Refrain gern gesungen hätten. Er wäre ihnen in der Kehle und im Ohr geblieben. Meine Meinung ist: Eine Partei, die eine neue Welt repräsentiert, verankert sich nicht bloß in den Hirnen, auch in den Herzen, in der Phantasie, in allem.«[50]

Obwohl offiziell ausgeschieden, blieb Renner der Sozialdemokratie durch seine Publikationen weiterhin verbunden, die er unter den Pseudonymen Synopticus, Rudolf Springer, Dr. J. Karner oder O. W. Payer veröffentlichte. Diese Schriften wurden in einem Maße in der wissenschaftlichen und politischen Öffentlichkeit beachtet, dass er 1928 in einem Brief schreiben konnte, er sei, »bevor ich vor 21 Jahren offiziell in die Politik eintrat, schon ein vielgerühmter politischer Schriftsteller«[51] gewesen. Darüber hinaus legte Renner eine schriftstellerische

Kreativität an den Tag, die ihn in seiner Vielseitigkeit und Innovationsfreudigkeit zu einem Mitbegründer des Austromarxismus machte, und zwar auf Augenhöhe mit Otto Bauer, Rudolf Hilferding und Max Adler. Mit ihnen gründete er 1903 den wissenschaftlichen Verein »Die Zukunft«. Nach Renners Aussagen kam es deren Mitgliedern darauf an, »das System unseres Altmeisters Karl Marx mit größtem Nachdruck als Wissenschaft (…) und nicht etwa als bloßes Propagandawerk zu erkennen und fortzubilden«.[52] Damals muss insbesondere sein Kontakt zu Otto Bauer sehr intensiv gewesen sein. Jedenfalls widmete er 1917 den Aufsatzband *Marxismus, Krieg und Internationale*[53] seinem »Freunde Otto Bauer in seiner Kriegsgefangenschaft zum Gedenken jahrelanger Arbeitsgemeinschaft und als Zeichen treuer Kampfgenossenschaft«.

Seinen Entschluss, in die Reichsratsbibliothek einzutreten, begründete Renner unter anderem mit der Aussicht, in vier wissenschaftlichen Problemfeldern tätig werden zu können, in denen er schon während seines Studiums neue Ideengänge entwickelt hatte: die Anwendung der Marxschen Methode auf das bürgerliche Recht, die ökonomische Analyse von Mehrarbeit und Mehrwert, eine politische Theorie der Demokratie als Zielperspektive sozialdemokratischer Reformarbeit und »das Gebiet des Nationalitätenrechts, auf dem es damals noch ganz und gar an theoretischer Durchdringung und selbst an einer systematischen Übersicht fehlte«.[54] Den Resultaten dieser Studien haben wir uns im Folgenden zuzuwenden.

Grundlegung einer materialistischen Rechtssoziologie

»Vor fünfundzwanzig Jahren«, schrieb Renner 1929 »habe ich als junger Bibliothekar der Bücherei des österreichischen Reichsrats, in der Stille dieses gelehrten Berufes juristischer und ökonomischer Forschung beflissen, eine Studie aus dem Grenzgebiete beider Disziplinen niedergeschrieben: ›Die soziale Funktion der Rechtsinstitute, besonders des Eigentums‹.«[55] Die Nachwelt ist sich darüber einig, dass dieses Werk und seine Neubearbeitung – 1929 unter dem Titel *Die Rechtsinstitute des Privatrechts und ihre soziale Funktion. Ein Beitrag zur Kritik des bürgerlichen Rechts* erschienen – Renners wissenschaftlicher Durchbruch war, weil es ihn als den führenden Protagonisten einer marxistischen Rechtstheorie auswies. Wichtiger als diese wissenschaftsgeschichtliche Würdigung ist für uns im Sinne eines biografischen Zuganges jedoch, dass er in diesem theoretischen Werk auch und besonders die Grundlagen seines spezifischen Politikverständnisses schuf.

Renners Studie setzt mit dem Problem des juristischen Überbaus der bürgerlichen Gesellschaft ein, das hoch umstritten war. »Ob, wie und wie weit das Recht durch die Wirtschaft bestimmt ist, ob es sein eigenes, von der Ökonomie unabhängiges Dasein führt, ist für uns von hoher theoretischer und praktischer Bedeutung.«[56] Denn von der Bestimmung des Verhältnisses des ökonomischen Substrats zur juristischen Superstruktur, die es überwölbt, hängt nicht nur die Transformation in den sozialistischen Zukunftsstaat, sondern auch dessen eigene Rechtsordnung ab. Die Frage ist also, ob wir »auch juristisch, in unseren Rechtsinstituten, in den Zukunftsstaat (hineinwachsen) oder müssen wir unser Recht, das ›soziale Recht‹ durch Reflexion finden, um es an Stelle des bürgerlichen Rechtes zu setzen und so die künftige Menschheit durch unseren Schöpfergeist zu beglücken?«[57] Muss also die Rechtsordnung der Zukunft als eine völlig neue Struktur gleichsam ahistorisch gesetzt werden? Oder geht sie historisch gleichsam im Selbstlauf aus der bürgerlichen Rechtsordnung hervor? Aber auch ein »dritter Weg« ist denkbar. Es könnte nämlich sein, dass die sozialistische Rechtsordnung im Schoße der bürgerlichen Gesellschaft angelegt ist, aber erst durch einen bewussten Akt des Staates verwirklicht werden kann.

Freilich geht es in Renners Studie nicht nur um die Transformation des Rechts der bürgerlichen Gesellschaft in das des sozialistischen Zukunftsstaats, sondern auch um dessen Rechtsordnung selbst. Wie soll sie beschaffen sein? »Man gibt zu, dass in der Oekonomie kollektivistische Tendenzen liegen, aber alle sogenannten Institutionen, wie die Arbeiterversicherung, sind doch offensichtlich ganz und gar auf Privatrecht, auf Privateigentum basiert – das einzig Soziale scheint in ihnen der Zwang zu sein. Da das Privateigentum alle unsere Lebensbeziehungen im Grössten und Kleinsten heute wie seit Menschengedenken bestimmt, fragt man uns, wie es nur denkbar sei, an seine Stelle von oben herab, durch Dekrete, plötzlich etwas anderes zu setzen, ohne die Gesellschaft selbst aufzulösen – es sei denn, dass wir sie ganz und gar nach Zwangsrecht konstituieren, kasernieren. Solche Vorstellungen hegen nicht nur unsere Gegner.«[58] Hier hätte Renner die Kritik des Liberalen Eugen Richter[59] an Bebels *Die Frau und der Sozialismus*[60] einerseits und einschlägige Vorstellungen der Bolschewiki hinsichtlich der Neuordnung der sozialistischen Gesellschaft andererseits anführen können.

Renners Verdienst bestand darin, dass er im Licht dieser Problemlagen die Frage des juristischen Überbaus methodisch reflektiert in Angriff nahm. Seine Studie »untersucht das Rechtsinstitut – vor allem das Eigentum – nach zwei Seiten, nach seinem juristischen und dem ökonomischen Charakter«.[61] Die Überbauproblematik bricht er auf die Unterscheidung zwischen Normenbestand und dessen soziale Funktion herunter. Im Lichte dieser Differenzierung stellt sich die Frage der juristischen Überwölbung der bürgerlichen Gesellschaft folgendermaßen: »Kann ein Rechtsinstitut bei gleichbleibendem rechtlichen Bestand, das ist ohne Änderung des Gesetzes dennoch in seiner wirtschaftlichen Natur, in seinen ökonomischen und sozialen Funktionen sich ändern? Kann also, obwohl das Recht die Oekonomie zu regeln und zu binden sucht, die Wirtschaft sich umgestalten, ist wirtschaftliche Entwicklung ohne gleichzeitige, adäquate Gesetzesänderung, bei erstarrtem Rechte möglich?«[62] Renner kommt zu dem Resultat, dass das bürgerliche Eigentumsrecht in der Frühen Neuzeit im Rahmen der einfachen Warenproduktion entstand, in der der Inhaber der Produktionsmittel zugleich Nutznießer des Werts seines Arbeitsprodukts war. Gegen die feudalen Eigentumsformen in einer Serie bürgerlicher Revolutionen zum Teil gewaltsam durchgesetzt, blieb es auch in der Periode der Manufaktur und der »großen Industrie« unverändert.

Aber durch die Herausbildung von juristischen Konnexinstitutionen stellte das subjektive Eigentumsrecht, das andere von einer Sache ausschließt, den rechtlichen Rahmen für gewaltige wirtschaftliche Umwälzungen im Zuge der Entwicklung der kapitalistischen Mehrwertproduktion dar. Das Institut des Privateigentums blieb, aber seine sozialen Funktionen änderten sich unter dem Druck der ökonomischen Dynamik fortwährend. Was folgerte Renner aus diesem Resultat? Zwar sei das Recht nach wie vor »Bedingung der Wirtschaft, aber nicht Ursache der Änderung und Entwicklung der wirtschaftlichen Verhältnisse«.[63] Dieser Tatbestand mache die Schlussfolgerung unausweichlich, dass nicht das Recht die Entwicklung der Wirtschaft bestimme, sondern *außerrechtliche* Tatsachen. Aber es entstehe eine zweite Frage, der sich Renner in seiner Studie stellt: »Wenn bei gleichbleibendem Gesetzesbestand des Rechtsinstituts seine wirtschaftliche Funktion sich geändert hat, muss dieser Wandel nicht zurückschlagen auf das Gesetz, muß sich nicht auch die Norm wandeln? In welcher Weise bewirkt der wirtschaftliche Wandel die Aenderung des Rechts?«[64]

Es ist besonders dieses Problem, das für Renners Politikperspektive zielführend zu sein scheint. Denn er kommt zu dem Resultat, »daß das Eigentum in der kapitalistischen Epoche durchaus andere und zum Teil gegenteilige Funktionen angenommen hat als es in der einfachen Warenproduktion hatte, daß es durchaus gesellschaftsfeindlich, antisozial geworden«[65] sei. Wie einerseits das Eigentum im Vergleich zur einfachen Warenproduktion von sozialen Konnexinstitutionen wie Arbeitslosen-, Alters- und Krankenversicherung etc. »eingehegt« wurde, ist seine kapitalistische Verwertung längst vergesellschaftet, das jedoch unter Beibehaltung der individuellen respektive privaten Aneignung der Mehrwerttitel auf Kosten der materiellen und psychischen Verelendung des Proletariats. Wenn also die Konnexinstitute sowohl des Kapitals als auch der Arbeit immer mehr das Hauptinstitut, das individuelle Eigentumsrecht, überlagern, muss sich dann nicht, so fragt Renner, wenn sich die Gesellschaft dieses Funktionswandels bewusst wird, auch die Norm ändern? Muss dann das eigentumszentrierte Privatrecht nicht in soziales Recht umschlagen? Aber wie soll dieser Umschlag erfolgen? Renner erteilt der Automatik einer solchen Normänderung eine Absage, auch wenn er sich darüber im Klaren ist, dass sich eine doppelte Entwicklung durchzusetzen scheint: »Erstens haben die privatrechtlichen Konnexinstitute das Eigentum technisch der Hand des Eigentümers entwunden und zweitens hat der Gesamtwille das Privateigentum sich direkt unterstellt. Im Schoße der Gesellschaft selbst haben sich Elemente einer Neuen Ordnung entwickelt.«[66] Die Sprengung der Kruste »die das junge Werden noch hemmt«[67], erfolgt also nicht im Selbstlauf: »Denn unzweifelhaft wird Norm nur durch Norm gebrochen. Die Norm aber ist ein bewußter Willensakt der Gesellschaft.«[68]

Welche Konsequenzen hat dieser Ansatz für das Politikverständnis Renners? Erstens setzt Renner auf eine konsequente evolutionäre Form des Übergangs zum sozialistischen Zukunftsstaat. Er greift nicht selten auf Analogien der biologischen Evolution zurück, die nach Charles Darwin keine Sprünge kenne.[69] Damit erteilt er revolutionären Eingriffen in die Mechanismen der bürgerlichen Ökonomie bereits in seiner Studie von 1904 eine klare Absage. Zu sozialisieren sind nur die Teilbereiche der kapitalistischen Wirtschaft, deren Eigentumstitel funktionslos oder antisozial geworden sind. Renners Politikverständnis verbietet zweitens einen unhistorischen Konstruktivismus und schließt jedes Ausklügeln völlig neuer Rechtsinstitute a priori aus[70]: »Daß der Weg zum Neuen vor allem der Weg der Erfahrung sein müsse, daß auch der Zukunftsstaat nichts Ungeschichtliches sein könne, entging den Sozialisten der messianischen Epoche des Sozialismus.«[71] Drittens schworen die neueren Sozialisten zwar auch auf Empirie, aber sie und »leider auch ihre führenden Gruppen, die Marxisten, verschmähen es, auf die Gebiete des Rechts und des Staates diese Erfahrung zu machen, wissenschaftlich zu erforschen und sich selbst klarzumachen, inwiefern nicht auch auf dem Gebiete des Rechts in dem Schoß der alten Gesellschaft die neue vorbereitet ist«.[72] Und viertens schließlich: In Renners Studie taucht der Begriff »Staat« explizit, wenn überhaupt, nur sehr selten auf. Aber der Sache nach ist er insofern fortwährend präsent, als er – der bewusste Ausdruck der Gesellschaft – die rechtsetzende Instanz darstellt, welche die rechtliche Struktur der sozialistischen Zukunftsgesellschaft erst ermöglichen kann. Renners Politikverständnis, so müssen wir es interpretieren, ist auf den demokratischen Staat fixiert, der durch die Demokratisierung zunehmend von proletarischen Interessen, also durch soziale Rechtssetzung bestimmt wird.

Allerdings zeigt Renners *Die soziale Funktion der Rechtsinstitute* noch etwas anderes. Diese Studie dokumentiert, dass er während seiner Zeit als junger Bibliothekar des österreichischen Reichsrats tief in die Struktur der Marx'schen *Kapital*-Analyse eingedrungen ist. Der Übergang der sozialen Funktion des Privateigentums von der einfachen Warengesellschaft über die Manufakturperiode bis hin zur großen Industrie deckte er minutiös mit sorgsam ausgesuchten Zitaten aus Marx' *Das Kapital*[73] ab. Er vertrat ein reformerisches Politikverständnis nicht gegen, sondern mit Argumenten, die er aus dem Marx'schen Hauptwerk bezog. Dabei ist charakteristisch, dass er Marx nicht dogmatisch interpretiert, sondern dessen Kategorien auf ökonomische Sachverhalte anwendet, die erst nach Marx' Tod zum Tragen gekommen sind. Insofern teilte Renner eine wichtige Gemeinsamkeit mit der austromarxistischen Schule insgesamt: den Marxismus als eine gesellschaftskritische Methode zu verstehen, die sich vor allem dadurch bewähren muss, dass sie auf wirtschaftliche, gesellschaftliche und politische Phänomene angewandt wird, die Marx zu seinen Lebzeiten noch gar nicht vorfand oder antizipieren konnte.

Gewiss könnten Marx-Kenner gegen Renners *Kapital*-Exegese einwenden, sein evolutionärer Ansatz marginalisiere die ökonomische Krisenperspektive ebenso wie den Revolutionshorizont, der bei Marx und Engels eine nicht unwichtige Rolle spielte. Dennoch wird man Renner nicht absprechen können, dass er nicht nur die Marx'sche Konzeption der »ökonomischen Charaktermaske« gegenüber der Grenznutzentheorie seines Lehrers Carl Menger verteidigte. Die Grenznutzentheorie, so argumentierte er, sehe unter anderem »die Phänomene aus der Psyche des isolierten Individuums, aus der ökonomischen Froschperspektive«.[74] Der Marx'sche Ansatz der »ökonomischen Charaktermaske«, der die »soziale Funktion des Individuums im Gesamtprozess des gesellschaftlichen Lebens«[75] markiere, sperre sich jedoch gegenüber der von der Grenznutzenschule propagierten Gegenüberstellung von subjektiver und objektiver Methode. In seiner Metapher der »ökonomischen Charaktermaske« gelange bei Marx die »*Einheit* der subjektiven und objektiven Methode« zum Ausdruck als »klarste Verbindung des äusseren und inneren Geschehens. Aber sie ist mehr, sie erbringt den Nachweis, dass alles einzelne, immer zugleich subjektives und objektives Geschehen durch das Dasein der Gesellschaft, durch die gesellschaftliche Bedingtheit der Menschen und Dinge bestimmt ist. Seine Methode ist, wenn man sie von der Mengerschen abheben will, nicht individual-, sondern *sozialpsychologisch*, aber keineswegs nur psychologisch.«[76]

Darüber hinaus verstand es Renner, die Marx'sche Mehrwertlehre in Verbindung mit dem vom Kapitalismus induzierten »Fetischcharakter« der Transformation der Mehrarbeit in privat angeeigneten Mehrwert von der Natural- zur Geldwirtschaft auf den regionalen Märkten über die arbeitsteilig organisierte Manufaktur bis zu ihrer höchsten Abstraktionsstufe als kapitalistisch fungierendes Eigentum in einer bilderreichen Sprache populärwissenschaftlich darzustellen. Diesen Versuch unternahm er in seiner unter dem Pseudonym O. W. Payer 1902 veröffentlichten Broschüre *Mehrarbeit und Mehrwert*. Die Erfolgsgeschichte der Entwicklung des kapitalistischen Systems ist rein innerökonomisch nicht zu erklären. Ihre Akzeptanz vor allem in der arbeitenden Bevölkerung setze angesichts ihrer auf Dauer gestellten Verarmung bei zunehmendem Reichtum der besitzenden Schichten eine, wie Renner in Anschluss an Marx zeigen kann, ins Transzendente gesteigerte Fetischisierung der Produktions- und Distributionsvorgänge in den verschiedenen Entwicklungsperioden der kapitalistischen Wirtschaft voraus. Den Abschluss dieses Fetischisierungsprozesses des sich »selbst verwertenden Wertes« illustriert Renner mit eindrucksvoller Metaphorik: »Die menschliche Arbeit war so weit gediehen, wie die Religion moderner Heiden. In der innersten Zelle des Tempels wohnt ihr alter Götze aber nicht mehr als Standbild, nein, er waltet unsichtbar, ein reiner Geist, und nur der Hohepriester spricht mit ihm. Nun mußten die Heiden an ihn glauben, denn sie sahen absolut nichts mehr.«[77]

Genau in dieser Situation, in der die Fetischisierung des die lebendige Arbeit ausbeutenden Kapitals seine höchste Stufe erreicht hat, betritt Marx die Szene und enthüllt, so Renner, das Geheimnis der Arbeit: »Er erklärte alle ›Wandlungen‹ vom Fetisch bis zum Marktgötzen, zur Gottheit, zum reinen Geist, er bewies, dass alle diese Wundererscheinungen nichts sind als Arbeitsprodukte, dass heute noch, wie zur Zeit der Leibeigenschaft, neben der Arbeit für den Arbeiter selbst, den Frondiener oder Lohnsklaven, noch die Mehrarbeit für die Herrschenden besteht. *Karl Marx hat das Geheimnis unserer Arbeit enthüllt. Durch ihn ist die versteckte, verschleierte Ausbeutung so sichtbar geworden wie der Goldfisch im Teich, wenn diesen die Sonne durchleuchtet.*« (Hervorhebung: R. S.)[78] Marx' Verdienst sei es, den labyrinthischen Weg transparent gemacht zu haben, den unser Arbeitsprodukt durch die verschiedenen ökonomischen Instanzen zurücklegen muss, bevor ein winziger Teil des Mehrwerts zu unserer Reproduktion zu uns zurückkehrt.»Trotz aller Professoren, trotz aller Revisionisten ist Mehrarbeit und Mehrwert eine Tatsache, die erst verschwinden kann mit dem Ende der Klassenherrschaft, mit dem Reiche der Besitzlosen, mit der Selbstbefreiung der Arbeiterklasse, welche die Befreiung der ganzen Menschheit bedeutet.«[79]

Aber der *homo politicus* Karl Renner konnte es angesichts der aktuellen Entwicklung in der k.u.k. Monarchie nicht bei der produktiven Aneignung der Marx'schen Theorie und ihrer Anwendung auf neue Gebiete des gesellschaftlichen Lebens bewenden lassen. Die inneren Krisen der Donaumonarchie setzten vor allem zwei Politikfelder auf die politische Tagesordnung: den Kampf um das gleiche und freie Wahlrecht sowie die Nationalitätenfrage. Diese Arbeitsgebiete fanden ihren exemplarischen Niederschlag in zwei Schriften Renners: *Staat und Parlament* (1901) sowie *Staat und Nation* (1899), denen wir uns im Folgenden zuwenden.

Der Kampf um das allgemeine und gleiche Wahlrecht

Wir haben gesehen, dass Karl Renner mit seiner Annäherung an die Sozialdemokratie für sein Leben einen bedeutenden Paradigmenwechsel vollzog: Zwar äußerte er sich als Beamter der Reichsratsbibliothek jenseits der praktischen Politik zu wichtigen Krisensymptomen der Habsburgermonarchie. Doch der spätere Politiker Renner warf seinen Schatten voraus, wenn er auf vorgegebene soziale Strukturen nicht nur mit Kritik reagierte, sondern Alternativvorstellungen zu entwickeln begann. Das war, wie wir bereits sahen, in seiner Schrift *Die soziale Funk-*

tion der Rechtsinstitute, besonders des Eigentums (1904) der Fall, als er realistische Möglichkeiten der Durchsetzung des sozialen Rechts aufzeigte, die sich im Gefüge der bürgerlichen Gesellschaft bereits im Ansatz herausgebildet hatten. Ebenso deutlich wurde dieser Paradigmenwechsel aber auch in Renners Auseinandersetzung mit der Kurienversammlung des Reichsrats in der habsburgischen Doppelmonarchie. Zwar reduzierte der Reichsrat unter der k.k. Regierung Eduard Taaffes die Zensusgrenze von zehn auf fünf Gulden, um dem Mittelstand das Wahlrecht zu ermöglichen. Und der k.k. Ministerpräsident Kasimir Felix Badeni ergänzte 1896 die vier Kurien des Reichsrats (Großgrundbesitz, Handels- und Gewerbekammern sowie Landgemeinden) um eine fünfte Wählerklasse. Sie umfasste 72 von 424 Mandaten und setzte sich aus Abgeordneten zusammen, deren Wähler keinem Zensus unterlagen. Zwar brachte diese Neuerung insofern Bewegung in das Privilegiensystem des Reichsrats, als Sozialdemokraten und Christlichsoziale von ihr profitierten: Indem sie jetzt zur Wählermobilisierung übergingen, nahmen sie zunehmend die Form durchorganisierter Massenparteien an, welche die Epoche der nur locker gefügten »Honoratiorenparteien« abzulösen begann. Aber Badenis Reformen blieben auf halbem Wege stehen: Das allgemeine Wahlrecht galt nur für die fünfte Kurie. Das Privilegiensystem als solches blieb unangetastet und vergrößerte so noch die Stimmenungleichheit zwischen den Kurien. Um ein Mandat zu erringen, bedurfte es in der allgemeinen Kurie 69 697, in der Kurie der Großgrundbesitzer aber nur 64 Stimmen.

Genau an diesem Punkt setzte Renners Kritik in seiner programmatischen Schrift *Staat und Parlament. Kritische Studie über die österreichische Frage und das System der Interessenvertretung* (1901) ein. Ihm zufolge ragte die Ständestruktur des Reichsrats wie ein petrifiziertes Fossil aus der dynamischen Entwicklung der bürgerlichen Gesellschaften des Westens hervor. Alle drei Elemente des Kuriensystems – die »Repräsentation« des ständischen Interesses, der Berufsinteressen und die immateriellen Interessen der Nationen, der Religionsgemeinschaften etc. – seien historisch obsolet und gesellschaftlich überholt. Eine Ständegliederung im strikten Wortsinn existiere nicht mehr, wie die Verfassung des Adels, des Klerus, der Kaufleute, der Bauern und der Arbeiter zeigten. Darüber könnten »Reste oder Ansätze einer Ständebildung«[80] nicht hinwegtäuschen. Berufsinteressen, die sich durch die Arbeitsteilung herausgebildet hätten, seien nur statistisch erfassbar. Aber die Statistik müsse schweigen, wenn es um das Gesamtinteresse einer Berufsgruppe gehe: Hier dominiere die Rivalität untereinander und die Abhängigkeit von anderen ökonomischen Faktoren.[81] Daher könne von einem gemeinsamen Interesse ganzer Berufsklassen, »das nicht von wirtschaftlichen Gegensätzen überlagert würde«[82], nicht die Rede sein. Aber auch die sozial-ethischen Interessen als entscheidendes Kriterium eines gesetzgebenden Repräsentationssystems führten nicht weiter, denn die Sonderinteressen der Nationen oder der Religionen, einmal politisiert, seien mit dem Stigma von Glaubensgewissheiten behaftet, die sich jedem aushandelbaren Kompromiss entzögen.

Vor allem aber erweise sich das Privilegiensystem des Reichsrats als eine Modernisierungsbremse *par excellence* für die gesamte Monarchie. »Der Feudaladel besetzt kampflos die ihm zugewiesenen Mandate, sie sind unangefochten. (…) Während sonst überall der Latifundienadel in die Defensive gedrängt ist und seine Vorrechte dem Volksganzen gegenüber nur mit Mühe aufrecht erhält, streitet der österreichische Feudaladel von seiner gesicherten Position aus gegen den Staat selbst, um aus dem Leibe der habsburgischen Monarchie seine Sonderlehnstaaten zu schneiden.«[83] Die Tatsache, dass in Österreich dessen Stimmenmajorität »verfassungsmäßig garantiert und kampflos«[84] gesichert sei, habe auf das politische Gefüge der Monarchie verheerende Auswirkungen. Einst unter Maria Theresia das Rekrutierungspotenzial großer Verwaltungstalente und Staatsmänner, erschlaffe der österreichische Adel aufgrund seiner Lernunfähigkeit: Warum soll er kreative Kräfte mobilisieren und aktualisieren, wenn ihm nichts einzufallen braucht, um seine privilegierte Stellung in der Monarchie zu behaupten?

Dieses kampflose Monopol des grundbesitzenden Adels depraviere das gesamte Parteiensystem. In dem Maße, wie das, was der Konflikt der Interessen erst hervorbringen soll, bereits *a priori* zugunsten einer Kurie verteilt sei, setzten »sich die Parteien selbst Preise, die außerhalb der Verfassung liegen«. Phantasie und Romantik macht es zu wirksameren Faktoren als den »nüchternen Verstand des wirtschaftlichen Interesses«.[85] In einer durch die Privilegienstruktur in ihrer Dynamik stillgelegten bürgerlich-feudalen Gesellschaft fühle sich das Bürgertum nicht als wirtschaftliche Klasse, »sondern als Lieferant von Staatsangestellten«.[86] Die Bauernschaft sei in diesem System der Stagnation politisch weniger reif als in jedem anderen Land Westeuropas. »Die Arbeiterschaft aber, vorläufig resigniert, wird durch den wirtschaftlichen Stillstand allmählich in die Verzweiflung gedrängt, die einzige Klasse, die an der Zertrümmerung dieses Staates kein positives Interesse hat, der große Fonds, aus dem Oesterreich noch die Kosten seines Bestandes bestreitet!«[87] Schalte man dauerhaft das wachsende Potenzial der industriellen Arbeiterschaft aus der politischen Partizipation aus, so steuere das Privilegiensystem des Reichsrats in Cisleithanien auf geradem Weg auf die Revolution zu, weil es keine institutionellen Voraussetzungen für den kontrollierten Konfliktaustrag gebe. Die bürgerlichen Parteien versagten in dieser Hinsicht vollkommen. Nur durch nationalistische Ideologien zusammengehalten, müssten sie jede wirtschaftliche Aktion geflissentlich vermeiden, weil sie die Gegensätze im eigenen Lager fördern und den Zusammenhang lockern. »So werden die Parteien für den sozialen Kampf immer untüchtiger, für die ökonomische Entwicklung immer hinderlicher. Sie, die wichtigste Stützen des Staates sein sollten, bedürfen seiner Stütze, seiner Privilegien, um sich selbst zu erhalten, und ein Anstoß von unten oder von außen kann das Kartenhaus fauler Vorrechte über Nacht zusammenwerfen.«[88]

Doch worin sieht Renner die Alternative zu dem Privilegiensystem der Kurienversammlung des Reichsrats? Es fällt auf, dass er an keiner Stelle seiner Schrift die Abschaffung der Monarchie oder die Einführung der Republik fordert: Im Gegenteil, er stellt die Habsburgermonarchie als Opfer der verheerenden gesellschaftlichen Folgen dar, die aus der Privilegienversammlung resultieren. Aber die Monarchie, so seine These, ist nur zu retten, wenn sie der Forderung ihres zuverlässigsten, wenn auch nur potenziellen Verbündeten entspricht und sich an Haupt und Gliedern durch die Einführung des allgemeinen und gleichen Wahlrechts selbst reformiert. Doch welches Demokratiemodell verbirgt sich hinter dieser Forderung? Welche Form der Demokratie soll an die Stelle der »Unvernunft« des »Stände-, Berufs- und Sozial-Klassensystems«[89]

treten? Es besteht kein Zweifel, dass Renner in der besonders von Ferdinand Lassalle in der Arbeiterbewegung begründeten Tradition der parlamentarischen Demokratie des allgemeinen und gleichen Wahlrechts steht. Sein Ausgangspunkt ist der Staat, der die Gesamtinteressen des Volks darstellt und befriedigt. »Diesen seinen einen, alle bindenden Willen, den *Gesamtwillen*, soll ihm nun das Volk geben, damit das Gesamtinteresse der Millionen Gesetz sei, daß Staat und Volk eins sei und bleibe.«[90] Nun besteht aber das Volk in seiner soziologischen Gestalt als Gesellschaft aus einem chaotischen Konglomerat konfligierender individueller und kollektiver Interessen. Wie soll es dem Staat gelingen, aus diesem Chaos gegenläufiger Tendenzen jene gemeinsame Schnittmenge herauszufiltern, die dann die Form eines Gesetzes annimmt, welches alle verbindet?

Renners Antwort ist klar: »Die Gesetzgebung und somit das Parlament ist dazu da, zwar *alle* Interessen zu Worte zu bringen und nach ihrem faktischen Gewicht einander gegenüberzustellen, sie jedoch auf dem Wege des Kompromisses und der Übereinstimmung, der Majorisierung zur *Einigung*, zur Willenseinigung zu bringen. Der Staat ist dazu gesetzt, die *Vielheit zur Einheit* zu machen, *der eine Wille* ist sein erstes Merkmal: das Gesetz! Und darum ist das gesetzgebende Organ auch das *einheitgebende* Organ.«[91] Wir können Renner also so interpretieren, dass er der Institution des Parlaments eine Doppelfunktion zuweist: Einerseits bringt sie in ihrem kontroversen Sektor die widerstreitenden Interessen durch die Diskussion im parlamentarischen Forum zum Austrag. Andererseits kommt es dann im nichtkontroversen Sektor zu einem Kompromiss dieser Interessen, nachdem die Fraktionen sie artikuliert und zu verhandelbaren Größen gebündelt haben. Diesen aposteriorischen Konsens gießt der Staat in die Form eines Gesetzes, das dann durch seine exekutiven Organe in die Gesellschaft hineinwirkt. Das Gesetz, so Renner, verdankt sich zwar Impulsen der Gesellschaft, wirkt dann aber nach einem diskutant vermittelten Interessenausgleich im Parlament auf die Gesellschaft zurück. Wir haben es also hier mit einem Basis-Überbau-Verhältnis zu tun, das Renner wenige Jahre später an den Rechtsinstitutionen, besonders des Privateigentums, demonstrieren sollte: Die Basis determiniert nicht einseitig den juristischen

Überbau. Vielmehr sind beide Größen durch ein dialektisches Verhältnis aufeinander bezogen.

Warum kann aber dieses System nur auf der Grundlage des allgemeinen und gleichen Wahlrechts funktionieren? Der Grund, den Renner nennt, ist plausibel und gilt bis auf den heutigen Tag: »Kein einzelner, auch nicht der erleuchtetste Geist vermöchte bei der großen Verschiedenheit der Interessen im modernen Staat alle Interessen zu überblicken und das zu erkennen, was wirklich Gesamtinteresse ist.«[92] Allgemeine und gleiche Wahlen sind das einzige Mittel, dass »alle Glieder der Gesellschaft sich in Frieden messen und im Kampf der Meinungen verständigen«[93], und zwar im Repräsentativorgan des Parlaments. Ausdrücklich geht Renner zum Plebiszit auf Distanz. Zwar könne es »die Ausgleichslinie der politischen Mächte« bestimmen. Aber ihm fehle das, was das parlamentarische Repräsentativsystem auszeichne: »die vorangehende eingehende Erörterung, die logische Überprüfung, die Klärung über die Machtverhältnisse.«[94]

Diese Synthese aus konfligierendem und homogenisierendem Sektor des Parlamentarismus ist für Renner die Alternative zum Kuriensystem: »In der Vereinigung beider, in der vorbereitenden Interessenvertretung und der endlichen Interessenzertretung zu breitem Brei des Gesamtinteresses besteht der innerste Grund des Parlamentarismus. Das Klassensystem (als Kuriensystem, R. S.) bleibt im Vorhof der Erkenntnis stehen und schafft daher nur ein Zerrbild der Volksvertretung, wie wir es in Österreich besitzen.«[95] Vor allem wirkt demgegenüber das parlamentarische System des allgemeinen Wahlrechts nicht als Modernisierungsbremse, sondern es fördert die wirtschaftliche Entwicklung, weil es die sie vorantreibenden Interessenlagen berücksichtigt. Und nicht zuletzt erweist es sich als Prophylaxe gegen revolutionäre Tendenzen und, für Renner ganz wichtig, als Garant einer »organischen« wirtschaftlichen Entwicklung. Indem die Interessenantagonismen nicht unterdrückt, sondern mit dem Ziel ihrer Zusammenführung im Rahmen eines Kompromisses ausgetragen werden, setzt im Gegensatz zum Kuriensystem eine *aposteriorische* Integration der Gesellschaft ein. Sie wird durch das Verhältniswahlsystem verstärkt: Es schützt und bindet die Minoritäten, indem ihr Anteil sich proportional zu ihren Wählerstimmen in Mandaten niederschlägt, deren Träger sich durch Koalitionen im parlamentarischen System Geltung verschaffen können. Allerdings sollte die Entwicklung des parlamentarischen Systems in der Ersten Republik Renner darauf hinweisen, dass es seinerseits Funktionsbedingungen unterliegt, bei deren Fehlen es scheitern kann. Doch diese Perspektive spielte bei seinem Kampf für das allgemeine und gleiche Wahlrecht 1902 noch keine Rolle. Damals konnte Renners Ziel nur die Begründung für die Einführung eines Wahlrechts sein, »das in gleicher Weise dem Recht, der Vernunft und der österreichischen Staatsräson entspricht: *Das allgemeine gleiche Wahlrecht mit Minoritätenvertretung*«.[96] Von ihm hoffte er auch, dass es einer Lösung des zentralen Krisenherdes der Habsburgermonarchie vorarbeitet: Es werde nämlich notwendig den Fokus des politischen Bewusstseins vom Nationalitätenkampf auf die wirtschaftliche Interessenvertretung umorientieren.[97] Damit ist die Nationalitätenfrage angesprochen, der Renner seit seinen politischen Anfängen bedeutende Studien gewidmet hat.

Die Nationalitätenfrage

Schon früh zeichnete sich ab, dass die Nationalitätenfrage in der Donaumonarchie das Kardinalproblem schlechthin darstellte. Renner erkannte sie in ihrer ganzen Tragweite erst während seiner Wiener Militärzeit, als ihm die Diskussionen in der Kaserne klarmachten, dass die Nationalitätenfrage die Fundamente der Monarchie in Frage und »den Zerfall des ganzen Staatswesens in Aussicht«[98] stellte. Tatsächlich lag der Donaumonarchie die gewagte Konstruktion eines Ausgleichs von 1867 zwischen Österreich-Ungarn zugrunde, der in Wirklichkeit ein »Dualismus« war. Dessen Zusammenhalt wäre nur dann zu gewährleisten gewesen, wenn ihn – wie in der Schweiz – eine Willensgemeinschaft der verbündeten Nationen zu einer stabilen Größe konsolidiert hätte. Aber dieser gemeinsame Wille – wenn er überhaupt vorhanden war – bröckelte. Selbst die gesamtösterreichische Sozialdemokratie konnte sich dieser schleichenden Destabilisierung des Vielvölkerstaates nach den Reichsratswahlen von 1911 trotz des *Brünner Programms* von 1899 und trotz aller Bemühungen Victor Adlers nicht entziehen. Zwar agierten die Sozialdemokraten der einzelnen Völker auf dem Boden der Verfassung der Donaumonarchie, doch in ihrem Selbstverständnis fühlten sie sich der Nation ihrer jeweiligen Herkunft verbunden.

Mit der sozialen und politischen Sprengkraft der Nationalitätenfrage in der Donaumonarchie war Karl Renner konfrontiert, als er sich systematisch in der 1899 erschienenen Schrift *Staat und Nation* damit zu beschäftigen begann. In der Auseinandersetzung mit diesen Problemen ging er offenbar von der Erkenntnis aus, dass jeder gesetzlichen Lösung des Nationalitätenkonflikts eine entscheidende Frage zugrunde liege: »Wem soll ein Recht zustehen, was ist der Inhalt desselben, welche sanctio, welche sicheren Garantien für dessen Unverletzlichkeit besteht?«[99] Dieses Ziel war für Renner nur dann erreichbar, wenn den Staatsbürgern einer bestimmten Nationalität sowie den Nationen »subjective öffentliche Rechte ganz bestimmten Inhalts« gewährt werden. Das aber setze eine »genaue Fixierung des Rechtssubjekts und Rechtsinhalts«[100] voraus. Bei deren Bestimmung greift Renner auf die Analogie zu den interkonfessionellen Verhältnissen zurück, die nach langen Kämpfen zu einem rechtlichen Ausgleich gekommen seien. Die Zugehörigkeit zu einer bestimmten Religionsgemeinschaft wurde erst in dem Augenblick rechtlich befriedet, in dem die Konfession sich »entstaatlichte« und die religiösen Konflikte dadurch entpolitisierte. Der »Staat legt das Gewicht auf die ausdrückliche freie Erklärung des individuellen Willens und verleiht diesem gar nicht religiös-rituellen Act rechterzeugende Kraft auf confessionellem Gebiete. Der Mündige wählt seine Confession de jure frei, für den Unmündigen wählt sein Gewalthaber; die Erklärung an den Cultusvorstand genügt dem Staat.«[101] Damit ist nach Renner der entscheidende Schritt zur Schaffung eines interkonfessionellen Rechtsfriedens getan: In dem Maße, wie der erklärte Wille einer Person, einer bestimmten Religionsgemeinschaft angehören zu wollen, der »Seele des Rechtslebens« entspreche, nähmen die konfessionellen Rechtsbeziehungen die Form einer Willensrelation an. Denn das Recht könne sich nur »an den Willen der Menschen wenden. Anderes zu berücksichtigen ist es ausser Stande.«[102]

Aber genau das, was für die Verrechtlichung der Beziehungen zwischen den Konfessionen zutreffe, gelte auch für die Nationenzugehörigkeit des Individuums: Dessen Selbstbestimmungsrecht bilde das »Correlat jedes Selbstbestimmungsrechts der Nation«.[103] Aber diese Konstruktion setzt voraus, dass das *Territorialprinzip* des Staates für die Nationszugehörigkeit nicht gelten kann: Es muss durch das sogenannte *Personalitätsprinzip* ersetzt werden. Für den Staat ist das Territorialprinzip die Grundlage seiner Herrschaftsausübung. Als Verkörperung des Willens der herrschenden Interessengruppen kann er diese nur innerhalb eines bestimmten Territoriums realisieren. Während Staat und Staatsgebiet begrifflich unzertrennbar sind, ist die Nation zwar Kulturgemeinschaft, aber nicht Gebietskörperschaft. Als Kulturgemeinschaft transportiert die Nation gleichsam bewegliche geistige Interessen, die nicht an ein bestimmtes Territorium gebunden sind. Es komme darauf an, »die Nationen nicht als Gebietskörperschaften, sondern als Personalverbände zu konstituieren. (...) Natürlich existiert kein Volk ohne Gebiet, kann der innere Aufbau nicht von der örtlichen Schichtung der Bevölkerung unabhängig sein. Ist das Prinzip der Personalität das constitutive, welches die Scheidung der Nationalitäten und Zusammenfassung der einzelnen herbeiführt, so wird das territoriale seine bedeutende Rolle als organisatorisches Princip zu spielen haben.«[104]

Worin bestehen nun die Vorteile des Renner'schen Konzepts gegenüber allen anderen Vorschlägen, die Nationalitätenfrage im Vielvölkerstaat der Habsburgermonarchie zu lösen? Renner räumt zunächst ein, dass Territorial- und Personalitätsprinzip im relativ homogenen Nationalstaat zusammenfallen können, ein Nationalitätenproblem also nicht mehr existiere. Im Fall der k.u.k. Monarchie hingegen müsse angesichts der Pluralität der Nationalitäten ein solches Modell scheitern. Die einzige Lösung, die Ursachen der Nationalitätenkonflikte zu beseitigen: Die einzelnen Nationen müssen auf den Anspruch verzichten, das auf Herrschaft angelegte Territorialprinzip mit dem auf kulturelle Autonomie finalisierten Personalitätsprinzip zu verschmelzen. Renner drückte die friedensstiftende Konsequenz dieses Verzichts an anderer Stelle bildlich in folgender Metapher aus: »Jede Nation hat ihr eigenes Heim und zwischen den einzelnen Heimstätten den gemeinsamen Markt, wie es eben in einer geordneten Ortschaft aussieht: Jeder erledigt in seinem Hause, was ihn besonders und allein angeht, alle miteinander sind wirtschaftlich durch den freien Verkehr des Marktes verbunden, und was alle gemeinsam angeht, beschließen sie im gemeinsamen Rathaus. Dieses lehrreiche Bild zeigt uns, wie der Frieden unter den Völkern Österreichs sein kann und sein wird.«[105]

Tatsächlich ist mit diesem Bild Renners Kompetenzverteilung zwischen Nation (Personalitätsprinzip) und Staat (Territorialprinzip) hinreichend illustriert. Die Nation ist zuständig für Sprache, Schule, Theater, Universitäten etc. Ferner überträgt der Staat wichtige Kompetenzen auf die nationalen Selbstverwaltungskörperschaften: Erhebung direkter Steuern, Rekrutierung der Soldaten, Publikation der Staatsgesetze in der eigenen Sprache, unentgeltlicher Rechtsschutz für die einzelne Person bei Verletzung ihrer nationalen Rechte und vieles mehr. Andererseits hat der Staat die Funktionen auszuüben, welche alle Nationen betreffen: die Gesamtrepräsentation nach innen und außen sowie die mit dem Militär, der Justiz, der Polizei und den Finanzen verbundenen Kompetenzen. Und vor allem konstituiert er die rechtlichen Rahmenbedingungen für das geschlossene Wirtschaftsgebiet der habsburgischen Doppelmonarchie. In diesem Zusammenhang führte Renner die Kategorie des »übernationalen Staates« ein, den er mit einer parlamentarischen Habsburgermonarchie in Verbindung brachte.[106]

Diese Vision von »einer demokratischen Schweiz im großen mit monarchischer Spitze«[107] war zunächst politisch plausibel, weil die Wahlrechtsreform von 1905 durch eine Art Bündnis zwischen der Krone und dem Proletariat zustande gekommen ist. Der Sache nach bedeutete sie jedoch eine gravierende Revision des *Brünner Programms*. Aus dem eigentlichen Gegner der Sozialdemokratie, der Monarchie, war ein potenzieller Bündnispartner geworden. In seiner Schrift *Grundlagen und Entwicklungsziele der österreichisch-ungarischen Monarchie* »feierte Renner die österreichische ›Reichsidee‹, die Idee einer ›Eidgenossenschaft der österreichischen Nationen‹ als eine geographische und wirtschaftliche Notwendigkeit. Der Zerfall der Monarchie in nationale Kleinstaaten wäre, so meinte er damals schon, nur die Lösung eines reaktionären Nationalismus. Nicht dem Nationalstaat, sondern dem autonom föderierenden ›übernationalen Staat‹ gehöre die Zukunft.«[108]

Renners Revision des *Brünner Programms* setzte sich zunächst innerhalb der SDAP weitgehend durch, und zwar auch nach dem Zerfall der Internationalen Sozialdemokratie im Vielvölkerstaat in ihre nationalen Sektionen und nach dem reaktionären Kurswechsel der Monarchie in der Nationalitätenfrage, die in der Annexion von Bosnien-Herzegowina gipfelte. Wie noch zu zeigen sein wird, ist ihre Hegemonie selbst noch auf dem Parteitag von 1917 erkennbar, der im Zeichen der Kritik an Renners Revisionismus stand. Ansätze zu einer Opposition im innersozialistischen Diskurs gegen Renners Überlegungen wurden von Otto Bauer in seiner Schrift *Die Nationalitätenfrage und die Sozialdemokratie* (1907) entwickelt. Er lehnte es ab, die Monarchie als die *Conditio sine qua non* einer Lösung des Nationalitätenkonflikts zu betrachten. Die Reformen müssten zwar von der Monarchie ihren Ausgang nehmen[109], wobei dieser monarchische Rahmen aber keinen definitiven, sondern nur einen vorläufigen Status habe.[110] Denn für Bauer war nicht die »Reichsidee« das regulative Prinzip sozialdemokratischer Politik, sondern die Gliederung der Menschheit in national abgegrenzte Gemeinwesen, »die, im Besitze der Arbeitsmittel, die Fortentwicklung ihrer nationalen Kultur frei und bewußt regeln«.[111]

Was lehrt uns der Beitrag Renners zur Nationalitätenfrage über dessen Bestimmung des Verhältnisses von Theorie und Praxis? Renner sah die Theorie nie als unmittelbaren Ausfluss der Praxis und diese nie als direkte Emanation der Theorie an. Die Theorie als Sphäre des Argumentierens folge anderen Gesetzen als die Praxis des politischen Lebens. Es sei für deren »Erfolg entscheidend, niemals zu vergessen, daß man handeln muß nach dem Gebote des Ortes, der Zeit und des Umstandes. Handeln ist etwas anderes als Argumentieren.«[112] Andererseits liefert die Theorie Orientierungswissen für die Politikberatung. Inspiriert von den besten Traditionen der Aufklärung, gilt dies gewiss auch für seinen theoretischen Beitrag zur Problematik des multinationalen Habsburgerreiches.[113] Insofern ist die Theorie unverzichtbar, will man nicht auf die Gestaltung der gesellschaftlichen Verhältnisse verzichten. Hat sich Renner an dieses Prinzip gehalten, als er sich für die Politikerlaufbahn entschied?

Renners Eintritt in die Politik

Renners Berufsplanung als Bibliothekar des Reichsrats folgte zunächst Spuren, die sein akademischer Lehrer Eugen von Philippovich einst für ihn gelegt hatte: Seine Tätigkeit in der Reichsratsbibliothek sollte ihm die Möglichkeit einer akademischen Laufbahn an der Wiener Universität eröffnen. Auch das Thema seiner Habilitation schien schon festzustehen: Renner schwebte eine Soziologie der katholischen Heiligsprechung vor.[114] Doch seine Entwicklung nahm eine völlig andere Richtung. Denn für Renners weiteren Aufstieg sorgte, wie Jacques Hannak zutreffend formulierte, die Weltgeschichte, konkreter ausgedrückt: der Ausbruch der Russischen Revolution von 1905: »Die Wirkungen, welche die russische Revolution auf das Nachbarland Österreich-Ungarn ausstrahlte, rissen das müde Habsburgerreich aus seiner Lethargie, wenigstens so lange, als die Vorgänge in Rußland es noch ungewiß erscheinen ließen, ob die Revolution nicht doch die Oberhand behalten oder wenigstens dauernde Vorteile behaupten werde. Vor einer solchen Möglichkeit hatten die herrschenden Mächte der Monarchie Angst.«[115]

Diese Angst eröffnete der SDAP die Chance, eine seit der zweiten Hälfte des 19. Jahrhunderts gestellte Forderung auf die politische Tagesordnung zu setzen: jene nach dem allgemeinen und gleichen Wahlrecht, für das Renner selbst, wie wir sahen, wichtige theoretische Grundlagen in seiner Schrift *Staat und Parlament* (1901) gelegt hatte. Ein entscheidendes Datum in der Geschichte des sozialdemokratischen Kampfes für das Erreichen dieses Ziels war der 28. November 1905: Es war der Tag der Ringstraßendemonstration, an der Hunderttausende teilnahmen und die mit einem 24-stündigen Generalstreik in ganz Österreich verbunden war. Bei der Durchsetzung der Wahlrechtsreform kam es, wie Hannak schreibt, zu einer merkwürdigen Frontstellung: »Die reaktionären Kräfte im Abgeordnetenhaus und im Herrenhaus lehnten die Wahlreform ab, die Fürsten und Grafen, die Bankherren und die Kohlebarone desgleichen. Auf der anderen Seite der ›Barrikade‹ aber standen nicht nur die breiten Massen des Volkes, sondern auch die Staatsspitze, alles in allem eine ›Allianz‹ von Regierung und Sozialdemokratie, Krone und Proletariat.«[116]

Die Krone stieg in dieses Bündnis ein, obwohl sie für die Demokratie keine Sympathie empfand. Ihr Motiv war vielmehr die zwingende Einsicht, dass sie sich neben der Nationalitätenproblematik keinen Konflikt mit der aufstrebenden sozialdemokratischen Bewegung leisten konnte. Darüber hinaus bestand für sie die Chance, dass sich der Internationalismus der Sozialdemokratie möglicherweise mäßigend auf den grassierenden Nationalismus der Völker der Doppelmonarchie auswirkte. Zunächst herrschte zwischen diesen Lagern ein Gleichgewicht, das den Ausgang der Reform offenließ. Erst als in der Wiener *Arbeiter-Zeitung* vom 10. Juni 1906 mit einer dreitägigen Arbeitsruhe »in den allernächsten Wochen« und mit einem Massenstreik im äußersten Notfall gedroht wurde, konnte der Durchbruch erzielt werden. »Was Bismarck schon vierzig Jahre vorher konzediert hatte, als er im Norddeutschen Bund 1867 das allgemeine Wahlrecht beschließen ließ (ohne daß es Bismarcks Macht wesentlich eingeschränkt hätte), war nun endlich auch in Österreich Grundgesetz für die Zusammensetzung des Abgeordnetenhauses geworden.«[117]

Dass in der Tat die Wahlrechtsreform von 1907 in ihrer demokratisierenden Wirkung nicht überschätzt werden darf, hängt vor allem mit der Tatsache zusammen, dass der §14 des Staatsgrundgesetzes von 1867 beibehalten wurde. Der Kern dieses Paragrafen lautet:»Wenn sich die dringliche Notwendigkeit solcher Anordnungen, zu welchen verfassungsmäßig die Zustimmung des Reichsrats erforderlich ist, zu einer Zeit herausstellt, wo dieser nicht versammelt ist, so können dieselben unter Verantwortung des Gesamtministeriums durch kaiserliche Verordnung erlassen werden, insofern solche Verordnungen keine Abänderung des Staatsgrundgesetzes bezwecken, keine dauernde Belastung des Staatsschatzes und keine Veränderung von Staatsgut betreffen.« (RGBl. Nr. 141, 21.12.1867)[118] Was also als Ausnahmeregelung konzipiert worden war, entwickelte sich bald zum Normalfall, zu einem regulären Regierungsmechanismus: »Wann immer eine der Regierungen eine Gesetzesvorlage im Reichsrat nicht durchbringen konnte, vertagte sie das Parlament und setzte die Ministerratsvorlage mittels des o.a. Paragraphen in Kraft. (...) Auch das Wahlrecht von 1907 sollte daran nicht viel ändern, denn die Regierungen hatten sich daran gewöhnt, heikle Gesetzesmaterien außerparlamentarisch von oben herab zu dekretieren.«[119]

Auf der anderen Seite hatte die Wahlrechtsreform für Renners weitere Laufbahn gravierende Konsequenzen. Ihm wurde nämlich von der Parteileitung für die ersten allgemeinen gleichen, direkten und geheimen Wahlen vom Mai 1907 ein Mandat für den Wahlkreis Neunkirchen angeboten. Renner nahm diese Option an und gewann den Wahlkreis für die Sozialdemokratie, obwohl er bei den Arbeitern zunächst wenig bekannt war. Vielleicht bewirkte dieser Erfolg sogar, wie Jacques Hannak behauptet, den bedeutendsten Wendepunkt in seinem Leben. Denn in dem Augenblick, in dem er aufgrund seines gewonnenen Mandats als einer von 86 sozialdemokratischen Abgeordneten ins Parlament einzog, war er Berufspolitiker geworden und aus der Parlamentsbibliothek ausgeschieden. »Die Periode der Beamtentätigkeit, die ihn zu Zurückhaltung und einem pseudonymen, fast schattenhaften politischen Wirken genötigt hatte, war vorbei.«[120]

In seiner Funktion als Abgeordneter kritisierte Renner den Dualismus Österreich-Ungarn. Er äußerte sich kritisch zur Bosnischen Krise, die 1908 ausgebrochen war: Österreich-Ungarn ging anlässlich des sechzigsten Regierungsjubiläums Kaiser Franz Josephs I. dazu über, die völkerrechtlich zum Osmanischen Reich gehörenden, aber 1878 nach dem Artikel 25 des *Berliner Friedens* unter österreichisch-ungarischer Verwaltung stehenden Gebiete Bosniens und Herzegowinas zu annektieren. In seiner Rede vor dem Reichsrat am 17. Dezember 1908 kritisierte Renner die Regierung, sie verkürze das Problem auf die Formel, Narren und Wahnsinnige könne man nur mit militärischer Gewalt befrieden. Statt ein ererbtes Recht auf Bosnien zu reklamieren, müsse man die Wurzeln des überzogenen, an Verblendung grenzenden Protests des serbischen Parlaments und der serbischen Parteien erkennen: »Wir haben da ›geschichtliche‹ Nationen, die in der Geschichte schon eine Rolle gespielt haben, die nun selbst wiedererwachen und ihr Schicksal in ihre eigene Hand nehmen wollen. Es vollzieht sich ein neues Phänomen, das Erwachen der Nationen, die man bisher ohne Geschichte und ohne Bedeutung behandelt hat.«[121]

Renner setzte ferner seine Arbeit an Konzepten fort, welche die

Stellung der Sozialdemokratie zum Nationalitätenkonflikt klären sollten. Den Klassenkampf bejahend, lehnte er den Kulturkampf als Ursache nationalistischer Eskalationen ab. Rauscher[122] und vor ihm bereits Jacques Hannak[123] schildern ferner Renners Begegnung mit Trotzki, in der sie die Differenz zwischen dem revolutionären und dem reformerischen Prinzip unter dem gemeinsamen Dach des Marxismus deutlich machen. Weitere Stationen in diesem Lebensabschnitt Renners sind die Wahlen von 1911, die sozialdemokratische Defensive im Reichsrat als Folge der Spaltung der gesamtösterreichischen Sozialdemokratie[124] sowie die Aktivität Renners als Genossenschafter und die ungebrochene Fortsetzung seiner publizistischen Tätigkeit.

Der Aufstieg Renners zu einem Spitzenpolitiker der SDAP lässt sich vor allem an seiner Rolle als Redner im Reichsrat dokumentieren. Hier äußerte er sich im Namen seiner Partei zu vier zentralen Politikfeldern: zur Demokratiefrage im Zusammenhang mit der Wahlrechtsreform[125], zum hohen Gut der Freiheit der Wissenschaft mit Blick auf die Religionsfrage[126] und zu dem brennenden Problem der Nationalitätenfrage[127], die nach der Wahlrechtsreform akuter denn je geworden war.

Doch die Zeit für den Vorkriegspolitiker Karl Renner war nur kurz bemessen. Die Obstruktionspolitik insbesondere der tschechischen Nationalisten im Reichsrat spielte, wie er richtig voraussah, der herrschenden aristokratischen Oligarchie in die Hände: Die Regierung Stürgkh nahm die Arbeitsunfähigkeit des Parlaments wegen seiner Selbstblockierung zum Anlass, es im Frühjahr 1914 aufzulösen und mit Notverordnungen zu regieren. Im Nachhinein lässt sich dieser Staatsstreich von oben als das Vorbeben einer vulkanischen Katastrophe interpretieren, die wenige Monate später nicht nur die Rahmenbedingungen des politischen Handelns für die Sozialdemokratie grundlegend veränderte, sondern auch für Karl Renner selbst: der Erste Weltkrieg.

3. Karl Renner im Ersten Weltkrieg

»Der Große Krieg von 1914 bis 1918«, schreibt Herfried Münkler, »war nicht nur die ›Urkatastrophe des 20. Jahrhunderts‹, wie ihn der amerikanische Diplomat und Historiker George F. Kennan bezeichnet hat, sondern auch das Laboratorium, in dem fast alles entwickelt worden ist, was in den Konflikten der folgenden Jahrzehnte eine Rolle spielen sollte. (…) Der Erste Weltkrieg war der Brutkasten, in dem fast all jene Technologien, Strategien und Ideologien entwickelt wurden, die sich seitdem im Arsenal politischer Akteure befinden.«[1] Renner hatte zum Zeitpunkt des Ausbruchs des Ersten Weltkriegs[2] ein klares Bewusstsein von dieser Zeitenwende, und er suchte offensiv nach Lösungen der aus ihr resultierenden Fragen für die Zukunft der Arbeiterbewegung und der habsburgischen Doppelmonarchie. Durfte die Sozialdemokratie ihre Errungenschaften durch einen entschlossenen Widerstand gegen den Krieg aufs Spiel setzen? Wie sollte sie auf einen Krieg reagieren, der die militärischen Konflikte von 1866 und 1870/71 weit in den Schatten stellte?

Renner war von Anfang an davon überzeugt, dass der Weltkrieg das »absolut Neue für das Weltproletariat ist. Er ist die Erfahrung, von der die kommenden Generationen ausgehen werden, wie Marx von 1789, 1848 und 1871.« Er beende »eine vergangene Periode der Menschheit und eröffnet eine neue!«[3] Was bedeutet aber diese Feststellung für den Marxismus selbst? Reichen seine an den wirtschaftlichen Tatsachen der zweiten Hälfte des 19. Jahrhunderts orientierten sozioökonomischen Kategorien aus, um die neuen gesellschaftlichen Verwerfungen hinreichend zu analysieren? Doch wie bereits gezeigt, ging Renner in der Rolle des marxistischen Theoretikers nicht auf. Wenn die These des Epochenumbruchs zutrifft, dann war für einen Patrioten und praktischen Politiker wie ihn die Frage auf der politischen Tagesordnung, was diese weltgeschichtlichen Innovationen für die k. u. k. Monarchie im Allgemeinen und für das österreichische Proletariat im Besonderen bedeuteten. Wie wirkte sich der Weltkrieg auf die Nationalitätenfrage aus? War der bisher vorgegebene Rahmen der Monarchie noch geeignet genug, um die Nationalitätenfrage zu lösen? Oder drängte die Entwicklung auf ein Selbstbestimmungsrecht der Nationen auf der Grundlage ihrer Souveränität? Implizierte der Weltkrieg mit zunehmender Dauer, dass die nationale Frage von der sozialen überlagert wurde? Verschärfte er die Klassenfrage, oder baute er neue Brücken über die Kluft des Konflikts zwischen Kapital und Arbeit? Wir sahen, dass für Renner die sozialistischen Strukturen nicht abstrakt gesetzt werden können. Vielmehr gelangten sie im Schoße der alten Gesellschaft zur Reife. Beschleunigte oder bremste der Weltkrieg in seiner ungeheuren Dynamik diesen Prozess? Das sind einige der Fragen, denen wir uns im Folgenden zuzuwenden haben. Doch zunächst ist zu klären, wie Renner in seiner eigenen Partei, der SDAP, während des Ersten Weltkrieges zu verorten ist.

Der politische Handlungsspielraum Renners zu Beginn des Großen Krieges

Im August 1914 war Renner sozialdemokratischer Politiker und aufgrund seiner Wiederwahl von 1911 auch Reichsratsabgeordneter. Aber sein Aktionsradius war beengt, hatte doch Ministerpräsident Stürgkh im Frühjahr 1914 das Parlament wegen seiner durch Obstruktionstaktiken in der Nationalitätenfrage bewirkten Beschlussunfähigkeit aufgelöst, um auf der Grundlage von kaiserlichen Verordnungen mit provisorischer Gesetzeskraft gemäß §14 des Staatsgrundgesetzes von 1867 autoritär zu regieren. Darüber hinaus konnte sich Stürgkh auf das Kriegsleistungsgesetz (KLG) vom Dezember 1912 stützen, das damals mit Zustimmung der SDAP im Reichsrat verabschiedet worden war.[4]

Die Begründung hatte Karl Renner geliefert. Jegliche Obstruktion der Wehrvorlagen, insbesondere des KLG, hätte die Auflösung des Parlaments und dann die Verabschiedung des KLG auf der Grundlage des §14 bedeutet, und zwar »mit allen Härten ohne Einschränkungen und Kundmachungen«.[5] Tatsächlich wurde den Sozialdemokraten eine moderate Anwendung des KLG im Ernstfall zugesagt. Zwar war Ferdinand

Hanusch als Sprecher der Gewerkschaften gegen das Gesetz, doch Renner erblickte in der Verstaatlichung der Betriebe als Folge der Anwendung des KLG die historische Chance einer »Expropriation der Expropriateure«. »So stimmten auch die österreichischen Sozialdemokraten mit wenigen Vorbehalten der Verabschiedung des Gesetzes zu und anerkannten ausdrücklich die Berechtigung zur Führung eines Verteidigungskrieges für den Fall, dass das Zarenreich angreifen sollte.«[6] Dass das KLG weitgehende Einschränkungen der Rechte der Arbeiter im Krieg verursachte, muss nicht eigens betont werden. »Das KLG und seine Durchführungsverordnungen im Verbund mit den geltenden Wehrgesetzen beraubten im Kriegsfall die Arbeiter ihrer Freizügigkeit, der freie Arbeitsmarkt würde sistiert und den Organisationen der Arbeiterschaft drohte eine Schwächung ihrer politischen Macht oder sogar eine völlige Ausschaltung aus dem politischen Leben.«[7] Damit hatte die SDAP faktisch selbst dazu beigetragen, dass ihr die Möglichkeit einer legalen Fundamentalopposition gegen die monarchischen Eliten im

Kriegsfall abhandengekommen war. Das war die eine Seite der politischen Existenz Renners in dieser Zeit.

Auf der anderen Seite bestimmte Renner in den ersten Jahren des Großen Krieges zunehmend das ideologische Profil der SDAP, nachdem Otto Bauer an der Ostfront kämpfte und schließlich in russische Kriegsgefangenschaft geriet. Die dadurch entstandene Lücke in der internen politischen Willensbildung der Partei füllte Renner dadurch, dass er, Mitglied des Parteivorstandes der SDAP und der Redaktion der *Arbeiter-Zeitung*, regelmäßig Artikel in dieser Zeitung und im sozialdemokratischen Theorieorgan *Der Kampf* veröffentlichte.[8] Aber auch für die alten Eliten der Habsburgermonarchie wurde Renner politisch attraktiv, und zwar aufgrund seiner konstruktiven Reformvorschläge vor allem in der Nationalitätenkrise und seiner wirtschaftlichen Kompetenz in Ernährungsfragen, für die er sich bereits in seiner Militärzeit in Wien zu interessieren begonnen hatte.[9] Dem Parteivorstand der SDAP teilte Renner am 27. März 1915 mit, »dass er ohne sein Zutun und ohne gefragt worden zu sein, zum Mitglied der Kriegsgetreideverkehrs-Anstalt ernannt worden sei, ebenso Genosse Muchitsch in Graz. Er fragt den Parteivorstand an, ob er diese Stelle akzeptieren soll. (...) Die Teilnahme von Renner und Muchitsch im Beirat der Kriegsgetreideverkehrsanstalt wird gutgeheissen.«[10]

1917 lud ihn sogar Kaiser Karl zur Audienz. Im Protokoll heißt es: »Dr. Renner berichtet, dass er in seiner Eigenschaft als Direktor des Ernährungsamtes zum Kaiser berufen wurde und dort eine längere Aussprache hatte. Beschluss: Der Bericht des Genossen Renner wird zur Kenntnis genommen.«[11] Der Höhepunkt der Avancen der alten Eliten gegenüber Renner war erreicht, als er dem Parteivorstand in seiner Sitzung vom 21. Juni 1917 eröffnete, »dass ihm gestern der Ministerpräsident ein Ministerportefeuille angeboten habe«. Der Ministerpräsident erwarte umgehend die Entscheidung der Partei. Nach einer Debatte zwischen Seitz, Pernerstorfer, Skaret und Reumann »lehnte der Parteivorstand das Angebot der Regierung ab«.[12] Renner rechnete es sich als Verdienst an, durch die Einbeziehung der Großeinkaufsgesellschaft der Consumvereine (GöC) in die staatliche Ernährungswirtschaft dazu beigetragen zu haben, dass die österreichischen Genossenschaften die

Kriegswirtschaft überlebten.[13] 1917 veranlasste ihn der Parteivorstand, angesichts der grassierenden Hungersnot aus dem staatlichen Ernährungsamt auszutreten.

Man sollte Renners politische Aktivitäten während des Ersten Weltkriegs nicht unterschätzen: Sie ließen ihn neben Victor Adler innerhalb der Partei zu einem führenden Politiker aufsteigen, dessen Einfluss bis 1917 ungebrochen war, und in der politischen Klasse der Monarchie avancierte er zu den wenigen Sozialdemokraten, denen man ministrable Fähigkeiten zutraute. Für die Nachwelt jedoch sind Renners Weltkriegsschriften, mit denen er nicht nur seine Parteigenossen, sondern »die Interessen aller Klassen und aller Nationen«[14] anzusprechen suchte, weitaus wichtiger geworden. Der Standpunkt, von dem aus sie verfasst wurden, ist ohne seine Stellung zur Krise der Internationale mit Ausbruch des Ersten Weltkriegs nicht zu verstehen. Die Internationalen Sozialistischen Kongresse in Stuttgart 1901, in Kopenhagen 1910 und in Basel 1912 hatten ihre Mitgliedsparteien auf einen strikten Antikriegskurs festgelegt. Aber spätestens, als die SPD im August 1914 für die Bewilligung der Kriegskredite stimmte, war klar, dass sie den Krieg nicht nur nicht verhindern konnte, sondern dass sie ihn aktiv mittrug. Wäre der Reichsrat in Österreich zu diesem Zeitpunkt nicht aufgelöst gewesen, so hätte sich wahrscheinlich die SDAP kaum anders verhalten. »Der Krieg war da, der Krieg war Tatsache, bevor die Völker sich nur recht besinnen konnten, was mit ihnen vorgehe. Am Tag des Kriegsausbruchs meldete der Telegraph: Jaurès ermordet! Ein symbolisches Ereignis für die ganze Internationale: Ein Vierteljahrhundert redlicher Arbeit für den Frieden der Welt mit einem brutalen Schlage zunichte gemacht!«[15]

Die politischen Strömungen im internationalen Sozialismus schieden sich an der Frage, ob die Internationale Mittel und Wege hätte finden können, um den Großen Krieg doch noch zu vermeiden. Renner gehörte zu denjenigen, die eine solche Möglichkeit ausschlossen. Seine Exkulpation der SPD und der SDAP begründete er mit folgenden Argumenten: Der Krieg als Inkarnation der Gewalt wäre erstens nur durch Gewalt zu verhindern gewesen. Doch »in keinem Lande der Welt hatte der Sozialismus am Tage des Kriegsausbruchs irgend einen noch so geringen Anteil an der öffentlichen Gewalt«.[16] Um ihre Herrschaft zu retten, hätte die regierende politische Klasse im Falle eines Aufstandes nicht gezögert, sie gegen die Organisationen der Arbeiterschaft zu wenden. Zweitens hatte die international führende deutsche Sozialdemokratie zwar moralische Autorität über große Teile des Industrieproletariats, aber nicht über die ländliche Bevölkerung und die Mittelschichten. Da sie also ohne Bündnispartner gegen den Krieg hätte agitieren müssen, wäre sie gezwungen gewesen, sich auf ein gefährliches Experiment einzulassen. Innerhalb der Sozialdemokratie herrschte drittens die Meinung vor, »daß die Heeresmassen des Zaren marschieren!« Angesichts einer solchen Gefahr konnte die Sozialdemokratie nicht zulassen, dass »das damalige Vorland des europäischen Sozialismus, daß Deutschland sich waffenlos dem Zaren zu Füßen legte«.[17] Und viertens fehlte es den sozialistischen Parteien nicht nur an Gewaltmitteln, sondern aufgrund ihres unterschiedlichen Entwicklungsstandes auch an den Voraussetzungen für ein gemeinsames Handelns und eine Verständigung. Der Krieg involvierte ferner innerhalb kürzester Zeit vom Sozialismus unberührte Völker, sodass »der europäische Sozialismus durch die Kriegsverhinderung nichts als seine Selbstvernichtung erreicht hätte«.[18]

Wenn Renner das Verhalten der sozialdemokratischen Fraktion im Reichstag angesichts der Bewilligung der Kriegskredite rechtfertigte, dann konnte er sich auf einen Bericht stützen, den Victor Adler dem Parteivorstand auf seiner Sitzung vom 17. September 1914 vortrug. In ihm attestierte er der Führung der SPD den Vorstoß, insbesondere die französischen Sozialisten zu einer gemeinsamen Friedeninitiative zu bewegen: »Adler berichtet über seine Reise (nach Berlin, R. S.). Er nahm an zwei Sitzungen des Parteivorstandes teil, in dem ihm die Genossen ein Bild des Vorgangs seit dem Ausbruch des Krieges zu geben versuchten. Die Vorgänge in der Fraktion vor dem 4. August wurden im Detail geschildert. (…) Die Genossen in Deutschland haben vor der Parlamentssitzung den Versuch gemacht, mit den Franzosen in Fühlung zu kommen.« Hermann Müller »reiste über Belgien, von wo aus Huysmans ihn begleitete. Am 29. (…) Juni fand eine Beratung der französischen Fraktion statt, in der Müller und Huysmans anwesend waren. Es fehlten von bekannten Parteigenossen nur Vaillant, der aus privaten Gründen abwesend war. In dieser Sitzung, der am selben Tag 10 Uhr abends eine zweite Zusammenkunft folgte, habe sich, nach Müllers Bericht von vornherein herausgestellt und zwar sei das von allen betont worden, insbesondere auch von Compère-Morel, dass es ganz unmöglich sei, gegen die Kriegsforderung zu stimmen. Müller hat den Auftrag gehabt, eventuell eine gemeinsame Formel zustande zu bringen, die einer gemeinsamen Erklärung in Deutschland und Frankreich zugrunde gelegt werden könnte. Auch das war unmöglich. Als Müller nach einer abenteuerlichen Reise nach Deutschland zurückgekehrt war, war ohne Zutun seines Berichtes die Stimmung bereits vollständig umgeschlagen. Es war bereits die große Mehrheit entschlossen, für die Kriegskredite zu stimmen. In der Fraktion wurden abweichende Meinungen vor allem von Ledebour, Liebknecht und Haase vertreten.«[19]

Renners Rechtfertigung der Burgfriedenspolitik der SPD, die er 1916 in *Der Kampf* publizierte, gipfelte in dem Satz, dass das Scheitern der Friedenspolitik der Sozialistischen Internationale die SPD mangels Alternativen in den Krieg gezwungen habe. »Hier handelt es sich nicht um Ideologien, sondern um höchst reale Tatsachen, die das Handeln unmittelbar erzwingen, *auf der ganzen Linie handelt es sich um Notstandshandlungen*. Nehmt die Not von der Arbeiterklasse und sie wird Raum haben, anders zu handeln und wird es gerne tun.«[20] Renners Argumentation stieß auf die vehemente Kritik Friedrich Adlers. Er war zwar auch der Meinung, dass die Sozialistische Internationale den Krieg ebenso wenig wie der Papst verhindern konnte. Aber für ihn stelle Renner die Grundsatzfrage falsch: Es gehe nicht darum, was die Sozialdemokratie für die Durchführung des Krieges zu leisten habe, sondern darum, was sie zur Herbeiführung des Friedens tun müsse. Stattdessen stehe Renner im Banne der Alternative, »ob wir in der Stunde der Gefahr unser Vaterland in Stich lassen oder nicht«.[21] Selbst zwanzig Monate nach Ausbruch des Krieges suggeriere Renner dies als zentrales Problem für die Sozialdemokratie. In Wirklichkeit gehe es um einen ganz realen Gegensatz in der SDAP, aber auch in der Sozialistischen Internationale. »Auf der einen Seite jene Sozialpatrioten und Sozialimperialisten, die bewußt oder unbewußt vor den herrschenden Klassen kapituliert haben, die auf jede eigene Politik verzichten und sich darauf beschränken, die Politik der Regierung zu unterstützen. Auf der anderen Seite jene Minoritäten, die momentan ihre wichtigste Aufgabe darin sehen, das Proletariat zum Bewußtsein der *Notwendigkeit politischer Einflussnahme zu bringen, der Notwendigkeit einer Politik, die als Politik der Internationale möglich ist.*«[22]

Renner ließ sich von Friedrich Adlers Kritik nicht beeindrucken. »Wenn der Imperialismus an sich ein Übel, wenn schon der heimische Imperialismus zu bekämpfen ist, so ist und bleibt doch ein noch größeres, ja ein unerträgliches Übel, dem fremden Imperialismus unter das Rad geworfen zu werden. Und darum hat die Sozialdemokratie des Deutschen Reiches, nachdem der Krieg da war, in dem sicheren Instinkt der Selbstbehauptung am 4. August 1914 ohne allen Zweifel vollständig richtig gehandelt.«[23] Daher müsse man versuchen, aus der Faktizität des Großen Krieges und aus den von ihm ausgehenden umwälzenden Tendenzen optimalen Nutzen für die österreichische Monarchie und das Deutsche Reich sowie für die auf deren Territorium agierenden sozialdemokratischen Arbeiterbewegungen zu ziehen. Die so von Renner beschworene Gesinnungs- und Schicksalsgemeinschaft mit der MSPD im Ersten Weltkrieg stellte das Fundament für sein späteres Immediatverhältnis mit der deutschen Sozialdemokratie dar. Als deren Vertrauensmann in der SDAP war er Hermann Müller und Friedrich Ebert durch persönliche Freundschaft verbunden. Diese Verbindungen haben bewirkt, dass Renner an allen entscheidenden Wahlkämpfen in Deutschland als Redner und Schriftsteller hervorragenden Anteil nahm.[24] In seinem Brief an Otto Wels vom 22. Mai 1929 schrieb er: »Noch einmal sage ich Dir und den Parteifreunden herzlichen Dank für die liebenswürdige Aufnahme bei meinem letzten Besuch. Mir ist so, als wenn ich in meine Heimat zurückkehren würde, so oft ich nach Deutschland komme.«[25]

Im zeitgenössischen Kontext war der argumentative Schlagabtausch über die Haltung der SDAP zum Großen Krieg zwischen Karl Renner und Friedrich Adler freilich noch in einer anderen Hinsicht bedeutsam: Er warf ein Schlaglicht auf die Konfliktlinien in der Partei, die sich freilich erst Ende 1917 voll entfalten sollten. Die Gruppe der Kriegsbefürworter war durch Engelbert Pernerstofer, Karl Renner und Victor Adler repräsentiert. Ihr stand die kleine Minorität der Kriegsskeptiker gegenüber, deren führende Köpfe Friedrich Adler, Robert Danneberg und Therese Schlesinger waren. Auf der gemeinsamen Sitzung des Parteivorstandes und des Klubs der Abgeordneten vom 13. Juli 1915 brachen die Konflikte innerhalb der SDAP bereits offen auf. Den einen Pol besetzten Renner und Pernerstorfer. Im Protokoll heißt es, Renner habe die prinzipiellen Bedingungen für ein Friedensmanifest der Partei ausführlich erörtert. »Die Sozialdemokratie muss den dauernden Frieden anstreben, nicht einen Frieden, der nur Waffenstillstand ist. Die prinzipielle Ablehnung von Annexionen ist ganz unsinnig. Die berechtigte Forderung sei, dass Deutschland keinen Landerwerb im Westen suche. Und dass das Verhältnis Belgiens so geordnet werde, dass es ein Hindernis künftiger Kriege sei. Man müsse die Probleme des Ostens als die wichtigsten ansehen. Im Osten sei nur Annexionsland. Die ganze Macht Russlands in Europa beruhe darauf, dass Russland die Weichselstellung innehat. Jetzt Halt sagen, bedeutet ein Verbrechen an unseren Söhnen, die in 15 Jahren wieder in den Krieg ziehen müssen.«[26]

Den anderen Pol repräsentierte Friedrich Adler. Er führte aus: »Die Sozialdemokratie hat stets alle kriegerischen Eroberungen bekämpft und ist heute wie zu Beginn des Krieges entschlossen, den Gedanken durchzuhalten, dass es sich für die Arbeiterklasse *nur um die Abwehr* der Feinde handelt. *Die Verteidigung ist das einzige Kriegsziel der Sozialdemokratie.* Die Sozialdemokratie wünscht daher nicht, dass der Krieg bis zur endgültigen Niederlage des Gegners fortgesetzt werde, sondern fordert, dass in jenem Momente, wo die eigene Existenz des Volkes ausser Gefahr ist, die Regierung die Hand zum Frieden bietet. (…) Die Armeen der Zentralmächte haben ihre Aufgaben erfolgreich geführt. Der Boden Deutschlands ist gänzlich, der Oesterreichs nahezu vollständig von Feinden befreit. Die Zentralmächte können sicher sein, wenn jetzt Frieden geschlossen wird, ihre Integrität zu behaupten. *Das Kriegsziel der Sozialdemokratie ist erreicht.* (…) Denn nicht Eroberungen und Demütigung fremder Völker, sondern einzig die Sicherung des eigenen Volkes ist unsere Aufgabe.«[27]

Der Konflikt zwischen Renner und Friedrich Adler schwelte im Verlauf des Krieges weiter und erfasste schließlich selbst die Redaktionspolitik des Theorieorgans *Der Kampf*. So nahm Adler als Chefredakteur einen Artikel von Rudolf Hilferding an, den Renner, der sich in Berlin aufhielt, nur mit einer Antwort veröffentlicht sehen wollte. Als das Heft dennoch ausgeliefert wurde, protestierte er. Im Protokoll des Parteivorstandes heißt es: »Bei näherer Überlegung sei er zu der Ansicht gekommen, dass bei der Nichtversendung der materielle Schaden größer als der ideelle sei. Für die Zukunft wünsche er jedoch eine Regelung in der Art, dass, wenn die beiden Redakteure sich nicht verständigen können und einer gegen die Aufnahme des Artikels Einspruch erhebe, der Parteivorstand als Pressekommission die Entscheidung treffe.«[28] Friedrich Adler widersprach. »Er glaube allerdings nicht, dass der Vorschlag Renners die Lösung bringe. Er und Renner stellen gegenwärtig so extreme Richtungen in der Partei dar, dass eine wirkliche Verständigung absolut ausgeschlossen erscheint. Es wäre daher besser, wenn der Parteivorstand sich entschließen würde, einen Einzelnen mit der Redaktion zu betreuen und er (Adler) sei bereit, sofort zurückzutreten und Renner die Redaktion zu überlassen. Er werde aber, wenn er die Redaktion behalte, sie in bisheriger Weise weiterführen, wo alle Richtungen gleichermaßen zu Wort kommen können.«[29]

Als Schlichter des Streits trat wie gewohnt Victor Adler in Erscheinung. *Der Kampf* solle ein Diskussionsorgan sein und die Gegensätze nicht vertiefen. »Es ist nötig, dass in der Redaktion Leute von beiden Richtungen vorhanden sind, sie müssen aber genügend praktischen Verstand und parteigenössische(s) Pflicht(gefühl, R. S.) haben, um Schaden zu verhüten. (…) Seine Aufgabe habe er (…) darin gesehen, unter allen Umständen die Partei zusammenzuhalten. Die Exzesse von links und rechts müssen mit aller Ruhe zurückgewiesen werden. Die jetzige Situation sei eine vorübergehende. Nach dem Kriege werde man viel leichter zur Einigung kommen als jetzt. Er stehe nicht auf dem Standpunkt entweder oder. Er empfiehlt den Antrag Renner zur Annahme.«[30] Wir gehen nicht fehl in der Vermutung, dass der Parteivorsitzende Victor Adler auch dann eine vermittelnde Position zwischen diesen Polen einnahm, wenn es um die kontroverse Beurteilung der Kriegsziele ging. »Weder wollte er Renners politischen Kurs korrigieren noch wollte er die Haltung seines Sohnes kritisieren. Viktor Adler selbst war bald nach Kriegsbeginn bewusst geworden, in welch prekäre Lage die Partei durch ihre Unterstützung der k. u. k. Armeeführung geraten war. Nach außen hin verteidigte er zwar diese Haltung der Partei, um diese vor Repressionen zu schützen, und auch aufgrund seiner bis 1916 reichenden Einschätzung, dass die Mittelmächte den Krieg siegreich beenden könnten. Nach innen hin waren seine Zweifel an einem ›Siegfrieden‹ jedoch spürbar.«[31]

»Oesterreichs Erneuerung« und die Mitteleuropa-Debatte

Die sozialdemokratische Kriegsteilnahme an der Seite der Mittelmächte war für Renner nur um den Preis zu haben, dass sie sich zu Lasten der tradierten politischen und sozioökonomischen Strukturen nach Beendigung des Krieges auswirken musste. Renner meinte, die Forderungen nach Demokratie, nach nationaler Autonomie und nach Schaffung großer geschlossener Wirtschaftsräume als Voraussetzung der Sozialisierung hierfür geeigneter Wirtschaftszweige stünden dann auf der politischen Tagesordnung. Ihnen widmete er Aufsätze, die er 1915 in der *Arbeiter-Zeitung* sowie in *Der Kampf* veröffentlichte und 1916 in dem Sammelband *Oesterreichs Erneuerung. Politisch-programmatische Aufsätze* zusammenfasste. Deren Ziel lag darin, den aus dem Krieg Zurückgekehrten eine Perspektive für die Zukunft zu vermitteln. Im Kern handelt es sich im Fall des Vielvölkerstaates der Habsburgermonarchie um »das Bild einer kleinen Internationale, deren Formen sich dereinst in der Organisation der gesamten Weltwirtschaft wiederholen sollen. Niemand als ich kann deutlicher fühlen, daß dieses Werk an der Unzulänglichkeit der Menschen und der Mittel scheitern kann. Dann war es aber nicht die *Idee*, die auf den Nachbarn im Osten übergehen muß, dann werden die *Völker* selbst gescheitert sein und ihren Mißerfolg mit dem Einsatz ihrer politischen, wirtschaftlichen und kulturellen Eigenherrlichkeit bezahlen. Was man in der Stunde, wo die Geschichte ruft, versäumt hat, das bringt keine Ewigkeit zurück. Ich für meinen Teil bescheide mich mit dem Troste, in der gebietenden Stunde nicht geschwiegen zu haben.«[32]

Was Renner mit der »Stunde, wo die Geschichte ruft« gemeint hat, ist der im August 1914 ausgebrochene Große Krieg in seiner epochalen Bedeutung schlechthin. Im Gegensatz zu den überschaubaren kleinen Dynastenheeren der Vergangenheit konfrontiere der Weltkrieg »Volkskraft gegen Volkskraft, Staatsorganisation gegen Staatsorganisation«.[33] Aber die militärische Organisation der Millionen Menschen umfassenden Heere sei nur ein Teil der neuen Qualität des Großen Krieges. Einen noch höheren Stellenwert hätten »die anderen Kräfte, die aus dem modernen Wirtschaftsleben fließen, die dem einzelnen wie den Völkern aus den Nährstoffen der Kultur zuwachsen und ihren Zahlenwert wie ihre Organisationswirkung gleichsam vervielfältigen«[34]: die Volkswirtschaften und die in ihr wirkenden wissenschaftlich-technischen Entwicklungen in Verbindung mit der sie begleitenden Massenkultur (Alphabetisierung, technische Ausbildung etc.). Der Große Krieg, so Renner, habe sich als im Kern technischer Krieg auf einer in seinen Dienst gestellten volkswirtschaftlichen Basis erwiesen: »Der Industriestaat, der Geschütze und Geschosse rasch und in unbeschränkten Mengen herstellt, (...) der Industriestaat, der die Flugzeuge, den Wagenpark rasch ergänzt, der Industriestaat, der die Mechaniker, Schlosser, Dreher, Zimmerleute und alle anderen geschulten Arbeitskräfte in beinahe unbeschränkter Menge sofort zur Stelle schafft und die zweigleisige Bahn (...) beinahe so rasch nachbaut, als Truppen marschieren und die schwersten Batterien zum neuerlichen Frontdurchbruch sofort an der Stelle hat: dieser Industriestaat gewährt eine Überlegenheit der Mittel, die den Mangel an Zahl ausgleicht.«[35]

Wenn das Heer »die Daseinsform und Arbeitsweise der Industrie angenommen hat« und »eine einzige Stahlmaschine geworden« ist, »welche Präzisionsarbeit leistet wie nur das komplizierteste Gerät der Fabrik«[36], dann ruft dieser Vorgang einen Wandel des öffentlichen Bewusstseins hervor, das nun mit traditionellen Vorstellungswelten bricht und sich zunehmend von der technischen Entwicklung fasziniert zeigt. Renner lässt durchblicken, dass dieser Wandel jene Klasse aufwertet, die bereits in Friedenszeiten im Zentrum der industriellen Produktion stand: das Proletariat. Gewiss, er konnte sich 1915 noch von der anfänglichen Kriegsbegeisterung auch von Teilen der Arbeiterschaft inspiriert fühlen, als er »den Sohn der Industrie« lobte, der mit den Erfordernissen des technischen Krieges »am raschesten zurecht(kam)«[37]. »Und gar die Schlacht – das ist eine einzige Feueresse, ein einziges Hammerwerk von Geschossen, das ist all das Getöse und inmitten des tosenden Lärmes die ruhige Ordnung – wie eben in der Fabrik.«[38] Was er jedoch verschweigt, ist die Vernichtungskapazität der modernen Waffentechnik, die bereits in den ersten Monaten des Weltkriegs Millionen toter oder verletzter Soldaten forderte.

Renner wollte nicht sehen, dass der wissenschaftlich-technische Fortschritt vor 1914 nicht nur seinen Zenit im Ersten Weltkrieg erreichte, wie er in seinen Aufsätzen zu suggerieren suchte. Angesichts der in der Weltgeschichte bisher nie erlebten Destruktionspotenziale der industriellen Waffentechnik[39] leitete der Erste Weltkrieg zugleich einen Paradigmenwechsel im Zeichen einer tiefgreifenden Technikskepsis ein. Renner nahm – gewiss ungewollt – in dem Maße die Rolle eines Propagandisten der kriegführenden Mittelmächte ein, wie er den schon damals sich aufdrängenden Befund des Massensterbens an den Fronten des Großen Krieges nicht beachtete. Dadurch ignorierte er, dass dem wissenschaftlich-technischen Fortschritt kein entsprechender Zuwachs an Verantwortungsfähigkeit entsprach. So geriet er als entschiedener Anhänger des Verteidigungskrieges in eine bedenkliche Nähe zu den Durchhalte-Parolen der Kriegsparteien. Es passt in dieses Schema, dass er Anfang Juni 1915 im Parteivorstand der SDAP, wie bereits dokumentiert[40], dafür optierte, nicht einfach auf Annexionen zu verzichten, da man andernfalls die Grundlagen für den nächsten Krieg legte. Die eroberten Gebiete im Osten, besonders in Russland, seien ausschließlich Annexionsland. Wie sich eine solche Option mit seinem Selbstverständnis als »Marxist« vereinbaren lässt, bleibt Renners Geheimnis.

Doch welche Auswirkungen hatte die Erfahrung des Ersten Weltkrieges auf Renners politisches Paradigma, das er vor 1914 entwickelte? Es gibt Kontinuitäten und Ergänzungen respektive Weiterentwicklungen, aber keine Brüche. Zu den Fortschreibungen seiner Reformkonzeption gehört seine Absage an die »Wirtschaftslosen«, das heißt an die nationalistischen Intellektuellen.[41] Gerade in der Auseinandersetzung mit ihnen gelingen Renner Einsichten, die bis auf den heutigen Tag Gültigkeit beanspruchen können. Renner zeigt in seinen Weltkriegsaufsätzen, dass der chauvinistische Nationalismus nicht von »unten« kommt, sondern ein Konstrukt von Intellektuellen ist, die die wirtschaftliche Fundierung der Nation vollkommen ignorieren. Indem sie die Nation auf die Sprachenfrage reduzieren, haben sie ein Mittel gefunden, um gerade die unteren Schichten zu agitieren und dem nationalistischen Hass eine Massenbasis zu vermitteln. Dieser aus dem Blickwinkel Renners politisch destruktiven und wirtschaftlich gesehen verheerenden Konzeption stellte er seinen Ansatz des »übernationalen Staates« auf der Grundlage der nationalen Autonomie der Völker gegenüber.[42] Und er betonte unter dem Eindruck des Ersten Weltkrieges in weitaus höherem Maße als vor 1914 die Notwendigkeit einer durchgreifenden Verwaltungsreform[43] im Sinne eines den österreichischen Verhältnissen angepassten *self government* und der Ökumene, also der großen geschlossenen Wirtschaftsgebiete. Die Synthese des »übernationalen Staates« mit dem als Wirtschaftsgemeinschaft organisierten Wirtschaftsgebiet habe der Weltkrieg auch und besonders für die Donaumonarchie auf die aktuelle politische Tagesordnung gesetzt.

Dieser Ansatz Renners löste unter dem Stichwort »Mitteleuropa« eine Debatte aus, in deren Zentrum die gleichnamige, 1915 erschienene Schrift von Friedrich Naumann[44] stand. Naumanns zentraler These in seinem Buch zufolge fühlten »alle Mitkämpfer des Weltkrieges unmittelbar, daß in der gegenwärtigen und zukünftigen Zeit keine kleinen und mittleren Mächte mehr große Politik machen können. Unsere Quantitätsbegriffe haben sich gewaltig verändert. Nur ganz große Staaten haben noch etwas Eigenes zu bedeuten, alle Kleineren leben von der Ausnutzung des Streites der Großen oder müssen sich Erlaubnis holen, wenn sie eine ungewollte Bewegung machen wollen. Die Souveränität, das heißt die Freiheit der weltgeschichtlichen Entschließung, hat sich an ganz wenigen Stellen auf der Erdkugel gesammelt. Noch ist der Tag fern, wo ›eine Herde und ein Hirt‹ sein wird, aber die Tage sind vorbei, wo zahllose kleine und mittelgroße Hirten ihre Herden ungeregelt über die Triften Europas trieben. *Der Geist des Großbetriebes und der überstaatlichen Organisation hat die Politik erfaßt.* Man denkt, wie einst Cecil Rhodes sich ausdrückte, ›in Erdteilen‹. Wer klein und allein sein will, wird trotzdem von selber mit abhängig von den Lageveränderungen der großen Mächte. Das folgt aus dem Zeitalter des Verkehrs und der großen Heere. Wer unverbündet ist, ist isoliert; wer isoliert ist, ist gefährdet.«[45] Was bedeutet diese weltpolitische Lagebeurteilung mitten im Ersten Weltkrieg für die Mittelmächte Deutschland und Österreich-Ungarn? Auf sich allein gestellt seien Deutschland und Österreich-Ungarn zu klein, um sich »in dieser heraufziehenden Geschichtsperiode der Staatenverbände und Massenstaaten«[46] behaupten zu können. »Darum ist heute der mitteleuropäische Bund kein Zufall, sondern Notwendigkeit. Auch wenn man ihm nicht mit Begeisterung entgegengeht, so muß man ihn wollen, weil sonst alles noch schlimmer aussieht. Verstand aber ist das freiwillige Tun des erkannten Notwendigen.«[47] Als ersten Schritt zu einer Fusion schlug Naumann vor, den »Schützengraben- und Verteidigungsbund« der Mittelmächte durch eine Zollunion zu fundieren. Naumann war sich darüber im Klaren, dass man es bei dem ungleichen Entwicklungsstand der Industrie im Deutschen Reich und in der Doppelmonarchie nicht bei der Aufhebung der Grenzsperren belassen konnte, ohne vorher oder gleichzeitig »die übrigen Produktionsverhältnisse nach Möglichkeit«[48] auszugleichen. Eine Zollgemeinschaft setze ferner eine Angleichung der Finanz- und Eisenbahntarifpolitik, des Steuersystems, Finanzpolitik, der Verwaltungsstruktur etc. voraus. Dies bedenkend, sei der Schluss unausweichlich: »Für die Österreicher paßt die Zollgemeinschaft nur, wenn sie zugleich mehr ist als die Zollgemeinschaft.«[49]

Führende intellektuelle Repräsentanten des sozialdemokratischen Lagers wie Karl Kautsky[50] und Rudolf Hilferding[51] reagierten kritisch auf Naumanns Ansatz, indem sie ihm imperialistische Tendenzen unterstellten. Renners Antwort ließ nicht auf sich warten. Er betonte zu Recht, dass er nicht von Naumann »bekehrt« worden, sondern unabhängig von ihm zu ähnlichen Resultaten gekommen sei. Infolgedessen war es nichts weniger als konsequent, dass er dessen Konzeption gegen die Kritik von Karl Kautsky und Rudolf Hilferding verteidigte:

»Naumanns Buch hat viele Fehler und Mängel. Aber darf man um ihretwillen daran vorübergehen, daß dieses bürgerliche Buch ganz anders als die deutschen Imperialisten, mit denen man nicht selten Naumann zusammenwirft, der deutschen Nation nicht in erster Linie den Weg auf das Wasser, den Weg nach Afrika, den Weg der Eroberung weist, sondern den Weg des Vertrages mit Nachbarn, den Weg redlicher Auseinandersetzung mit den österreichischen Nationen, den Weg eines Bündnisses mit der Türkei? Derlei galt bisher nicht als die Methode der Imperialisten. Natürlich ist auch bei Naumann der ›Schützengraben‹ dabei, er ist bürgerlich und bleibt unser Gegner. Aber man muß blind sein, um zu übersehen, daß Naumann über die Methode der Eroberungen hinausgeht, daß sein eigenes Werk dort anhebt wo der Soldat aufgehört hat, daß er einen Friedensbau, ein Verfassungswerk, eine Staaten- und Völkerverbrüderung sich vorsetzt, die eine Erweiterung des Wirtschaftsgebietes mit den Methoden des Rechts bewirken will.«[52] Im Übrigen sei Mitteleuropa keine »Wahnidee«, wie Hilferding suggeriere. »Mitteleuropa ist tausendjährige Wirklichkeit.«[53]

In ihren Repliken widersprachen Kautsky und Hilferding der These Renners, Naumanns Konzeption gehe über die Eroberungspolitik des Imperialismus hinaus und setze vielmehr auf eine Verrechtlichung der staatlichen Beziehungen innerhalb und außerhalb Mitteleuropas. Vor allem stieß Renners These auf Kautskys Skepsis, der Weltkrieg beende die Periode des Nationalstaats und leite das Zeitalter des Nationalitätenstaates ein. Ihn konnte daher Renners Optimismus nicht überzeugen, das erste Kriegsjahr zeige, der »übernationale Staat« der Monarchie habe sich unter Kriegsbedingungen bewährt und die Aspirationen des Nationalstaates in seine Schranken gewiesen.[54] Pläne, Hoffnungen, Erwartungen, so Kautsky, seien die eine, die harte Realität der kapitalistischen Welt aber die andere Seite der Medaille. Die bisherigen Erfahrungen der Geschichte ließen keine Überwindung des Nationalitätenstaats mit imperialistischer Stoßrichtung erkennen. Vielmehr sei das Gegenteil der Fall.[55]

Ähnliche Argumente brachte Rudolf Hilferding vor.[56] Dem obersten machtpolitischen Zweck sei der wirtschaftspolitische untergeordnet. Naumann wolle das wirtschaftliche Bündnis zur Sicherung des militärischen, die wirtschaftlichen Fragen hätten für ihn eine nachgeordnete Bedeutung.[57] Wenn Renner diese Argumente übernehme, dann konvergierten sie mit dem imperialistischen Ansatz Naumanns in bedenklicher Weise. Eben noch ein »konsequenter Freihändler«, verwandle er sich selbst insofern unversehens in einen Imperialisten, als er die Riesenreiche Frankreichs, Englands und Russlands als Drohkulissen aufbaue, denen Deutschland und Österreich-Ungarn als Kleinstaaten nur dann gewachsen seien, wenn sie sich zu Mitteleuropa zusammenschließen. Renner gebe zwar vor, den Interessen des Proletariats zu dienen, in Wirklichkeit aber schade er ihnen, weil sich sein konzeptionelles Denken innerhalb der Logik des Imperialismus bewege, statt diese zu durchbrechen.

Wie sehr sich Renner den imperialistischen Intentionen der Mittelmächte angepasst hatte, dokumentiert auch seine Kritik der westlichen Demokratie. Ausdrücklich wandte er sich gegen »die altbürgerliche Demokratie als die freie Gemeinschaft gleicher Individuen«. Er polemisierte »wider dieses demokratische Vorurteil, wider den altbürgerlichen Ideologismus, der ob der glücklich gewonnenen Rechtsgleichheit die ökonomische und soziale Ungleichheit, ob der juristischen Freiheit die allseitige wirtschaftliche Abhängigkeit übersah«.[58] Die Ideen der Französischen Revolution von 1789 treten, so müssen wir Renner interpretieren, im Zeichen der Marx'schen Ideologiekritik hinter das Mitteleuropa-Konzept der semi-absolutistischen Regime des Deutschen Reichs und Österreich-Ungarns zurück. Die Entente, allen voran England mit der »ausbeuterischsten und herrschbegierigsten Bourgeoisie der Welt«, stelle als »ihr Kriegsziel eine demokratische Völkergemeinschaft hin, die auf der Freiheit und Gleichheit aller, auch der kleinsten Völker beruhen soll. Die demokratische Staatsidee soll von den Individuen auf die Völker übertragen werden.«[59] Die Wirklichkeit aber sehe anders aus.[60] Wie im Inland der Arbeiter bei vollster persönlicher Freiheit und uneingeschränkter Rechtsgleichheit »seinen Nacken unter das Joch des Kapitals beugen und (…) inmitten aller Reichtümer dieser Welt hungern muß«, so wiederholen sich im zwischenstaatlichen Bereich »auf hoher Stufenleiter (…) die ökonomischen und sozialen Abhängigkeitsverhältnisse und die Klassengegensätze«.[61]

Die Kritik Kautskys und Hilferdings an Renners »Mitteleuropa-Konzeption« zeigt dreierlei. Einerseits gewann der Politiker Renner im Ersten Weltkrieg erheblich an Gewicht, und zwar sowohl im eigenen als auch im Lager der kriegführenden Parteien. Aber seine Kooperationsangebote den Letzteren gegenüber und seine Hoffnung auf die in der Endkonsequenz friedensstiftenden, weil den Weltstaat vorbereitenden Tendenzen des Imperialismus machten ihn im sozialdemokratischen Spektrum zu einer umstrittenen Figur. Andererseits ist seine konzeptionelle Position im Großen Krieg ebenfalls problematisch. In kurz- und mittelfristiger Perspektive hatten Hilferding und Kautsky vollkommen recht, wenn sie die visionär-utopische Dimension der Mitteleuropa- und Weltstaatsvorstellung Renners aus ihrer Sicht kritisierten. Die Epoche des Nationalstaats war zur Zeit des Großen Krieges nicht beendet, sondern erreichte erst im Faschismus ihren Zenit.

»Marxismus, Krieg und Internationale«

Die Kontroverse um Mitteleuropa machte noch ein Drittes deutlich: Wenn Renner recht hatte, dass der Große Krieg eine Epochenwende einleitete, dann musste dies auch Auswirkungen auf das Selbstverständnis des Marxismus haben, der in seiner ursprünglichen Gestalt aus dem empirischen Material wirtschaftlicher, technischer und politischer Fakten der Zeit vor 1914 heraus entwickelt wurde. Wieder war es Renner, der sich 1917 dieser Herausforderung stellte. Unter dem direkten Einfluss der »Durchstaatlichung der Wirtschaft« im Ersten Weltkrieg fasste Karl Renner programmatische Aufsätze, die er in der *Arbeiter-Zeitung* und in der Theoriezeitschrift *Der Kampf* veröffentlicht hatte, in seinem Sammelband *Marxismus, Krieg und Internationale* zusammen. Dieses Buch muss als die wichtigste theoretische und praktische Standortbestimmung Karl Renners gelten, die in vielen Aspekten auch in der Zeit der Ersten Republik, des Austrofaschismus, des Dritten Reichs und der Zweiten Republik für ihn Bestand haben sollte.

Zwei Tatsachen haben ihn zu dieser Schrift motiviert: »Ich gestehe, daß die wirtschaftlichen Erscheinungen des Krieges mir die kapitalistische Entwicklung von 1878 bis 1914 erst ganz aufgehellt haben.«[62] Und er fügte hinzu:»Ich werde das Gefühl nicht los, daß wir Marxisten grundwandelnde Änderungen, die sich in diesen 36 Jahren vollzogen haben, teils übersehen, teils unterbewertet, auf jeden Fall aber der Marxschen Gedankenwelt nicht einverleibt haben.«[63] Neben dem strukturellen Wandel des Kapitalismus unter den Bedingungen der Kriegswirtschaft nennt Renner ein zweites Indiz, das eine Überprüfung des marxistischen Untersuchungsfokus notwendig macht: Der Marxismus, der vor 1914 trotz des Revisionismusstreits in der Sichtweise Renners als geschlossene Schule auftrat, sei mit dem Ausbruch des Großen Krieges in zahlreiche Sekten zerfallen, die sich erbittert gegenseitig bekämpften: »Die marxistischen Sekten mögen tausendmal Abirrungen von der reinen Lehre sein, daß sie da sind, überall und noch dazu allenthalben gleichartig, daß sie gelten und wirken, kann nur die Folge einer widerspruchsvollen ökonomischen Lage sein. Im innersten Schoß der Gesellschaft, auf den Märkten draußen und daheim in Werkstatt und Wohnstube der Arbeiter müssen Umschichtungen vor sich gegangen sein, die auf das Geistige des Proletariats zurückwirken.«[64]

Die Erkenntnis dieses Defizits der damaligen marxistischen Schule, bedeutende Strukturwandlungen der kapitalistischen Ökonomie zu ignorieren, war für ihn nicht gleichzusetzen mit Defiziten der Marxschen Untersuchungsmethode selbst. Zwar bleibe Marx' geniale Einsicht, dass das »Wertgesetz (...) der Demiurg der Privatwirtschaft« sei, nach wie vor bestehen. Die neueren Entwicklungen im Kapitalismus höben also das Wertgesetz keineswegs auf.[65] Und entsprechend bleibe die Ausbeutungsfunktion des Privateigentums an den Produktions- und Arbeitsmitteln bestehen, die innerhalb kapitalistischer Strukturen »niemals automatisch schwinden kann«.[66] Doch die Fehlentwicklungen im marxistischen Lager könnten nur dann behoben werden, wenn man die Schriften von Marx nicht dogmatisiere, sondern den in ihnen entfalteten Untersuchungsansatz auf neue Entwicklungen der bürgerlich-kapitalistischen Gesellschaft auch tatsächlich anwende. »Die Marxisten haben wahrhaftig Ursache, darauf zu achten, daß die Wissenschaft selbst nicht zu Schaden komme, deren Schaden ja zugleich alle Sekten mitträfe. Dazu kommen wir nur, wenn endlich einmal die Fiktion aufgegeben wird, daß der Buchstabe bei Karl Marx, dessen Schaffenszeit ein halbes Jahrhundert zurückliegt, heute noch so gelten müsse wie am ersten Tag, obschon dieses halbe Jahrhundert mit seiner stürmischen Entwicklung so viel Geschichte und damit so viel Ökonomie gemacht hat als sonst Jahrhunderte. Wir stehen heute so weit hinter Karl Marx, als Marx selbst hinter Adam Smith – wo aber ist ein Aus- und Weiterbau der Marxschen Lehre bemerkbar, der nur halbwegs dem Abstand von Smith und Marx entspräche?«[67]

Nicht die Marx'sche Methode seiner Kritik der politischen Ökonomie sei zu revidieren. Revisionsbedürftig sei vielmehr die Wahrnehmung des Untersuchungsgegenstandes selbst.[68] Renner warnte also davor, das Marx'sche Erbe in Philologie aufzulösen und seine Kategorien für die Wirklichkeit selbst zu halten. Gegen einen solchen marxistischen Begriffsrealismus gebe es nur ein Mittel: sich vorzustellen, wie Marx selbst auf den Schulstreit bei der Auslegung seiner Schriften reagieren würde. Fungierte er als Schiedsrichter, riefe er, so Renner, den Kombattanten zu: »Studiert nicht mich, sondern die Gesellschaft! Und weit entfernt, an der Hand von Zitaten aus seinen Büchern zu richten, würde er die Gewerkschaftskanzleien und Tarifschiedsgerichte, Fabrikkontore und Kartellbureaus aufsuchen, um zunächst einmal festzustellen, wie sich heute Lohn und Warenpreis bilden, die Klassen der bürgerlichen Gesellschaft gliedern und die Kapitalisten auf dem unendlich erweiterten Weltmarkt aufeinander einwirken.«[69] Renner nannte dieses methodische Vorgehen »induktiver Marxismus«. Es müssten die Dimensionen des Marx'schen Theoriegebäudes starkgemacht werden, die den Zusammenhang aller gesellschaftlichen Verhältnisse betonen. Die deduktive, das heißt rein begriffliche Ausweitung seines Systems führe in eine Sackgasse. Renner zufolge geht es nicht an, die sozioökonomische Wirklichkeit einseitig an Marx'schen Kategorien zu messen und bei Nichtübereinstimmung der Empirie das Defizit anzulasten. Die marxistische Methode habe sich vielmehr umgekehrt vorurteilsfrei auf empirische Detailfragen zu fokussieren. Erst im Durchgang durch die Fülle der Einzelfakten könnten im Licht der Marx'schen Methoden die Strukturen sichtbar gemacht werden.[70]

Zugleich ermöglicht diese theoretische und praktische Standortbestimmung Renners seine Verortung innerhalb des Spektrums sozialistischer Strömungen und Fraktionierung im deutschsprachigen Raum, die sich unter dem Druck der Ausnahmesituation des Ersten Weltkriegs herausbildeten. Die Richtungskontroverse innerhalb der marxistischen Sozialdemokratie deutete sich bekanntlich bereits vor 1914 an: »Eröffnet wurden die kritischen Erörterungen vor Jahren durch den sogenannten Revisionismus Eduard Bernsteins, dem unter Führung von Karl Kautsky jene Theoretiker entgegentraten, die an der unveränderten Lehre festhielten und darum zeitweise die Orthodoxen genannt worden sind. Der Revisionismus beschränkte sich nicht auf die Kritik der Ökonomie, er griff auch die philosophischen und erkenntniskritischen Voraussetzungen des Marxismus an. Die ›historisch-ökonomische‹ (h.-ö.) Methode geriet in Streit mit neuen, sarkastisch sogenannten ›ethisch-ästhetischen‹ (e.-ä.), und eine dritte Richtung (Max Adler und die Kantianische Richtung) suchte mit den erkenntnistheoretischen Methoden Kants den Streit zu entscheiden.«[71] Renners »induktiver Marxismus« unterschied sich vom Revisionismus dadurch, dass er die philosophischen Grundlagen der historisch-ökonomischen Methode des Marxismus unangetastet ließ. Insofern kam er der Orthodoxie entgegen. Aber er distanzierte sich von dieser dadurch, dass er den analytischen Fokus viel stärker auf die empirisch nachprüfbaren »Entwicklungstatsachen« des modernen Kapitalismus nach Marx' Tod richtete. Außerdem lehnte er die orthodoxe Neigung ab, »alle Zweige der Bewegung vom Lehrbuch herab«[72] zu schulmeistern.

Aber auch der Reformismus stand quer zu Renners »induktivem Marxismus«. Ihn kritisierte er als ein System, »das sich banausisch von jeder Theorie abkehrt oder die lebendige Urkraft der Masse selbst ersetzen will durch die Klugheit der von ihr geschaffenen Organe, also ihrer Bureaukratie«.[73] In noch höherem Maße sah Renner im Licht seines »induktiven Marxismus« den Revolutionarismus als eine gravierende Fehlentwicklung des Sozialismus an. Dessen Voluntarismus nehme seine Maßstäbe »für die Praxis des Alltags aus den höchsten geschichtlichen Erhebungen der Menschheit«.[74] Seine Vertreter schwärmten »für die alleinseligmachende direkte Aktion«, um »den langweiligen Umweg der parlamentarischen Aktion« zu vermeiden.[75] An die Stelle des Parteibeamtentums und seine Anmaßungen solle »ein einmaliger allgemeiner Eingriff der Masse« treten, um die Welt aus den Angeln zu heben (Syndikalismus, Generalstreik). Ihre Maxime sei: »Idee und Wille ist alles, sie tun Wunder. Vor allem behüten sie uns davor, in der Jämmerlichkeit der Kleinarbeit unterzugehen.«[76] Doch genau diese Kleinarbeit rückte Renner ins Zentrum seines Praxisbegriffs, freilich angeleitet und korrigiert durch sein theoretisches Muster des »induktiven Marxismus«.

Wenn Renner 1917 annahm, die kapitalistische Wirtschaft habe in den vergangenen fünfzig Jahren einen bedeutenden Strukturwandel durchlaufen, dann konnte er nicht umhin, die neuen Elemente zu benennen. Darüber hinaus musste er das analytische Problem der Definition lösen, was unter »neu« in der ökonomischen Entwicklung zu verstehen sei und worin die konstanten Dimensionen bestehen, die es angesichts des von Renner vermuteten fundamentalen Wandels überhaupt noch erlauben, von einer kapitalistischen Gesellschaft und Ökonomie zu sprechen. Diese Konstante ist bereits genannt worden: Es ist das Wertgesetz und die aus ihm folgende Aneignung des Mehrwerts als Ausbeutung der Lohnarbeit. Aber das Wertgesetz, so Renner, verwirkliche sich nicht mehr »rein«, wie im Marx'schen Modell vorgesehen, sondern werde durch außerökonomische Faktoren bestimmt, die nach Marx' Tod wirksam geworden seien. Damit ist die analytische Folie angesprochen, auf der Renner die sozioökonomischen Umwälzungen der kapitalistischen Wirtschaft der letzten fünfzig Jahre abzubilden suchte: »Die ganze Schaffenszeit von Karl Marx fällt in die liberale Geschichtsepoche, deren Ausgangspunkt ist: Personen und Waren sind frei, der Staat greift in ihre Bewegungen nicht ein.«[77] Diese historische Ausgangsbedingung sei entscheidend für die Marx'sche Kritik der politischen Ökonomie des Bürgertums. »Es mußte begrifflich jeder Staatseingriff ausgeschaltet werden: Kapitalist und Arbeiter treten immer als einzelne, juristisch als Souveräne auf – nur so läßt sich Grad und Umfang der ökonomischen Gebundenheit durch das Wertgesetz methodisch feststellen und das ökonomische Verhältnis ›Kapital‹ rein aufdecken. (…) Diese logische Strenge hat Karl Marx befähigt, das gesellschaftliche Naturgesetz der menschlichen Ökonomie zu entdecken und niederzuschreiben.«[78]

Vor diesem Hintergrund der »entstaatlichten Ökonomie« zeigt Renner nun auf, was sich seit Marx' Tod an der kapitalistischen Wirtschaft verändert hat. Was sich schon lange vor 1914 andeutete, werde nun in der Extremsituation des Ersten Weltkriegs vor aller Augen sichtbar: die »Durchstaatlichung der Wirtschaft« und umgekehrt die »Verwirtschaftung der Staatsgewalt«.[79] Renners Beweisführung kann hier nicht in allen Einzelheiten referiert werden, sodass einige Stichworte an dieser Stelle genügen müssen. Es gebe weder einen rein ökonomischen Warenpreis, weil er durch staatliche Intervention wie Steuern etc. modifiziert werde[80], noch sei der Arbeitslohn eine individualistische Vertragsangelegenheit zwischen Unternehmer und Arbeiter, da an ihre Stelle längst kollektive Tarifverträge die Lohnhöhe bestimmen.[81] Das Privateigentum nehme zunehmend Züge eines öffentlichen Rechtsinstituts an. Der individuelle Unternehmer sehe sich zunehmend durch den bezahlten Manager ersetzt. Staatliche Stellen vermittelten die Arbeit, und Staat und Recht fungierten längst als öffentlich relevante Sozialtechnik.[82] Diese entindividualisierten und zunehmend verstaatlichten beziehungsweise vergesellschaftlichten Tendenzen zentraler ökonomischer Sachverhalte, die umgekehrt dem Staat zunehmend wirtschaftliche Funktionen zuordneten, entsprächen einem Wandel in der Klassenschichtung und im Klassenaufbau.[83] So sei der an der Konfrontation von Kapital und Arbeit in der liberalen Epoche orientierten Marx'schen Polarisierungsthese, an der die orthodoxen Marxisten festhielten, längst der Boden entzogen, weil sich innerhalb beider Lager relativ selbständige Schichten herausgebildet hätten, die wechselnde Allianzen der Klassen ermöglichten. Und Hand in Hand mit der Deeskalation des Klassenkampfs zivilisiere sich dieser zunehmend in dem Maße, wie er einen verrechtlichten Charakter annehme.

Angesichts dieser neuen Entwicklungstatsachen der kapitalistischen Ökonomie und Gesellschaft werde das ganze Ausmaß des konzeptionellen Irrweges deutlich, den die Vertreter des deduktiven respektive schriftgläubigen Marxismus unter den Bedingungen des Zerfalls der Internationale im Weltkrieg beschritten. Einer ihrer zentralsten Fehler sei, dass sie die proletarische Revolution in die Abfolge der bürgerlichen Revolutionen bruchlos einordneten, ohne die entscheidende Differenz zwischen beiden zu beachten. Renner zufolge war das zentrale Ziel bürgerlicher Revolutionen die Verwirklichung der »entstaatlichten Ökonomie«. Ihre Aufgabe war relativ einfach und klar definiert: »Sie lösen auf, sie befreien sowohl die Menschen als auch die sachlichen Produktionselemente von allen überlieferten, feudalen und ständischen Bindungen und überlassen sie sich selbst.«[84] Diese Freisetzung von Menschen und Waren konnten die bürgerlichen Revolutionen durch Dekrete vollziehen. Was an organisatorischer Arbeit zu tun übrig blieb, war der Aufbau eines Rechtsstaats.

Mit ganz anderen Problemen habe die proletarische Revolution zu kämpfen.[85] In dem Maße, wie der Sozialismus die bewusste Herrschaft der organisierten Gesellschaft über die Ökonomie anstrebe, stehe sie vor Aufgaben, die gerade nicht durch Dekrete oder einfache Rechtsakte zu lösen seien. Denn »der Kern der bürgerlichen Ordnung ist der Rechtstitel – das Eigentum; der Kern der proletarischen ist die Arbeit – ein langwieriger Prozess, den kein Geniestreich ersetzt; die Tugend der bürgerlichen Ordnung ist die Selbstherrlichkeit des einzelnen, die Tugend der sozialen Ordnung ist disziplinierte Einordnung in den Gesamtwillen, ist Organisation.«[86] Nichts sei gefährlicher, warnte Renner, »als das Proletariat mit dem Dekretglauben der Französischen Revolution zu erfüllen und vom Sozialismus das Wunder der Schöpfungstage zu verheißen: Es werde – und es ward! An dem Tage, an dem das Proletariat die Alleinherrschaft über die Ökonomie antritt, wird das Phantom einer Herrschaft verschwunden sein und der Tag der Verwaltungsarbeit beginnen. Freilich wird sie aller Fesseln des Privatinteresses ledig sein und wirksamer schaffen können und die soziale Entwicklung unendlich beschleunigen. Wunder werden aber nicht geschehen.«[87]

Die Formeln der »Durchstaatlichung der Wirtschaft« und der »Durchwirtschaftung des Staates« waren die Topoi, mit denen Renner wenige Jahre später in die Debatte über die Wirtschaftsdemokratie eingriff. Seine Warnung vor dem revolutionären Enthusiasmus der Massen mit seinem chiliastischen Gehalt sollte in der Ersten Republik die Parole sein, die er dem Führungsstil Otto Bauers entgegenhielt. Und seine These, die bürgerliche Klasse sei kein homogener Block, sondern durchaus heterogen in Schichten gespalten, wurde die soziologische Voraussetzung für seine Koalitionsbereitschaft mit bürgerlichen Parteien. Zwar spielte unter den Bedingungen des Ersten Weltkriegs der Begriff der Ökumene als wirtschaftliche Basis eines Weltstaates eine noch wichtigere Rolle als in der Ersten Republik. Aber das Argument der großflächigen Wirtschaftsräume wurde von ihm immer dann vertreten, wenn er sich für den Anschluss Österreichs an das Deutsche Reich oder für eine Donauföderation einsetzte.

Bereits in der Debatte über Friedrich Naumanns »Mitteleuropa«-Idee sahen wir, dass nur großflächige Wirtschaftsgebiete im und nach dem Weltkrieg dem Standpunkt Renners zufolge als Vorstufen zu einem den Weltfrieden sichernden Weltstaat eine Überlebenschance haben. Adam Wandruszka weist in seinem Essay *Staatsmann und Lehrer. Zum hundertsten Geburtstag Karl Renners am 14. Dezember*[88] zu Recht darauf hin, dass Renners Option für die Ökumene, also für die großen übernationalen Gebilde, die er zunächst in Form des Völkerbundes und dann ab 1945 in Gestalt der UNO propagierte, durchaus etwas mit seiner Biografie zu tun haben könnte. Wurde er nicht außerhalb der Grenzen der späteren österreichischen Republik geboren? Und erhielt er nicht seine politischen Prägungen unter den Bedingungen des Vielvölkerstaates der Habsburgermonarchie? Um den Weltfrieden im Interesse der Vermeidung zukünftiger militärischer Konflikte zu sichern, so argumentierte er im Ersten Weltkrieg, böten sich nur zwei Möglichkeiten an, für die es historische Präzedenzien gebe: erstens der Weg des Imperialismus der bürgerlichen Welt, welcher die unentwickelten Gebiete der Erde durch die Anwendung militärischer Gewalt ökonomisch ausbeute und die Verteilung der Ressourcen durch einen Weltkrieg zu entscheiden suche.[89] »Aber der Kapitalismus revolutioniert zugleich jede Gesellschaft, die er ergreift, mit ihm zieht wie ein Schatten die Demokratisierung der Welt.«[90] Und zweitens der Pfad der proletarischen Internationale, die ihr Ziel mit friedlichen und rechtlichen Mitteln erreichen wolle. Sie strebe die Organisation der Welt durch Verträge auf gleicher Augenhöhe an, welche souveräne Staaten untereinander schließen[91]: »Sie ist nicht Herrschaft über Staaten, sondern Sozietät, sie entspringt nicht dem Imperialismus, sondern dem Sozialismus.«[92]

Diese Alternativen, so müssen wir Renner interpretieren, beherrschten seine Agenda im Großen Krieg. Das legitimatorische Problem kam auf die sozialdemokratische Arbeiterbewegung in voller Wucht zu, als ihre am besten organisierte Variante, die SPD, im August 1914 im Reichstag für die Kriegskredite stimmte und die Internationale gleichzeitig vorübergehend von der Bildfläche verschwand. War die Sozialdemokratie faktisch ins Lager der Imperialisten übergeschwenkt, wie die extreme Linke mutmaßte? Oder versuchte sie, die Arbeiterklasse an der imperialistischen Beute hinreichend partizipieren zu lassen, wie die äußerste Rechte behauptete? Renner lehnte beide Deutungen ab. Gegen die extreme Linke wandte er ein, sie verkenne, dass der Burgfriede einer Zwangslage geschuldet sei, zu der es für die SPD und in ähnlicher Weise auch für die SDAP keine wirkliche Alternative gab. Auf die einschlägigen Argumente ist am Beginn dieses Kapitels hingewiesen worden.[93] Der extremen Rechten wies er nach, dass vom imperialistischen Mehrwert bei dessen Verteilung nur Nachteile für die Arbeiterklasse der Herkunftsländer zu erwarten waren: So drücke das niedrige Entgelt der Arbeiter in den Kolonien die Löhne in den Mutterländern und erhöhe dort zugleich die Arbeitslosigkeit, weil in den Kolonien billiger produziert werden könne.[94]

Worauf Renner in seinen Repliken setzte, waren die kurz- und langfristigen Konsequenzen, die aus der Kooperation mit den imperialistischen Kreisen im Rahmen des Burgfriedens folgten. In kurzfristiger Perspektive habe sie die Sozialdemokratie enger an den Staat herangeführt, als dies jemals seit ihrer Gründung der Fall war. Langfristig gesehen sei der Burgfriede nur temporärer Natur. Nach dessen Beendigung müsse sich die Sozialdemokratie bereithalten, unter den von ihr favorisierten (friedlichen) Bedingungen die durch den Krieg bewirkte ökonomische Vereinheitlichung der Welt, die der Imperialismus schon vor 1914 vorangetrieben habe, im Rahmen der proletarischen Internationale zu beerben.

Karl Kautsky hat diesen Erwartungen dezidiert widersprochen. Renners Kriegsmarxismus, so prognostizierte er, eröffne weder als Theorie noch als Praxis eine Zukunft. Sein Ansatz einer Erneuerung des Marxismus kranke daran, dass er die Ausnahmesituation des Großen Krieges für den Normalfall der bürgerlichen Gesellschaft und die Kriegswirtschaft,»die alle ökonomischen Gesetze in ihr Gegenteil verkehrt«[95], als Vorwegnahme der Weiterentwicklung der kapitalistischen Ökonomie missverstehe. Spätestens bei Friedensschluss breche Renners Kriegsmarxismus wie ein Kartenhaus in sich zusammen. Der Klassenkampf verschärfe sich dann, und die Opposition des Proletariats wachse so rapide an, dass nicht die Annäherung an die Staatsgewalt, sondern deren Eroberung auf der politischen Tagesordnung stehe.»Das war die Auffassung des Kommunistischen Manifests. Es war die Auffassung der Marxisten bis zum Kriege. Dieser hat nichts daran geändert. Wir bleiben, was wir waren: die Partei des unversöhnlichen Klassenkampfes.«[96]

Kautskys Kritik war zwingend: Renners Position ließ sich kaum von den weit nach rechts abdriftenden Positionen der Kriegssozialisten in der SPD unterscheiden. Ferner dürfte es einleuchten, so wäre Kautskys Kritik zu ergänzen, dass Renners Optionen im Ersten Weltkrieg nur so lange in der k.u.k. Monarchie konsensfähig waren, wie berechtigte Hoffnungen bestanden, den militärischen Konflikt durch einen für die Mittelmächte günstigen Friedensschluss zu beenden und die Versorgung der Arbeiterschaft mit Lebensmitteln zu garantieren. Nur unter der Bedingung, dass die linken Strömungen in der Arbeiterklasse marginalisiert blieben, standen darüber hinaus seine Rechtfertigung der Burgfriedenspolitik und sein Festhalten an der Habsburgermonarchie auf einem stabilen Fundament. Aber spätestens mit den Januarstreiks 1917 begann diese Basis zu bröckeln.[97] Mit dem Erstarken der Linken geriet Karl Renner in eine politische Defensive, von der er sich nur aufgrund kontingenter Faktoren und seiner enormen Anpassungsfähigkeit an neue Kontexte befreien konnte.

Friedrich Adlers Kampfansage an Renner

Wir haben gesehen, dass Renners Übertragung des reichsdeutschen »Burgfriedens« auf die k.u.k. Monarchie nicht mit der Erwartung verknüpft war, nach dem Friedensschluss und der Überwindung des Kriegsabsolutismus zur Verfassung vor Ausbruch des Krieges zurückzukehren. Vielmehr strebte er in Übereinstimmung mit Friedrich Naumanns Mitteleuropa-Konzeption einen »übernationalen Staat« an, der durchaus imperialistische Züge trug. »Das mitteleuropäische Imperium, unter deutscher Führung die kleinen Nationen föderierend, werde ein weit höheres soziales Gebilde darstellen als die demokratischen Staaten des Westens. ›Altliberale‹, die noch an den veralteten ›Ideen von 1789‹ hangen, mögen für die Demokratie des Westens schwärmen; Sozialisten müßten sehen, wie die Kriegsnot die Mittelmächte zur ›Durchstaatlichung‹ ihrer Wirtschaft und damit zu einer dem Sozialismus ungleich näheren, ihn vorbereitenden Wirtschaftsverfassung zwinge.«[98]

Dieser ideologische Horizont war durchaus in der Massenstimmung verankert, solange die Furcht vor einer zaristischen Intervention vorherrschte, die Sozialdemokratie an der Seite der Mittelmächte für den Krieg eintrat und ihren Einfluss in diesem Sinne auf die Arbeiterschaft geltend machte. Aber bereits 1916 kam es zu einem Umschwung in der Massenstimmung, die Renners ideologisch-imperialistischem Patriotismus zunehmend den Boden entzog. Niemand hat diesen Vorgang anschaulicher geschildert als Otto Bauer: »Die Blockade der Entente hat Österreich noch viel schwerer getroffen als Deutschland. Galizien wurde durch die russischen Armeen verwüstet, Ungarn sperrte sich gegen Österreich ab; so verfiel Österreich in furchtbare Lebensmittelnot, die die Rationalisierungsmaßregeln des bürokratischen ›Kriegsabsolutismus‹ nur wenig zu lindern vermochten. Die entsetzlichen Verluste der Armee in den ersten Kriegsmonaten zwangen zu immer neuen ›Musterungen‹, der Militarismus holte Kinder von den Schulbänken und alte Männer zogen mit ihren Söhnen aufs Feld. Brutale Gewalt suchte die hungernden Arbeitermassen der Kriegsindustrie zur Arbeit zu peitschen; die Fabriken wurden militarisiert, die Arbeiter unter Kriegsrecht gestellt, militärische Betriebsleiter kommandierten in den Betrieben. Die Verfassung war sistiert, das Parlament geschlossen, die Presse geknebelt, die Zivilbevölkerung der Blutjustiz der Militärgerichte unterworfen.«[99] In dem Augenblick, in dem nach dem Durchbruch der k.u.k. Armee bei Gorlice-Tarnów im Mai 1915 mit der Zurückdrängung der russischen Heere die Angst vor dem Zarismus schwand und sich gleichzeitig die Versorgungslage zunehmend verschlechterte, begannen die Arbeiter in der Rüstungsindustrie, auf den Kriegsabsolutismus des Ministerpräsidenten mit Erbitterung und Empörung zu reagieren. Dieser Massenstimmung verlieh Friedrich Adler wie kein anderer ein Gesicht, und zwar, wie Otto Bauer zu Recht hervorhob, im klaren Gegensatz zu Karl Renners Kriegspatriotismus.[100] Renner stellte den proletarischen Internationalismus in den Dienst des »übernationalen Staates«. Friedrich Adler bestand demgegenüber auf der Wiederherstellung der Internationale als Kampfgemeinschaft gegen nationale und internationale Imperialismen. Renner sah in der Kriegswirtschaft den Übergang zur Sozialisierung und erblickte daher im Kriegsabsolutismus einen potenziellen Verbündeten der Sozialdemokratie auf dem Weg zur Erreichung dieses Zieles. Friedrich Adler forderte dagegen zum bedingungslosen Kampf gegen den Kriegsabsolutismus auf. Aber Adler musste bald erkennen, dass ihm alle Medien fehlten, um seine Botschaft den Massen zu vermitteln. Das Parlament war aufgelöst. Die Presse stand unter Zensur. Als Ausweg schien sich ihm nur die individuelle Tat anzubieten. »Es gab keine Möglichkeit einer legalen Opposition mehr. Da entschloß sich Fritz Adler zur Tat. Am 24. Oktober 1916 erschoß er den Ministerpräsidenten.«[101]

Friedrich Adlers Attentat auf Ministerpräsident Karl Graf von Stürgkh[102] wurde vor dem Ausnahmegericht in Wien am 18. und 19. Mai 1917 verhandelt. Diese Verhandlung ist für die Biografie Karl Renners deshalb wichtig, weil Adler in seiner Verteidigungsrede ein Bild von ihm entwarf, das einen dunklen Schatten auf seinen Politikansatz zumindest im linken Spektrum der österreichischen Sozialdemokratie wirft. In seiner Stellungnahme vor dem Ausnahmegericht ging Friedrich Adler zweimal auf Renner ein. Bei der ersten Erwähnung handelte es sich um dessen Versuch, die Gründe für sein Attentat auf Stürgkh zu erklären: »Und wenn Sie verstehen wollen«, sagte er dem Gerichtspräsidenten, »was mich hier her geführt hat, dann ist es die Tatsache, daß dieser Geist der biederen Verlogenheit in *meine* Partei, in die Sozialdemokratie, Eingang gefunden hat, daß er in ihr repräsentiert ist durch diesen *Dr. Karl Renner,* der nichts anderes darstellt als einen *Lueger der Sozialdemokratie,* der den Geist der Prinzipienlosigkeit, den Geist der Gaukelei in unsere Partei gebracht hat, daß man sich immer *schämen* muß, das auf sich sitzen zu lassen. In der Kriegszeit war all meine Energie darauf gewendet, *den Schmutz abzuschütteln,* der von diesen Politikern auf das gebracht worden ist, was mein ganzes Inneres, was immer mein Leben erfüllt hat. Vieles, was ich getan habe, war der Versuch, immer wieder mich in Gegensatz zu stellen zu jenen, die den *Geist der Partei* verraten haben. Das müssen Sie verstehen. Das ist die *wirkliche Quelle,* der *wirkliche Zusammenhang* meiner Tat: darauf ist sie zu verstehen: Sie war ein Protest, *einer* der Proteste – es waren *viele,* ich werde darauf noch zu sprechen kommen – gegen diesen Geist der österreichischen Verlogenheit, der in die Partei eindrang.«[103]

Friedrich Adler erwähnte Renner neuerlich, als er dem Ausnahmegericht sein Verhältnis zur SDAP schilderte. Er habe offen gegen den Parteivorstand polemisiert, und zwar beispielsweise in einem Artikel im *Kampf*: »Es war aber auch nicht möglich, daß mich der Parteivorstand hätte aus der Partei *hinausdrängen* können. Das war ganz *ausgeschlossen*. Darauf möchte ich aufmerksam machen. Ich hatte immer das Gefühl, *ich* möchte mit den Leuten nichts zu tun haben, *ich muß weg;* aber daß *die Leute,* die im Parteivorstande einen Abgeordneten *Pernerstorfer* sitzen haben, der ein *reiner Deutschnationaler* ist, und einen Abgeordneten *Dr. Renner,* der *die Revolution verhöhnt,* die in der ›Arbeiterzeitung‹ einen *Leuthner* sitzen haben, der während des Krieges *die Internationale in der unglaublichsten Weise beschimpft hat,* daß diese Leute, weil ich auf sozialistischem Boden stehe, *mich hinauswerfen* könnten und die *anderen drin* lassen, das war unmöglich, wie jeder zugeben wird, der die Partei kennt.«[104] Vor Gericht stehend, hielt Friedrich Adler gewissermaßen selbst Gericht über Karl Renner. Seine Anklage aus linker Perspektive wirft diesem Prinzipienlosigkeit und Verrat an der Revolution vor.

Diese Anschuldigung verpuffte nicht wirkungslos. Dazu war die Situation, in der sie geäußert wurde, zu ernst, und die Person, die diese Kritik an Renner angesichts des zu erwartenden Todesurteils geäußert hat, zu bedeutend.

Einer der wenigen Kommentare Renners zu Friedrich Adlers Attacken auf seine Person als Politiker finden sich in einem Parteivorstandsprotokoll[105], das offenbar unmittelbar nach dem Prozess vor dem Ausnahmegericht geführt wurde: »Allen Respekt vor der individuellen Tat, doch ist sie für die Arbeiterbewegung von keinem Nutzen. Die ganze Haltung Fritz Adlers war ein ständiges Mißtrauensvotum auf die Gesamtorganisation. Die Partei hat dabei als Institution erbärmlich abgeschnitten. Man verleitet den Arbeiter zu dem Schluss: Die Partei taugt nichts, die Gewerkschaft taugt nichts, das Entscheidende ist nur die individuelle Tat.«[106] Gewiss hatte Renner im Parteivorstand Anhänger, die ihn gegenüber der Polemik Friedrich Adlers vor dem Ausnahmegericht in Schutz nahmen. So attestierte Pernerstorfer Adler zwar, ein »heroischer Charakter« zu sein, aber er habe sich automatisch außerhalb der Partei gestellt. »Er hat der Partei die schwersten Wunden seit ihrem Bestande zugefügt. Eine solche Schmähung von Parteigenossen ist noch nicht dagewesen. Nie darf einer Opposition der Mund verbunden werden, doch darf die Kritik nicht persönlich verletzen.«[107] Eldersch warnte davor, sich in der Beurteilung von Adlers Äußerungen vor dem Ausnahmegericht zu sehr vom Gefühl leiten zu lassen. »Wir sind nicht unduldsam, wir wollen mit den Genossen gerne polemisieren. Die Einheit der Partei schätze ich als das höchste Gut, aber jeder Preis darf nicht gezahlt werden. Fritz Adler hat der Partei unheilbar geschadet. Der Plan, die Verhandlung in Form einer Broschüre in die breitesten Massen zu bringen, hiesse die Schande der Partei zu verewigen. Wir müssen energisch gegen jene Desperados auftreten, die sich den leichten Erfolg sichern, das Ansehen des Parteivorstandes und der Vertrauensmänner zu untergraben.«[108]

Friedrich Austerlitz, Chefredakteur der *Arbeiter-Zeitung*, hielt es hingegen für falsch, Friedrich Adler wegen seiner Äußerungen vor dem Ausnahmegericht aus der SDAP auszugrenzen: »Es ist nicht so einfach, gegen Fritz Adler zu polemisieren. Die Arbeiterschaft ist darüber erregt, dass sich ein Teil der Parteigenossen an den Krieg schrankenlos hingegeben, sich geistig assentieren lassen hat.«[109] Zwar betonte auch Austerlitz, dass »Fritz Adler (…) vielen Parteigenossen, deren Wirksamkeit ich ganz untadelig finde, schwer Unrecht getan«[110] habe. Fest stehe aber auch, dass Fritz Adler zu einem »der stärksten Werbekräfte für den Sozialismus«[111] avanciert sei. Austerlitz' Linie sollte sich durchsetzen. Das Protokoll der Äußerungen Adlers vor dem Ausnahmegericht wurde veröffentlicht, und damit war Renners Niederlage besiegelt. Er musste fortan mit dem Adler'schen Stigma leben, ein »Lueger der Sozialdemokratie« zu sein.

Adlers Attacke war gewiss einseitig. Was den »Geist der biederen Verlogenheit«, der »Prinzipienlosigkeit« und der »Gaukelei« betrifft, so sprechen insbesondere Renners Schriften *Oesterreichs Erneuerung* sowie *Marxismus, Krieg und Internationale* gegen einen solchen Vorwurf. Beide Bücher lassen einen Duktus erkennen, dessen Ursprung tiefe und authentische Überzeugungen des Verfassers verrät – jenseits taktischer Winkelzüge und opportunistischer Anpassung an Strömungen der eigenen Partei oder des bürgerlichen Lagers. Es gelte, in der existenzbedrohenden Ausnahmesituation des Weltkriegs den Staat nicht zu stürzen, sondern ihn im Krieg im Interesse des Proletariats zu bewahren, damit die Arbeiterbewegung ihn einst zu ihren Zwecken der sozialen und politischen Emanzipation würde beerben können. Der Einsatz für die Monarchie war für Renner zugleich der Kampf um die Erhaltung der wirtschaftlichen Lebensbedingungen der Industriearbeiterschaft. Renner war Opportunist, was die Mittel angeht, seine Ziele zu erreichen. Insofern hatte Friedrich Adler ganz recht. Aber sein Ziel, zum Wohl Österreichs und für die Emanzipation der Arbeiterklasse zu wirken, blieb bis zum Ende seines Leben unverrückbar. Prägnant brachte er selbst diese Maxime auf dem Parteitag der SDAP von 1917 auf den Begriff: »Es gibt von vornherein keinen sicheren Weg, sondern nur ein sicheres Ziel.«[112]

Auch Friedrich Adlers Vorwurf, Renner habe die Revolution »verhöhnt«, trifft nur halb zu. Adler stimmte in seiner Kritik an Renner offenbar mit Leo Trotzki überein, der sich nach der gescheiterten Russischen Revolution von 1905 in Wien aufhielt. In seinem Buch *Mein Leben. Versuch einer Autobiographie* (1929) ging er auch auf seine Begegnung mit den Austromarxisten ein. »Hilferding brachte mich mit seinen Wiener Freunden zusammen: Otto Bauer, Max Adler und Karl Renner. Das waren sehr gebildete Menschen, die auf verschiedenen Gebieten mehr wußten als ich. Ich habe mit lebhaftestem, man kann schon sagen mit ehrfurchtsvollem Interesse ihrer ersten Unterhaltung im Café *Zentral* zugehört. Doch schon sehr bald gesellte sich zu meiner Aufmerksamkeit ein Erstaunen. Diese Menschen waren keine Revolutionäre. Mehr noch: sie stellten einen Menschentypus dar, der dem des Revolutionärs entgegengesetzt war.«[113] Und speziell über Renner bemerkte Trotzki: »Mir wurde klar, daß dieser Mensch von der revolutionären Dialektik ebenso weit entfernt war wie der konservativste der ägyptischen Pharaonen.«[114]

Die Einschätzungen aber, die Adler und Trotzki Renner zuteilwerden ließen, sind korrekturbedürftig. Beide gehen offenbar von der Französischen Revolution von 1789 als dem eigentlichen Urmuster aus. Renner dagegen hielt zwar auch am Begriff der »proletarischen« Revolution fest. Aber sie folge, wie bereits dargelegt, einem eigenen Muster: Nicht das Dekret, der einmalige Rechtsakt bringe die neue Gesellschaft hervor, sondern die mühevolle Verwaltungsarbeit im Detail, die freilich im Rahmen der proletarischen Umwälzung rascher voranschreite als unter den restriktiven Bedingungen der bürgerlichen Gesellschaft.[115]

Im Übrigen braucht Renners evolutionäre Transformationsperspektive den Vergleich mit Trotzkis »revolutionärer Dialektik« nicht zu scheuen. Wie wir wissen, scheiterte Trotzkis Ansatz, dem welthistorischen »Fortschritt« das individuelle Glück der Einzelnen rücksichtslos zu opfern, auf der ganzen Linie. Er war weit davon entfernt, sein Ziel, den Sturz Stalins, zu erreichen, und die von ihm inspirierte Vierte Internationale verkam zu einer Sekte. Zwar konnte auch Renner seinen demokratischen Sozialismus nicht verwirklichen. Aber in der Zweiten Republik kam er diesem »telos« in Gestalt eines sozialstaatlich gebändigten Kapitalismus sehr nahe. Nicht der hybride »Neue Mensch« gab ihm – wie bei Trotzki – die Perspektive nach vorn vor, sondern das Wohl konkreter Menschen.[116]

Außerdem sollte nicht vergessen werden, dass Renner persönlich für seine »sozialpatriotischen« und revolutionskritischen Überzeugungen einen hohen Preis zahlen musste. Wie gezeigt wurde, traten Hilferding und Kautsky als scharfe Kritiker des Renner'schen Buchs *Oesterreichs Erneuerung* und der in dieser Schrift in Anlehnung an Friedrich Naumann entwickelten Mitteleuropa-Konzeption auf.[117] Und Kautsky widmete seiner Kritik an Renners *Marxismus, Krieg und Internationale* eine ganze Broschüre.[118] Dennoch kam es zu keinem dauerhaften Bruch zwischen ihnen. So schrieb Renner am 26. Oktober 1929 an Kautsky: »Sie wissen, ich bin keine polemische Natur und habe Ihre Arbeit über mein Buch ›Marxismus, Krieg und Internationale‹ niemals mit irgendeinem Gefühle persönlicher Gereiztheit hingenommen. Freilich bin auch ich in allen Einzelheiten unverbesserlich geblieben und halte meinen Standpunkt aufrecht. Aber das macht unter Männern schliesslich nicht das Geringste.«[119]

Anders verhielt es sich mit seiner Beziehung zu Otto Bauer. Die Abkühlung dieser Freundschaft muss Renner tief getroffen haben. Noch 1918, im Vorwort zur zweiten Auflage seines Buchs *Marxismus, Krieg und Internationale*, betonte Renner seine Gemeinsamkeiten mit Bauer: »Mit meinem Freunde nach wir vor einig, daß einzig und allein die vertiefte und erweiterte Forschung auf dem Boden des Marxismus die herrschende Verwirrung besiegen kann, verspreche ich mir von der kritischen und polemischen Untersuchung aller Grundlagen des Marxismus aus den Gesichtspunkten der Erfahrung verschiedener Länder die reichste Befruchtung des gemeinsamen Bodens: Er ist so groß, so reich und liegt vielfach so brach, daß auf ihm wahrlich für viele nebeneinander Arbeitsraum ist.«[120]

Anfangs mochte Renner noch hoffen, dass die nach Bauers Rückkehr aus der russischen Kriegsgefangenschaft im September 1917 entstandenen ideologischen Gräben zwischen ihnen zu überbrücken seien. Er führte sie auf die »beneidenswerte Gelegenheit« Bauers zurück, während seiner Kriegsgefangenschaft »mitten im Zentrum der russischen Revolution eine Fülle von Anregungen und Einsichten zu gewinnen, die zum Teil von jenen Ergebnissen, die wir in gemeinsamer Mitarbeit in der österreichischen Bewegung und an der österreichischen Monatsschrift ›Der Kampf‹ vertreten haben, wie von meinen inzwischen gewonnenen Auffassungen des Krieges mannigfach abweichen«.[121] Doch die Hoffnung war trügerisch. Jedenfalls zog Renner bereits um die Jahreswende 1917/18 die freundschaftliche, Otto Bauer zugeeignete Widmung der ersten Auflage seines Buches *Marxismus, Krieg und Internationale* auch aus »inneren Gründen« zurück, weil er sich »nach wie vor vorbehaltlos zur Politik der deutschen Mehrheit, wenn auch nicht zu allen Theorien der deutschen Rechten«[122] bekenne. In diesem Sinne schrieb Renner später in einem Brief an Karl Kautsky, er befinde sich mit Bauer aus Gründen der politischen Klugheit, die nichts mit links oder rechts zu tun habe, »in einem absoluten Widerspruch«, weil dieser »dank seiner Kriegsgefangenschaft von einer verhängnisvollen Revolutionsromantik befangen« sei.[123] Umgekehrt ging Bauer zu Renner in dem Maße auf zunehmende Distanz, wie er nach seiner Rückkehr die Linie vertrat, dass der Kriegsabsolutismus zu beenden sei und das Selbstbestimmungsrecht der Völker auch für die Nationen der Monarchie gelten müsse – jenseits der Monarchie, also auf republikanischer Grundlage. Dagegen hielt Renner bis zuletzt an der Monarchie als Rahmen der Bildung eines »übernationalen Staates« fest.

Unterdessen nahm der innenpolitische Druck auf die Monarchie weiter zu. Wie schon für die Wahlrechtsreform von 1907 die Russische Revolution von 1905 eine entscheidende Rolle spielte, so sahen sich die aristokratischen Eliten des Kaiserreichs angesichts der bürgerlichen Revolution in Russland im Frühjahr 1917 unter Kerenski zu wesentlichen Konzessionen an die Sozialdemokratie gezwungen. Am 31. Mai 1917 wurde das Parlament wieder einberufen, wo der Nationalitätenstreit sofort in aller Heftigkeit erneut ausbrach. Zugleich hatte sich nach Friedrich Adlers Auftritt vor dem Ausnahmegericht ein tiefgreifender Wandel in der Sozialdemokratie vollzogen, weil sich die Friedenssehnsucht vor allem in der Arbeiterschaft so radikalisierte, dass das Vertrauen in die bisher nicht in Frage gestellte Monarchie zu schwanken begann. Selbst Karl Renner konnte sich, was oft übersehen wird, dieser Stimmung des Zweifels an der Überlebensfähigkeit des alten Reiches nicht entziehen. So endete seine Rede vom 15. Juni 1917 vor dem Reichsrat mit dem an die Regierung gerichteten Satz: »Schaffen Sie uns die Möglichkeit, in diesem Lande zu leben, schaffen Sie dem Arbeiter die Möglichkeit, in der Gemeinde, im Kreise, im Land und im Staate zu wirken, das bißchen Arbeitsschutz durchzusetzen, seine persönliche Würde zu wahren, schaffen Sie ihm die rechtliche Möglichkeit und er wird in diesem Lande arbeiten und mit ihm verwachsen. Wenn aber der Staat ein Staat des Chaos bleibt, der Willkür, der Rechts- und Gesetzlosigkeit, dann soll er zugrunde gehen.«[124]

Der Parteitag von 1917 und die Dominanz der »Linken«

Wie der Wiener Parteitag der SDAP im Oktober 1917 zeigen sollte, konnte diese Parlamentsrede die schwindende Akzeptanz der Rennerschen Konzeption des »übernationalen Staates« der Habsburgermonarchie im sozialdemokratischen Lager nicht mehr aufhalten. Im Mittelpunkt des Parteitags stand vordergründig die »Erklärung der ›Linken‹«, die sich offiziell gegen den Parteivorstand wandte. Im Kern aber war sie ein Generalangriff auf die von Renner vertretene Position des »übernationalen Staates« auf der Grundlage des »Burgfriedens« mit den alten Eliten. Gabriele Proft trug die »Erklärung« vor. Auf Renners Erwiderung bezogen sich 25 Redner. Im Vorspann der »Erklärung der ›Linken‹« betonten ihre Verfasser, sie lehnten den individuellen Terror als Mittel sozialistischer Politik ab, attestierten aber Friedrich Adler, er habe das Attentat auf Stürgkh aus Verzweiflung an einer Arbeiterbewegung begangen, »die sich von allen Grundsätzen des sozialistischen Klassenkampfes immer weiter entfernt hat.«[125] Zugleich strebe die Linke keine Spaltung der Partei an[126], aber in der Parteipresse müsse eine größere Transparenz herrschen, sodass die Veröffentlichung aller Meinungsverschiedenheiten gewährleistet sei. Eine durchgreifende Demokratisierung habe die Oligarchisierungstendenzen in der Partei zu beenden.[127]

Die Erklärung selbst umfasste fünf Forderungen an den Parteivorstand: 1. Die SDAP stehe in »engster Geistesgemeinschaft mit der Deutschen Sozialdemokratie«.[128] Sie erkenne die MSPD ebenso wie die USPD als »gleichberechtigte Bruderparteien« an. 2. Der Parteivorstand habe die Forderung der Internationalen Kongresse von Stuttgart und Kopenhagen nicht erfüllt. Die Möglichkeiten der durch den Krieg bewirkten wirtschaftlichen und politischen Krise zur Beschleunigung des Sturzes der Kapitalistenklassen und zur Beendigung des Krieges seien von ihr nicht genutzt worden. Zum gegenwärtigen Zeitpunkt fordere die Linke von der Parteiführung »eine energische Aktion für den Frieden«[129], und zwar auf parlamentarischer wie auf außerparlamentarischer Ebene (Massendemonstrationen, Parteipresse etc.). 3. Die Parteiarbeit dürfe sich nicht auf reine Verwaltungsarbeit reduzieren. Sie sei kein Wohltätigkeitsverein, »dessen Tätigkeit sich darin erschöpft, einzelnen Arbeiterschichten eine kleine Verbesserung ihrer Lebensverhältnisse«[130] zu ermöglichen. »Die wichtigste Aufgabe der Partei ist und bleibt der Kampf gegen die herrschenden Klassen.«[131] Demgegenüber führe der Reformismus, dessen führender Repräsentant Karl Renner sei, zum Ministerialismus: »Diese Tendenz innerhalb der Partei werden wir entschieden bekämpfen.« Die Linke halte an dem alten Grundsatz fest: »dem kapitalistischen Staat keinen Mann und keinen Groschen«.[132] 4. Die Parteipresse unter dem Einfluss Karl Renners habe die schwere Staatskrise verschleiert, die sich in der Krise des österreichischen Parlamentarismus widerspiegle. Die von Renner geforderte Verwaltungsreform könne nicht unter den Bedingungen des bürgerlichen Staates, sondern nur »durch die Eroberung der politischen Macht durch das Proletariat«, also »durch den vollen Sieg der Demokratie«[133] gelingen. 5. Der gegenwärtige Zustand der SDAP sei durch zwei Strömungen gekennzeichnet: »Eine nationalsoziale Richtung, deren Hauptvertreter Pernerstorfer und Leuthner sind, andererseits eine sozialpatriotische Richtung, deren Vertreter Renner ist«.[134] Beiden Richtungen stellt die Linke den alten Internationalismus entgegen, »der alle Fragen der inneren und äußeren Politik nicht dem Sonderinteresse der deutschen Nation oder des österreichischen Staates, sondern nach dem allgemeinen Interesse des ganzen internationalen Proletariats beurteilt«.[135]

Renner blieb die Antwort auf die Kritik der Linken an seiner programmatischen Position nicht schuldig.[136] Zunächst lobte er die »Erklärung der ›Linken‹«, weil sie in ihrer Geschlossenheit eine brauchbare

Basis für die uneingeschränkte innerparteiliche Diskussion darstelle, in der alle sozialdemokratischen Positionen zur Geltung kommen müssten. Ebenfalls sei er froh darüber, dass die Linken »an der Einheit der Partei festhalten und ihre Grundsätze innerhalb der Partei vertreten wollen«.[137] Doch schließlich wies er auf die Gefahr hin, dass aus der Diskussion über den Parteivorstand eine Diskussion über den Genossen Renner zu werden drohe: »Das möchte ich aus vielen Gründen nicht. Ich habe weder im Parteivorstand noch in der Parteipresse eine unmittelbare Funktion. Ich gebe zu, daß ich mir Mühe gab, der Partei zu dienen, wo ich kann, und auch meine Auffassungen zur Geltung zu bringen, aber meine Auffassung ist keine autoritative. Ich habe in meinem Buche (*Marxismus, Krieg und Internationale*, R. S.) erklärt, daß ich es ablehne, mich auf irgendeine marxistische Richtung festlegen zu lassen. Ich bin weder Reformist noch Revolutionär, ich lasse mich nicht einrangieren in eine Rechte oder Linke. Ich behalte mir vor, jeden einzelnen Fall so zu beurteilen, wie er am bestimmten Tage und am bestimmten Orte ist.«[138]

An seiner These, es gebe keinen abstrakten Klassenkampf und wer ihn wolle, der müsse ihn in mühevoller Kleinarbeit auf der Verwaltungsebene vollziehen, hielt er den Delegierten gegenüber fest. Das schließe keineswegs die Möglichkeit eines schnellen revolutionären Durchbruchs aus. »Ich habe gefunden, daß wir diese Stunde heute noch nicht haben und morgen auch nicht haben werden, und wenn Sie mich deshalb einen Rechten nennen, so bin ich ein Rechter; wenn die Stunde kommt, werden Sie sehen, daß ich auch ein Linker sein kann.«[139] Der eine wie der andere Weg hänge von den jeweiligen sozio-politischen Rahmenbedingungen ab, unter denen man handeln müsse. Zudem wies Renner den Vorwurf zurück, sein Reformismus führe zum Ministerialismus. Er habe jedenfalls nie einen Vorstoß in dieser Richtung unternommen. Dass aber die Arbeiterklasse kraft der Natur des Kapitalverhältnisses in den fortgeschrittenen Ländern an dieses gebunden ist, könne niemand mit guten Gründen bezweifeln. Er betonte die Pflicht der Partei, diesen Widerspruch zwischen gemeinsamen und konfligierenden Interessen von Kapital und Arbeit, dem die SDAP ausgesetzt sei, der Arbeiterschaft zu ihrer Orientierung zu vermitteln.

Vor allem wehrte sich Renner gegen den Versuch, ihn als Staatsfanatiker zu stigmatisieren. Wer die Arbeitswelt nicht nur durch die Brille der Begriffe, sondern auch durch jene der Tatsachen wahrnehme, könne die sozialpolitischen Forderungen der Arbeiter nicht ignorieren, die vom Achtstundentag über die Krankheits- und Unfallversicherung bis zur Versorgung der Alten, der Mütter mit ihren Säuglingen, der Schulbildung und der Wissenschaftsförderung reichten.»Der Staat soll!‹ – das ist der einzige immer wiederkehrende proletarische Imperativ. (…) Was hindert ihn aber, die Pflichten zu erfüllen, die wir ihm auferlegen wollen? Die Kapitalistenklasse, die ihn heute beherrscht! Und unsere Forderung ist: Eroberung der politischen Macht! Das ist Befreiung des Staates von der Macht des Kapitals. Wir haben keine andere Gemeinschaft als den Staat und darum muß der Staat da sein und muß die notwendigen Mittel haben.«[140]

Niemand kann bestreiten, dass Renners Argumente innerhalb des marxistischen Paradigmas, das er in den beiden Büchern *Oesterreichs Erneuerung* sowie *Marxismus, Krieg und Internationale* entwickelt hatte, schlüssig waren. Gleichwohl musste er zur Kenntnis nehmen, dass sein auf die Fortführung des Krieges und die Zusammenarbeit mit den alten Eliten finalisiertes Konzept quer zur Friedenssehnsucht der Massen und dem faktischen Verlauf des Krieges zuungunsten der Mittelmächte stand.

Die zahlreichen kritischen Repliken auf Renners Rede während des Parteitages lassen erkennen, dass er seine politische Defensive nur teilweise überwinden konnte. Dennoch wäre die Annahme falsch, die Hegemonie seiner Konzeption des »übernationalen Staates« sei zu diesem Zeitpunkt bereits gebrochen gewesen. Zwei Tatsachen sprechen gegen eine solche Annahme. Nach eigenem Bekunden hatte Otto Bauer folgende Passage in die »Erklärung der ›Linken‹« eingefügt, die auf den Kern des Renner'schen Ansatzes einer Lösung des Nationalitätenproblems zielte: »Wie das soziale Problem nicht in bloßer Verwaltungsarbeit gelöst werden kann, so kann auch das nationale Problem nicht nur durch ein paar Verwaltungsgesetze gelöst werden, sondern nur durch den vollen Sieg der Demokratie. Nicht die Kreisverwaltung kann unsere Losung sein im Kampfe für die nationale Autonomie, sondern nur die Einberufung konstituierender Nationalversammlungen der einzelnen Nationen, von denen jede die Verfassung und die Verwaltungsorganisation souverän festsetzt und die Besorgung der gemeinsamen Angelegenheiten mit den anderen Nationen vereinbart.«[141]

Es ist leicht einzusehen, dass explizit diese Passage auf eine Zertrümmerung des »übernationalen Staates«, wie Renner ihn imaginierte, hinauslief: Im Gegensatz zur Anfangsphase des Großen Krieges, als die militärische Mobilisierung der Nationen der Habsburgermonarchie – wenn auch unter den harten Bedingungen des Kriegsabsolutismus – relativ problemlos gelang, hätte die Einberufung konstituierender Nationalversammlungen im Jahr 1917 zu Souveränitätserklärungen der Nationen und zu deren Abfall von der Monarchie geführt. Doch der Parteitag stand noch so im Bann des Renner'schen »übernationalen Staates«, dass man diese Implikation gar nicht wahrnahm und daher auch nicht diskutierte. Im Gegenteil: Die Parteitagsdelegierten verabschiedeten eine Resolution, die eine Neuordnung der Monarchie forderte. Diese Resolution lag eindeutig auf der Linie des *Brünner Programms* von 1899 und entsprach damit Renners Ansatz eines »übernationalen Staates« der Habsburgermonarchie. Ausdrücklich heißt es: »Der Parteitag fordert analog den Beschlüssen des Gesamtparteitages zu Brünn die Umwandlung Österreichs in einen Nationalitätenbundesstaat.«[142]

Man wird Renner also attestieren müssen, dass er sich auf dem Parteitag von 1917 noch einmal trotz aller Kritik gegenüber der Linken durchsetzte, ohne »daß auch nur die auf dem Parteitag anwesenden Vertreter der ›Linken‹ dagegen Einspruch erhoben hätten«. Erst die großen Streiks im Januar 1918 »machten die deutsch-österreichische Arbeiterschaft mit dem Gedanken des Selbstbestimmungsrechts der Nationen vertraut«[143] und statteten die SDAP mit der Autorität aus, in der nahenden Revolution die Führung zu übernehmen.[144]

Die Geschlossenheit, mit der die SDAP auf die Auflösungsphase der Monarchie reagierte und die ihr zunächst einen beträchtlichen Machtvorteil gegenüber der christlichsozialen Konkurrenzpartei verschaffte, setzte freilich eines voraus: Sie musste ein Konzept für die Neuordnung

Österreichs vorlegen, das mit Renners Paradigma des »übernationalen Staates« auf der Grundlage der Monarchie brach. Denn Renners beginnende Defensive war eine direkte Folge der Tatsache, dass die Völker der Habsburgermonarchie angesichts von deren immer sichtbarer werdenden Agonie spätestens ab 1916 nicht mehr nur auf ihre kulturelle Autonomie, sondern auf ihre volle Souveränität drängten. Gleichzeitig wuchs aber auch die Gefahr einer konterrevolutionären Unterdrückung dieser nationalen Bestrebungen der Ungarn, Südslawen, Tschechen und Polen, die auch die Organisationen der deutsch-österreichischen Sozialdemokratie treffen konnten. Um diese Gefahr abzuwenden, fand im Januar 1918 in Wien eine Konferenz der »Linken« statt, die aus fünf Vertretern der SDAP, zwei Vertretern der tschechischen und drei Vertretern der Opposition innerhalb der polnischen Sozialdemokratie bestand. Der in dem aus der Konferenz resultierenden Programm[145] artikulierte Konsens sollte auch dem Versuch der Wiederherstellung der internationalen Sozialdemokratie im Vielvölkerstaat dienen. Doch im Kern ging es um dessen Neuordnung nach dem Krieg: Es handelte sich um ein Nationalitätenprogramm, das frontal gegen Renners Konzeption des »übernationalen Staates« einer demokratisierten Habsburgermonarchie gerichtet ist.

So sah das Programm vor, dass jede Gemeinde bei allgemeinem Stimmrecht aller Männer und Frauen entscheiden soll, »zu welchem der sieben Sprachgebiete es gehören will«.[146] Jedes Sprachgebiet sollte eine konstituierende Nationalversammlung wählen, die autonom die Verfassung und die Verwaltungsorganisation festlegte. Die einzelnen Nationen sollten ihre außenpolitischen Beziehungen zu anderen Staaten und selbstverständlich auch zu den anderen Nationen Österreichs selbständig regeln. Die Option der Bildung gemeinsamer Organisationen blieb dabei offen. Ferner verpflichteten sich die Sozialdemokraten in den einzelnen Nationalversammlungen der souveränen Nationen zur Beibehaltung eines gemeinsamen Wirtschaftsgebiets, sprachen sich aber gegen die Bildung von Koalitionen mit bürgerlichen Parteien aus. Durch Verträge zwischen den Nationen sollte der Schutz nationaler Minderheiten garantiert und Grenzstreitigkeiten beseitigt werden. Für den Minderheitenschutz empfahl das Programm, dem Prinzip der Ge-

genseitigkeit zu folgen. Es gehe also darum, »daß jede Nation den fremden Minderheiten in ihrem Gebiet wirksamen Schutz und weite sprachliche Rechte einräumt, um dadurch gleichen Schutz und gleiche Rechte auch ihren Minderheiten in den fremden Sprachgebieten zu sichern«.[147] Die Antwort Renners auf das »Nationalitätenprogramm der ›Linken‹« erfolgte umgehend. Er veröffentlichte sie wenig später unter dem Titel *Marx oder Mazzini*[148] im sozialdemokratischen Theorieorgan *Der Kampf*. In dem Maße, wie sich das Programm für die Bildung kleiner Nationalstaaten starkmache, falle es auf vormarxistische, altliberale Vorstellungen zurück, die mehr mit Mazzini als mit Marx zu tun hätten. Marx und Engels seien weit davon entfernt gewesen, das Sezessionsrecht eines Teils der Nation anzuerkennen, wie ihre Zustimmung zum Krieg der demokratischen Mehrheit in der Schweiz 1847 gegen die Loslösung einiger Kantone vom Staatsverband und dem Krieg des Nordens gegen den Süden in den USA unter Abraham Lincoln gezeigt habe. Statt die Klasseninteressen der Arbeiter zu vertreten, degradierten die Linken die Sozialdemokratie »geradezu zum Spielball jeder dauernd oder auch nur vorübergehenden malkontenten nationalistischen oder provinzialistischen Bourgeoisie und zum hilflosen Vorspann für allerlei *Staatszerstörungs- und Staatsgründungsexperimente*, die weit abliegen von den Zielen, die Karl Marx der Arbeiterbewegung gesetzt hat. Von dem Worte unseres Meisters ›Proletarier aller Länder vereinigt euch!‹ weicht diese Formel, die uns da vorgeschlagen wird, sehr weit ab: ›Proletarier, geht hin und helfet National- und Provinzialstaaten gründen!‹. Die Demokratie, wie sie hier verstanden wird, scheint uns doch allzu sehr altbürgerlich gefaßt. Sie stammt eben aus dem Geiste Mazzinis und nicht aus dem Geiste Karl Marx'.«[149] Unmarxistisch sei das Programm vor allem deswegen, weil in ihm von »wirtschaftlichen Zusammenhängen und Notwendigkeiten, die die materialistische Geschichtsauffassung ja auszeichnen, (…) so gut wie gar keine Rede«[150] sei.

Renners Festhalten an der mit der Habsburgermonarchie verbundenen Reichsidee und ihrem historisch gewachsenen Wirtschaftsgebiet entsprach seine scharfe Kritik an der liberalen Grundierung des Programms der »Linken«, die in Begriffen wie »Nation«, »Vertrag«, »ahistorischer Atomismus« oder »Souveränität« zum Ausdruck kam. Und tatsächlich sind die historischen Wurzeln dieses Programms unschwer in der Revolution von 1848 zu erkennen.[151] Deren Lehre für die Linke war: Der Anschluss Österreichs an Deutschland kann nur gelingen, wenn beide Monarchien durch eine Republik ersetzt werden. Er hatte nur dann eine Chance, wenn die dynastischen Sonderinteressen der Hohenzollern und der Habsburger überwunden wurden, an denen die Revolutionäre von 1848 mit ihrer großdeutschen Lösung scheiterten. Die historische Entwicklung in der Endphase des Ersten Weltkriegs konvergierte mit diesem Ansatz, während Renners Konzeption des »übernationalen Staates« im Rahmen der Monarchie und der »Reichsidee« immer mehr ins Abseits geriet.

So konnte Friedrich Adler am 6. November 1918 während der außerordentlichen Sitzung des Wiener Arbeiterrates verkünden, dass der Nationalitätenstreit zwischen Renner und Bauer zugunsten des Letzteren entschieden sei: »Renner ging von dem Axiom aus: Österreich wird *ewig* stehen. Das war für ihn nicht nur ein Axiom, sondern es war Glaube, Hoffnung, Liebe. Auf wesentlich anderem Boden stand der Brünner Parteitag, auf dem erklärt wurde: ›Oestereich wird ein demokratischer Nationalitätenbundesstaat sein oder es wird nicht sein.‹ Der Genosse Bauer, der in seiner ›Nationalitätenfrage‹ bereits vor einem Jahrzehnt den künftigen Weltkrieg in allen seinen Konsequenzen theoretisch zu erfassen suchte, hat das Problem viel tiefer gefaßt. Er sagt dort: ›*Wenn* Österreich sein wird, wird *die* nationale Autonomie sein.‹ Er betrachtete die Existenzfähigkeit Österreichs mit sehr großem Zweifel. Nun ist Österreich *tatsächlich zersprengt* worden. Der Krieg hat Genossen Bauer recht gegeben.«[152]

Tatsächlich haben wir es mit dem paradoxen Sachverhalt zu tun, dass sich der angebliche Visionär Otto Bauer bei der Einschätzung der Nationalitätenfrage in der Endphase des Krieges als Realpolitiker erwies und der vermeintliche Realpolitiker Karl Renner als Visionär, dessen Vorstellung eines »übernationalen Staates« erst nach dem Zweiten Weltkrieg konkrete Konturen erkennen ließ. Renners Vision vom Ende der Nationalstaaten war nicht falsch, aber er irrte hinsichtlich des Zeitpunkts ihrer Verwirklichung. Der Weg von der zerfallenden Monarchie zur Ersten Republik folgte einem nationalstaatlichen Muster, das Renner bis zuletzt abgelehnt hatte. Daher kann zu Recht gesagt werden, dass das »Nationalitätenprogramm der ›Linken‹« den Aktionsrahmen absteckte, innerhalb dessen die SDAP zu agieren hatte, falls ihr die Macht zufiele. Diese Möglichkeit sollte bald Wirklichkeit werden. Unsere biografische Frage lautet also, wie Renner auf die neuen Rahmenbedingungen reagierte, mit denen er nach dem Sturz der Monarchie auf dem Weg zur Ersten Republik konfrontiert war.[153]

4. Karl Renner als Staatskanzler der Ersten Republik

Karl Renners Aufstieg zum Kanzler der Ersten Republik wäre gescheitert, wenn diese in ihren Anfängen nur von der Sozialdemokratie getragen worden wäre. Aber die junge parlamentarische Demokratie konnte sich nach dem Zusammenbruch der Monarchie nur mithilfe der bürgerlichen Parteien durchsetzen, die nach dem Machtverlust des letzten Kaisers zu der von den Massen geforderten Republik keine Alternative hatten. Da der Sozialdemokratie aufgrund ihrer ideologischen Geschlossenheit auf dem Boden des Selbstbestimmungsrechts der Völker die politische Hegemonie zugefallen war, gab es aus der Sicht auch des bürgerlichen Lagers nur einen Kandidaten für das Amt des Kanzlers: Karl Renner, der bis zuletzt für eine reformierte Monarchie eingetreten war. Leitete das Scheitern von Renners Konzeption des »übernationalen Staates« seit dem Parteitag der SDAP von 1917 seinen schwindenden Einfluss auf die Partei und Bauers gleichzeitigen kometenhaften Aufstieg in ihr ein, so kam Renner gleichzeitig im bürgerlichen Lager eine Vertrauensbasis zugute, die ihn zum Kanzler einer Koalitionsregierung geradezu prädestinierte.

Diese Chance konnte Renner nur deswegen für sich nutzen, weil ihm dies die basale Maxime seines Politikverständnisses ermöglichte. Das Ziel war unveränderlich: die patriotische Verbundenheit mit Österreich und seine Entscheidung für die soziale und politische Emanzipation der Arbeiterklasse. Doch die Wege dorthin beziehungsweise die Wahl der Mittel erschienen ihm je nach Umständen, Zeit und Ort offen und variabel. Diese strategische Option ermöglichte es ihm, nach einem kurzen Vorlauf den Paradigmenwechsel von der parlamentarischen Monarchie zur demokratischen und sozialen Republik auf nationalstaatlicher Grundlage mehr oder weniger abrupt zu vollziehen, und zwar ohne Gesichtsverlust vor sich selbst und seinen Anhängern.

Renner auf dem Weg zur Staatskanzlerschaft

Renners Weg zur Kanzlerschaft in der Ersten Republik ist sowohl von außen betrachtet als auch in der Selbstinterpretation durchaus kontrovers. Zwei Deutungen überwiegen. Erstere stammt von Otto Bauer, der in *Die österreichische Revolution* schrieb: »Dr. Karl Renner wurde nur zum Leiter der Kanzlei des Staatsrates bestellt. (...) Erst die Ereignisse der folgenden Tage, die die nationale Revolution zur sozialen vorantrieben, verstärkten unser Gewicht in der Regierung. Erst sie machten den Leiter der Kanzlei zum Staatskanzler. (...) Es war eine Machtverschiebung, die sich durch die Ereignisse selbst vollzog, in der sich der Fortgang der Revolution ausdrückte.«[1] Die andere Interpretation stammt von Renner selbst: Im Zusammenhang mit seiner ersten Begegnung mit Victor Adler habe er dessen Maxime verinnerlicht, sich der Arbeiterbewegung nicht aufzudrängen, sondern von ihr gerufen zu werden.[2] Beide Interpretationen sind nicht falsch, aber einseitig. Denn sie blenden aus, was Renner selbst aus eigenem Antrieb getan hat, um sein Ziel, die Kanzlerschaft, zu erreichen.

Tatsächlich können Nasko und Reichl nachweisen, dass Renner auf seine erste Kanzlerschaft von 1918 bis 1920 konsequent hingearbeitet hat. 1918 war er zunächst nichts weiter als eine Art Bürochef, auf Regierungsebene zuständig für Verwaltungsaufgaben. Aber Renner verstand es, sich durch seinen Entwurf des *Beschlusses über die grundlegenden Einrichtungen der Staatsgewalt*[3] (im Folgenden *Beschluß*) vom 30. Oktober 1918 und durch seine kluge und umsichtige Politik in einer chaotischen Situation unentbehrlich zu machen. Fast unmerklich mutierte der Bürochef zum Staatskanzler. Auch den Grund dafür nennen Nasko und Reichl: »Er ist bei allen grundlegenden und zukunftsrelevanten Entscheidungen federführend. Er schafft das Organisationsgesetz ebenso wie das Gesetz über die Staats- und Regierungsform. Renner ist stets flexibel, paßt sich schnell den Bedingungen an und hat sofort konstruktive Lösungsvorschläge parat. Schließlich drängt sich Renner – durchaus im positiven Sinne – auch auf, während andere wohl die Bürde dieser Verantwortung kaum auf sich nehmen, geschweige denn tragen können. Man läßt

Renner also durchaus auch gewähren, weil man froh ist, daß es da einen gibt, der die Führung wie selbstverständlich übernimmt.«[4]

Das Ende dieses graduellen Prozesses der Machtübernahme ist bekannt. In ihrer Sitzung vom 12. November 1918 bestätigte die Provisorische Nationalversammlung die Ernennungen des Staatsrates vom 31. Oktober: »Renner wird von Präsident Dinghofer als ›Leiter der Staatskanzlei‹ als erster genannt, gefolgt vom Staatsnotar und den Staatssekretären. Doch in diesen 11 Tagen seit Oktober hat sich aufgrund Renners Zutun das Amt des Leiters grundlegend gewandelt. Der ursprünglich administrativ gedachte, aber von Renner nie so interpretierte Leiter der Kanzlei des Staatsrates hat es zum staatstragenden Staatskanzler geschafft. Eine verfassungsrechtliche Disharmonie, die man erst in der Verfassungsnovelle im Dezember des Jahres ausbügeln wird. Bis dahin regierte Renner gleichsam ohne Legitimation.«[5] Doch dieses vorübergehende legitimatorische Defizit wurde von der Dynamik der Ereignisse in der Umbruchsituation nach dem Sturz der Monarchie marginalisiert. Entscheidender war, dass die Provisorische Nationalversammlung einen aus zwanzig Abgeordneten bestehenden Vollzugsausschuss beauftragte, einen provisorischen Verfassungsentwurf für Deutschösterreich vorzulegen. Berichterstatter war Karl Renner, der Architekt dieses vorläufigen Verfassungsgesetzes. Ließ dieses die Frage der Staatsform noch offen, so stand am 12. November die Gründung der Republik auf der politischen Tagesordnung.[6] Nachdem sich der Reichsrat durch Vertagung ohne Nennung des nächsten Termins ebenso wie der Kaiser durch seinen Verzicht auf die Regierungstätigkeit von der politischen Bühne verabschiedet hatten, nahm der zum Staatskanzler aufgestiegene Karl Renner Stellung zum Tagesordnungspunkt 1 der Staats- und Regierungsform von Deutschösterreich.»Artikel 1 dieses Gesetzes lautete: ›Deutschösterreich ist eine demokratische Republik. Alle öffentlichen Gewalten werden vom Volk eingesetzt.‹«[7]

Es entbehrt nicht einer gewissen Ironie, dass ausgerechnet der sozialdemokratische Politiker, der wie kein anderer bis zuletzt an der Reformfähigkeit der k.u.k. Monarchie festgehalten hatte, nun die Aufgabe erfüllte, den Übergang zur Republik zu rechtfertigen. Renner begründete diesen Schritt innen- und außenpolitisch. Einerseits folge die Ausrufung der Republik notwendig aus den verfassungspolitischen Beschlüssen der Provisorischen Nationalversammlung vom 21. Oktober 1918. Vor dem Hintergrund der Katastrophe,»die alle überlieferten Autoritäten entwurzelt hat«[8], habe Deutschösterreich zum freien Volksstaat keine Alternative. Ein Neuanfang könne aus diesem Grund nur vom Volk selbst ausgehen.»Ist so diese Vorlage die notwendige Folge der jüngsten Geschichte, so ist sie nach meiner Meinung und nach der Meinung des Staatsrates auch die unerlässliche Voraussetzung unserer künftigen Entwicklung.«[9] Auch wirtschaftlich sei der Übergang zur Republik geboten, weil die österreichische Volkswirtschaft nur dann rekonstruiert werden könne,»wenn alle Kräfte in freier Zusammenarbeit zusammengefaßt werden. (…) Die Bedingung dafür ist die volle Demokratie.«[10] Außenpolitisch führe an der Republik ebenfalls kein Weg vorbei, wenn Deutschösterreich nicht seine Isolierung riskieren wolle.»Es ist unbestreitbar: heute ist die Demokratie zum Grundgesetz der ganzen Welt geworden (…) und wir können nicht anders und wir wollen es nicht anders, auch wir müssen mit den Methoden der modernen Zivilisation regiert werden.«[11] Ebenso wichtig aber sei, dass Österreich erst durch die Republikanisierung »ein Bestandteil der deutschen Republik« werden könne, wie es in Artikel 2 des Gesetzes heißt: »Wir sind ein Stamm und eine Schicksalsgemeinschaft.«[12] Das Ende der Sitzung wurde durch Schüsse von außen in das Parlament hinein herbeigeführt. Die gleichzeitigen Vorgänge vor dem Parlament beschreibt ein ausführlicher Artikel der *Arbeiter-Zeitung* vom 13. November 1918.[13] Danach lösten kommunistische Gruppierungen, die gegen die Proklamierung der deutschösterreichischen Republik demonstrierten, die blutige Massenkundgebung vor dem Parlament aus. Aber auch der Aufmarsch der sozialdemokratischen Organisationen der einzelnen Wiener Bezirke anlässlich der Ausrufung der Republik zeigt, dass die mobilisierten Massen von der Straße aus Einfluss auf die parlamentarische Willensbildung nahmen. Renner muss ein Gespür dafür gehabt haben, dass diese Dynamik von unten auch etwas mit dem mangelnden Vertrauen in das republikanische Staatswesen zu tun hatte. Dem Ziel, das kollektive Selbstbewusstsein und die Identifikation mit der Republik zu stärken, sollte nach Renner eine neue Nationalhymne symbolischen Ausdruck verleihen. Da es an geeigneten Texten fehlte, füllte Renner diese Lücke 1920 selbst. Für die Vertonung seiner Hymne konnte er seinen Freund Wilhelm Kienzl gewinnen. Veröffentlicht wurde sie unter dem Titel *Deutsch-Österreichische Hymne. Worte von Karl Renner. Vertonung von Wilhelm Kienzl Op. 101 für Gesang und Klavier (oder für Ein-, Zwei- oder Dreistimmigen Kinder- oder Frauenchor und Klavier)*.[14] Die zweite Strophe lautet: »Deutschösterreich, du tüchtiges Volk, / wir lieben dich! / Hart ist dein Boden und karg dein Brot, / stark doch macht dich und klug die Not. / Seelen, die gleich wie Berge beständig, / Sinne, die gleich wie Wasser lebendig, / Herzen, so sonnig, mitteilsamer Gunst, / schaffen sich selber ihr Glück, ihre Kunst. / Du tüchtiges Volk, unser Muttervolk, / wir lieben dich, wir schirmen dich.«

Staatsrechtlich konnte sich die Republik erst durch den endgültigen und unwiderruflichen Abschied vom Haus Habsburg als konsolidiert betrachten. Diesem Ziel diente die Verabschiedung des Gesetzes »betreffend die Landesverweisung und die Übernahme des Vermögens des

Hauses Habsburg-Lothringen«. Zwar hatte Kaiser Karl, wie Renner vor dem Nationalrat in seiner Rede vom 27. März 1919 berichtete, zwischen dem 10. und 12. November 1919 die Abdankungsurkunde unterzeichnet. Doch die Urkunde enthält nur den Verzicht auf die Ausübung der Thronrechte, nicht jedoch jenen auf die Thronrechte selbst,»weder für seine Person noch für sein Haus«.[15] Dieser Zustand, dass in der demokratisch legitimierten Republik »gleichzeitig eine historische Gewalt weile, welche sich Majestätsrechte und Herrscherrechte beilegt«[16], sei ein Widerspruch in sich selbst und müsse, so Renner, durch das obengenannte Gesetz beseitigt werden.

Auf eine solche Klarstellung hätten sowohl die Bürger als auch die obersten Einrichtungen des Staates ein Anrecht. Immer noch monarchisch gesonnene Bürger könne die gesicherte Rechtsstellung der Republik vor aussichtslosen Experimenten schützen,»denn nach meiner innersten Überzeugung würde das ganze Volk einen Versuch, die alten Gewalten wieder aufzurichten, mit einem Schlag niederwerfen«.[17] Ferner seien der ganze Reichtum und die Pracht des Hauses Habsburg auf die Herrschaftsrepräsentation eines Vielvölkerstaates ausgelegt, die die Möglichkeiten des kleinen Deutschösterreich bei weitem übersteige. Da ferner die Monarchie in hohem Maße für den Ausbruch des Großen Krieges mitverantwortlich sei, müsse das »Zweckvermögen« der Dynastie dem Staat zufallen, der es teilweise für die Kriegsopfer zu nutzen habe. »Es handelt sich um ein Werk der Sühne (…) und es ist deshalb nur recht und billig, daß diejenigen (…), die die Opfer dieses Krieges sind, an den Erträgnissen dieser Güter teilhaben.«[18]

Renner wird ironisch oft als der letzte sozialdemokratische Monarchist bezeichnet. Doch seine obenzitierten Ausführungen lassen keine nostalgischen Reminiszenzen an das Haus Habsburg erkennen. Renners Blick ist vielmehr nach vorn gerichtet. Sein Wille ist unverkennbar, die Trümmer der Monarchie beiseitezuräumen, um ein neues Kapitel der österreichischen Geschichte auf der Grundlage der demokratischen Republik aufzuschlagen. Damit hatte er sein großes Ziel erreicht, die SDAP nicht nur an den Staat heranzuführen, sondern sie zu ihrem wichtigsten Träger zu erheben. Zugleich spricht für seine Illusionslosigkeit eine Lageeinschätzung, für die sich jeglicher Triumphalismus verbot.

So sah er die bisher in der Opposition befindlichen Funktionäre der SDAP, ohne deren Mithilfe und Verfügbarkeit sich die Sozialdemokratie nicht dauerhaft an der Macht halten konnte, mit dem Problem der Verwaltung konfrontiert. In einem Brief an seinen Schwiegersohn Hans Deutsch schrieb er am 10. Juni 1919: »Ich verstehe schon, dass unsere Genossen, die nun die Verwaltung von Land und Gemeinde übernehmen, in der Fülle von Arbeiten geradezu ersticken und in tausendfältige Verwirrung kommen. Jetzt zeigt sich auch der Nachteil des Proporzes. Man kann von einer Wahlperiode zur anderen (...) keine Fachmänner nachwählen. Die Vorrückung ist ganz mechanisch. Wie soll man denn solche ungeheure Administrationen bei der immerwährenden passiven Resistenz der spiessbürgerlichen Beamtenschaft und bei der gleichzeitigen Auflehnung der sozialistischen Angestellten mit Erfolg führen?«[19]

Demgegenüber fällt Renner selbst durch ein erstaunlich zielbewusstes Agieren in dieser turbulenten Übergangssituation auf. Sein Ziel war, funktionierendes Regierungshandeln innerhalb verbindlicher Regeln zumindest temporär zu ermöglichen. Um zu zeigen, wie er in einem an sich chaotischen Ausnahmezustand den politischen Prozess erfolgreich strukturierte, müssen wir auf den Regierungsmechanismus eingehen, den er federführend mitkonzipierte. Dieser Vorgang ist biografisch von höchster Relevanz: Zum ersten Mal nutzte der politische Akteur Karl Renner die historische Chance, verfassungsähnliche Rahmenbedingungen zu konstituieren, unter denen wichtige politische Weichenstellungen zu Beginn der Ersten Republik stattfanden.

Regieren und handeln auf der Basis provisorischer Verfassungsnormen

Wie bereits hervorgehoben, ernannte der Staatsrat Karl Renner am 30. Oktober 1918 zum Leiter der Staatskanzlei, und vom 12. November an war er der erste Staatskanzler der Republik Deutschösterreich. Sein erstes Kabinett »setzte sich aus den drei großen politischen Lagern (Sozialdemokraten, Christlichsoziale und Deutschnationale, R. S.) sowie aus parteilosen Beamten zusammen. Victor Adler übernahm das Außenamt, Ferdinand Hanusch die soziale Verwaltung. Der Christlichsoziale Heinrich Mataja wurde Staatssekretär des Inneren, der Großdeutsche Otto Steinwender stand dem Finanzressort vor.«[20] Die institutionelle Voraussetzung der politischen Gestaltungsmöglichkeiten in der Anfangsphase der Republik war, wie ebenfalls schon erwähnt, der *Beschluß der Provisorischen Nationalversammlung* vom 30. Oktober 1918.[21] Diese das Regierungshandeln regelnde Geschäftsordnung erhob die Provisorische Nationalversammlung als Treuhänder des Volkes zum stellvertretenden Souverän. Vorbehaltlich der Beschlüsse der konstituierenden Nationalversammlung übte sie einstweilen die oberste Gewalt des Staates Deutschösterreich aus. Sie hatte nach §2 das Recht der Gesetzgebung inne und übertrug nach §3 die Regierungs- und Vollzugsgewalt auf einen aus ihrer Mitte gewählten Vollzugsausschuss, der den Titel »Deutschösterreichischer Staatsrat« trug.

Der Staatsrat konstituierte sich unter dem Vorsitz der drei Parlamentspräsidenten aus zwanzig Mitgliedern der Provisorischen Nationalversammlung. Er bestellte aus seiner Mitte keinen Kanzler mit Richtlinienkompetenz, sondern nur einen Leiter seiner Kanzlei, der für die Führung der Staatsratsprotokolle zuständig war. Zusammen mit ihm bildeten die drei Präsidenten und der Notar das geschäftsführende Staatsratsdirektorium (§ 5). Die wichtigste Funktion des Staatsrats bestand darin, Vorlagen für die Nationalversammlung vorzubereiten, Beschlüsse zu beurkunden und zu veröffentlichen sowie die notwendigen Vollzugsanweisungen zu erteilen (§ 7). Der Staatsrat führte die Geschäfte der Staatsverwaltung nicht unmittelbar, sondern ernannte Beauftragte als Staatssekretäre für die einzelnen Politikfelder (Finanzen, Justiz, Inneres, Äußeres etc.), die in ihrer Gesamtheit die Staatsregierung bildeten (§ 8). Dabei agierten die Beauftragten gegenüber der Nationalversammlung faktisch auf der Basis eines imperativen Mandats. Ausdrücklich heißt es in § 9: »Die Beauftragten sind jeder einzeln und alle vereint für die Verfolgung der Beschlüsse der Nationalversammlung, die Erfüllung der Aufträge und die Erhaltung der Vollmachten, die ihnen der Staatsrat erteilt, dem Staatsrat und der Nationalversammlung verantwortlich.«

In seiner Rede vom 30. Oktober 1918 erläuterte Karl Renner den *Beschluß* vor der Provisorischen Nationalversammlung. Nach seinen Angaben stand dieser Entwurf in der Tradition des Kremsierer Verfassungsentwurfs vom Sommer 1848. Inspiriert vom Geist der Revolution von 1848, nimmt dieses Dokument in der Geschichte fortschrittlicher Verfassungen in Österreich zwar einen vorderen Platz ein, da es alle Elemente des modernen Konstitutionalismus wie Volkssouveränität und rechtsstaatlich kontrollierte Verwaltung ebenso enthält wie eine unabhängige Gerichtsbarkeit. Aber im Gegensatz zum *Beschluß* von 1918 sah er ein Zweikammersystem und die Verbindung mit dem monarchischen Prinzip vor.[22] So kann bei genauerem Hinsehen als Vorbild für den *Beschluß* noch eher die französische Verfassung von 1793/94 gelten[23], die ein Einkammersystem mit uneingeschränkter Souveränität des Nationalkonvents als repräsentiertem Volkswillen vorsah und die Regierung auf den Status eines Erfüllungsgehilfen des Parlaments ohne eigenständige Kompetenzen reduzierte.[24] »Niemand hat diesen Verfassungsentwurf nachhaltiger geprägt als Maximilien Robespierre (1758–1794). Bereits in den Beratungen setzte er sich für das Repräsentationsprinzip ein, das er aber durch plebiszitäre Elemente aufgelockert sehen wollte. So schlug er einen neuen Plenarsaal für die Nationalversammlung vor, in dem auf den Tribünen Platz für 12 000 Bürger geschaffen werden sollte. In ihr sah er die beste Garantie dafür, dass die gesetzgebende Versammlung keine volksfeindlichen Beschlüsse fasst.«[25]

So weit ging der *Beschluß* freilich nicht. Doch auch wenn er nur als »ein Notdach, die erste Aufrichtung einer öffentlichen Gewalt« gedacht war, der die Frage der Staatsform noch offenließ[26], sind seine radikaldemokratischen Züge, die dem monarchischen Prinzip faktisch den Boden entzogen, unverkennbar. »Gedacht ist, daß die Volksmassen selbst, die dieses Haus (die Nationalversammlung, R. S.) gewählt haben und in Zukunft das Parlament wählen werden, daß das Volk selbst der Sitz und der Träger der Gewalt im Staate sein soll.«[27] Zwar hat die Provisorische Nationalversammlung als unmittelbarer Treuhänder des Volkes »die volle Gewalt« inne. Aber sie übt nur einen Teil von ihr aus, nämlich die gesetzgebende Gewalt. Die Regierungs- und Vollzugsgewalt delegiert sie unter ihrer Kontrolle auf einen Vollzugsausschuss, auch Staatsrat genannt, der, aus den Reihen der Nationalversammlung gewählt, dieser rechenschaftspflichtig ist. »Der Vollzugsrat hat nun die Beschlüsse der provisorischen Nationalversammlung durchzuführen.«[28] Diese Parlamentssouveränität in der Frühphase der Ersten Republik konnte auf keine theoretisch begründete Konzeption zurückgreifen, die nun in einem zweiten Schritt auf die Verfassungswirklichkeit angewandt wurde. Vielmehr ist sie als Resultat einer Ausnahmesituation zu verstehen, in der der Übergang von den autoritären Strukturen der Monarchie zur demokratischen Republik neue Formen der Entscheidungsfindung erzwang, die gleichsam nachträglich durch den geschilderten Regierungsmechanismus legitimiert wurden.

Diese Ausnahmesituation des Umbruchs war dadurch gekennzeichnet, dass der alte Staat mit seinen Repressionsmitteln in Gestalt der Monarchie nicht mehr existierte. Damit war aber auch der klassischen Exekutive in ihrer Eigenständigkeit der Boden entzogen. Umgekehrt waren insbesondere die Arbeiterschaft und ihre Organisationen in hohem Grad mobilisiert und jederzeit in der Lage, die Wirtschaft durch Streiks lahmzulegen und den Nationalrat durch Massendemonstrationen in Wien unter Druck zu setzen. Wenn steuerndes Handeln der Republik überhaupt möglich war, dann musste diese Dynamik von unten unter Preisgabe der autoritären Gewalt des Staates durch einen Mechanismus der politischen Entscheidungsfindung ersetzt werden, der die Gewaltenteilung im klassischen Sinn nur noch *funktional* zuließ: Das, was früher einmal Exekutive hieß, transformierte sich in eine Art Geschäftsführung des Parlaments, die dessen Willen mithilfe der Verwaltung »exekutierte«, weil das Parlament als Kollektivkörper dazu nicht in der Lage war. Andererseits konnte dieser Regierungsmechanismus nur unter der Bedingung einer optimierten Konsensbeschaffung funktionieren. Die aber war nach Renner lediglich im Rahmen eines »Waffenstillstandes« zwischen den drei großen Klassen der Bürger, Bauern und Arbeiter möglich. Das gemeinsame Interesse an der Befriedigung der »notwendigsten und elementarsten Bedürfnisse des sozialen Zusammenlebens, ja, des physischen Lebens überhaupt«[29], so betonte er immer wieder, habe Vorrang, »bevor die großen politischen Fragen der Weltanschauung ausgetragen werden können«.[30]

Renner optierte also für eine kompromissbetonte Zivilisierung des Klassenkampfes zwischen dem bürgerlichen und dem proletarischen Lager, solange die Ausnahmesituation der jungen Republik andauerte. Diese Option hatte er wohl vor Augen, als er in *Was ist Klassenkampf?* (1919) die Situation reflektierte, mit der er nach dem Zusammenbruch der Habsburgermonarchie konfrontiert war. Zwar komme es vor, dass die »ökonomisch gereifte, politisch rechtslose Klasse (…) durch eine Revolution die staatlichen Positionen (erstürmt)«, wie dies in den bürgerlichen Umwälzungen seit der Frühen Neuzeit der Fall war. Doch »besondere Umstände, wie die Zerfahrenheit der Bourgeoisie, Schwäche der Staatsgewalt, können die umgekehrte Erscheinung hervorrufen: Die politische Macht der Klasse ist größer als ihre ökonomische.«[31] Diese Situation war nach dem Zusammenbruch und dem Zerfall des Vielvölkerstaates eingetreten. Trotz der relativen politischen Schwäche des proletarischen Lagers war das bürgerliche Parteienspektrum aufgrund der Zerrüttung des alten Staatsapparates noch weniger durchsetzungsfähig als ihr Klassengegner. Ein solches »Gleichgewicht der Schwäche« gibt »der Klasse, die der Organisation am meisten fähig ist, also dem Proletariat, und die zugleich im Hebelpunkt der kapitalistischen Produktionsweise sitzt, *auch als Minderheit für den Augenblick die entscheidende Gewalt*«.[32]

Unter dem Druck der Erwartung der proletarischen Massen stehe deren Führung vor der Aufgabe, diese Situation machtpolitisch zu nutzen. Doch gleichzeitig sehe sie sich mit der Versuchung konfrontiert, »das Maximum an Sozialismus zu verwirklichen. Je jugendlicher, enthusiastischer und im positiven Klassenkampf unerfahrener ein Proletariat ist, desto leichter unterliegt es dieser Versuchung.«[33] Als warnendes Beispiel nennt Renner die bolschewistische Oktoberrevolution in Russland. Die Bolschewiki hätten sich über die grundlegende Erkenntnis hinweggesetzt, dass ein »Proletariat niemals mehr Macht« ausüben könne, »als es besitzt. Nur ein naiver Idealismus kann auf die Politik des Proletariats den Ausruf des Archimedes anwenden: Gib mir den Punkt, wo ich stehe, und ich werde die Welt bewegen. Es gibt Sozialisten, welche diesen Punkt (…) in einer allgemeinen Volkserhebung sehen und vermeinen, wenn sie nur entweder die Maschine des Dekrets in der Hand (...) oder die Produktion stillgesetzt oder allgemeine Verwirrung hervorgerufen haben, so könnten sie über Nacht aus der Welt des Kapitals die Welt des Sozialismus herstellen.«[34] Renner erteilte also der Übertragung der bolschewistischen Revolution auf Deutschösterreich ebenso eine dezidierte Absage wie Otto Bauer. Er setzte wie dieser auf die Erkenntnis der Grenzen proletarischer Macht, wie sie »die jahrelange Praxis des Kampfes« abgesteckt hatte. Im Gegensatz zum bolschewistischen Ansatz beharrte er auf dem Verzicht, eine situativ gegebene Möglichkeit des revolutionären Umsturzes zu nutzen. Stattdessen stimme er mit dem sozialdemokratischen Kurs in der Umbruchsituation in Österreich 1918/19 überein, sich kein weiteres Ziel zu setzen, »als für den künftigen ökonomisch-politischen Kampf die unentziehbare Rechtsgrundlage der wirtschaftlichen und politischen Demokratie sicherzustellen«.[35] Eben diese Grenze musste die SDAP nach dem Scheitern ihres Sozialisierungsversuchs zur Kenntnis nehmen, obwohl Otto Bauer eine realistische Konzeption entwickelt hatte.[36]

Die rote Linie, die die Kabinette Renner angesichts revoltierender Arbeiter, Bauern und heimkehrender Soldaten setzten und die sie nicht überschritten, war freilich weit nach vorn verschoben. Sie äußerte sich in einer umfassenden Reformpolitik, wie sie nach dem Ersten Weltkrieg kein anderes westliches Land aufzuweisen hatte. An erster Stelle stehen die sozialpolitischen Neuerungen, die untrennbar mit dem Namen des sozialdemokratischen Politikers Ferdinand Hanusch verbunden sind.[37] Am 4. November 1918 »erließ der Staatsrat zwei Vollzugsanweisungen, von denen die eine die Organisation der Arbeitsvermittlung regelte, die andere die aus Unternehmer- und Arbeitervertretern paritätisch zusammengesetzten Industriellen Bezirkskommissionen als Organe zur Organisierung und Überwachung der Arbeitsvermittlung schuf«.[38] Zwei Tage später erfolgte »die Vollzugsanweisung über die staatliche Arbeitslosenunterstützung. Hatte der Staat bis dahin die Fürsorge für die Arbeitslosen den Gewerkschaften und der Armenpflege überlassen, so sicherte er jetzt jedem Arbeitslosen eine Unterstützung aus Staatsmitteln in der Höhe des Krankengeldes, Familienerhaltern überdies Familienzulagen zu.«[39] Am 14. Mai 1919 dekretierte eine Verordnung, »dass jeder Gewerbeinhaber, der am 26. April wenigstens 15 Arbeiter oder Angestellte beschäftigt hatte, um ein Fünftel mehr Arbeiter und Angestellte in seinem Betrieb einstellen und diesen Arbeiterstand nicht ohne Erlaubnis der Industriellen Bezirkskommission verkleinern dürfe«.[40] Diesem gravierenden Eingriff in die Unternehmerautonomie entsprach die Einführung des Achtstundentages, die ihre »Ergänzung in dem Gesetz vom 30. Juli 1919 (fand), das jedem Arbeiter den Anspruch auf einen vollbezahlten Urlaub in jedem Jahr sichert; dauert der Urlaub in der Regel je nach der Dauer der Beschäftigung der Arbeiter im Betrieb eine oder zwei Wochen, so wurde den Lehrlingen und den jugendlichen Arbeitern im Jahre 1919 ein vierwöchiger Urlaub gesichert, um die während des Krieges heranwachsende Jugend durch längeren Urlaub, den sie zum Teil in staatlichen Urlaubsheimen verbringen konnte, vor der sie besonders schwer bedrohenden Gefahr der Tuberkulose einigermaßen zu schützen.«[41] Auch schlug sich die Hegemonie der Arbeiterschaft in den ersten Monaten der Republik in der Tatsache nieder, dass der Nationalrat das Arbeitsrecht den neuen Machtverhältnissen anpasste: »Das Arbeitsrecht wurde durch die Abschaffung des Arbeitsbuches und der Abschaffung der Strafbarkeit des Kontraktbruches der Arbeiter neugestaltet, die Arbeiterschutzgesetzgebung durch die Gesetze über das Verbot der Nachtarbeit der Frauen und Jugendlichen, über die Regelung der Kinderarbeit und der Heimarbeit, durch Sondergesetze für die Bäcker, für den Bergbau, für das Handelsgewerbe ausgebaut.«[42] Die Republik Deutschösterreich war, sieht man einmal von Sowjetrussland ab, das erste Land, welches ein Betriebsrätegesetz erließ. Es konzedierte den Betriebsräten das uneingeschränkte Recht, die wirtschaftlichen, sozialen und kulturellen Interessen der Arbeiter und Angestellten wahrzunehmen. »So hängt es nur von der Macht der Arbeiterschaft ab, wie sie die neuen Institutionen auszunützen vermag.«[43]

Dass Karl Renner sich mit diesem Reformprogramm eindeutig identifizierte, geht aus dem Lob hervor, das er Ferdinand Hanusch in seinem Kondolenzschreiben an dessen Witwe zollte: »Hanusch war immer der erste im Kab. Rate und verließ ihn mit den letzten: Diese Äußerlichkeit verrät schon die Gewissenhaftigkeit, mit der er dem Staate diente. Keine einzige seinem Ressort noch so fernabliegende Entscheidung fiel ohne seine aufmerksame Teilnahme und Mitentscheidung, ein Beweis seines, den ganzen Staat umfassenden Interesses wie die Sorgfalt, daß auch auf abliegenden Gebieten die sozialen Interessen der arbeitenden Menschen nicht gekränkt werden.«[44] Renner nannte ihn einen Pfeiler, »an dem die Sturmflut der sozialen Erregung zuerst anbrandete: Heimkehrer, Invaliden, Kriegerwitwen, Frauen und Kinder der Kriegsgefangenen und Arbeitslosen stürmten oft in wilden Haufen vor ihn, erbittert durch ihr Los, zur Gewalttat bereit und oft auch durch kommunistische Propaganda zu ihr angelernt.«[45] Seine Größe habe darin bestanden, die von ihren Emotionen aufgeputschten Menschen an den Verhandlungstisch zu bringen: »Dieser Vorzug ist es vor allem, der unser Gemeinwesen vor Mord und Plünderung und entsetzlichen Katastrophen bewahrt hat. Ich bezweifle, ob unsere Öffentlichkeit je gewußt hat, wie viel sie diesem Mann verdankt. Die Arbeiterklasse weiß es. Die Sozialgesetzgebung der Republik, ihre Art und ihr Maß, sind sein Werk, und als ihr Schöpfer wird er in die Geschichte eingehen.«[46]

Insoweit hätte sich auch Renner durchaus der Lagebeurteilung Otto Bauers anschließen können, der den Handlungsspielraum beschrieb, in dem Ferdinand Hanusch sein Reformprogramm verwirklichte: »Vom Ausland wirtschaftlich abhängig, dem Ausland gegenüber ohnmächtig, von fremder Intervention und Okkupation bedroht, konnten die Klassen hier ihren Kampf nicht bis zur gewaltsamen Entscheidung steigern. Sie mußten von Tag zu Tag immer neue Kompromisse miteinander schließen. So führte hier das Gleichgewicht der Klassenkräfte nicht dazu, daß alle Klassen von der verselbständigten Staatsmacht unterworfen wurden, sondern dazu, daß alle Klassen hier die Staatsmacht untereinander teilten mußten.«[47] Erst vor diesem Hintergrund wird plausibel, warum Christlichsoziale und Großdeutsche die Herabstufung der »Regierung« zu einem bloßen Vollzugsausschuss des Parlaments ebenso akzeptieren mussten wie die weitgehende soziale und arbeitsrechtliche Gesetzgebung sowie die Tatsache, dass alle Gesetze mit den außerparlamentarischen Machtpositionen der Arbeiterschaft konsensual abzustimmen waren: Der sozialdemokratischen Kontrolle des Heeres, der Macht der Arbeiterräte in den Betrieben, dem Gleichgewicht zwischen den proletarischen und bürgerlichen Selbstschutzverbänden und der Streik- und Mobilisierungsbereitschaft großer Teile der Arbeiterschaft stand, wie schon erwähnt, aufgrund des Zusammenbruchs des alten Staates kein Repressionsapparat gegenüber, der den außerparlamentarischen Initiativen von links hätte Einhalt gebieten können.[48] Diese Regierungsmethode des »Zuredens« fasste Bauer in dem Begriff der Kombination der parlamentarischen mit der funktionellen, das heißt außerparlamentarischen Demokratie zusammen, die ihren Ort in den Betrieben respektive in der Zivilgesellschaft hatte.

Ganz im Sinne der Richtlinien der Provisorischen Verfassung von 1919 sah auch Renner die Entscheidungsmechanismen der jungen Republik im Licht eines »Zuredesystems« jenseits eines obrigkeitsstaatlichen Autoritarismus. Die aufbrechenden Krisen wurden nicht von oben, sondern von unten in Absprache mit den organisierten Interessenverbänden sowohl des proletarischen als auch des bürgerlichen Lagers gelöst. »Um dies zu können, mußte die Regierung selbst zusammengesetzt sein aus den obersten Vertrauensmännern der werktätigen Klassen, mußte sie die Koalition der zwei größten Volksparteien sein, die fünf Sechstel des Volkes vertreten.«[49] Eine solche »Regierung vermittelst der Vertrauensmänner der organisierten Massen in Stadt und Land«[50] als Alternative zu einer Regierung durch Bürokratie, Polizei und Militarismus basierte Renner zufolge aber nicht nur auf der Koalition der beiden großen politischen Parteien, sondern musste auf die machtpolitische Parität der gesellschaftlichen Klassen, die sie repräsentierte, heruntergebrochen werden. »Nicht die Diktatur der einen Klasse über die andere, sondern die verhältnismäßige Anteilnahme aller werktätigen Klassen an der Macht, somit nicht Alleinherrschaft, sondern Mitregierung. Auch dieser Grundgedanke des Systems liegt schon im Aufbau der Nationalversammlung wie der Landes- und Gemeindevertretungen, im Proporzsystem.«[51]

Dieses System der »funktionellen Demokratie« (Otto Bauer) war nach Renner eine Art Opfergemeinschaft. »Jeder Teil achtet selbstverständlich fortwährend auf die Grenzen der Opfer und die Grenzen der Macht.«[52] Aber das Verdienst der Koalitionsregierung liege darin, dass sie den »Klassenkampf (...) eben zum Heile aller von der Straße an den grünen Tisch verpflanzt (hat), wo er zäher, wenn auch weniger blutig geführt wird«.[53] Ein solcher »zivilisierter Klassenkampf« war nach Renner nur deswegen möglich, weil die Masse der Arbeiter und Bauern einen hohen Organisationsgrad erreicht hatte. Durch diesen verfügten breite soziale Schichten aufgrund der politischen und wirtschaftlichen Schulung ihrer Interessengruppen über ein hohes Maß an Urteilskraft, das große Teile der Bourgeoisie, eher fixiert auf die Rolle »sorgfältiger Hüter privater Vermögens- als öffentlicher Interessen«[54], leider vermissen ließen. Aber die Stabilität der jungen Republik hing nicht nur vom Konsens des sie machtpolitisch tragenden bürgerlichen und proletarischen Lagers ab. Fast noch wichtiger für ihre Handlungsfähigkeit nach innen und außen waren die Friedensbedingungen, die nach der Konstituierung der souveränen Nachfolgestaaten der Habsburgermonarchie und der militärischen Kapitulation der Mittelmächte dem verbleibenden Rest in Gestalt der Ersten österreichischen Republik zugemutet wurden. Über diese Bedingungen wurde in den Friedensverhandlungen in St. Germain in Verbindung mit der Möglichkeit des Anschlusses an das Deutsche Reich verhandelt. Karl Renner spielte als handelnder Akteur in diesem Kontext eine tragende Rolle.

Das Projekt des Anschlusses an das Deutsche Reich und die Friedensverhandlungen von St. Germain

Die Wahlen zur Konstituierenden Nationalversammlung fanden am 16. Februar 1919 statt. Die Sozialdemokraten erhielten 69, die Christlichsozialen 63 und die Nationalparteien 25 Mandate. Am 15. März 1919 wählte der Nationalrat die neuen Mitglieder der Regierung. In der Semantik der Ämterbezeichnung kam es nun zu einer Annäherung an die tradierten Verfassungsbegriffe. Wie gezeigt, mutierte der Leiter der Staatskanzlei Karl Renner zum Staatskanzler und der christlichsoziale Politiker Jodok Fink zum Vizekanzler. Renner stand außerdem als Staatssekretär dem Staatsamt für Inneres und Unterricht vor.

Worin bestanden die dringendsten Probleme dieses Kabinetts? Renner nannte vier Krisenherde, mit denen die konstituierte deutschösterreichische Republik vom ersten Tag ihres Bestehens an zu kämpfen hatte: Erstens bedrohten Hunger und Frost die junge Republik, die ohne Kohle und Lebensmittelvorräte am Rande des Abgrunds stand. Zweitens verursachten die von der aufgelösten italienischen Front zurückströmenden Heeresmassen die reale Gefahr anarchischer Zustände. Um eine Plünderung Wiens durch Tschechen, Polen, Ungarn und Rumänen zu verhindern, mussten sie in weitem Bogen um die Metropole herum in ihre Heimatländer geleitet werden. Drittens liefen die Deutsch sprechenden heimkehrenden Soldaten Gefahr, der kommunistischen Propaganda Béla Kuns, aber auch der Münchner Räterepublik zu folgen. Renner sah es als großes Verdienst seines Kabinetts an, diesem Druck standgehalten zu haben. Mit »sparsamster staatlicher Repression« konnte seine Regierung »vor allem durch das Mittel der Aufklärung und zielbewußten Lenkung der Massen«[55] die Gefahr eines kommunistischen Putsches abwenden. Und viertens gingen die ehemaligen »Reichsgenossen« der Donaumonarchie, vor allem Tschechen und Jugoslawen, dazu über, mit ihren heimkehrenden bewaffneten Legionen zuerst die gemischtsprachigen, sodann aber auch die rein deutschsprachigen Gebiete zu besetzen. Da diese Völker nach dem Wortlaut des Waffenstillstandes als »assoziierte Nationen« galten, konnten diese »wilden Besetzungen« auch nicht durch militärische Formationen gestoppt werden. Die Konsolidierung des Territoriums der jungen Republik war nur durch einen Friedensvertrag möglich, der später in St. Germain geschlossen wurde.

Immerhin verfügten die Provisorische Nationalversammlung und die Kabinette Renner I (30. Oktober 1918 bis 3./15. März 1919) und Renner II (15. März 1919 bis 17. Oktober 1919) über eine doppelte Konzeption, wie sie künftig den anderen Nationen der zerfallenen Donaumonarchie begegnen wollte. Die erste Variante berief sich auf die Friedensdeklaration des amerikanischen Präsidenten Wilson. Regierung und Nationalversammlung stellten sich auf den Boden des Nationalitätenprinzips, wie es Wilsons vierzehn Punkte als Grundsätze für eine Friedensordnung nach dem Ende des Ersten Weltkrieges vorsahen. Im Kern bestand dieser Ansatz aus drei Punkten: 1. Jeder Anspruch auf ein fremdnationales Gebiet wurde zwar abgelehnt, doch die Nationalversammlung forderte das geschlossene deutsche Siedlungsgebiet des alten Österreich, »somit auch jenes, das im Bereiche der heutigen Staatswesen Tschechoslowakei (sudetendeutsche Gebiete, R. S.), Westungarn (Burgenland, R. S.), Jugoslawien (Südslawien, R. S.) und Italien (Südtirol, R. S.) liegt«.[56] 2. In gemischtsprachigen Gebieten macht die deutschösterreichische Republik nationale Interessen geltend, über die mit den anderen Nationen zu verhandeln ist. 3. Schließlich insistiert die Republik auf ihren Ökonomie- und Verkehrsinteressen, die aus der Zerstückelung des ehemals geschlossenen Wirtschaftsgebiets der Donaumonarchie resultieren, insbesondere auf ihrem »Interesse an einer vertraglichen Sicherung des freien Zugangs zum Meere (Triest) und der Freiheit der Donauschifffahrt«.[57]

Das zweite Dokument, dessen Inhalt Victor Adler maßgeblich beeinflusst hatte, bezog sich auf den möglichen Anschluss der Ersten Republik an das Deutsche Reich. Renner zufolge gab es den Rahmen vor, innerhalb dessen er seine eigene politische Linie während der Ersten Republik verortete. Die Erklärung Victor Adlers lautete: »Das deutsche Volk in Österreich will seinen eigenen deutschen Volksstaat bilden, der vollkommen frei entscheiden soll, wie er seine Beziehungen zum Deutschen Reich regeln will. Er soll sich mit den Nachbarvölkern zu einem freien Völkerbund vereinen, wenn die Völker dies wollen. Lehnen aber die anderen Völker eine solche Gemeinschaft ab, oder wollen sie nur unter Bedingungen zustimmen, die den wirtschaftlichen und nationalen Bedürfnissen des deutschen Volkes nicht entsprechen, dann wird der deutschösterreichische Staat, der, auf sich allein gestellt, kein wirtschaftlich entwicklungsfähiges Gebilde wäre, gezwungen sein, sich als ein Sonderbundesstaat dem Deutschen Reich einzugliedern. Wir verlangen für den deutschösterreichischen Staat die volle Freiheit, zwischen diesen beiden möglichen Verbindungen zu wählen.«[58] Nach Renners Eindruck waren in jenen Tagen »die Deutschen Österreichs keineswegs bedingungslos für den Anschluss, ja nicht einmal in erster Linie«.[59] Als prioritäre Position in der öffentlichen Meinung galt immer noch, so Renner, die später sogenannte Donau-Entente. Die Angliederung an das

Deutsche Reich habe erst als zweite Option eine Rolle gespielt. »Das Verbleiben im Zustande der Isolierung erschien nicht als dritte Möglichkeit. Man sprach noch nicht wörtlich davon, daß ein selbständiges Österreich ›nicht lebensfähig‹ sei, man sah in einem solchen ein ›wirtschaftlich nicht entwicklungsfähiges Gebilde‹.«[60]

Der Umschwung in der öffentlichen Meinung in Österreich erfolgte nach Renner, als sich das Deutsche Reich am 9. November 1918 zur Republik erklärte und Kaiser Karl am 11. November auf die Wahrnehmung seiner Regierungsrechte in Österreich sowie zwei Tage später auf jene in Ungarn verzichtete. »Am 12. November erklärte die Nationalversammlung Deutschösterreich zur demokratischen Republik, der von ihr bestellte Staatsrat übernahm die Regierung. Nachdem sich am 9. November auch das Deutsche Reich zur Republik erklärt hatte, blieb dem von allen Seiten verlassenen, von allen Grenzen bedrohten, der Aushungerung nahen Österreich nichts weiter übrig, als dem Beschluß des Nationalrates zuzustimmen: ›Die Republik Deutschösterreich ist ein Bestandteil der deutschen Republik‹ (Art. II der einstweiligen Verfassung). Ein politisches Bekenntnis, das sich als gebotener Ausweg aus der wirtschaftlichen Bedrängnis ergab.«[61] Renners These ist also, dass die Option des Anschlusses an das Deutsche Reich nicht von vornherein feststand, sondern dass sie als das Resultat eines Prozesses verstanden werden muss, der sich zwischen dem 21. Oktober und dem 12. November 1918 abspielte.

Doch die endgültige Entscheidung über die Neuordnung der Republik lag nicht in den Händen des Nationalrats und der Regierung Renner, sondern in der Kompetenz der Siegermächte. Sie gaben auf der Friedenskonferenz in St. Germain den Rahmen für die zukünftige territoriale Integrität der jungen Republik vor. Die harten Bedingungen, die die deutsche Friedensdelegation in Versailles akzeptieren musste, ließen erkennen, dass dem Nachfolgestaat der Habsburgmonarchie eine ähnliche Katastrophe drohte. Diese Bedingungen mussten für jene, die das entsprechende Dokument mit ihrer Unterschrift legitimierten, eine schwere Belastung sein, vor allem im Hinblick auf die politische Reputation in den öffentlichen Medien sowie im eigenen und im gegnerischen politischen Lager. Mehrere hochrangige Politiker, darunter Otto Bauer,

Karl Seitz und Jodok Fink, lehnten den Vorsitz in der österreichischen Friedensdelegation ab, die stellvertretend für den Nationalrat die österreichischen Interessen in St. Germain zu vertreten hatte. In einem Schreiben an Hans Löwenfeld-Ruß kritisierte Renner Otto Bauer, er habe seine Entsendung als Außenminister nach St. Germain abgelehnt, weil »er nicht persönlich mit dem Odium des offenbar schmähl(ichen, R. S.) Friedens belastet« werden wollte, »wie er überhaupt in der Übernahme von Verantwortungen, die für seinen geschichtlichen Namen bedenklich schienen, sehr zurückhaltend war«.[62] Selbst wenn Renners Vermutungen zutreffen sollten: Gab es nicht weit wichtigere Gründe für Bauers Ablehnung? War er nicht bekannt als einer der dezidiertesten Anhänger eines Anschlusses an das Deutsche Reich, der die massive Ablehnung Frankreichs hervorrufen musste? Und bestand nicht die Gefahr einer Eskalation des grassierenden Antisemitismus in Österreich, wenn er als Jude den Friedensvertrag von St. Germain unterschrieben hätte?

Indessen bleibt Renners Verdienst ungeschmälert. Als ihn der Nationalrat am 12. Mai 1919 zum Präsidenten der Friedensdelegation wählte, sprach es für seine Verantwortung dem eigenen Land gegenüber, dass er das schwere Amt annahm.[63] Begleitet wurde er von Professor Gürtler als Vertreter der Christlichsozialen und von Professor Schönbauer als Repräsentant der deutschnationalen Opposition. »In St-Germain angekommen und hinter Stacheldrähten verwahrt, mußte die Delegation noch weitere drei Wochen auf die Überreichung der Friedensbedingungen warten, Zeit genug, um sich mit der kaum faßbaren Tatsache vertraut zu machen, daß eigentliche Verhandlungen, daß kontradiktorische Auseinandersetzungen gar nicht stattfinden, daß die Parteien sich nur zweimal, bei einer feierlichen Eröffnungs- und einer ebensolchen Schlußsitzung, Aug in Aug gegenüberstehen sollten!«[64] Renner schildert das für die österreichische Delegation demütigende Szenario im Sitzungssaal: Sie musste – getrennt von den Siegerstaaten – an einem bescheidenen Nebentisch Platz nehmen. »An der hufeisenförmigen Tafel saßen die Sieger, an der Spitze Clemenceau inmitten der ›big five‹, an sie reihten sich links und rechts die Vertreter der alliierten, weiter die assoziierten Mächte und zuunterst die Vertreter der Nachfolgestaaten Österreichs. (...) Die offene Seite des Hufeisens nahm ein Tischchen ein, an dem der Präsident der österreichischen Friedensdelegation Platz zu nehmen hatte. Dort die Sieger, hier die Besiegten.«[65] Dass die französischen Gastgeber Renner als Delegationsleiter der Ersten Österreichischen Republik auch persönlich den Verliererstatus spüren ließen, geht aus den Briefen hervor, die Renner aus St. Germain an seine Frau Luise richtete. Zwar war der äußere Rahmen seines Aufenthaltes während der Friedenskonferenz von St. Germain sehr komfortabel, wie aus der Schilderung seines Tagesablaufs hervorgeht. Doch andererseits schrieb er an Luise: »Wir sind vollständig eingesperrt. Mir hat man ein Auto und die Freiheit zu Ausfahrten gelassen, aber ich mache bis jetzt absichtlich keinen Gebrauch davon. Bettlerstolz! Nächste Woche, wenn Du diesen Brief in die Hände bekommst, haben die Verhandlungen wahrscheinlich schon begonnen. Was wir hören, zeigt, daß nichts Gutes zu erwarten ist und daß die Wiener sich in Hoffnungen wiegen, die enttäuscht werden. Die Sieger schreiten einfach über solche Zwergstaaten, wie wir sie sind, hinweg ohne viel zu fragen. Sie glauben genug zu tun, wenn sie uns füttern, und am Ende muß man ihnen auch dafür noch danken.«[66] Und in einem anderen Brief heißt es, wie seine Gewichtsprobleme zeigten, gehe es ihm äußerlich gut. »Trotzdem ist das Zuwarten unerträglich! Wir haben den ersten Teil der Friedensverhandlungen ganz aufgearbeitet und warten jetzt auf den zweiten. (…) Schlimm ist weiters, daß die wichtigsten und einflußreichsten Leute, so Wilson und Lloyd George heimgefahren sind und nur Leute zweiten und dritten Ranges da sind. (…) Man bekommt allmählich die Stimmung absoluter Hilflosigkeit. Dabei wird das Heimweh immer mächtiger. Es ist Zeit, daß die Geschichte hier ein Ende nimmt.«[67]

Renner hielt seine Rede während der Eröffnungssitzung am 3. Juli 1919 auf Französisch. Nach eigener Aussage machte sie auf die Teilnehmer der Friedensverhandlungen Eindruck, weil »sie in freimütigem, aber doch zurückhaltendem Ton des Besiegten«[68] vorgetragen wurde. Einerseits räumte er ein, dass es für Deutschösterreich nach der Niederlage der Habsburgermonarchie nicht ausreiche, das politische Regime verändert und einen Austausch der politischen Eliten vollzogen zu haben. »Folglich tragen Gebiet und Bevölkerung der früheren Monarchie insgesamt die Verantwortung für die Folgen des Krieges, zu dem die Machthaber sie alle gezwungen haben.«[69] Doch es dürfe nicht vergessen werden, dass die junge Republik allen »Herrschaftsgelüsten« und reaktionären Traditionen entsagt habe, welche »die alte Monarchie zum Gefängnis ihrer Völker gemacht hatten«.[70] Die österreichische Republik sei so zum Opfer »jener furchtbaren Schuld von 1914«[71] geworden, die nicht ihr, sondern den früheren Machthabern zuzuordnen sei.

Andererseits sei zu bedenken, dass die Nachfolgestaaten völkerrechtlich erst nach der Einstellung der militärischen Kriegshandlungen entstanden. Daraus folge für sie, dass sie weder einen Krieg erklärt noch einen solchen geführt haben. »Zwischen ihnen und uns handelt es sich nicht um einen Friedensschluss, sondern darum, unter der Intervention und Garantie der Großmächte, um die wir hiermit bitten, die frühere Gemeinschaft zu liquidieren und die künftigen Beziehungen positiv zu regeln.«[72] Unter dieser Voraussetzung sei es ein Widerspruch, den Sukzessionsstaaten im Unterschied zur österreichischen Republik ein Immediatverhältnis auf der Friedenskonferenz zu den Siegermächten einzuräumen. »Wir hoffen, auf dem Friedenskongreß diesen Widerspruch klarzustellen. Heute außerstande, die Folgerungen aus diesem Widerspruch zu ziehen, behalte ich das der schriftlichen Erklärung an die hohe Kommission vor.«[73]

Doch weder diese Argumentation noch der Hinweis auf die katastrophale materielle Lage der Republik, noch die Anrufung des unveräußerlichen Selbstbestimmungsrechts der Völker, das man Österreich nicht verweigern dürfe, konnte die Friedenskonferenz überzeugen. Der französische Text des Friedensvertrages von St. Germain umfasst 181 gedruckte Seiten im DIN-A4-Format. Die an den Präsidenten der Friedenskonferenz Georges Clemenceau gerichteten, ebenfalls in französischer Sprache abgefassten Gegenvorschläge der österreichischen Friedensdelegation unter Renner übersteigen diesen Umfang um das Mehrfache. Aber dieses enorme Arbeitspensum steht in keinem Verhältnis zu der Berücksichtigung österreichischer Interessen in diesem Friedensvertrag.[74] Den Gebietsinteressen der Nachfolgestaaten des alten Reiches wurde weitgehend auf Kosten der Ersten Republik entsprochen, auch wenn es der Delegation gelang, wie Renner betont, »einen großen

Teil dieser Ungeheuerlichkeiten abzuwehren«.[75] Mit dem strikten Verbot des bilateralen Anschlusses an das Deutsche Reich sollte dieser »Vernichtungsfrieden« Deutschösterreich noch härter treffen als das Deutsche Reich.

Zwar konnte Renner in seiner Rede vom 6. September 1919 vor dem Nationalrat darauf hinweisen, dass das Eigentum der Deutschösterreicher auf dem Gebiet der Nationalstaaten ebenso bestehen blieb wie das Staatseigentum in Deutschösterreich. Auch der Erlös des österreichischen Staatseigentums in den Nationalstaaten werde auf ein Reparationskonto als Gutschrift für Österreich überwiesen. Ferner entlastete die Friedenskonferenz die Nachfolgestaaten nicht vollständig von der Kriegsschuld, sondern ließ sie zumindest teilweise an ihr teilhaben. Schließlich verdankte Österreich der geschickten Verhandlungsführung Renners die Volksabstimmung in Südkärnten und die Angliederung Westungarns, das heutige Burgenland, an die junge Republik. Aber drei grundlegende Entscheidungen waren gegen Österreich gerichtet, und zwar »in der Frage der Kriegsschuld, der Behandlung der Republik als eines neuen oder eines Feindstaates und in der Frage des Selbstbestimmungsrechts für Österreich«.[76] Im Einzelnen dekretierte der Vertrag von St. Germain den Verlust von Südtirol, des Sudetenlands und anderer deutschsprachiger Gebiete im Norden, Osten und Süden des Landes. Zu Recht wies Renner darauf hin, dass diese territoriale Fragmentierung Österreich noch härter traf als die Bestimmungen des Versailler Vertrags das Deutsche Reich. Auch Deutschland musste Gebietsverluste hinnehmen, aber die territoriale Grundlage für eine große Nationalökonomie blieb im Kern unangetastet. Österreich aber wurde die Fragmentierung als gravierender Nachteil ebenso zugemutet wie das Anschlussverbot, also die Integration in den wirtschaftlichen Großraum Deutschland. Allerdings sollte die endgültige Lösung in der Anschlussfrage dem Völkerbund vorbehalten bleiben.

Es gehört sicherlich zu den Eigenarten des Menschen und des Politikers Karl Renner, dass er selbst auf dem krisenhaften Tiefpunkt der österreichischen Nachkriegsgeschichte im Vertrag von St. Germain für sein Land auch positive und zukunftsfähige Elemente entdeckte. Er deutete in seiner Rede den Vertrag als eine Art Lösung aus den Fesseln der

Vergangenheit eines bis ins Mittelalter zurückreichenden Obrigkeitsstaats, der sich aufgrund seiner inneren Struktur als Modernisierungsbremse erweisen musste. Die Deutschen in der k. u. k. Monarchie seien nie frei gewesen, eine autonome Politik zu entwickeln, weil sie in einem politischen Beziehungsgeflecht mit den anderen Nationen verbunden gewesen seien. »Wollten wir unsere Verwaltung reformieren, so hieß es, das geht nicht, die galizische Bevölkerung verträgt das nicht; wollten wir eine wahre Selbstverwaltung, eine wirkliche lokale Verwaltung einführen, so hieß es, das geht nicht wegen der anderen Nationen, weil das die Irredenten vermehren würde; wollte man selbst nur eine ordentliche Statistik durchführen, so hieß es, das geht nicht, wer wird in Dalmatien, in Istrien diese Statistik durchführen?«[77] Diese Reformbremsen seien nun mit einem Schlag beseitigt. Jetzt könne sich Österreich selbst unter der »Zuchtrute dieses Unglücks« entwickeln. »Wir können uns ausbilden, können ein Staat werden nicht nur von musterhafter Freiheit, sondern auch von musterhafter Arbeitsamkeit und von musterhaften wirtschaftlichen Erfolgen«[78], rief er den Abgeordneten des Nationalrats zu und verband damit den Appell, ihn zur Unterschrift des Friedensvertrages von St. Germain zu ermächtigen. Renners Antrag wurde mit 97 gegen 23 Stimmen angenommen.

Renners Rede zum Friedensvertrag von St. Germain macht zweierlei deutlich. Einerseits widerlegt sie die These, Renners Position oszilliere zwischen den Polen einer Donauföderation auf der Grundlage des ehemaligen Vielvölkerstaates und des Anschlusses an das Deutsche Reich. Denn seine Parlamentsreden vom 15. März 1919 und vom 6. September 1919 zeigen, dass er auch eine dritte Konzeption ins Spiel brachte: die Eigenständigkeit Österreichs jenseits der Integration ins Deutsche Reich oder des Beitritts zu einer Donauföderation. Dieser Ansatz war freilich – gemessen an den Verhältnissen der Ersten Republik – hochgradig visionär und kam erst in der Zweiten Republik zum Zuge. Andererseits spielte für Renners innenpolitischen Ansatz seine Option für eine Kooperation auf Regierungsebene mit den Parteien des bürgerlichen Lagers, vor allem mit den Christlichsozialen, eine entscheidende Rolle. Allerdings waren die Risse innerhalb der Koalition in dem

Maße unübersehbar, wie die Koalitionsmüdigkeit im bürgerlichen und im proletarischen Lager zunahm. Immerhin erwies sich die Koalitionsbereitschaft noch als konsistent genug, um den Prozess der Republikanisierung des neu entstandenen Gemeinwesens mit der Verabschiedung der Verfassung von 1920 abzuschließen.

Karl Renner und die Verfassung von 1920

Otto Bauer bemerkte zur Vorgeschichte der Verfassung von 1920[79]: »Die Konstituierende Nationalversammlung war gewählt worden, um der Republik die Verfassung zu geben. Alle Parteien wünschten nicht vor die Wähler zu treten, ohne diese Aufgabe erfüllt zu haben. Die Verfassung konnte aber nur mit Zweidrittelmehrheit beschlossen werden; da konnte uns die bürgerliche Mehrheit nicht überstimmen. So gelang es schließlich, im August auf der Grundlage eines von Professor Hans Kelsen ausgearbeiteten Verfassungsentwurfs einen Kompromiß zu schließen. Noch unmittelbar vor den Neuwahlen, am 1. Oktober 1920, beschloß die Konstituierende Nationalversammlung das Bundesverfassungsgesetz.«[80]

Bauers ansonsten zutreffende Schilderung des Entstehungskontextes der Verfassung der Ersten Republik[81] nennt zwar Hans Kelsen als deren hauptsächlichen Autor, blendet aber die Rolle des Staatskanzlers Renner bei deren Entstehung aus. Jacques Hannak war einer der ersten Biografen, der dieses Defizit behoben hat. Er übertreibt nicht, wenn er »zu den Ruhmestaten Karl Renners« auch diese zählt, »daß er es war, der Kelsen sozusagen ›entdeckt‹ und mit dem Verfassungswerk betraut hat«.[82] Aus einem Brief Kelsens kennen wir die Umstände, unter denen Renner ihn aufforderte, »in das von ihm organisierte Staatskanzleramt einzutreten und einen Entwurf der definitiven Verfassung der Republik auszuarbeiten. (...) Als ich die mir angebotene Stelle antrat, war die erste provisorische Verfassung der Republik bereits in Geltung. Ihren Entwurf hatte, soweit ich weiß, Dr. Renner allein ausgearbeitet. Hinsichtlich der definitiven Verfassung gab mir Dr. Renner im wesentlichen zwei Richtlinien: Erstens, die Verfassung sollte bundesstaatlichen

Charakter haben und das nach dem Umsturz gelockerte Gefüge der Länder durch die Übertragung wichtiger Kompetenzen an die Zentralorgane (Bundesregierung, Bundesversammlung) festigen. Zweitens, die Staatsform sollte die einer parlamentarischen Demokratie sein. Während der Zeit, da ich an dem Entwurf in meiner Eigenschaft als Konsulent arbeitete, war Dr. Renner so intensiv mit politischen Tagesfragen, insbesondere mit solchen, die mit dem Friedensvertrag zusammenhingen, beschäftigt, daß er sich nur sehr wenig um die Details in der Ausführung der von ihm gegebenen Grundsätze kümmern konnte.«[83]

Inwiefern ist nun aber die sozialdemokratische beziehungsweise Renners Handschrift in der Verfassung von 1920 konkret zu erkennen? Bei den Verfassungsberatungen wollten die bürgerlichen Parteien, so der Zeitzeuge Otto Bauer, »*die parlamentarische Form der politischen Demokratie in schärfster Ausprägung*« (Hervorhebung: R. S.)[84] in zweierlei Hinsicht beschränken: einerseits durch ein Zweikammersystem, in dessen Bundesrat jedes Land die gleiche Zahl von Vertretern entsenden sollte, und andererseits durch das Amt eines Bundespräsidenten mit weitreichenden Vollmachten. Zwar sah die Verfassung von 1920 sowohl den Bundesrat als auch das Amt des Bundespräsidenten vor. »Aber beider Befugnisse wurden so eng umgrenzt, daß die durch die Revolution begründete Herrschaft des aus allgemeinen Volkswahlen hervorgegangenen Parlaments ungeschmälert blieb.«[85] Andere progressive Implikationen der Verfassung von 1920, die Bauer hervorhebt, können hier nur kurz erwähnt werden. Die Zentralgewalt des Bundes gegenüber dem Partikularismus der Länder wurde ebenso gestärkt wie die »Einheit des Bundes als Wirtschafts- und Rechtsgebiet«[86] und der Schutz der politischen und sozialen Minderheiten in den Ländern. Schwieriger war die Regelung des Verhältnisses zwischen den Ländern und der Lokalverwaltung in den Gemeinden und Kreisen. Zwar legte die Bundesverfassung die Grundsätze der Demokratisierung der Lokalverwaltung fest, die Durchführung aber musste man einer späteren Gesetzgebung überlassen.[87]

Die wichtigste Neuerung der Bundesverfassung war die Herauslösung der Stadt Wien aus Niederösterreich. Wien avancierte zum Bundesland, sein Magistrat wurde den Länderparlamenten gleichgesetzt, und der Bürgermeister erlangte den Status eines Landeshauptmanns. Zwar scheiterte, wie bereits von Kelsen erwähnt, die Aufnahme des Katalogs der Bürger- und Menschenrechte in die Verfassung am Widerstand des bürgerlichen Lagers, doch »wurden einige besonders wichtige ›Grund- und Freiheitsrechte‹, die die Revolution erobert hatte, als Verfassungsgrundsätze in der Verfassung festgelegt. So schließt die Verfassung ›Vorrechte der Geburt, des Geschlechtes, des Standes, der Klasse und des Bekenntnisses‹ aus. Sie sichert allen öffentlichen Angestellten einschließlich der Angehörigen des Bundesheeres die ungeschmälerte Ausübung ihrer politischen Rechte. Sie legt für alle Vertretungskörper im Bunde, den Ländern und den Gemeinden das allgemeine und gleiche Wahlrecht aller Bundesbürger ohne Unterschied des Geschlechts, das Verhältniswahlrecht, das Verbot aller Wahlrechtsbeschränkungen fest. Sie erklärt den Beschluß der Provisorischen Nationalversammlung über die Aufhebung der Zensur und die Beschränkungen der Vereins- und Versammlungsfreiheit, die Gesetze über die Landesverweisung der Habsburger und über die Aufhebung des Adels für Bestandteile der Verfassung. Sie hebt das Recht der Regierung, den Ausnahmezustand zu verhängen, auf.«[88]

Der letzte Satz in Bauers Aufzählung der positiven Errungenschaften der Verfassung von 1920 traf wohl formal, aber nicht realpolitisch zu. Denn die Verfassung wies eine empfindliche Lücke auf, die erst viel später – bei der Errichtung der austrofaschistischen Diktatur unter Engelbert Dollfuß – eine verhängnisvolle Rolle spielen sollte: Es ist die Übernahme des §14 der alten Verfassung, das sogenannte »Kriegswirtschaftliche Ermächtigungsgesetz« aus dem Jahr 1917, welches die juristische Grundlage der Notverordnungen im Ersten Weltkrieg darstellte.[89] Renner schätzte unter den neuen Bedingungen der Republik die Gefahr eines Missbrauchs als so gering ein, dass er die Warnung des christlichsozialen Abgeordneten Alois Heilinger, bei der Interpretation dieses Paragrafen sei »alles möglich«[90], als obsolet zurückwies. Trotz dieser Einschränkung ist die Verfassung von 1920 jedoch als eine verfassungsrechtliche Tat von Rang in die Rechtsgeschichte eingegangen, an der neben Kelsen auch Karl Renner als Initiator federführend beteiligt war.

Angesichts der sehr unterschiedlichen juristischen Paradigmen, von denen Renner und Kelsen ausgingen, wirft diese Kooperation die bereits von Hannak gestellte Frage nach der Bedingung ihres Funktionierens auf. Wie bereits gezeigt, interpretierte Renner in seiner klassischen Studie *Die soziale Funktion der Rechtsinstitute, besonders des Eigentums* (1904) das Recht als ein Mittel der Umgestaltung von Wirtschaft und Gesellschaft.[91] Er stand damit in der Tradition einer dialektischen Theorie des Staates der bürgerlichen Gesellschaft, wie sie von Hegel und Marx entwickelt wurde: Auch Renner ging von der Prämisse aus, dass die Organisationsform gesellschaftlicher Arbeit und privater Aneignung des Mehrwerts überindividuelle Interaktionszusammenhänge und reale Rechtsnormen im staatlichen Überbau hervorbringt, die real, nicht nur fiktiv auf ihre gesellschaftliche Basis zurückwirken. Ganz anders Kelsen. Er ist der Begründer der »reinen« Rechtslehre.[92] Sein Ausgangspunkt sind nicht die realen Mechanismen der Selbstverwertung des Kapitals in der bürgerlichen Gesellschaft, sondern die Kant'sche Trennung der Sphäre der Normen und der Welt der Erscheinungen, das heißt der empirisch gegebenen soziologischen Welt. Im Wirkungsbereich des Staates als eines Systems von Sollenssätzen haben empirische Sachverhalte wie ökonomische und soziale Interessen nichts zu suchen. Gemessen an Renners Ansatz argumentierte Kelsen also extrem idealistisch.

Jacques Hannak vertrat nun die These, Renner habe an Kelsens Ansatz geschätzt, dass das »reine Recht« eine Art »Tabula rasa« darstelle, die einer »Entrümpelung« der Rechtstheorie von Ideologien aller Art (christliches Naturrecht, Rassismus, historische Rechtslehre, monarchisches Prinzip etc.) gleichkomme. Damit sei die Voraussetzung geschaffen, dass die Menschen selbst für das Recht, das sie sich geben, verantwortlich sind. Aber es gibt noch eine andere Konvergenz zwischen den Ansätzen Kelsens und Renners. In seinem Brief an Ernst Heilmann vom 24. April 1930 betonte Renner, dass die Kritik, Kelsens formaljuristische Staatsrechtslehre sei unter soziologischen Gesichtspunkten einseitig, weil sie die gesellschaftlichen Implikationen vernachlässige, ins Leere ziele. »Kelsen ist, wie jeder rechte Wissenschaftler, ein Feind (des) Synkretismus der Methoden und will, dass die Staatswissenschaft juristisch behandelt wird, ohne dabei zu leugnen, daß die Staatsrechtslehre nicht bloß juristisch, sondern zur anderen Hälfte ebenso soziologisch betrieben werden muss.«[93] Renner wies also zu Recht darauf hin, dass dem System der reinen Sollenssätze im staatlichen Bereich bei Kelsen ganz im Sinne des sogenannten »Kant'schen Dualismus« die empirisch-gesellschaftliche und staatliche Realität gegenübertritt: Seine Rechtslehre zerfällt entsprechend in einen juristisch-normativen und in einen empirisch-soziologischen Teil. Ersterer ist nun aber nicht zusammenhanglos mit Letzterem konfrontiert, sondern die normative Qualität der Sollensordnung hat Aufforderungscharakter gegenüber der Gesellschaft, auf die sie als regulatives Prinzip einwirkt. Besonders in seiner Schrift *Vom Wesen und Wert der Demokratie*[94] zeigte Kelsen, dass die Norm der reinen Demokratie ganz im Sinne Rousseaus die Identität von Herrscher und Beherrschten, reine Autonomie und Selbstbestimmung des Volkes ist. Ihr muss sich die reale Demokratie durch Reformen annähern, ohne das Ideal je ganz zu erreichen. Und dies gelingt durch die Existenz von Parlamenten, durch Parteien, durch das Mehrheitsprinzip, durch das Verhältniswahlsystem, durch ein Repräsentationssystem, korrigiert von Referenden und Volksinitiativen und einer Regierung, die als geschäftsführender Ausschuss des Parlaments agiert etc. Es handelt sich also um Strukturelemente, die eine gemeinsame Schnittmenge mit Renners Provisorischer Verfassung von 1918 und in abgeschwächter Form auch mit der Verfassung von 1920 erkennen lassen.

Mit der Verfassung von 1920 war der Prozess der Gründung der Ersten österreichischen Republik abgeschlossen. Zu Recht resümierte Walter Rauscher: »Aus dem intellektuellen Theoretiker war ein nüchterner Politiker, aus dem letzten ›Monarchisten‹ ein überzeugter Protagonist der republikanischen Bewegung, aus dem besorgten Anhänger der multinationalen Reichsidee ein Verfechter Großdeutschlands, aus dem sozialdemokratischen Oppositionellen ein souverän agierender Staatsmann geworden.«[95] Doch Renner konnte mit diesen neu erworbenen Qualitäten der Republik nicht länger als Staatskanzler dienen, weil das Koalitionsband den zentrifugalen Kräften im bürgerlichen und sozialdemokratischen Lager nicht mehr standhielt.

Die Bilanz der Regierung Renner und der Bruch der Großen Koalition

Am 21. April 1920 hielt Renner im Nationalrat eine Rede, in der er eine Bilanz seiner Regierungstätigkeit als Staatskanzler zog. Die Kooperation zwischen der SDAP und den Christlichsozialen, so Renner, ermöglichte es der Koalitionsregierung innerhalb von achtzehn Monaten, Leistungen zu erbringen, welche die junge Republik vor dem Untergang retteten. Renner nannte den sozial abgefederten Übergang von der Verwaltung eines Fünfzig-Millionen-Großstaates auf einen Kleinstaat mit sechseinhalb Millionen Einwohnern, aber auch die Einrichtung republikanischer Institutionen auf den Trümmern der Monarchie »mit den bloßen Mitteln der Überzeugung«.[96] Die ehemaligen Soldaten des zusammengebrochenen Heeres eines Militärstaates seien in das bürgerliche Erwerbsleben überführt, die Arbeitslosigkeit durch planmäßige Fürsorge gemildert und eine Gesetzgebung für die Kriegsopfer verabschiedet worden. Der Abschluss eines Friedensvertrages habe neben seinen Belastungen eine Perspektive nach vorn geöffnet und den Weg für die Schaffung der Grundlagen eines Rechtsstaates frei gemacht – eines republikkonformen Heeres, einer sozialen Arbeitsverfassung im Rahmen eines umfassenden Sozialstaates und eines Koalitionsrechts für Arbeitnehmer- und Arbeitgeberorganisationen. Nicht zuletzt sei es der Koalitionsregierung gelungen, einen Bürgerkrieg zu verhindern, der gleichermaßen von links wie von rechts drohte. Auch die außenpolitischen Leistungen könnten sich sehen lassen. Eine Isolation im Donauraum habe die Regierung durch die Normalisierung der Beziehungen zur Tschechoslowakei, zu Polen, Jugoslawien und Italien vermieden. Auch die Beziehungen zu den Großmächten wie Frankreich, Großbritannien und den Vereinigten Staaten habe die Koalition in dem Maße verbessern können, wie es ihr gelang, sie von der Friedenspolitik der österreichischen Republik zu überzeugen. Die USA und Italien stellten Wirtschafts- und Kredithilfen in Aussicht, und was das Verbot des Anschlusses an Deutschland betreffe, so bestünde immerhin die Chance, dass es im Völkerbund neu verhandelt werde.

Für Renner war diese Bilanz offenbar mehr als die Rechtfertigung einer gewöhnlichen Koalitionsregierung, nach deren Leistungsbilanz man zur Tagesordnung übergehen konnte. Wie Heinz Fischer zu Recht hervorhob, war sie in Wirklichkeit ein leidenschaftliches Plädoyer für die Zusammenarbeit der Klassen der Arbeiter und Bauern in Österreich: »So hat die Koalition ein oberstes und unvergängliches Verdienst für unser Volk erworben: Sie hat den Kampf, der hinter allen Hütten und Straßenecken lauerte, den allgemeinen Bürgerkrieg und damit die wirtschaftliche Vernichtung unseres Volkes verhütet! Und dieser Erfolg hat zweifellos das Opfer, das jeder Teil an seinen Idealen zeitweise gebracht hat, gerechtfertigt und reichlich belohnt. Und wenn es mir erlaubt ist, von dieser Stelle aus einen Wunsch an beide Parteien in- und außerhalb des Parlaments zu richten, so ist er der eine: Mögen beide Parteien und die von ihnen vertretenen Klassen bis zur endgültigen Überwindung unserer wirtschaftlichen und staatlichen Not alles aufbieten, um unserem Lande dieses äußerste Übel zu ersparen.«[97]

Aber was wünschbar ist, muss nicht unbedingt realistisch sein. Nur wenige Monate später kam es zum Bruch der Großen Koalition. Aus den Wahlen 1920 gingen die Christlichsozialen mit 85 und die Deutschnationalen mit 28 Mandaten hervor. In ihrer Wahlpropaganda bediente die CSP erfolgreich antisemitische Ressentiments, indem sie die SDAP mit dem internationalen Judentum identifizierte und für die wirtschaftlichen Probleme verantwortlich machte.[98] Die Sozialdemokraten erreichten 69 Mandate und verblieben in der Opposition, nachdem der gemeinsame Konsens in der Koalition verbraucht war. Der Ausstieg aus ihr bedeutete sowohl für die SDAP als auch für Renner selbst eine tiefe Zäsur. Ex post gesehen, war für die Sozialdemokratie die Phase ihrer höchsten Machtentfaltung im Zeichen der »Vorherrschaft der Arbeiterklasse« (Otto Bauer) beendet. Allerdings schien 1920 noch die Hoffnung berechtigt, die verlorene Hegemonie auf parlamentarischem Wege zurückzugewinnen. Und für Renner implizierte sie den Abschied vom Höhepunkt seiner politischen Laufbahn in der Ersten Republik, vom Amt des Staatskanzlers. Er trat in die Reihen der einfachen Abgeordneten des Nationalrats zurück und war nicht einmal in dessen Präsidium mehr vertreten. In der SDAP selbst stand Renner im Schatten Otto

Bauers, dessen intellektuelle Hegemonie zu diesem Zeitpunkt niemand in Frage zu stellen wagte.

Wie reagierte Renner auf diese Entwicklung? Machte er gegen den Gang in die Opposition in seiner Partei mobil, indem er ihr empfahl, dieses Mal als Juniorpartner an der Seite der Christlichsozialen die Regierung zu stellen? Oder nahm er mit dem Parteivorstand und der überwiegenden Mehrheit der Parteibasis an, die politischen Kräfteverhältnisse ließen eine Alternative zum Gang in die Opposition und zu einer zunehmenden Konfrontation mit dem bürgerlichen Lager nicht zu?

5. Der Rückzug aus der »großen Politik«

Karl Renners Rücktritt vom Amt des Staatskanzlers der Ersten Republik hatte gravierende Konsequenzen für seine Stellung innerhalb der SDAP, aber auch hinsichtlich seiner Machtposition in der jungen Republik. Zusammenfassend stellte Walter Rauscher fest: »Innerparteilich gaben mit Seitz und Bauer seine schärfsten Rivalen den Ton an. Der rechte Flügel der Sozialdemokraten, den er gemeinsam mit Wilhelm Ellenbogen vertrat, wurde zur Minderheit innerhalb der SDAP. Zudem mißlang es, die Gegensätze zu den Christlichsozialen zu überbrücken. Die Radikalisierung nahm in beiden Lagern zu. Der Konsens war nicht mehr mehrheitsfähig. Renner saß praktisch zwischen zwei Stühlen: den Sozialisten war er zu bürgerlich und kompromißbereit, für die Christlichsozialen blieb er ein – wenn auch gemäßigter – Revolutionär. Wenige Wochen vor seinem 50. Geburtstag mußte Renner erkennen, daß er als Staatsmann, als bestimmende Persönlichkeit der jungen Republik vorerst gescheitert war. Sein Regierungssozialismus fand keine tragfähige Majorität mehr. Schweren Herzens mußte er die Verantwortung abgeben und den Weg in die Opposition antreten.«[1]

Renner befand sich also in einer Situation, die eine politische Neuorientierung für ihn zwingend erforderlich machte. Wie positionierte er sich zur Oppositionsrolle der Sozialdemokratie im Parlament? Welche Stellung nahm er zu der von Otto Bauer dominierten Politik der Sozialdemokratie bis 1927 ein? Welche Schwerpunkte setzte er nach seinem Machtverlust in seiner innerparteilichen Arbeit? Diesen Fragen haben wir uns im Folgenden zuzuwenden.

Vom Regierungschef zum
staatstragenden Oppositionspolitiker

Am 23. November 1920 nahm Renner im Namen der sozialdemokratischen Fraktion im Nationalrat zur Regierungserklärung des christlichsozialen Staatskanzlers Michael Mayr Stellung, der einem aus Beamten bestehenden Minderheitskabinett vorstand. Renner identifizierte sich in dieser Rede grundsätzlich mit der oppositionellen Rolle der SDAP. Nach den Wahlen trage jetzt eine bürgerliche Mehrheit die Regierungsverantwortung. Die Sozialdemokratie habe gegenüber dem Gemeinwesen ihre Pflicht erfüllt: Sie habe das Land aus der Katastrophe geführt, die Republik gesichert, der Arbeiterklasse auf dem Gebiet der sozialen Verwaltung das Existenzminimum verschafft und eine neue republikanische Verfassung verabschiedet. Da die innere Einheit der Großen Koalition nicht mehr gegeben sei, so müssen wir Renner interpretieren, komme es für die SDAP darauf an, die demokratische Republik aus der Opposition heraus zu stabilisieren. Die Rolle der Opposition sei in jedem Parlament notwendig und unerlässlich. An einer wirklichen Opposition mangelte es bisher, weil sich in der Großen Koalition die Regierungsparteien zugleich als Opposition verstanden hätten. Ein solches Zwittergebilde sei aber untragbar. »Wir meinen, daß die Interessen der Arbeiterklasse besser gewahrt sind, wenn ihre Vertreter an der bürgerlichen Regierung in keiner Weise teilnehmen, und so ergibt sich für uns von selbst, daß wir gegenüber der Regierung, wie sie heute sich vorgestellt hat, das volle Recht der Kritik, das volle Recht der Opposition, das volle Recht des Mißtrauens in Anspruch nehmen.«[2]

Dass sich die führenden Köpfe der Christlichsozialen wie Seipel und Kunschak nicht selbst in der Regierung befänden, sondern sie einer Reihe von Beamten überlassen hätten, bedeute die Rückkehr zu einem Muster christlichsozialen Verhaltens in der alten Monarchie: Man schickt »Prügelknaben« in die Regierung, welche im Parlament bei Abstimmungen unterstützt werden, um sie dann in der Öffentlichkeit um so heftiger kritisieren zu können.[3] Ferner bemängelte Renner, dass die Regierung viel zu defensiv gegenüber der Reparationskommission auftrete, welche die Leistungsfähigkeit Österreichs im Zusammenhang mit den Reparationszahlungen zu überprüfen habe. Die Aufgabe der Regierung sei nicht, sich als deren Statthalter zu definieren, wie der Bundeskanzler es tue. Ihre Hauptfunktion bestehe vielmehr darin, »daß sie an der Spitze des Landes das Land gegen Anforderungen verteidigt, die über die vertragsmäßigen Rechte hinausgehen«.[4] Entschieden wies Renner die Vorwürfe des christlichsozialen Lagers zurück, die Arbeiterklasse habe im Zuge des Überganges von der Monarchie zur Republik anarchische Tendenzen ausgelöst. Das Proletariat als die »unterste und erwartungsvollste« Klasse sei zwar aus verständlichen Gründen »in den ersten Zeiten der Revolution«[5] über das Ziel hinausgeschossen. Aber durch seine innere Disziplin habe es »diese eigene innere Unruhe«[6] überwunden. Demgegenüber müsse sich das bürgerliche Lager fragen lassen, ob es nicht seinerseits durch die Unbotmäßigkeit der christlichsozial regierten Länder gegenüber der Zentralgewalt auf Bundesebene ihrerseits Anarchie verbreite, und zwar vor allem dadurch, dass es nicht gegen die Aufrüstung privater Gruppen einschreite, was das Waffenmonopol des Staates unterlaufe und somit eine verhängnisvolle innenpolitische Aufrüstungsspirale in Gang setze.

Abschließend kritisierte Renner die von Mayr anvisierte Wirtschaftspolitik, dass die Regierung die mit den Namen Vogelsang und Rodbertus verbundene Sozialpolitik des christlichen Konservatismus vermissen lasse. Stattdessen kehre sie zu einem manchesterliberalen Ansatz zurück, welcher zugunsten eines ökonomischen Egoismus die ordnende Kraft des Staates aus dem Wirtschaftsleben zu verbannen suche. Das Ziel sei im Kern, den individualistischen Ansatz der Profitmaximierung zu fördern und die gemeinwirtschaftlichen Einrichtungen der Arbeiter zu zerstören. Es sei die Aufgabe der Sozialdemokratie, über das Parlament diesen destruktiven Tendenzen des Abbaus der sozialpolitischen Errungenschaften entgegenzutreten. Was die von Otto Glöckel eingeleitete Schulreform betreffe, so sei zu befürchten, dass die christlichsozialen Länder sie, wenn überhaupt, nur unzureichend umsetzen werden. Dass aber diese Reform in mustergültiger Weise »auf dem Boden der Stadt Wien«[7] das Schulwesen grundlegend erneuere, sei gewiss.

Es fällt schwer, sich vorzustellen, dass ein Protagonist der Opposition wie Otto Bauer eine dezidiertere Kritik an der Regierungserklärung eines christlichsozialen Kanzlers hätte üben können, als es Renner in seinem ersten Auftritt als Oppositionspolitiker im Rahmen der neuen Bundesverfassung getan hat. Spätere Äußerungen Renners, die SDAP hätte als Juniorpartner in der Koalition bleiben müssen, sind Ex-post-Äußerungen, die mit seiner Einstellung in der Situation von 1920 nicht in Übereinstimmung zu bringen sind. So glaubte er in seinem Spätwerk *Von der Ersten zur Zweiten Republik* in beiden Lagern »eine gewisse Bereitschaft«[8] zur Zusammenarbeit auf Regierungsebene feststellen zu können. Doch er erörtert nicht, in welchem Ausmaß diese »Bereitschaft« zur Koalition in der Mitgliederbasis beider Parteien tatsächlich verankert war. Stattdessen personalisierte Renner den Bruch der Großen Koalition. Den Weg zu ihrer Fortsetzung respektive Wiederaufnahme versperrten angeblich zwei Männer: Ignaz Seipel und Otto Bauer. Beide Politiker, so Renner, bestimmten die Polarisierung der Ersten Republik durch ihre Intransigenz und trugen dadurch – bei Seipel bewusst und bei Bauer gegen seinen Willen – erheblich zum Scheitern der Ersten Republik bei.

Renner attestierte Seipel durchaus staatsmännische Begabung, aber seine Erziehung und sein Charakter setzten ihr »unübersteigbare Schranken. Als Priester, als Professor der Moraltheologie, als leidenschaftlicher Katholik, dem die Kirche als ›ewige‹ Institution immer mehr galt als die zeitliche Institution des Staates, war er beherrscht von unüberwindlicher Abneigung gegen die Sozialdemokratische Partei, in der er den Todfeind der Kirche und des Glaubens sah. (…) Er bekannte sich, wenn auch vielfach verklausuliert, in Worten öfter zur Demokratie und zur sozialen Gesetzgebung, aber gerade in den demokratischen und sozialen Errungenschaften der zwei ersten Jahre der Republik sah er den ›revolutionären Schutt, den man wegräumen‹ müsse, den wegzuräumen eine seiner Lebensaufgaben sei. In dieser geistigen Haltung kam die Besonderheit seines Charakters zum Ausdruck. Bei aller menschlichen Güte und priesterlichen Würde vereinigte er mit dem dogmatischen Denken die Gabe des nachtragenden, nie vergebenden Hasses. Nun ist der Haß sicherlich eine starke Triebfeder der politischen Massenbewegung, aber ein schlechter Ratgeber der politischen Führung. Er geht immer zu weit.«[9]

Auf Augenhöhe konfrontierte Renner Seipel mit dessen Gegenpol auf der proletarischen Seite: Otto Bauer, der »geistig gewiß nicht minder bedeutend und hochgebildet« war als Seipel. »Einer der Führer des sogenannten Austromarxismus, jener Schule von Theoretikern und Praktikern des Sozialismus, welche die Lehren ihres Meisters am erfolgreichsten fortgebildet hatten, Beherrscher vieler wissenschaftlicher Disziplinen, durch drei Jahre russischer Kriegsgefangenschaft noch mehr in sich selbst konzentriert und unter dem Eindruck der russischen Revolution Kerenskis von 1917, die ihn freigesetzt und nach Petersburg geführt hatte, noch tiefer in die revolutionäre Ideologie verstrickt, erlag er dem gleichen Dogmatismus als linker Sozialist wie Seipel als katholischer Priester. Und was im sonstigen Leben als Vorzug des Charakters zu werten ist, das ernste, unbeugsame Festhalten an der gewonnenen Überzeugung, wurde hier zum politischen Fehler. Zu jener Zeit galt es für viele Sozialisten noch als Versündigung am Prinzip, als ›Reformismus‹, sich zeitweise mit einer bürgerlichen Partei zu koalieren, dem bürgerlichen Staate anders zu dienen als in der Absicht, ihn so rasch und so gründlich wie möglich abzutun. Otto Bauer machte durch seine starre Haltung, durch das Gewicht seiner Persönlichkeit auch der Sozialdemokratie den Eintritt in die Koalition außer um den Preis einer Parteispaltung unmöglich. Diesen Preis zu zahlen aber war kein Sozialdemokrat bereit.«[10]

Renner exponierte die Persönlichkeiten Seipels und Bauers nicht nur in unzulässiger und einseitiger Weise als subjektive Faktoren, die die zum Untergang der Ersten Republik führenden Fehlentwicklungen angeblich auslösten. Darüber hinaus widerspricht diese Deutungsweise, wie schon angedeutet, seiner Zustimmung zur sozialdemokratischen Oppositionspolitik Anfang der 1920er Jahre, deren radikaler Rhetorik er sich nicht immer entzog.[11]

Allerdings hat Renners Äußerung eine kontroverse Diskussion ausgelöst, die bis auf den heutigen Tag anhält. In ihrem Zentrum steht die Frage, ob die Entwicklung der Ersten Republik einen anderen Verlauf genommen hätte, wenn die SDAP in der Regierung geblieben wäre. Aber dieses Problem bleibt ungelöst.»Ursache und Wirkung, Bedingung und Ergebnis im geschichtlichen Prozess«, schrieb Heinz Fischer zu Recht,»lassen sich weder beliebig austauschen noch auch danach in ihren weiteren Konsequenzen überblicken.«[12] Fest steht, dass beide Koalitionspartner ihre Bereitschaft zur Zusammenarbeit für beendet erklärten. Sie gingen offenbar davon aus, dass das Höchstmaß an gemeinsamen Leistungen erbracht worden sei und eine weitere Zusammenarbeit die weltanschauliche und klassenmäßige Identität ihrer Lager beschädigt hätte. Warum sollte dann die SDAP angesichts der zunehmend politisierten Klassengegensätze durch die Fortsetzung der Koalition die innere Spaltung riskieren? Und musste nicht im Übrigen an der Koalitionsbereitschaft des christlichsozialen Partners grundsätzlich gezweifelt werden? Wo liegt der Beweis, dass die Christlichsozialen auf Bundesebene die Koalitionsfähigkeit nach links nicht bereits 1920 weitgehend eingebüßt hatten? Vor allem aber schien sich das oppositionelle Agieren um 1920 innerparlamentarisch als durchaus erfolgreich zu erweisen: Tatsächlich legte die SDAP in den folgenden Nationalratswahlen zu und stieg 1930 zur stärksten Fraktion auf.

Renner selbst musste in seiner Parlamentsrede vom 6. April 1922 anlässlich des Todes des ehemaligen Kaisers Karl auf Madeira erkennen, dass sich für große Teile der Christlichsozialen deren Bindung an die Republik, sofern sie überhaupt bestand, zu lösen begann, was die Chancen für eine Wiederbelebung der Koalition automatisch verringerte. So wurde das Bedauern über das Ende der Monarchie in den christlichsozialen Reihen unüberhörbar. Das wiederum forcierte das Misstrauen der Sozialdemokraten, für die die beiden monarchischen Putschversuche vom März und Oktober 1921 in Ungarn noch in frischer Erinnerung waren. Anlässlich einer Gedenkmesse für den Exkaiser im Stephansdom, an der wichtige Regierungsvertreter teilnahmen, wies Renner in seiner Parlamentsrede auf die der Republik drohenden Gefahren hin, wenn die Christlichsozialen weiterhin mit dem Gedanken des Bündnisses von Thron und Altar sympathisierten. Renner war zwar weit davon entfernt, die CSP pauschal als reaktionär abzuqualifizieren. Was ihn jedoch beunruhigte, war die Ambivalenz dieser Partei. Ihre Spannweite umfasse eine Skala, für deren einen Pol ein Reaktionär wie der militante

Antisemit und aggressive Sozialistenhasser Anton Jerzabek und für deren anderen ein aufrechter Demokrat wie der ehemalige Vizekanzler Jodok Fink stehe. »Und Sie glauben noch immer, daß sich auf die Dauer ein Staat mit diesem Mischmasch von Grundsätzen regieren läßt. Sie glauben, daß es denkbar ist, daß eine republikanische Regierungspartei, die monarchische Demonstrationen fördert, (...) selbst dem verstorbenen Monarchen huldigt (...), jede monarchistische Agitation ermutigt (...), unsere Geschäfte führt, ohne daß wir nach innen sowohl wie nach außen in die ärgsten Gefahren kommen können?«[13]

Wie tief die Kluft zwischen dem sozialdemokratischen und dem christlichsozialen Lager bereits war, zeigte sich nach dem Scheitern der Minderheitsregierungen Mayr und Schober, als im Mai 1922 der Vorsitzende der Christlichsozialen, Prälat Ignaz Seipel, eine Bürgerblock-Regierung bildete, die aus einer Koalition mit den Großdeutschen hervorging. Renner nannte zwei Gründe für die eskalierende Polarisierung beider Lager. Einerseits habe der Bürgerblock »das Proletariat von der Mitverantwortung ausgeschaltet und die Führung über Bauern und Kleinbürger hat die Großbourgeoisie übernommen. Der Mittler dieser verhängnisvollen und widernatürlichen Verbindung war Bundeskanzler Seipel. Er ist der Schrittmacher und geistige Führer des Bürgerblocks in Österreich.«[14] Andererseits lehne Seipel eine Erweiterung der Staatsfunktionen auf Wirtschaft, Kultur und Sozialpolitik ab, wie die Sozialdemokratie sie fordere: Er sei entscheidend dafür mitverantwortlich, dass sich die Christlichsozialen von einer Partei der kleinen Leute mit antikapitalistischer Stoßrichtung in eine Partei des Manchesterliberalismus transformiert haben.[15] »Den kulturellen Teil dieser Aufgabe weist er ganz, den sozialen vorwiegend der Kirche zu, die Wirtschaft ist ihm Aufgabe des Privaten und nicht das Staates. Aus seiner Wesenheit ergibt sich, dass er dem österreichischen Volke und Lande nichts zu geben vermag; er kann Österreich nur in seiner inneren Konsolidierung hemmen wie wirtschaftspolitisch auf die Abwege zollpolitischer Verzweiflungsexperimente drängen. Ueber kurz oder lang wird ganz Oesterreich das erkennen. Je später, umso schlimmer und gefährlicher für das Land.«[16]

Der konkrete Anlass für die Konfrontation zwischen beiden Lagern jedoch war die sogenannte Genfer Sanierung der österreichischen Währung durch ausländische Anleihen. Sie erfolgte unter der Schirmherrschaft des Völkerbundes in Genf und musste durch die Preisgabe von nationalen Souveränitätsrechten als Gegenleistung erkauft werden.»Am 24. November 1922, als die drei Genfer Protokolle, nämlich die Bekräftigung des Anschlußverbotes an Deutschland (Protokoll I), die Garantie Großbritanniens, Frankreichs, Italiens und der Tschechoslowakei für eine 650 Millionen Goldkronen-Anleihe (Protokoll II) und die Grundzüge eines Sanierungsprogramms unter internationaler Kontrolle (Protokoll III) im Plenum des Nationalrats zur Abstimmung standen, faßte Renner seinen Standpunkt und den der Sozialdemokratie (...) zusammen.«[17] Er kritisierte das Vertragswerk nicht weniger scharf als der Parteiführer Otto Bauer selbst.

Folgende Argumente führte Renner ins Feld: Erstens beinhalte die Genfer Sanierung eine »Schuldknechtschaft« Österreichs an die obengenannten Geberländer in einer Zeitperspektive von mindestens zwanzig Jahren. Damit liefere sich das Land ausländischen Regierungen aus, deren Zusammensetzung und langfristige Orientierung Österreich gegenüber niemand voraussagen könne. Auch der Generalkommissär des Völkerbundes, Alfred Zimmermann, der in Wien über die Zinskonditionen des Vertrages wache, könne jederzeit ausgetauscht werden. Dessen guter Leumund sei also keine Garantie für eine faire Behandlung Österreichs. Zweitens laufe die Genfer Sanierung auf eine einseitige Belastung der Arbeiter und Bauern hinaus und schütze die Schichten der Besitzenden. Dies sei der einzige Grund gewesen, beim Völkerbund um Kredite nachzusuchen. Sie hätten vermieden werden können, wenn die oberen Schichten des Besitzbürgertums bereit gewesen wären, in einem Zeitraum von fünf, sechs oder acht Monaten die Summe von etwa zwanzig bis dreißig Millionen Goldkronen aufzubringen.»Daß sie es nicht getan haben, das ist nicht unsere Schuld und das ist nicht ein Mißerfolg der Arbeiterklasse, sondern ist die Schande der besitzenden Klasse und die Schande der bürgerlichen Parteien dieses Hauses.«[18] Drittens schließlich bedeute die Genfer Sanierung nicht nur eine Beschränkung des Budgetrechts des Parlaments, sondern sei auch mit einem erneuten Verbot des Anschlusses an Deutschland verbunden. Besonders traurig stimme,»daß auch die Großdeutsche Partei (...) an diesem neuerlichen gefährlichen Attentat auf den Anschlußgedanken mitschuldig ist«.[19] Damit hätten die bürgerlichen Parteien insgesamt die Unabhängigkeit Österreichs für eine unabsehbare Zukunft preisgegeben und selbst die Trennlinie zwischen ihrem und dem sozialdemokratischen Lager aufgezeigt:»Unser Programm war: wir bringen selbst diese Beträge im eigenen Land auf und behaupten dafür unsere Freiheit. Ihr Programm war: wir erkaufen uns eine gleiche Summe durch Auslieferung unserer Selbstbestimmung an das Ausland.«[20]

In den folgenden Jahren ließen Renners Reden im Nationalrat keinen Schluss darauf zu, dass er von der von Otto Bauer vorgegebenen Parteilinie abgewichen wäre. Ganz deutlich zeigt dies auch seine Rede vom 3. Februar 1927, die Renner unter dem Eindruck der Schattendorfer Morde hielt.[21] Dennoch hat die bisherige Darstellung gezeigt, dass die SDAP kein monolithischer Block war, der sie nach außen hin zu sein schien. Konflikte wurden auf den innerparteilichen Diskurs verlagert. Deshalb darf die vermeintliche Geschlossenheit der Partei nicht die Tatsache verdecken, dass Renner seit dem aus der Nationalitätenfrage resultierenden Richtungsstreit im Ersten Weltkrieg ein Staatsverständnis vertrat, welches die Spannungen zwischen ihm und Bauer gleichsam vorprogrammierte. 1924 wies Hans Kelsen sehr sensibel darauf hin, dass die Kontroverse über die Nationalitätenfrage von einem anderen Problem überlagert war: der Stellung der Arbeiterklasse zum Staat. Renner habe bereits 1917 ein Politikmuster vertreten,»dessen Grundgedanke die Einsicht war, daß der Staat auch ein Staat der Proletarier sei und daß schon die Fortbildung seiner immanenten Möglichkeiten, daß Verfassungs- und Verwaltungsreform ein brauchbarer Weg zum Sozialismus seien. Durchaus in der Konsequenz der Rennerschen Gedanken lag eine Koalitionsregierung, in der Sozialdemokraten und Bürgerliche sich in der Macht teilen, da ja eine solche Regierung nur der politische Ausdruck des von Renner wohl erkannten, schon längst den modernen Staat konstituierenden sozialen Kräfteverhältnisses ist.«[22] Gegen dieses Staatsverständnis habe Otto Bauer unter dem Eindruck der Anfänge des

Bolschewismus, unterstützt von Friedrich Adler, Front gemacht. Gegen Renners angeblich »österreichisch-patriotische Ideologie«, so Kelsen, setzte er durch, »daß in der ›Erklärung der Linken‹ auf dem Parteitag im Oktober 1917 der gegen Renner polemisierende Satz aufgenommen wurde, ›daß das soziale Problem nicht in bloßer Verwaltungsarbeit gelöst werden kann, sondern nur durch die Eroberung der politischen Macht durch das Proletariat‹«. Diese These[23] harmonisiere »durchaus mit der Erklärung Friedrich Adlers, daß er es ablehne, ›die Sache des Sozialismus zu kompromittieren durch die zu enge Verflechtung mit dem Schicksal des Staates‹«.[24]

Aus diesen Äußerungen spricht nach Kelsen die authentische Auffassung des Marxismus, »der keinen anderen Staat kennt als den Ausbeuterstaat und die ihn und alle Staatlichkeit überhaupt aufhebende Diktatur des Proletariats: Revolution, aber nicht Reform in gemeinsamer Arbeit mit dem Bürgertum«.[25] Von dieser strikt marxistischen Linie sei Bauer zwar in der ersten Koalitionsregierung Renner, in der er als Außenminister Verantwortung übernahm, abgewichen. Aber, so müssen wir Kelsen interpretieren, sein gebrochenes Verhältnis zum bürgerlichen Staat blieb: Koalitionen mit bürgerlichen Parteien waren für ihn kein Normalfall wie für Renner. Vielmehr akzeptierte er sie nur dann, wenn zumindest die SDAP als gleich starker Partner wirksam proletarische Interessen vertreten konnte. Wir müssen also davon ausgehen, dass diese unterschiedliche Einschätzung der Stellung der Arbeiterklasse zum Staat auch dann innerparteilich wirksam blieb, als Renner sich entschloss, den vom Parteivorstand vertretenen Kurs mitzutragen.

Gleichzeitig ist festzustellen, dass die je unterschiedliche Position der Arbeiterklasse zum bürgerlichen Staat bei Bauer und Renner für die SDAP praktisch folgenlos blieb. Sie führte weder zur Spaltung der Partei noch zu einem wirklichen Machtkampf zweier Richtungen, der das vereinheitlichende Konzept des Austromarxismus gesprengt hätte. »Renner, so heißt es nun manchmal, hätte alles ganz anders gemacht, aber da er in der Minderheit blieb, wollte er nicht mitmachen, zog sich in die neutrale Genossenschaftsbewegung zurück, schrieb einige seiner größeren Arbeiten, und wartete ab, bis man ihn wieder holen würde. Dies ist ein totales Verkennen eines Mannes und seiner Partei; er war und blieb Marxist, Austromarxist, wie Otto Bauer auch, selbst wo sich ihre perspektivischen und taktischen Wege trennten.«[26] Trifft diese Einschätzung zu, so sind zwei Feststellungen zu treffen. Die Differenzen zwischen Renner und Bauer sind vorwiegend theoretischer Natur: Es handelt sich um gedankliche Divergenzen in der Auslegung eines undogmatischen marxistischen Paradigmas, die in der Regel, wenn auch unterschiedlich begründet, in der praktischen Politik auf ein hohes Maß an Gemeinsamkeit hinauslaufen. Zum andern determiniert der intellektuelle Diskurs in der SDAP nicht monokausal die Willensbildung der proletarischen Basis, die über ein hohes von Bauer und Renner respektiertes Maß an Autonomie verfügte. Daher konnten die Kontroversen zwischen beiden – eingebettet in eine eher liberale innerparteiliche Streitkultur – auch niemals das Maß an Schärfe entwickeln, das zu einer Spaltung der SDAP hätte führen können, wohl aber zu einem teilweisen Rückzug aus der Bundespolitik Renners nach der Genfer Sanierung. Dass er keine Anzeichen von Resignation erkennen ließ, sondern vielmehr andere Aspekte seiner pentagonalen Persönlichkeit vor allem in den Bereichen Publizistik, Genossenschaftswesen und Arbeiterbildung aktivierte, ist im Folgenden zu zeigen.

Renners Kapitalanalyse und das Problem der Sozialisierung

Nach den Auseinandersetzungen aufgrund der Genfer Anleihen überließ Renner dem Parteivorsitzenden Karl Seitz und Otto Bauer die innerparteiliche Bühne. »An Wahlversammlungen nahm er nur ungern teil, und selbst wichtigen Beratungen im Parlament blieb er häufig fern. Ellenbogen, der sich zwar ideologisch weitgehend auf seiner Linie befand, sich aber persönlich zunehmend mit ihm zerstritt, nannte ihn bereits einen ›Müßiggänger‹, der es vorziehe, ins Ausland zu reisen, um dort ›sein Licht strahlen‹ zu lassen.«[27] Auch wenn Renner an politischem Einfluss verloren hatte, »privatisierte« er nicht, sondern trat auf publizistischer Ebene als *homo politicus* in Erscheinung. Isoliert von einem »oft radikal gesinntem Fußvolk«[28], engagierte er sich zugleich verstärkt im Genossenschaftswesen und in der Arbeiterbildung.»Er unterrichtete an der Wiener Parteischule Volkswirtschaftslehre und an der Arbeiterhochschule Staatsrecht. Seine Vorlesungen und Kurse waren sehr beliebt, er sprach mit klarer Stimme und in freier Rede, und er verstand es, komplizierte Sachverhalte höchst einfach darzulegen.«[29]

So entstand seine populärwissenschaftliche Darstellung des Marxschen Systems *Die Wirtschaft als Gesamtprozess und die Sozialisierung*. Im Vorwort schilderte Renner den Kontext, innerhalb dessen er das Werk schrieb:»Die Arbeit, die ich hiermit der Öffentlichkeit vorstelle, ist aus Vorträgen hervorgegangen, die ich in der Wiener sozialdemokratischen Parteischule und in der Karlsbader Geschäftsführerschule der deutschen Konsumgenossenschaften der Tschechoslowakei gehalten habe, um politische und genossenschaftliche Funktionäre der Arbeiterbewegung in die Wirtschaftswissenschaft einzuführen. Diese Vorträge waren von Haus aus auf die praktische Verwertung eingestellt, zumal, da sie den künftigen Verwaltern der Konsumvereine von unmittelbarem Nutzen sein sollten.«[30] Ein solches Ziel sei aber nur zu erreichen, wenn man das Marx'sche System von seinem philosophisch-deduktiven Gerüst befreie und auf seine induktive Basis der Erfahrungstatsachen stelle.»Marx kommt aus einem völlig philosophischen Zeitalter. Die Wissenschaft verfährt heute nicht nur in der Forschung, sondern auch in der Darstellung nicht mehr deduktiv, sondern induktiv; sie geht von dem Augenschein der Erfahrungstatsachen aus, ordnet diese und schreitet so allmählich zum abstrakten Begriff vor.«[31]

Doch welches Erkenntnisinteresse steht hinter Renners Versuch, das Marx'sche *Kapital* von seiner hegelianischen Terminologie zu entschlacken? Im Vorwort zu seinem 1929 erschienenen Buch *Wege der Verwirklichung* brachte er es präzise auf die Formel, in *Die Wirtschaft als Gesamtprozess* gehe es um die Frage,»inwieweit aus den inneren Entwicklungsgesetzen des Kapitalismus selbst ein automatisches Umschlagen des Kapitalismus in Sozialismus zu erwarten ist, das heißt, inwieweit der *Kapitalismus selbst die menschliche Gesellschaft sozialisiert*. Durch Jahrzehnte hat die sozialistische Theorie und Praxis der Auffassung gehuldigt, die Automatik des Kapitals treibe von selbst die menschliche Gesellschaft bis zu einem Zustand, der nichts als eine siegreiche revolutionäre Erhebung der Arbeiterklasse erforderte, um an Stelle der kapitalistischen Ausbeutung die sozialistische Gemeinschaft treten zu lassen. Meine Untersuchung hat ergeben: Wie weit auch das Kapital die Vergesellschaftung der Produktionsmittel und der Arbeitskräfte treibt, seine Automatik schafft nur *passive, leidende Vergesellschaftung* und rührt nicht an der Tatsache des Mehrwerts, an das *Schicksal der Massenausbeutung. Aus innerer Gesetzmäßigkeit schlägt der Kapitalismus nicht in Sozialismus um!*«[32] Renner wollte in diesem Buch also nicht die Gegenkräfte untersuchen, die es unternehmen, die passive Vergesellschaftung in eine aktive zu transformieren. Ihm ging es also nicht um die Analyse der widerständigen Potenziale, die »außerhalb des Kapitalismus und gegen ihn schon heute wirken«.[33] Was er intendierte, ist vielmehr eine an Marx angelehnte Modellanalyse, die das kapitalistische System wie in einem Laborversuch »rein« darzustellen sucht.

Renner fasste wesentliche marxistische Argumentationsfiguren, die er in zahlreichen Schriften vor und während des Ersten Weltkriegs entwickelt hatte, in einer gut verständlichen Sprache zusammen. Dabei gelingt es ihm, das »Tatsachenmaterial« zentraler Entwicklungen des Kapitalismus nach Marx, genauer nach dem Ersten Weltkrieg, zu sichten und dann im Rahmen des Marx'schen Kategoriensystems, vor allem in der Perspektive des Mehrwerts und den ihm zugrunde liegenden Ausbeutungsmechanismen, begrifflich zu strukturieren. Was Renner bereits in seinen früheren Schriften als neue Qualität des Kapitalismus in der Epoche nach Marx ausmachen zu können meinte, fasste er in dessen doppelter Entwicklung zusammen: »Einerseits tritt dem bloßen Eigentümerkapitalisten, dem Geldverleiher, der *fungierende Kapitalist* gegenüber, und mit der Entfaltung des Kredits nimmt dieses Geldkapital (…) selbst einen gesellschaftlichen Charakter an, wird in Banken konzentriert und von diesen nicht mehr von seinem unmittelbaren Eigentümer verliehen, derart, daß dem Verleiher sogar die Funktion des Verleihens selbst entgleitet! Andererseits wird nun auch der fungierende Kapitalist ersetzt, indem der bloße *Direktor*, der das Kapital unter keinerlei Titel besitzt, weder leihweise noch sonst wie, alle realen Funktionen versieht, die dem fungierenden Kapitalisten als solchem zukommen. Diese doppelte Entwicklung endet damit, daß nur der entlohnte

Funktionär zurückbleibt und der Kapitalist als überflüssige Person aus dem Produktions- wie aus dem Zirkulationsprozess abtritt – freilich, indem er seinen Mehrwerttitel in Händen behält.«[34]

Um Redundanzen zu vermeiden, soll der Fokus auf einen Gegenstand seiner Untersuchung gelegt werden, den er in seinen früheren Schriften weitgehend ausgespart hatte: die Sozialisierung. Wo hat sie innerhalb des kapitalistischen Systems anzusetzen? Welche Vorarbeiten leistet nach Renner der Kapitalismus zu seiner eigenen Abschaffung? Mit welchen Mitteln ist sie durchzuführen? Welche Fehlentwicklungen sind bei der Expropriation der Expropriateure zu vermeiden? In welchem Umfang kann nach erfolgter Sozialisierung dem Arbeiter der Arbeitsertrag zurückerstattet werden? Und in welchen Hinsichten unterscheidet sich Renner von wichtigen Topoi der Marxismus-Diskussion seiner Zeit? Wie bereits am Beispiel der Kontroverse mit Otto Bauer gezeigt, exponierte Renner die Bedeutung des Staates im Prozess der Sozialisierung in einer Weise, die innerhalb des Marxismus-Diskurses keineswegs unumstritten war. Denn Renner umschrieb des Ziel der Sozialisierung weniger im Sinne von Marx, als in der Lassalle'schen Version: »Die Gesellschaft selbst als bewußte, nicht mehr anonyme Organisation regelt die Produktion und Verteilung, sie wird zu solcher Organisation nur als politische Körperschaft, als Staat oder Staatsgleiches – denn eine andere Form bewußter Gesellschaft kennen wir nicht (...). Das bisherige Ergebnis verweist uns (...) auf den Staat also über die Ökonomie hinaus. Ohne die Eroberung der öffentlichen Gewalt, ohne und wider sie, ist eine Sozialisierung nicht durchführbar.«[35] Für die orthodoxen Marxisten im Kontext der 1920er Jahre musste es außerdem nicht selbstverständlich sein, dass Renner die Anknüpfungspunkte der Sozialisierung nicht in der Produktions-, sondern in der Zirkulationssphäre sah. Dass er sie zum Dreh- und Angelpunkt der Bedingung der Möglichkeit der Sozialisierung erhob, könnte mehrere Ursachen haben. Vielleicht hat ihn dazu seine Rolle als Funktionär im Genossenschaftswesen motiviert.[36] Immerhin ist er in dessen Rahmen als Gründer einer Arbeiterbank hervorgetreten.[37]

Der entscheidende Grund, warum Renner der Zirkulation eine

wichtigere Rolle bei der Sozialisierung zuordnete als der Produktion, ist aber wohl die Tatsache, dass nach seinem Gesichtspunkt der Vergesellschaftungsgrad des Privateigentums im Kapitalumlauf am weitesten vorangeschritten war. »Zweifellos wird das nächste Jahrzehnt die Integration des Kapitals auf die höchste Stufenleiter bringen, das heißt, wir haben eine Organisation des Weltmarkts zu erwarten, eine Ordnung der Gesamtzirkulation der kapitalistischen Wirtschaft, welche über alle bisherigen Maßstäbe hinaustreibt. Diese Vergesellschaftung der Zirkulation wird erst die vollen Voraussetzungen für den Weltsozialismus schaffen.«[38] Wenn auf diesem Weg im Schoß der alten Gesellschaft alle neuen Elemente reifen, das Kapital also selbst den entscheidenden Hebel der Sozialisierung darstellt, dann verbietet sich Renner zufolge der Weg eines gewaltsamen Eingriffs in die Wirtschaftsstruktur: »Jeder Eingriff in den ökonomischen Gesamtprozess, der diesen Prozess selbst stört oder zerstört, trifft zuerst die Arbeiterklasse selbst, stürzt sie in das Elend der Arbeitslosigkeit und kann die Wirtschaft um Jahre, selbst um Jahrzehnte zurückwerfen. Denn ein solcher Eingriff trifft zweitens ein so feingegliedertes Uhrwerk, trifft ein Zirkulationssystem, das ja zu den wundervollsten Gebilden des Menschengeistes gehört. Ein Stoß mit dem Drahtstift vernichtet leicht in einer Minute eine Uhr, die ein Künstler seiner Zunft in langer Zeit gefertigt hat. Hier gilt ein ausgezeichnetes Wort von Cole: Die kapitalistische Wirtschaft zerstören ist leicht, sie zu ersetzen schwer.«[39]

Nun wird auch klar, warum Renner den Zugriff der Sozialisierung auf die im Kapitalismus vergesellschafteten Sektoren der Zirkulation und nicht der Produktion fokussiert: »Halten wir uns an Zins, Rente und Dividende. Ergreifen wir sie nicht allgemein, denn so wären sie schwer faßbar, sondern dort, wo sie *reine Titelform* angenommen haben. Die Übertragung der Titel berührt, wie wir wissen, den Produktionsprozess überhaupt nicht mehr und stört ihn nicht. Erfassen wir sie mit den Methoden, welche die Zirkulation hervorgebracht hat, das ist nicht so sehr durch Dekrete, sondern dadurch, daß wir die halböffentlichen Anstalten, die Banken, ohne die sie nicht mehr sein können, zu öffentlichen, direkt gesellschaftlichen Anstalten machen.«[40] Diesem Transformationsmodell stehen nach Renner zwei Irrwege entgegen. Die erste

Fehlentwicklung wird ausgelöst, wenn der Pfad des innerökonomischen Funktionsverlustes von Mehrwerten verlassen und der Weg einer »Generalexpropriation durch Dekret« eingeschlagen wird. Sie sei »Generalunsinn, denn sie bewirkt nichts als Chaos«.[41] Es könne sich nicht darum handeln, »eine gegebene Organisation zu zerstören, sondern bloß, sie umzugestalten und mit neuem Geist zu erfüllen. Die Zirkulation durchbrechen und an einem Punkt abschaffen oder gar ihr kardinales Hilfsmittel, das Geld, beseitigen zu wollen, ist auf alle absehbare Zeit offenbar Unvernunft.«[42]

Der zweite Irrweg ist dadurch gekennzeichnet, dass das »ungeheure Heer der Expropriierten« die Enteignung »einer verschwindend gewordenen Anzahl Expropriateure«[43] vornimmt. Ein solcher kollektiver Enteignungsakt trifft den Kern der Sozialisierung deswegen nicht, weil er uns »nicht die methodische Handhabe zur Neuorganisation der Gesellschaft an die Hand gibt«[44]: Er destruiert die kapitalistische Wirtschaft, ohne diese durch eine tragfähige Alternative ersetzen zu können. Im Übrigen warnte Renner vor der Illusion, dass bei erfolgter Sozialisierung dem Arbeiter der volle Lohn für seine Arbeitsleistung zurückerstattet werde: Keine Gesellschaft könne ohne Mehrwert existieren, weil nur durch ihn die Innovation der industriellen Infrastruktur finanzierbar sei.

Der Funktionär und Theoretiker des Genossenschaftswesens

In *Die Wirtschaft als Gesamtprozess und die Sozialisierung* ging es Renner darum, die Verwertungsmechanismen der kapitalistischen Ökonomie und die aus ihnen folgenden Vergesellschaftstendenzen der Produktionsmittel und der Arbeitskräfte gleichsam »rein«, das heißt »leidend« und passiv, darzustellen, und zwar unter bewusster Ausblendung der Gegenkräfte, »welche *außerhalb* des Kapitalismus und *gegen ihn* in der menschlichen Gesellschaft *schon heute* wirken«.[45] Eine entscheidende Gegenkraft sah er neben der SDAP und den Gewerkschaften im sozialdemokratischen Genossenschaftswesen.[46] Wenn er sich diesem nach dem Bruch der Großen Koalition verstärkt in Theorie und Praxis zuwandte, dann setzte er nur ein Engagement fort, das er, wie bereits angedeutet, gleich zu Beginn seiner Laufbahn als Politiker begonnen hatte. Dass er sich bereits vor dem Ersten Weltkrieg einen Namen in der proletarischen Genossenschaftsbewegung gemacht hatte, geht aus einer gegen ihn gerichteten Polemik Friedrich Adlers hervor: »Die ganze Vorstellungswelt Renners ist angelegt auf die Ablenkung des Proletariats vom Kampf um die politische Macht. Das System ist konsequent. Die Ordnung des Staates ist Aufgabe der absoluten Regierung, der Weg zum Sozialismus aber ist der Konsumverein.«[47]

Was bewog Renner, sich auch als Funktionär und Theoretiker des Genossenschaftswesens zu engagieren? Nasko und Reichl vermuten, Renners Einsatz für die Konsumgenossenschaften und für den Aufbau einer Arbeiterbank wurzle tief in seinen Erfahrungen als Jugendlicher.[48] So berichtete Renner in seiner Autobiografie, der wirtschaftliche Niedergang seines Vaters hänge auch damit zusammen, dass er aufgrund des Fehlens von Sparkassen und Kreditgenossenschaften hilflos dem Übel ausgeliefert gewesen sei, »das die Nationalökonomen unter dem Schlagwort ›Wucher auf dem Lande‹ verzeichnen. Die liberale Gesetzgebung hatte die Zinsenbeschränkung aufgehoben (Gesetz vom 16. Juni 1868) und das Leihkapital machte sich diese Freiheit zunutze.«[49] Ebenso authentisch ist freilich eine zweite Quelle. In seinem Brief an Anton Hueber vom 20. Dezember 1930 bekannte Renner, was ihn mit der Arbeiterschaft verbinde, sei nicht in erster Linie Theorie oder politische Ambition. Vielmehr habe die Expropriation seiner Eltern 1885 und seine darauf folgende eigene Proletarisierung bewirkt, dass das Leben und Leiden der Arbeiterschaft mit seiner eigenen Existenz konvergierten: »Aus dieser inneren Grundeinstellung heraus war ich auch vom ersten Tag meiner politischen Betätigung immer darauf bedacht, daß die Arbeiterschaft sich positiv etwas erwirtschaftet, etwas besitzt, sich in Eigenhilfe betätigt und der Kampf nach außen war mir immer nur die eine Hälfte der Bewegung, die innere Aufbauarbeit aber die andere. (…) Daher meine Liebe zur Gewerkschafts- und Genossenschaftsbewegung, daher meine Freude über jedes Heim und jede Konsumvereinsbewegung, die neu errichtet wird. Es steckt darin vielleicht auch ein Stück Bauerntum.«[50]

Renners praktisches Engagement in der Genossenschaftsbewegung kann hier nur skizziert werden, wurde jedoch von Nasko und Reichl detailliert beschrieben.⁵¹ Doch wenigstens einige Stationen seiner Laufbahn als Agitator und Organisator der Genossenschaftsbewegung sollen erläutert werden. »So gründete er im Jahr 1910 in Gloggnitz gemeinsam mit dem Geschäftsführer der örtlichen Konsumgenossenschaft Andreas Vukovich die ›gemeinnützige Wohnungs- und Siedlungsgenossenschaft im Bezirk Neunkirchen‹. (…) Die Wohnungsbaugenossenschaft ist schon eine ganz konkrete Sache und natürlich auch im Sinne Renners, der wohl die Satzung formuliert hat: ›Gegenstand des Unternehmens ist der Bau und die Betreuung von Kleinwohnungen im eigenen Namen (…). Der Zweck des Unternehmens ist ausschließlich darauf gerichtet, den Mitgliedern zu angemessenen Preisen gesunde und zweckmäßig eingerichtete Kleinwohnungen (…) zu verschaffen.‹ Für damalige Verhältnisse ist das durchaus noch keine Selbstverständlichkeit, sondern konkrete, auch politische Hilfe für die Arbeiterschaft. Das Genossenschaftshaus in Gloggnitz entwickelt sich in weiterer Folge zu einem Zentrum der Sozialdemokratie.«⁵² Zwei Jahre später, also 1912, war Renner Obmann des Zentralverbandes österreichischer Konsumvereine.⁵³

Zwar ruhte seine Arbeit im Genossenschaftswesen während der Koalition zwischen 1918 und 1920, doch nach deren Bruch setzte er sofort sein Engagement fort. Nasko und Reichl können nachweisen, dass sein Einsatz insbesondere der Gründung einer Arbeiterbank (1922) galt, deren Präsident er von 1923 bis 1926 war. Aufgrund des Inkompatibilitätsgesetzes schied er am 1. Dezember 1926 aus diesem Amt aus.⁵⁴ Er warb für ein solches Institut mit dem Argument, dass die damalige Krise des Finanzwesens nur durch eine vom kapitalistischen Bankenwesen unabhängige Einrichtung bewältigt werden könne, die über die Funktionen einer Handelsbank hinausgehe. »Die Großeinkaufsgesellschaft ist an sich immer noch unser größtes Bankinstitut; indem sie den Konsumvereinen Kredit gibt, fungiert sie als Handelsbank. Ein Stück Bank haben wir schon. Es unterliegt aber keinem Zweifel, daß wir neben dieser eine Bank aufbauen müssen, welche die sonstige nicht einer Handelsbank eignende Funktion erfüllt (…). Wenn wir so arbeiten und unseren eigenen proletarischen Genossenschaftsstaat so einrichten, dann wird die Arbeiterschaft die bevorstehende schwere Krise überstehen; wenn wir das vollbringen, dann tun wir eine revolutionäre Tat, deshalb, weil wir dadurch an Stelle der kapitalistischen die proletarische, an Stelle der kapitalistischen Privatwirtschaft die demokratische Wirtschaft der Arbeit setzen. Und darauf kommt es an.«[55] Renner betätigte sich nicht nur als Agitator und Propagandist dieser Idee im eigenen genossenschaftlichen Lager, sondern setzte zu ihrer Unterstützung seine ganze Autorität bei bürgerlichen Politikern ein, die er sich während seiner Kanzlerschaft erworben hatte. So schrieb er am 30. Januar 1922 an den damaligen Staatskanzler und Innenminister Johannes Schober: »Als Minister des Inneren werden Sie, hochverehrter Freund, in der allernächsten Zeit mit einem Akte befaßt werden, der die Begründung einer Arbeiterbank zum Gegenstande hat. Sie soll ein gemeinsames Werk der Gewerkschaften und Genossenschaften werden und, ohne sich in das Getriebe des bürgerlichen Erwerbslebens zu mischen, ausschließlich den finanziellen Bedürfnissen dieser Organisationen dienen. Ich bitte Sie, der Lektüre der Denkschrift eine Stunde zu widmen und dahin zu wirken, daß der Akt möglichst rasch erledigt wird.«[56]

Renner, der seit dem 1. Januar 1927 als Präsident der Großeinkaufsgesellschaft für österreichische Consumvereine vorstand[57], war im Genossenschaftswesen aber nicht nur als Praktiker tätig. Sein bleibendes Verdienst ist vielmehr, dass er diesem zu einer Theorie innerhalb des Paradigmas seines »induktiven Marxismus« verholfen hat. Deren Grundlagen widmete Renner 1926 einen wichtigen Artikel, der nicht nur eine historische Einordnung des Genossenschaftswesens enthält, sondern auch ein analytisch scharfes Licht auf dessen immanentes Funktionieren wirft.[58] Eine historische Theorie der proletarischen Genossenschaften steht vor der Aufgabe, schlüssige Antworten auf folgende Fragen zu geben: Welche Lernprozesse durchlief der Genossenschaftsgedanke von seiner Begründung durch Robert Owen bis zu Renners eigener Gegenwart Mitte der 1920er Jahre? Worin unterscheiden sich die bürgerlichen Genossenschaften von denen der Arbeiterbewegung? Sind die proletarischen Genossenschaften aufgrund ihrer internen Funktionszusammenhänge zur Transzendierung des kapitalistischen Wirtschaftssystems geeignet? Welche Vorteile bieten die Genossenschaften der Arbeiterbewegung gegenüber ihrem Ausgang bei Robert Owen in der ersten Hälfte des 19. Jahrhunderts?

Wenden wir uns der ersten Frage zu. Einer der größten Pioniere der Genossenschaftsbewegung, Robert Owen, ging von zwei Annahmen aus: »Erstens die sich selbst regierende Werkstatt (self-governing workshop), deren Arbeiter als Gesamtheit Eigentümer der Produktionsmittel sind, und zweitens das Recht auf den vollen Arbeitsertrag, das dadurch gesichert ist, daß die Vereinigung die Produkte verkauft und den Profit aufteilt. Das ist das älteste Ideal wirtschaftlicher Demokratie.«[59] Robert Owen selbst versuchte, dieses Konzept »in utopischen Kolonien«[60], also nicht nur als Genossenschaft in der Produktion, Zirkulation und Konsumtion zu verankern. Vielmehr sollte es als utopisches Gemeinwesen das gesamte materielle und geistige Leben umfassen und prägen. Doch dieses ganzheitliche Konzept blieb in der ersten Hälfte des 19. Jahrhunderts erfolglos. Insbesondere Owens Kommunen-Experiment in den USA ließ sich vor allem aufgrund interner Streitigkeiten nicht umsetzen. Das war aber auch bei einer reduzierten Variante dieses Konzepts der Fall, den sogenannten Produktivgenossenschaften, die nach dem Zusammenbruch der utopischen Konzepte vor allem in Frankreich entstanden: Sie setzten ausschließlich an der Produktionssphäre an, ohne geistige Nebenziele zu verfolgen.

Auch die so initiierte direkte Sozialisierung der Produktions- und Eigentumsmittel scheiterte nicht nur an Kapitalknappheit. Durch die Assimilierung moderner Techniken und wissenschaftlicher Resultate erreichte der industrialisierte Kapitalismus eine Produktivität der Arbeit, die jener der Produktivgenossenschaften weit überlegen war. Dies vorausgesetzt, erwies sich die direkte Sozialisierung »im Wege der Genossenschaft als unerreichbar; erst allmählich erkannte man, dass diese Aufgabe einer völlig anderen Organisationsform mit anderen Methoden und Grundlagen vorbehalten werden müsse, nämlich den Gewerkschaften. Je wirksamer deren Kampf in der zweiten Hälfte des Jahrhunderts wurde, desto mehr erlosch das Bestreben, das Ziel mit genossenschaftlicher Organisation zu erreichen. Stand am Eingang der Bewegung, alles und jedes durch eine einzige Organisationsform erreichen zu müssen, so vollzog sich von selbst allmählich die Verteilung der Aufgaben auf verschiedene Organisationsformen und die erste fundamentale Verteilung brachte die schrittweise fortschreitende Praxis in der Scheidung von gewerkschaftlichen und genossenschaftlichen Vereinigungen, Aufgaben und Methoden mit sich.«[61]

Doch der proletarische Lernprozess, so Renner, machte auch vor den sozialdemokratischen Genossenschaften nicht halt. Es stellte sich nämlich heraus, dass für die Bedürfnisse der Arbeiterschaft eine Genossenschaftsform am erfolgreichsten war, die nicht von der Produktions-, sondern von der Zirkulationssphäre ausging: die Konsumvereine, die nicht nur von Owen, sondern auch von Lassalle und Marx wenig geschätzt wurden. Ex post, so Renner, war es relativ plausibel, warum die Konsumvereine unter allen Genossenschaftsvarianten dem Kapitalismus nicht in der Produktions-, sondern in der Zirkulationssphäre am meisten entgegenzusetzen hatten und den Bedürfnissen der Arbeiter am besten entsprachen: Der Arbeiter ist nämlich an zwei Punkten »mit dem Strom der Ökonomie« am unmittelbarsten und am eindeutigsten verbunden: »In der Produktion steht er an einer bestimmten Stelle der Werkstatt eines Produzenten, erzeugt Waren einer einzigen Art und belastet sie mit Mehrwert, pumpt also Werte in den Strom hinein. In der Zirkulation steht er an einer bestimmten Stelle des Warenmarktes, holt sich dort Waren und schöpft also daselbst Werte heraus. Das verbindende Glied ist der Lohn. Er verkauft seine Arbeitskraft (A) dort um Lohn (G) und kauft hier für Geldlohn (G) Waren (W). Seine ökonomische Betätigung ist in den zwei Phasen beschrieben: A bis G und G bis W.«[62]

In diesem Szenario ist der Arbeiter »im vordersten Schützengraben des Kapitals«[63] mit dem Produzenten und dem Kaufladenbesitzer konfrontiert. Im unmittelbaren ökonomischen Kampf mit ihnen sah sich die Arbeiterklasse gezwungen, nur zwei Organisationsformen zu entwickeln: die Gewerkschaften in der Produktionssphäre und die Genossenschaften in der Warenzirkulation. Allein eine Genossenschaftsorganisation konnte in diesem Kontext den Bedürfnissen der Arbeiterfamilien gerecht werden: die Konsumgenossenschaft, deren ökonomische Funktion darin besteht, den Zwischenhandel auszuschalten und »direkt en gros vom Erzeuger«[64] zu kaufen. Als eine »genossenschaftliche Vereinigung« umfasste sie möglichst alle Familien in ihrem lokalen Umfeld, die auf eigene Rechnung einen Lebensmittelladen führten. Doch die Frage ist, wie sich die proletarischen Genossenschaften, insbesondere die damals erfolgreichen Konsumgenossenschaften, von den bürgerlichen Varianten unterschieden. Nach Renner sind die bürgerlichen Genossenschaften die Erben eines Gedankens, der zuerst in sozialistischen und proletarischen Kreisen entwickelt wurde. »Aber überall, mit Ausnahme von England, hat das Genossenschaftswesen in die bürgerliche Mittelschicht Eingang gefunden, hat Erfolg über Erfolg errungen und zum Schluß *das Genossenschaftswesen der Arbeiterklasse in den Schatten gestellt.* Das Proletariat muß hier sein eigenes Feld gleichsam erst wieder zurückerobern.«[65] Doch die eingangs gestellte Frage bleibt: Was rechtfertigt es, die Produzentengenossenschaften, die Bezugsgenossenschaften, die Werkgenossenschaften, die Kreditgenossenschaften, die Bau- und Wohnungsgenossenschaften, die Siedler-, Schrebergärtner- und Bauerngenossenschaften etc. als »bürgerlich« zu bezeichnen?

Während das große Kapital zur Beschränkung des Wettbewerbs auf horizontaler Ebene auf Kartelle zurückgreift, dominieren, so Renner, bei den kleinen und mittleren Besitzenden die freiwilligen Vereinigungen in der festen Rechtsform der Genossenschaften. »Unsere Analyse zeigt, daß die Genossenschaften, die wir vorgeführt haben, die Tatsache des Mehrwertes nicht aufheben, ja nicht einmal seine Höhe alterieren. Insofern wirken sie nicht im Sinne des Sozialismus, denn sie beseitigen die Ausbeutung des Proletariats nicht und lindern sie in der Regel nicht. Wohl aber greifen sie in die *Mehrwertverteilung sehr wirksam ein.* Sie reißen ein größeres Stück des Mehrwerts an sich und verteilen ihn auf *viele gleich.*«[66] Diese Veränderung bezeichnete Renner als die »Solidarisierung des Mehrwerts«. Der Form und ihrer Verfassung nach, so Renner, handle es sich bei den bürgerlichen Genossenschaften also um sozialisierte Betriebe, »obschon der ökonomische Inhalt noch immer Mehrwertaneignung, wenn auch solidarisierte, bleibt. Die Genossenschaft stellt demnach in ihrem Begriff eine Übergangsform dar, sie ist eine Übergangsform vom Kapitalismus zum Sozialismus auch *geschichtlich.* Jedenfalls ist sie zur Hälfte eine demokratische Wirtschaftseinrichtung.«[67]

Doch die proletarischen Konsumgenossenschaften gehen einen Schritt weiter. Zwar verkaufen auch sie die Waren zu Tagespreisen wie der kapitalistische Ladenbesitzer und realisieren damit den Kleinhandelsprofit und den mit ihm verbundenen Mehrwertanteil. »Aber zum Unterschied von allen anderen Genossenschaften fällt dieser Anteil keinem Kapitalisten mehr zu, sondern der Arbeiterschaft als organisierte Gesamtheit. Diese kann ihn als Dividende ausschütten – dann fällt er dem einzelnen Arbeiter, und zwar nach der Quote seines Bezuges, nicht nach seinem Geschäftsanteil, zu und bildet einen Konsumzuschuß. Die Gesamtheit kann aber auch beschließen, ihn als Sozialkapital in die Reserven zu legen.«[68] In welchem Verhältnis steht nun aber der proletarische Konsumverein zum kapitalistischen System der Mehrwertproduktion? Inwiefern geht er mit ihr konform und in welchen Aspekten überschreitet er sie? Renner legte in diesem Zusammenhang großen Wert auf die Feststellung der Tatsache, dass der in den Produktionsstätten von den Arbeitern erwirtschaftete Mehrwert »in diesem Teil auf dem langen Umweg über die Zirkulation zur Arbeiterklasse als Konsumenten zurück(kehrt). *Der Konsument* ist eben *die letzte Hand,* die im Preise Wert und Mehrwert voll bezahlt und hier unerwarteterweise ein Stück Mehrwert zurückbekommt, eine Erscheinung, die bei keiner anderen Genossenschaftsform zutrifft. Dieser Mehrwerttitel wird also, obschon kapitalistisch erzeugt und nach kapitalistischen Gesetzen umlaufend, zum Schluß *zweifellos sozialisiert.*«[69]

Wir müssen Renner also so interpretieren, dass die erfolgreiche ökonomische Gegenmacht der Arbeiterklasse im proletarischen Genossenschaftswesen nur dann möglich ist, wenn der Kapitalismus gleichsam im Vorfeld einer solchen Perspektive vorarbeitet. Im vorliegenden Fall lassen die Konsumgenossenschaften die Produktion von Mehrwerten in den Betrieben zwar unangetastet, aber sie sorgen dafür, dass erhebliche Anteile desselben denen zugutekommen, die ihn erzeugen. Diese Erfahrung, so Renner, lehrt uns, »daß nicht der Gesamtmehrwert durch einen Akt wegdekretiert oder, wie wir's in unseren jungen Tagen sagten, ›abgeschafft‹ werden kann, sondern daß jede gesonderte Art des Mehrwertes (Profit, Rente, Zins) auf besonderem Weg und, was vor allem beachtet werden muß, von anderen sozialen Organen im besonderen, positiv zu schaffenden Einrichtungen auf die Arbeiterklasse zurückgeleitet werden muß«.[70] Daher stehe die Verabschiedung des Denkens in Dogmen, Dekreten und Postulaten auf der politischen Tagesordnung. Nicht das Abschaffen, sondern das Organisieren sei das Gebot der Stunde. Ausdrücklich forderte Renner in der Epoche der Verwirklichung ein Denken in Institutionen.[71] Umgekehrt zeigt Renner aber auch am Beispiel des bürgerlichen Genossenschaftswesens, dass der Kapitalismus enorm lernfähig und assimilationsbereit ist, wenn er zum Beispiel den proletarischen Genossenschaftsgedanken rezipiert und ihn gemäß seinen Zwecken und Zielen umformt.

Doch welchen Stellenwert hat die moderne Konsumgenossenschaft seit ihrer »Erfindung« in der ersten Hälfte des 19. Jahrhunderts innerhalb ihrer eigenen Genossenschaftstradition? Der Pionier Robert Owen ließ, so Renner, den armseligen Arbeiterhaushalt in den vollsozialisierten »geschlossenen Heimatkolonien universeller Lebensgemeinschaft«[72] aufgehen. Auch die moderne Konsumgenossenschaft strebt »eine Gemeinschaft des materiellen Lebens«[73] an. Aber im Gegensatz zu Owens Ansatz setzt sie an der Zirkulations- und nicht wie dieser an der Produktionssphäre an. Ebenso wichtig ist, dass sie an der Privatheit eines jeden Einzelnen als einem wichtigen Element seiner Individualität festhält. »Eine gewisse private Sphäre will jeder Mensch behaupten und viele Lebensakte bleiben besser intim und privat, so das Sexualleben und der Akt des Konsums. Die Ideale der absoluten Daseinsgemeinschaft, welche den älteren Kommunisten eignen, sind wenigstens für unsere Denkvoraussetzungen übertrieben und unleidlich.«[74]

Aber auch den frühen Versuch der Bolschewiki, die Konsumgenossenschaft in ihr System der Wirtschaftsdiktatur einzugliedern, sah er als einen Irrweg an. Der »Plan einer von oben regierten Zwangsgemeinschaft« erweise sich, wie die Erfahrung zeige, als obsolet, da »die Seele der Konsumgenossenschaften sich in der Wirtschaftsdemokratie ausdrücke, und zwar als Selbsthilfe, Selbstverantwortung sowie freie Eigenwirtschaft«.[75] Zwar benötigt die Konsumgenossenschaft die Unterstützung des Staates bei der rechtlichen Kodifizierung ihrer Einrichtungen. Seine materielle Unterstützung darf aber nicht so weit gehen, dass sie die Eigeninitiative der Genossenschaft lähmt. »Die Selbsthilfe«, schrieb Renner in einem Brief an Finanzminister Alfred Gürtler, »bedarf eben einer gewissen Führung und daran hat es bei uns immer gefehlt. (...) Das zweite Übel ist, daß vom ersten Tag an die Genossenschaftsverwaltungen immer auf die im Hintergrund bereitgehaltene Staatshilfe lauern. Das macht sie leichtfertig. (...) Ich bin den österreichischen Regierungen der Vergangenheit dankbar, daß sie die Arbeitergenossenschaften nicht ebenso aufgepäppelt haben wie die agrarischen.«[76]

Für die Konsumgenossenschaften gilt, was Renner bereits für die Sozialisierung im Allgemeinen festgestellt hatte: Ihre Transformationsstrategie muss sich auf die Zirkulationssphäre des Kapitals fokussieren. Die aus dieser Zielsetzung resultierende Entwicklung sei zu fördern, statt sie zu behindern. Es komme darauf an, alle gesetzlichen und administrativen Hindernisse zu beseitigen, die sie blockieren. Vor allem aber dürfe man vor der Unterstützung des Staates beim Vorantreiben dieses Prozesses nicht zurückschrecken. Schreite man auf diesem Pfad voran, so werde die Synthese von Sozialismus und Freiheit ohne Zwang zu einer konkreten Handlungsperspektive.

Das Rote Wien und das »Linzer Programm« von 1926 aus dem Blickwinkel Renners

Hand in Hand mit seinem genossenschaftlichen Engagement unterstützte Renner das Projekt des Roten Wien.[77] So wurde er nicht müde, dessen Verwaltung im Zusammenhang mit dem Wirken Hugo Breitners »als besonders gelungenes Beispiel erfolgreicher sozialdemokratischer Praxis«[78] hervorzuheben. Zusammenfassend stellt Rauscher fest: »Tatsächlich präsentierte sich die ›Wiener Schule der Kommunalpolitik‹ vor allem im Sozial- und Gesundheitswesen als zukunftsweisendes Beispiel sozialistischer Gesellschaftsordnung. In nur drei Jahren wurden 25 000 neue Wohnungen aus Steuermitteln gebaut.[79] Der Universitätsprofessor für Anatomie, Julius Tandler, kämpfte als Stadtrat für Wohlfahrt, Jugendfürsorge und Gesundheitswesen mit einer Zahl von Maßnahmen zur Vorsorgemedizin gegen Mangelkrankheiten wie Tuberkulose oder Rachitis und gegen den aufgrund der tristen Lage verbreiteten Alkoholismus.[80] Renners Intimus Otto Glöckel leitete eine in der Welt allgemein anerkannte und nachgeahmte Schulreform ein, durch die er einer möglichst breiten Bevölkerungsschicht einen leichteren Zugang zu einer höheren Schulbildung ermöglichen wollte. Durch eine aktive Mitwirkung der Schüler am Unterricht sollten Begabungen besonders gefördert werden. Nicht zuletzt mußte das Schulwesen von der Kirche getrennt werden und der Unterricht unentgeltlich sein.[81] Auch in der Kinder- und Jugendfürsorge versuchte das ›Rote Wien‹ mit dem Bau von Kindergärten, Tagesheimen und Schwimmbädern die sozialistischen Vorstellungen einer ›neuen Gesellschaft‹ umzusetzen. Entsprechend hielt Renner den Christlichsozialen die Errungenschaften der sozialistischen Stadtverwaltung vor: ›Wir können regieren, aber Sie nicht.‹«[82]

Renner dürfte mit dieser Einschätzung des Roten Wien als Vorwegnahme zentraler Elemente eines demokratischen Sozialismus weitgehend mit Otto Bauer übereingestimmt haben. Vor allem aber sah er im Roten Wien den empirischen Beleg für seine Thesen, es komme nicht auf ein Wegdekretieren des von den Arbeitern erzeugten Mehrwerts an, sondern auf dessen Rückführung an ihre Urheber mithilfe dafür geeigneter Institutionen. »Der Wiener Mieterschutz zum Beispiel macht die ganze Bevölkerung Wiens zum direkten Nutznießer der städtischen Grundrente, besorgt durch eigene Vorschriften, Einrichtungen, Ämter und Beamten – er läßt jedoch das Eigentum und alle *sonstigen* Mehrwertfunktionen des Eigentums *bestehen* und überläßt es anderen Einrichtungen mit dem, was der Munizipalsozialismus nicht vermag, sich zu beschäftigen und fertig zu werden. Über die Wege der Sozialisierung verbreitet also die Praxis, die instinktiv und intuitiv vorgeht, *das erste Licht* – möge es die Theorie hinterher noch heller gestalten. Für jede *Teilform der Ausbeutung* findet sie *Teilinstitutionen. Diese schaffen nichts ab, sie organisieren um.* Die Rente ist zum Teil der Bevölkerung direkt zugeführt, zum Teil in die Wohnbausteuer umgeleitet und in *Wohnbauten* verkörpert, die ihrerseits die Hausrente allgemein herabdrücken.«[83]

Dabei reduzierte Renner das Rote Wien aber nicht auf »seinen ursprünglichen, pragmatischen Charakter eines wohlfahrtsstaatlichen und sozialpolitisch inspirierten kommunalen Modells«.[84] Wie sein wiederholtes Lob Otto Glöckels und seiner »Schule der Freiheit« zeigt, setzte er sich auch mit der kulturpolitischen Dimension des Roten Wien[85] wie viele andere Intellektuelle in eins. »Als exemplarisches Unternehmen der Spätaufklärung kann es, in einem radikal aufklärerischen Gestus, mit gutem Grund als Parallelaktion zum tiefenpsychologischen Projekt Freuds gelten – insofern, als es, ähnlich der Psychoanalyse, die Massenobjekte in selbstbewusste Individuen und (proletarische wie bürgerliche) Subjekte zu transformieren suchte.«[86] Zwar deuten die Schriften Renners nicht auf eine intensive Auseinandersetzung mit Freud hin, doch die Konsequenz, die Wolfgang Maderthaner aus dem Freud'schen Ansatz für die Zielsetzung des Austromarxismus als spätaufklärerische Kulturbewegung gezogen hat, ist mit Renners Wirken in den Arbeiterbildungsvereinen sehr wohl vereinbar.

Ebenso wichtig ist, dass er das von Otto Bauer inspirierte »Linzer Programm« von 1926 uneingeschränkt akzeptierte. Renner attestierte ihm auf dem Parteitag, dass es adäquate Antworten auf den Strukturwandel des Kapitalismus nach dem Ersten Weltkrieg enthalte. »Wir haben nun eine Antwort auf die Probleme des Kapitalismus von heute und auf die Probleme der politischen Weltgestaltung von heute, und das wird die Orientierung der Genossen und ganz besonders die Schulung der Jugendgenossen außerordentlich erleichtern.«[87] Vor allem bedeute das »Linzer Programm« aber auch ein Ende der Streitigkeiten, die durch den Sieg der Kommunisten in Russland und durch die Spaltung der Arbeiterbewegung im Deutschen Reich in MSPD, USPD und KPD die einheitliche Front der »kämpfenden Arbeiterklasse« theoretisch zerrissen hätten. Zugleich sperre es aber auch »die Tore der Zukunft auf und dieser Teil des Programms ist von noch größerer Wichtigkeit als die Liquidierung der Vergangenheit einer Partei, *welche in die geschichtliche Phase der Verwirklichung eintritt*, die Verwirklichung des Sozialismus und der politischen Verfassung, die sich das Proletariat einmal« geben wird«.[88] Wieder erwähnt Renner das Rote Wien, in dem ein Stück Sozialismus verwirklicht worden sei.[89]

Großes Lob spendete Renner aber auch dem Teil des Programms, das sich mit der Eroberung der Macht beschäftigt. »Ja, Parteigenossen, es tut gut, daß wir der Arbeiterklasse selbst sagen, um was es sich handelt. Es handelt sich *ganz konkret um die Eroberung der Staatsgewalt*, um sie in den Dienst des Proletariats zu stellen und allen anderen Ziele des Proletariats mit Hilfe dieses Instruments zu fördern.«[90] Interessant ist, dass Renner den Passagen des Programms, das sich mit der Möglichkeit eines faschistischen Widerstandes gegen eine durch Wahlen legitimierte sozialdemokratische Machtübernahme beschäftigt, keine Beachtung schenkte. Demgegenüber betonte er die Zerrissenheit und den inneren Zerfall des bürgerlichen Lagers. Es habe den Staat so heruntergewirtschaftet, dass er ohne Ansehen und mit leeren Kassen nicht in der Lage sei, »*dem Proletariat sein tägliches Leben zu sichern*«.[91] Die Partei dürfe sich im Falle der Regierungsverantwortung keine Illusionen über die Bürde machen, die sie sich bei der Sanierung des zerrütteten Staatswesens zumute.

Zusammenfassend kann festgestellt werden, dass die inneren politischen und theoretischen Vorbehalte, die Renner gegenüber Bauer seit der Krise ihrer Beziehungen wegen der unterschiedlichen Lösung der Nationalitätenfrage, der differenten Beurteilung des bürgerlichen Staates und der Rolle revolutionärer Umwälzungen nach dem Ersten Weltkrieg hatte, in der Latenz verharrten. Die Partei war im Aufwind und schien politisch geeint. Und selbst wenn Renner den strikten Oppositionskurs der SDAP insgeheim skeptisch beurteilte, wie er später bekannte, war er von seinem ganzen Persönlichkeitsprofil her nicht der Mann, der die eigene Konzeption ohne Rücksicht auf die Gesamtinteressen der Partei machtpolitisch durchzusetzen bereit war. Dieses Gesamtinteresse wurde aber nicht von ihm, sondern von Otto Bauer artikuliert. Doch dessen Hegemonie ließ sich nach der Verabschiedung des »Linzer Programms« nur noch für kurze Zeit aufrechterhalten. Wie Renner auf Bauers beginnende Defensive ab dem Sommer 1927 reagierte, wird im nächsten Kapitel zu untersuchen sein.

# 6. Der 15. Juli 1927, die Koalitionsfrage und die Perspektiven der Wirtschaftsdemokratie

Bis zum 15. Juli 1927 schien die Erste Republik auf dem Weg zu einer parlamentarischen Demokratie, die sich im Großen und Ganzen immer mehr ihrer Normallage als zentrale demokratische Clearing-Stelle organisierter Interessen anzunähern schien. Wie so oft, brachte Otto Bauer auch diese allmähliche Transformation auf einen prägnanten Begriff. Rückblickend auf den Regierungsmechanismus der Jahre 1918 und 1919 stellte er fest, dass ein Staat ohne »Gewaltmittel zur Niederwerfung großer proletarischer Massenbewegungen« gezwungen sei, »das freiwillige, aus eigener Einsicht hervorgehende Einverständnis der Massen zu suchen«.[1] Er könne also die Massen unter dieser Voraussetzung nicht anders als »nur mit geistigen Mitteln führen«.[2] Wir haben gesehen, dass genau dies während der Kabinette Renner I und Renner II der Fall gewesen ist. Aber 1923 musste Bauer hinzufügen, dass sich diese Situation grundlegend und mit weitgehenden Konsequenzen für den Regierungsstil geändert habe. »Sobald der Staat über die Gewaltmittel verfügt, die Massen niederzuhalten und niederzuwerfen, bedarf es dessen (der gewaltlosen Verständigung zwischen Herrschern und Beherrschten, R. S.) nicht mehr. Die Mittel der Gewalt ersetzen dann die Mittel der geistigen Führung. (…) Die Ansätze einer funktionellen Demokratie, die die Revolution hervorgebracht hat, verkümmern dann, der Staat fällt auf die Stufe einer rein parlamentarischen Demokratie zurück.«[3] Es kommt zur Herausbildung eines pluralistischen Systems, dessen regulatives Prinzip ein Parallelogramm des Kräfteverhältnisses organisierter Interessen und der Primat des systemimmanenten Unternehmergewinns ist. Ferner ist die demokratische Partizipation auf die Stimmabgabe innerhalb festgelegter Wahlbezirke am Ende einer Legislaturperiode eingeschränkt.

Diese »Normallage« der parlamentarischen Demokratie unter den

Bedingungen einer bürgerlichen Gesellschaft entsprach gewiss nicht den hochfliegenden Zukunftserwartungen vieler österreichischer Sozialisten, zumal der hegemoniale Bürgerblock unter Prälat Ignaz Seipel zunehmend seine Bündnisfähigkeit nach links einbüßte, Tendenzen zur Klassenjustiz erkennen ließ, die Aufrüstung der Heimwehren duldete und Sympathien für faschistische Krisenlösungsmodelle hegte.[4] Aber die bürgerliche Demokratie in Österreich bot auch der Sozialdemokratie Chancen, Einfluss auf die junge Republik zu nehmen. Zu ihren Errungenschaften zählte die Verfassung von 1920, die ihr große Entfaltungsspielräume bot, eine großzügige gesetzlich kodifizierte Sozial- und Arbeitsverfassung, welche den Arbeiterinteressen in hohem Maße entgegenkam, eine Wehrverfassung, die das Heer an die Republik zu binden schien, und eine interne Geschlossenheit der sozialdemokratischen Partei, die in der Welt angesichts der kommunistischen Herausforderung ohne Beispiel war. Das Gleichgewicht zwischen den paramilitärischen Organisationen des sozialdemokratischen und des bürgerlichen Lagers, also des Republikanischen Schutzbundes und der Heimwehren, schien gesichert. Im Roten Wien konnte die Sozialdemokratie auf kommunaler Ebene mit absoluten Mehrheiten im Ansatz zeigen, wie nach ihrem Verständnis der demokratische Sozialismus die geistige und materielle Lebenswelt der Arbeiter gravierend verbesserte. Und diese Erfolgsgeschichte bildete sich überzeugend in wachsenden Wahlerfolgen in Wien und auf Bundesebene ab.

Dennoch blieb bis zum 15. Juli 1927 unklar, welche Auswirkung der von Bundeskanzler Ignaz Seipel straff geführte Bürgerblock auf das interne Machtgleichgewicht hatte. Zwar verhinderten die geschilderten Machtpositionen des sozialdemokratischen Lagers zunächst eine offene Gegenrevolution mit dem Ziel, die sozialdemokratischen Errungenschaften gleichsam mit einem Schlag rückgängig zu machen. Aber konnte Seipel den staatlichen Repressionsapparat (Polizei, Heer, Verwaltung) im Laufe der Zeit nicht durch indirekte Methoden und Beeinflussungen im Sinne seines militanten Antimarxismus umgestalten? Das »Linzer Programm« von 1926 zeigt, dass die SDAP mit solchen Entwicklungen rechnete. »Die Bourgeoisie wird nicht freiwillig ihre Machtstellung räumen. Findet sie sich mit der ihr von der Arbeiterklasse aufgezwungenen demokratischen Republik ab, solange sie die Republik zu beherrschen vermag, so wird sie versucht sein, die demokratische Republik zu stürzen, eine monarchistische oder faschistische Diktatur aufzurichten, sobald das allgemeine Wahlrecht die Staatsmacht der Arbeiterklasse zu überantworten drohen oder schon überantwortet haben wird.«[5] Aber wie weit der Prozess der außerparlamentarischen Machtkonzentration des bürgerlichen Lagers vorangeschritten war, wusste niemand. Erst der Wiener Aufstand vom 15. Juli 1927 warf ein grelles Licht auf diesen schleichenden Vorgang sozialdemokratischer und damit republikanischer Machterosion. Er war für Karl Renners politische Laufbahn von entscheidender Bedeutung, weil ihm die Notwendigkeit eines komplizierten Krisenmanagements die Chance zu einer innerparteilichen Offensive bot.

Ursachen und Folgen einer innenpolitischen Katastrophe

Wie kam es zu dem Massenaufstand in Wien 1927[6], in dessen Verlauf nach neueren Forschungen 89 Menschen durch eine wild in die Menge schießende Polizei ums Leben kamen und sechshundert Schwer- und zumindest tausend Leichtverletzte zu beklagen waren? Wie reagierte Renner sowohl auf parlamentarischer als auch auf innerparteilicher Ebene auf diesen Vorgang? Welche Politik bot Renner an, um den österreichischen Heimwehrfaschismus effektiv zu bekämpfen, die Gewaltspirale zwischen den paramilitärischen Organisationen zu beenden und einen Beitrag zur Rettung der Ersten Republik zu leisten?

Die Bilanz der *Wiener Julitage 1927*, so der Titel eines Gedenkbuches von Julius Braunthal[7], fasste der Bericht der vom Wiener Gemeinderat zur Untersuchung der Ereignisse vom 15. Juli eingesetzten Kommission mit folgenden Sätzen zusammen: »Am 15. Juli war Wien der Schauplatz *grauenhafter Ereignisse*. Demonstrationszüge von Arbeitern und Angestellten, die als Protest gegen den Schattendorfer Prozess auf die Ringstraße kamen, fanden ein *blutiges Ende*. Hunderte verwundete Sicherheitswachbeamte und Hunderte verwundete Demonstranten und unbeteiligte Passanten füllten die Spitäler. Vier Wachbeamte und soweit bisher bekannt geworden ist, 85 tote Demonstranten und unbeteiligte Demonstranten lagen auf der Bahre.«[8] Die Vorgeschichte dieser Katastrophe ist oft geschildert worden. Der Verfasser kann sich also kurz fassen. Am 30. Januar 1927 marschierten nach einer Auseinandersetzung mit Frontkämpfergruppen Formationen des sozialdemokratischen Republikanischen Schutzbundes in dem burgenländischen Ort Schattendorf »durch die Ortsstraße ohne Aufenthalt an dem Frontkämpferlokal, dem Tscharmannschen Gasthaus, vorbei. In diesem Gasthaus hatten sich nun drei Frontkämpfer, und zwar die Gebrüder Tscharmann und Johann Pinter, im Zimmer des ersten Stockes hinter dem festungsartig vergitterten Fenster mit Gewehren schußbereit auf die Lauer gelegt. Und als der Zug der Schutzbündler bereits vorübergezogen war, eröffneten die drei Frontkämpfer in den Rücken des Zuges ein verheerendes Feuer. Der Kriegsinvalide Matthias Csmarits wurde durch einen Schuß in den Hinterkopf meuchlings getötet, der zarte Körper des achtjährigen Josef Grössing durch dreizehn Schüsse zerrissen. Ein Schuß traf das Kind mitten in das Herz. Fünf weitere Menschen, unter ihnen ein sechsjähriger Bub, wurden mehr oder minder schwer verletzt.«[9]

Dieses Attentat von rechts auf sozialdemokratische Aktivisten war kein Einzelfall, sondern ordnete sich ein in eine ganze Serie rechtsradikaler Überfälle auf Mitglieder der SDAP mit tödlichem Ausgang. Entsprechend groß war die Empörung im Roten Wien, im Burgenland und in den niederösterreichischen Industriegebieten: Sie bildete sich in einem Trauerstreik ab, an dem Hunderttausende von Arbeitern teilnahmen, und vor allem an der massenhaften Beteiligung an den Trauerfeierlichkeiten für die Toten von Schattendorf. Am 5. Juli 1927 begann vor einem Wiener Schwurgericht der Prozess gegen die Brüder Tscharmann und Pinter. Das Geschworenengericht folgte nicht dem auf »schuldig« plädierenden Staatsanwalt, sondern entschied auf Freispruch: Die Angeklagten hätten aus Notwehr gehandelt. Bisher nahm die Wiener Arbeiterschaft die gegen sie gerichtete Klassenjustiz hin, ohne sich provozieren zu lassen. Doch mit dem Schattendorfer Prozess war für sie eine rote Linie überschritten. Nach Bekanntgabe des Urteils kam es zu Streiks und wenig später zu Massendemonstrationen im Zentrum Wiens, die, durch Schießbefehl und Reiterattacken auf die Demonstranten teilweise verursacht und beschleunigt, bald zu einem Aufstand eskalierten. Dessen verschiedene Phasen sind oft beschrieben worden. Es genügt, auf die einschlägige Studie von Maderthaner und Musner hinzuweisen.[10] Sie fassten die apokalyptische Dimension der Wiener Julitage 1927 wie folgt zusammen: »An diesem Tag – so der Chefredakteur des ›Kleinen Blatt‹ und nachmalige Sekretär der Sozialistischen Internationale, Julius Braunthal – hätten sich in Wien Greuel zugetragen, ›wie sie noch keine Stadt des europäischen Kulturkreises erlebt‹ habe. Es war ein Tag, an dessen Ende einige Demonstranten in der Bartensteingasse ihre Hände in Blutlachen tauchten und dieserart ein Wort an eine Hausmauer schmierten: ›Rache‹. Es war ein Tag, an dem Demonstranten Privatautos anhielten und zu Sanitätswagen umfunktionierten: mit dem Blut Verwundeter wurden Rote Kreuze an die Wagentüren aufgebracht. Es war, wie es ein Staatsanwalt in seiner Anklageschrift in einem der unzähligen ›Juli-Prozesse‹ im Herbst dieses Jahres formulieren sollte, ein Tag von Tumulten und Exzessen, ›wie sie in Ausdehnung, Dauer und Stärke in dieser Stadt kaum je erlebt worden sind‹. Der Justizpalast sei einer ›tobenden Menge zum Opfer gefallen und durch Brand und Plünderungen zu einer Ruine geworden‹.«[11]

Der Parteivorstand der SDAP, dessen Mitglied Karl Renner war, sah sich mit einer schwierigen Situation konfrontiert. Wie sollte er sich verhalten? Das »Linzer Programm« schränkte die Anwendung von Gewalt auf den Verteidigungsfall ein, falls bei einem demokratischen Wahlsieg die SDAP an der Machtübernahme durch faschistische Gewalt vonseiten des Bürgertums gehindert würde. Das war aber am 15. Juli 1927 nicht der Fall, als die Massen, sicherlich provoziert durch das gewalttätige Vorgehen der Polizei, die Initiative ergriffen und offensive Gewalt gegen Einrichtungen der Republik ausübten. Konnte der Parteivorstand gegen das Urteil eines Geschworenengerichts einschreiten, wenn bei dessen Einrichtung die SDAP entscheidend mitgewirkt hatte? Oder sollte er gar gegen die Richtlinien des eigenen Programms verstoßen, den Schutzbund und die Demonstranten bewaffnen und damit den Aufstand zu einer Revolution eskalieren lassen, wie es die kommunistische Opposition¹² forderte? Aber hätte er dann nicht in einem blutigen Bürgerkrieg das Schicksal der Pariser und der Budapester Kommune riskiert? Wir wissen, wie der Parteivorstand sich entschieden hat: Er optierte für eine legalistische Lösung der Krise im Rahmen der Verfassung. Aber auch sie hatte ihren Preis. Der Aufstand traf den Parteivorstand völlig unvorbereitet und leitete die Defensive der SDAP aus zwei Gründen ein. Einerseits zeigte die Katastrophe, dass die Führung der SDAP unter Otto Bauer keineswegs, wie sie bisher annahm, die mit ihr sympathisierenden Massen hinreichend kontrollierte. Die Folge war ein verheerender Vertrauensverlust der SDAP an ihrer Basis. Andererseits bot dieses Ereignis Ignaz Seipel die Möglichkeit, sich als Mann der Ordnung den bürgerlichen und kleinbürgerlichen Schichten zu empfehlen und sich den paramilitärischen Heimwehrorganisationen zu nähern.

Seipel nutzte den erweiterten Handlungsspielraum: In seiner Rede vor dem Nationalrat am 26. Juli 1927 verkündete er: »Verlangen Sie nichts, das den Opfern gegenüber milde scheint.«¹³ Er ermunterte die Heimwehren zu verstärkter Aufrüstung, um sie als außerparlamentarische Waffe im Kampf gegen die Sozialdemokratie instrumentalisieren zu können. Renner erkannte die bedrohliche Situation, in der sich die Partei und die Republik aufgrund dieser Verschiebung der politischen Kräfteverhältnisse nach rechts gleichermaßen befanden. Er interpretierte diesen Vorgang als ein Ereignis mit einer langen Vorgeschichte: »Als am 8. November 1918 Otto Bauer und ich Victor Adler unmittelbar vor seinem Tode das letzte Mal besuchten, konnten wir ihm mitteilen, dass Republik und Anschluss beschlossene Sache seien. Er nahm dies, schweratmend und mit dem Tode ringend, mit sichtlicher Genugtuung auf, bemerkte jedoch: ›Mich beunruhigt nur, dass wir auf keinen Widerstand stossen. Wo ist die Reaktion? Wir stossen mit der Stange in den Nebel. Es wäre besser, wenn der Widerstand fassbar wäre.‹ Diese Bemerkung verrät Adlers politische Voraussicht und Weisheit. Es dauerte zwei Jahre, bis sich der Widerstand ralliierte. Die Reaktion sammelte sich unter der Führung des Prälaten Seipel im Parlamente und hinter den Fahnen der Frontkämpfer und Hakenkreuzler ausserhalb des Parlaments.«¹⁴

Aber noch habe sich das bürgerliche Lager in der Defensive befunden. Das Bundesheer galt als eine Domäne der Sozialdemokratie, weil –

analog zur Privatindustrie – für die Armee als einem Teil des öffentlichen Dienstes Personalvertretungswahlen ebenso vorgeschrieben waren wie für Gendarmerie und Polizei. Die SDAP konnte sich hier auf starke Mehrheiten stützen. »Die Bourgeoisie hielt in der Tat diese Sicherheitstruppen für unverwendbar und kam daher aus der Angst nicht heraus.«[15] Mit dem 15. Juli, so Renner, veränderte sich die bürgerliche Wahrnehmung der politischen Kräfteverhältnisse grundlegend: »Aus diesen Umständen erklärt sich, warum das österreichische Bürgertum beim Ausbruch der Unruhen vom 15. Juli dermassen in Schrecken und Verzweiflung und nach der Räumung der Strassen durch schiessende Polizisten in masslosen Uebermut versetzt wurde. Die Polizei schiesst doch! Das war der Erlösungsruf aller. Und von da ab redete sich die Reaktion von Tag zu Tag in ein steigendes Machtgefühl hinein, in eine masslose Ueberschätzung des vermeintlich errungenen Vorteils.«[16] Renner bestreitet zwar, dass breite Schichten des Bürgertums faschistisch seien. Doch in Angst und Schrecken versetzt von den Arbeiteraufmärschen, weil sie in der Monarchie politische Kundgebungen nicht gewohnt waren, begrüßten die Bürger die Mobilisierung des rechtsradikalen Lagers im Gefolge des 15. Juli. Ihre »jahrelange Angst schlug in Uebermut um«.[17]

Für Renner war dieser Stimmungsumschwung gefährlich genug, um sein politisches Gewicht erneut in die Partei- und Bundespolitik einzubringen. »Endlich, nach Jahren selbstauferlegter Zurückhaltung, trat Renner wieder auf den Plan.«[18] Er eröffnete seine Offensive freilich schon vor dem 15. Juli, und zwar zunächst durch eine Auseinandersetzung mit dem bürgerlichen Lager im Nationalrat. In seiner Rede vom 3. Februar 1927 nahm Renner zu der Tatsache Stellung, dass die Morde von rechts, deren vorläufiger Höhepunkt die Ereignisse in Schattendorf waren, teilweise ungesühnt blieben, teilweise mit provozierend milden Urteilen geahndet wurden. Er wies darauf hin, dass die Arbeiter in der Revolutionszeit über genügend Waffen verfügten, um jederzeit ihre Interessen mit Gewalt durchzusetzen. Dass sie sich aber zur Bewunderung der Welt für den gewaltlosen Weg des Überganges von der Monarchie zur Republik entschieden, sei auf die Erziehungsarbeit der SDAP zurückzuführen. Diese habe in ihrem »Linzer Programm« von 1926 nur festgeschrieben, was für sie von Anfang an oberster Grundsatz war: Gewalt als reguläres Mittel der Politik zu verwerfen und auf sie nur als letztes Mittel der Selbstverteidigung zurückzugreifen.

Das sozialdemokratische Bestreben, die bürgerliche und politische Rechtsgleichheit,»die anderswo tausende und tausende Opfer gekostet hat«[19], ohne Blutvergießen durchzusetzen, sei»in der ganzen Welt anerkannt worden. Das ist der erste Akt der Erziehung, den wir geleistet haben.«[20] Im Kontrast zu dieser Einstellung stehe das Verhältnis des christlichsozialen und großdeutschen Politikverständnisses zur Gewalt. Wie in Schattendorf gesehen, rekrutierten sich die Täter aus dem bürgerlichen, die Opfer aus dem proletarischen Lager. Der Grund sei evident. Denn die Einwirkung des größten Teils der Christlichsozialen auf die eigene Klientel stehe zunehmend unter dem faschistischen Einfluss Mussolinis und Horthys. So verherrliche, rechtfertige, beschönige und verteidige die christlichsoziale Presse, allen voran aber auch der christlichsoziale Bundeskanzler Ignaz Seipel selbst, die Gewalttaten von rechts und trage so zur Schaffung einer gesellschaftlichen Atmosphäre bei, in der die beiden Morde von Schattendorf als Etappe auf ein klares Endziel möglich geworden seien:»die gewaltsame Niederwerfung der Arbeiterklasse«.[21]

Ähnlich wie Otto Bauer war auch Renner in seiner Rede der Überzeugung, dass die zunehmende Bereitschaft des bürgerlichen Lagers, ihre Position durch den Rekurs auf bewaffnete Gewalt außerhalb des Parlaments und losgelöst von den demokratischen Wahlen zu stärken, die innenpolitische Eskalation forciere. Denn die Arbeiterschaft sehe sich angesichts dieser Entwicklung gezwungen, sich selbst zu schützen. Daher sei davon auszugehen,»daß diese Untat von Schattendorf die Reihen unseres Republikanischen Schutzbundes, die Reihen der entschlossenen, zur Verteidigung bereiten Republikaner veranderthalbfacht oder verdoppelt hat«.[22] Doch spätestens nach dem Freispruch der»Schattendorfer Mörder« und des Brandes des Justizpalastes in Wien am 15. Juli 1927, den eine aufgebrachte und in ihrem Rechtsgefühl verletzte Menge, die sich vor allem aus den Wiener Vorstädten rekrutierte[23], ausgelöst hatte, wurde ein verursachendes Element der zunehmenden sozialen Polarisierung deutlich: die bürgerliche Klassenjustiz.

Ihr widmete Renner in seiner Rede vom 21. September 1927 eine ausführliche Analyse. Anlass war der Entwurf einer Reform des Strafrechtes, der von der Bürgerblock-Regierung eingebracht und in erster Lesung im Nationalrat diskutiert wurde. Der Entwurf sah vor allem eine Erweiterung des richterlichen Ermessensspielraums bei der Strafmaßbestimmung für ein bestimmtes Delikt vor. War in der Strafrechtsordnung des alten Reiches, in der sogenannten *Carolina* aus dem 16. Jahrhundert, der »Richterabsolutismus« durch strikte gesetzliche Vorgaben eingeschränkt, so wurde nun von Rintelen, der die Reformvorlage im Nationalrat erläuterte, die Erweiterung der richterlichen Entscheidungsbefugnis bei der Festsetzung des Strafmaßes als kultureller Fortschritt gefeiert. Renner betonte demgegenüber, dass dies nur der Fall sei, wenn drei Bedingungen erfüllt seien, die im Entwurf fehlten: »ohne gerichtsmäßige, ohne strafprozessuale Garantien und ohne bestimmte Garantien über die künftige Erziehung der Richter können wir mit Vertrauen einem solchen Gesetz nicht zustimmen.«[24] Renner nannte auch den entscheidenden Grund für diese Conditio sine qua non: Das Ignorieren dieser Garantien begünstige die bürgerliche Klassenjustiz in unzulässiger Weise.

Doch was ist Klassenjustiz? Renner wies zunächst darauf hin, dass es in den meisten Rechtsordnungen Normen gebe, die den allgemeinen Interessen der Gesellschaft Rechnung tragen. Dazu zählen beispielsweise der Satz »Du sollst nicht töten!« oder der Schutz vor anarchischer Willkür. In dem Maße, wie solche Normen allgemeine Interessen der Gesellschaft schützten, stünden sie über allen Klassen.[25] Daneben gebe es aber in den Strafgesetzordnungen auch Bestimmungen, die es im »Kleide allgemein menschlicher« und sozialer Interessen« den herrschenden Klassen ermöglichten, »ihr besonderes Interesse fest(zu)halten« und dieses »der Gesellschaft als allgemeinen Nutzen und den Beherrschten als Zwang auf(zu)erlegen«.[26] Als Beispiel nannte Renner das Strafgesetz des alten Reiches, die *Carolina*, welche 1532 auf dem Reichstag zu Regensburg beschlossen worden war. Es sah für Verräter die Vierteilung, für Brandstifter den Feuertod, für Räuber und Landfriedensbrecher die Enthauptung, für Einbrecher den Galgen, für Sexualdelinquenten den Pranger und für Kindesmörderinnen das Begraben bei lebendigem Leib ebenso vor wie die Beweiskraft von Geständnissen, die unter der Folter gemacht wurden. »Niemand wird behaupten können, daß die barbarischen Strafen, die unsinnigen Delikte der Carolina wirkliches Gesamtinteresse gewesen seien.«[27] Als Ausfluss der Reaktion der Herrschenden auf die Bauernkriege sei die *Carolina* »eben das Klassenrecht des Gutsherrn gegen die Bauern gewesen«[28], auch wenn die Initiatoren subjektiv glaubten, dem Allgemeininteresse der Gesellschaft Rechnung zu tragen. Auch die Strafgesetze der bürgerlichen Epoche von 1800 bis 1850 enthielten viele Elemente einer Klassenjustiz. Sie liefen nämlich darauf hinaus, »daß sie die Arbeitskraft des Arbeiters durch strafgesetzliche Bestimmungen unter den Unternehmer« und »den Arbeiter durch strafgesetzliche Bestimmungen unter den Staat des Bürgertums zwingen«.[29]

Der im Nationalrat eingebrachte Entwurf einer Reform des Strafrechts öffne sich in mehrfacher Hinsicht einer bürgerlichen Klassenjustiz. Der beabsichtigte erweiterte Ermessensspielraum des Richters ermögliche einem monarchisch orientierten Richterstand, Delikte von rechts milde zu ahnden und solche von links mit harten Strafen ebenso zu belegen wie dem Klassenkampf der Arbeiter und der Angestellten juristisch enge Fesseln anzulegen. Der ganze Entwurf trage der republikanischen Entwicklung nach 1918 nicht genügend Rechnung. Von einem Strafschutz der Arbeiterschaft könne kaum die Rede sein. Die missbräuchliche Verlängerung der Arbeitszeit und Lohnbetrügereien blieben unberücksichtigt. Die Veränderung der Stellung der Frau nach 1918 werde vollkommen ignoriert. Der Entwurf breche keineswegs mit jener Tradition der *Carolina* und teilweise auch der bürgerlichen Gesetzgebung, welche die rechtliche Pariastellung des weiblichen Geschlechts festschreibe. »Diesen Klasseninhalt der Strafgesetze«, rief Renner der christlichsozialen und großdeutschen Regierungsmehrheit im Nationalrat zu, »mit dem Sie ja alle sehr einverstanden sind, weil er Ihren Interessen entspricht, den Sie aber immer gern als allgemein menschlichen und gesellschaftlichen Schutz ausgeben möchten, finden wir auch in diesem Gesetze wieder. Es ist ganz klar, daß wir Sozialdemokraten aus eigenem Antriebe das Gesetz nicht so machen würden, wie es hier vorliegt, und daß wir es nicht annehmen könnten, wenn wir klipp und klar

vor die Frage gestellt würden: Ist das dein Strafgesetz oder nicht? Aber die Frage steht leider für uns anders: Das alte Strafgesetz ist da; ist das neue für die Arbeiterklasse besser oder schlechter? So müssen wir denn auch das Strafgesetz relativ beurteilen und nicht absolut.«[30]

Es spricht für Renners reformerischen Ansatz, dass er in der Beurteilung des konservativen Entwurfs einer Strafrechtsreform eine Strategie des »alles oder nichts« vermeidet. Bei aller Skepsis empfiehlt er der Sozialdemokratie zu prüfen, ob der eingebrachte Entwurf besser ist als der geltende Rechtszustand. Für ihn ist also eine schrittweise Verbesserung des Rechtszustandes der Arbeiterklasse einer apriorischen Ablehnung vorzuziehen, auch wenn er die Elemente der Klassenjustiz in dem konservativen Reformentwurf klar aufgezeigt hat. Diesem politischen Kurs folgte Renner auch in der innerparteilichen Auseinandersetzung über die Ursachen und Folgen der Ereignisse in Wien am 15. Juli 1927. Sie spitzten sich auf dem Parteitag von 1927 in Wien zu, auf dem Karl Renner eine zentrale Rolle spielte.

Der Parteitag der SDAP
1927 in Wien

Wie nicht anders zu erwarten war, stand der Parteitag der SDAP ganz im Zeichen der Ereignisse des 15. Juli. In gewisser Weise erinnert er an den Parteitag von 1917: Nicht anders als damals rangen Karl Renner und Otto Bauer um den Kurs der Partei. Doch die Fronten hatten sich verkehrt: 1917 insistierte Renner auf der Kontinuität der bisherigen Ausrichtung der Partei, und Bauer forderte eine Umorientierung der Linken. 1927 trat Bauer für eine Beibehaltung der bisherigen Linie ein, während Renner angesichts der Katastrophe des 15. Juli eine Revision sozialdemokratischer Strategie und Taktik forderte.

Otto Bauer räumte in seiner Eröffnungsrede zwar Fehler des Parteivorstandes im Umgang mit dem Wiener Aufstand ein[31], aber im Kern ging es ihm um eine Rechtfertigung des bisherigen Kurses.[32] Renners Replik auf die Rede Bauers ist in mehrfacher Hinsicht bedeutsam. Innerparteilich war sie eine Antwort auf die Tatsache, dass die Ereignisse des 15. Juli die Partei in eine Situation gebracht hatten, in der eine kritische Bilanz des bisherigen Oppositionskurses unumgänglich geworden war. Niemand konnte daran zweifeln, dass nach der Weigerung der Partei, die Juli-Unruhen nach links revolutionär eskalieren zu lassen, die Stunde Karl Renners geschlagen hatte. Dieser Umstand ließ ihn nun auf gleiche Augenhöhe mit Otto Bauer avancieren. Dass beide die Hauptreferate auf dem Parteitag hielten, ist nur ein äußerer Ausdruck des gewachsenen Einflusses Renners auf die innerparteiliche Meinungsbildung. Zugleich hütete sich Renner aber, einen unversöhnlichen Konfrontationskurs gegenüber Bauer einzuschlagen, auch wenn er jetzt zum ersten Mal nach dem Bruch der Großen Koalition im Licht der Parteiöffentlichkeit als dessen Kritiker auftrat. Gleich zu Beginn seiner Rede stellte er klar, unter den vielen Erwartungen, die der Parteitag geweckt habe, bleibe eine unerfüllt: »*Die österreichische Sozialdemokratie wird sich nicht spalten.* (Stürmische Zustimmung). Sie wird auch nicht in innere Wirrnis zerfallen.« Und er fügte hinzu: »Genossen! Vorweg möchte ich eines konstatieren, weil eine Neigung besteht, von Rechten und Linken zu sprechen. Wir haben – und da meine ich nicht nur Genossen Bauer und mich, sondern alle führenden Parteigenossen – die Politik bis zum 15. Juli *gemeinsam und einstimmig* gemacht und wir werden sie auch weiter gemeinsam machen.«[33]

Renner betonte dann auch im ersten Teil seiner Rede die Gemeinsamkeit seiner Position mit der taktischen und strategischen Ausrichtung der SDAP nach dem 15. Juli, wie Bauer sie vorgetragen hatte. Auch er forderte größere Selbstdisziplin an der Basis der Partei. Es dürfe sich nicht wiederholen, dass Teile des Proletariats durch spontane Aktionen der großen Mehrheit der SDAP den Handlungsrahmen vorgeben. Ein solches Verhalten käme dem bürgerlichen Lager zugute, fügte der Reputation der Arbeiterschaft in den kleinbürgerlichen und bäuerlichen Schichten schweren Schaden zu und steigerte die Motivation zur Aufrüstung im bürgerlichen Lager. Beide Lehren aus dem 15. Juli, nämlich sich nicht provozieren zu lassen und das gesamte sozialdemokratische Organisationswerk zu überprüfen, um eine innerparteiliche »Disziplin oben und unten«[34] zu sichern, wichen nicht prinzipiell von Bauers Schlussfolgerungen ab. Vor allem herrschte der gemeinsame Wille vor, auch nach außen zu bekunden, dass die SDAP den drohenden Bürgerkrieg mit seinen desaströsen wirtschaftlichen und politischen Konsequenzen nicht wolle. Aber diese Friedensbereitschaft resultiere nicht aus einer Position der Schwäche, sondern der Stärke.

Übereinstimmung herrschte dann auch in der Einschätzung des machtpolitischen Gewichts der SDAP nach dem 15. Juli: Zwar habe die SDAP durch den Verlust an Prestige in den Zwischenschichten an äußerer Macht verloren. Aber ihre innere Macht sei nach wie vor ungebrochen: Sie wurzle in den ökonomischen Kampfmitteln der Partei und der Gewerkschaften, in der nicht verblassten geistigen Macht des Sozialismus, deren Hegemonie sich selbst das bürgerliche Lager nicht entziehen könne, und in der Wehrhaftigkeit des Proletariats.[35] Selbst die differierende Sichtweise, was die Funktion des Staates in der bürgerlichen Gesellschaft bei der Durchsetzung proletarischer Interessen betraf, war Renner bestrebt, zu relativieren und in ihrer prinzipiellen politischen Bedeutung herunterzuspielen: »Es hat jemand gesagt, daß ich eine von Otto Bauer fundamental verschiedene Staatsauffassung habe. Es wird da, gebe ich zu, wahrscheinlich Unterschiede geben. Ich möchte wissen, wo es zwei geprüfte Fachmänner irgend einer Wissenschaft gibt, die sich nicht unterscheiden.«[36]

Aber innerhalb dieses konsensualen Rahmens schlug Renner der Partei einen Kurswechsel vor, der in wichtigen Aspekten von Bauers Linie abwich respektive diese gravierend modifizierte. Zunächst deutet einiges darauf hin, dass Renner der faschistischen Gefahr im Licht der Ereignisse des 15. Juli 1927 als Bedrohung der Republik einen größeren Stellenwert beimaß als Bauer. Dieser hatte in seiner Rede betont, Österreich sei nicht Italien: Die kleinen Heimwehrfaschisten wie Steidle kämen sich zwar wie Mussolini vor, gäben sich aber dadurch der Lächerlichkeit preis, dass ihr begrenztes Machtpotenzial im Roten Wien und in den Industriezentren mit einer unübersteigbaren Hürde konfrontiert sei. Demgegenüber wies Renner in bonapartismustheoretischer Perspektive des Klassengleichgewichts darauf hin, dass auch Mussolini mit seinen Schwarzhemden in Italien gegenüber Gendarmen, Polizei und Militär nur eine geringfügige Gewalt besessen habe: »Der Faschismus wurde in Italien von den Fabrikanten bezahlt, aber keineswegs von einem großen Teil der Bourgeoisie begrüßt. Aber wenn die großen Klassen einander das Gleichgewicht halten und wenn sie mit ihrer relativ gleichen Macht einander gegenüberstehen, dann kommt irgendein Mussolini, der sich aufgrund des Gleichgewichts an die Spitze schwingt und beide Teile vergewaltigt.«[37]

Angesichts dieses bedrohlichen Szenarios eines von den faschistischen Strömungen, insbesondere von den Heimwehren, initiierten Bürgerkriegs kommt Renner zu Schlussfolgerungen, die über Bauers Ansatz deutlich hinausgehen. Die erste Forderung Renners betraf die Rhetorik beziehungsweise die Propaganda der SDAP: »Ich glaube, daß jeder Genosse, der öffentlich spricht, der die Arbeiterklasse berät, mit dem Worte oder mit der Feder, nicht in erster Linie die Pflicht hat, die Leidenschaften der Massen zum Ausdruck zu bringen, gleichsam dem flammenden Herzen der Massen die Stimme zu verleihen; er hat dem leidenschaftlichen Herzen der Arbeiterklasse die *kalt erwägende Vernunft* hinzuzufügen.«[38] Sodann komme es darauf an, die Erziehung der Massen zu verändern und eine andere Einstellung des politischen Fokus der Partei herbeizuführen. Wieder betonte Renner, dass es sich bei diesem Vorschlag nicht um einen Bruch mit der bisherigen Ausrichtung der Partei handle, sondern »nur (um) eine verständige Weiterentwicklung auf der Bahn (...), die wir schon gegangen sind«.[39] Dennoch konnte diese Betonung der Einheit der Partei tiefgreifende Differenzen nicht verbergen. Zwar gab Renner der These Bauers recht, dass sich die Erziehung der Massen, insbesondere die der Jugend, nicht auf die Vermittlung von detailliertem Fachwissen beschränken dürfe. Aber die Vision des sozialistischen Endziels dürfe nicht »auf hohlen und unmöglichen Voraussetzungen«[40] beruhen. Das aber sei der Fall, wenn man sich die agitatorische Aufladung des semantischen Gehalts der Begriffe »Revolution« und »Klassenkampf« vor Augen halte, die in der Partei hegemonial geworden sei. Der Gebrauch des Terminus »Revolution« im älteren, das heißt im »Heugabelsinn«[41] – mit der nach wie vor gebräuchlichen Betonung der Gewalttaten – müsse verabschiedet werden. Revolution heute sei die Durchsetzung eines »neuen gesellschaftlichen Prinzips«, das nicht durch Gewalt, sondern durch konkrete soziale Verwaltung zum Durchbruch gelange: Das revolutionäre Spektrum heute reiche vom Mieterschutz über die Aufhebung der Grundrente bis hin zum kommunalen Wohnungsbau und den Arbeiterbildungsvereinen.[42] Außerdem wisse jeder, dass es in Österreich auf absehbare Zeit keine Revolution geben könne. Hantiere man aber mit diesem Begriff im alten Sinne, so müsse das revolutionäre Pathos des Vordersatzes im Nachsatz wieder aufgehoben werden. »Es ist eine Gefahr und ein Widerspruch, immer von Revolutionen zu reden und zugleich behaupten zu müssen, daß man sie nicht machen könne, ein Widerspruch, der von uns die höchste Vorsicht in dieser Art der Propaganda fordert.«[43] Explizit gegen Bauer gerichtet, stigmatisierte Renner es als Fehlentwicklung, wenn man die Seele der Arbeiterschaft »zu sehr einspinnt in das Äußere des *revolutionären Getues* und nicht einstellt auf die *positive revolutionäre Tat der Verwaltung*«.[44] Auch der semantische Gehalt des Begriffs »Klassenkampf« gehöre auf den Prüfstand. Der Klassenkampf als alltägliche Erfahrung finde nicht auf der Straße und während der gewaltsamen Konfrontationen bei Massendemonstrationen, sondern ganz unromantisch in der Werkstätte bei der täglichen Arbeit statt.[45]

Vor allem aber forderte Renner von der SDAP eine neue realistische

Einstellung zum Staat. Nach der Gründung der Republik am 12. November 1918 habe er eine neue Qualität erlangt, die dazu zwinge, die alte marxistische Formel, der Staat sei der Vollzugsausschuss der herrschenden Klasse, aufzugeben. Man müsse endlich begreifen, dass der Staat die »wichtigste Art der sozialen Gemeinschaft«[46] geworden sei: »Er ist die einzige Gemeinschaftsform, die Gesetze gibt – und wir wollen Gesetze geben –, die verwaltet – und wir wollen verwalten –, die Recht spricht – und wir wollen, daß nach Recht und Gerechtigkeit judiziert wird. Da nun diese drei Funktionen es sind, die miteinander den Staat ausmachen, so ist es ein einfaches Torengerede, wenn man sagt, der Staat sei etwas Feindliches, das man besser nicht anrühre.«[47] Aber auch Bauers Strategie, die ganze Staatsgewalt oder gar nichts, führe in die Irre. Eine solche Dichotomie ignoriere zwei fundamentale Sachverhalte. Einerseits gehe sie von der falschen Annahme aus, »daß man mit 48, 47 oder 49 Prozent ohnmächtig ist und gerade mit 51 auf einmal allmächtig wird. (Lebhafter Beifall). Das ist ganz falsch: auch wenn wir 51 haben werden, so wird man das Dorf in der Regierung brauchen und sich koalieren müssen.«[48]

Andererseits dürfe der Bürgerblock unter Seipel nicht zu der Annahme verführen, das politische System der Ersten Republik sei auf dem Weg zu einem Zweiparteiensystem. Viel wahrscheinlicher sei es, so Renner, »daß die Verbindung zwischen Christlichsozialen, Großdeutschen und dem Landbund keineswegs immer bestehen und in einer Verschmelzung der Parteien enden müsse. Ich behaupte, es ist nicht unsere Funktion, unsere Gegner zusammenzutreiben.«[49] Die Aufgabe bestehe vielmehr darin, den Bürgerblock durch Koalitionsbereitschaft in seine Bestandteile aufzulösen, auch wenn die Sozialdemokratie als Minderheit in die Regierung eintrete. Die These, die SDAP könne Koalitionen nur eingehen, wenn sie die Stärkere ist, war in Renners Augen trügerisch: »Wir waren 1918 bis 1920 die Stärkeren, die Christlichsozialen die Schwächeren. Und doch haben sie als Schwächere diese Koalition mitgemacht. Wie kam das? Sie haben die Sozialdemokraten gehemmt, indem sie sie an verhängnisvollen Überspitzungen des eigenen Machtgefühls gehindert haben. Wenn wir das damalige Machtgefühl so frei hätten auswirken lassen, dann hätten wir bei einem anderen Horthy geendet. Es war für uns selbst von größter Wichtigkeit, den Partner als psychologische Belastungsprobe an unserer Seite zu haben. Ich kann mir auch eine Koalition in Österreich denken, wo die schwächeren Sozialdemokraten die Funktion haben, einen überspitzten Machtgebrauch der Mehrheit zu verhüten. Das ist *der Fall des drohenden Faschismus.*«[50] Es gehe nicht darum, betonte Renner, Kanzler Seipel um die Aufnahme der SDAP in die Regierung zu bitten.»Ich sage, die Anteilnahme der Arbeiterschaft am Staat ist nicht etwas, worum man betteln müßte, *das ist euer gutes Recht!* Die Anteilnahme an der Staatsgewalt kann einer Klasse, die so stark ist, gar nicht versagt werden. Wir haben sie zu verlangen als unser Recht und nicht als ein Geschenk von Seipel.«[51]

Der Parteitag von 1927 eröffnete für Renner neue Horizonte. Er hatte es geschafft, eine konstruktive Infragestellung der von Bauer zu verantwortenden Taktik der Partei zur Geltung zu bringen. Zugleich legte er sich in seiner Rede auf den Primat der praktischen Reformarbeit im Wirtschaftsleben und in der Politik auf die Koalition mit den Parteien des bürgerlichen Lagers fest. Auf beide Schwerpunkte konzentrierte sich Renner zwischen 1927 und 1931. 1929 publizierte er seine klassische Schrift der Wirtschaftsdemokratie *Wege der Verwirklichung*. Und in der praktischen Bundespolitik spielte er eine zentrale Rolle als Brückenbauer zwischen den beiden großen ideologischen Lagern. Aber Renner unterschied sich von den in der politischen Tagesarbeit aufgehenden Reformisten dadurch, dass er seinen »Primat der Empirie« innerhalb seines marxistischen Paradigmas theoretisch zu fundieren suchte. Je mehr er nach dem 15. Juli 1927 das Schwergewicht seiner Argumentation auf die Notwendigkeit »nüchterner Verwaltungsarbeit« legte, je stärker er gegen das revolutionäre Pathos in den Reihen der eigenen Partei polemisierte, desto intensiver bekannte er sich zu Marx, freilich in einer erneuerten Lesart.

Renners »empirischer« Marxismus auf dem Prüfstand

Sechs Jahre später, unter deutlich veränderten sozio-politischen Verhältnissen in Österreich, lobte Renner anlässlich des fünfzigsten Todestages von Karl Marx diesen als Vordenker der Arbeiterbewegung mit einer Eindeutigkeit, die kaum zu übertreffen ist: »Am 14. März 1883 ist Karl Marx gestorben. Seither haben ungezählte Staats- und Privatgelehrte sich gerühmt, Marx ›vernichtet‹ zu haben; seither haben ungezählte Staatsmänner sich gebrüstet, seine Lehren und seine Bewegung mit List und Gewalt unterdrückt zu haben. Hätten sie Recht, so wären Marx und der Sozialismus tausendmal tot. Offenbar haben sich Bücherwürmer und Polizeibüttel aller Länder vergebens bemüht, sonst fänden es heute all die Unterdrücker und Ausbeuter, die Schriftgelehrten und Dunkelmänner der Welt nicht nötig, unter der Fahne des ›Antimarxismus‹ sich zusammenzuscharen zum heiligen Kreuzzug gegen Karl Marx, seine wissenschaftliche Schule und von seinem Geiste getragene Klassenbewegung (...). Lasst die Toren, die sich Antimarxisten nennen, ohne von Marx mehr zu wissen als den Namen, anrennen gegen den unsterblichen Geist Marxens – sie vermögen nicht einmal an ihn heranzukommen, noch weniger ihn zu vertilgen – sie können nur seinen Triumph erhöhen, seinen Sieg vergrößern. Wir folgen dem ehernen Maß der Geschichte, das Marx uns entschleiert hat, wir folgen ihm, wir siegen mit ihm, so sicher wie unsere Feinde durch dieses eherne Maß der Geschichte zu erliegen verurteilt sind.«[52]

Dieses Bekenntnis zu Marx implizierte für Renner immer auch die Annahme, dass das Marx'sche Erkenntnisinteresse nicht auf statische Zustände, sondern auf die Dynamik der Entwicklung der materiellen Verhältnisse im gesellschaftlichen und historischen Kontext gerichtet war. Auch nach dem 15. Juli 1927 rückte Renner von seiner Position nicht ab, die er im Ersten Weltkrieg in seinem Buch *Marxismus, Krieg und Internationale* entwickelt hatte. Ihr zufolge konnte eine Sichtweise der gesellschaftlichen Verhältnisse nur dann als marxistisch gelten, wenn sie an der Spitze der gesellschaftlichen Entwicklung deren Dynamik fokussierte. Daher ist es konsequent, wenn Renner schrieb: »Karl Marx ist, so behaupte ich, nicht zu revidieren, er ist vollends zu erneuern. Der Marxismus des zwanzigsten Jahrhunderts ist erst zu schreiben. Wer sich dieser Erkenntnis versagt, ist nicht Marxist, ist schon gar nicht revolutionär, er ist ein geistiger Reaktionär.«[53] Was er mit dieser Aussage meinte, zeigt seine Deutung des marxistischen Fundamentalsatzes, dass das Sein das Bewusstsein bestimme. Auf die konkrete Bewusstseinslage der Arbeiterklasse angewandt, besage er, »dass es vergebens ist, durch Propaganda und Erziehung, durch die Erfüllung des Denkens der Arbeiterklasse mit der sogenannten *Ideologie des Sozialismus*, politische Wirkungen über das Maß des in einer gegebenen Zeitlage ökonomisch Möglichen zu erzielen«.[54]

Aber der Marx'sche Satz »Das Sein prägt das Bewusstsein« zeigt nach Renner nicht nur die Grenzen und Möglichkeiten der Arbeiterbildung auf; noch wichtiger ist, dass er in dieser Maxime die analytische Prämisse sah, welche die marxistische Methode auf die Untersuchung von Entwicklungsverläufen der bürgerlich-kapitalistischen Strukturen festlegte, nicht auf ihre statischen Elemente. Es ist bemerkenswert, dass Renner sie mit einer biografischen Reflexion verknüpft: Existenziell mit seiner eigenen Entwicklung vermittelt, steht und fällt die marxistische Methode damit, ob es ihr gelingt, nicht nur die Veränderung der materiellen Umstände des Lebens, sondern auch ihre das Bewusstsein verändernden Konsequenzen analytisch in den Griff zu bekommen. Wieder rekurrierte er auf die Zwangsversteigerung des Bauernhofs seiner Eltern. »Die Expropriation der Expropriateure war für das kindliche Gemüt die unmittelbare Reaktion. Dies nur nebenbei. (...) Aber ich erinnere mich genau, was damals ein ›Bauer‹ war, wie er wirtschaftete, wie er dachte – vor *vierzig Jahren*. Ich weiß aus unmittelbarer Anschauung, dass der Bauer von heute wirtschaftlich, geistig, politisch nicht mehr derselbe ist! Vierzig Jahre – das ändert eben viel in der ökonomischen Struktur und dem geistigen Habitus einer Klasse, und wäre sie so schwerfällig wie der österreichische Bauer. Aber vor diesen vierzig Jahren liegen noch vierzig – von 1883 zurück auf 1843 – und liegt jene Geschichtsphase, in der Karl Marx der rheinische und der Eifelbauer begegnet ist. Achtzig Jahre! Jedesmal wenn ich in den Marxschen Schriften das Wort ›Bauer‹ mit ökonomischen und politischen Schussfolgerun-

gen lese, sage ich mir: Achtgegeben, es ist nicht mehr ganz derselbe Bauer wie heute und das Marxsche Wort kann nur bedingt gelten!«[55]
Doch diese Erfahrung sei nicht vereinzelt. Nach der »Ausstoßung« aus dem Elternhause habe er fünf Jahre unter Kleinstädtern gelebt. Auch sie seien heute weder geistig noch ökonomisch dieselben wie 1889, als er in Nikolsburg sein Abitur machte. Seit 1889 wohnte er im Wiener Arbeitermilieu, proletarisch unter Proletariern, während sich seine Geschwister in den verschiedenartigsten und wechselnden Arbeitsverhältnissen befanden. »Welch ein himmelweiter Unterschied zwischen den Proletariern von damals und heute! Und so muss wohl auch, in den tausend Details seiner ökonomischen Daseinsweise der Arbeiter ein weiteres Menschenalter früher, in der Schaffenszeit von Karl Marx, der Proletarier von 1848 ein anderer gewesen sein! Wir schreiben 1928, das ist 80 Jahre oder bald ein Jahrhundert nach dem Zeitpunkte, in dem Karl Marx seine große Konzeption der Geschichte und der Oekonomie gefasst hat – es sind die stürmischsten, am raschesten vorwärtsdrängenden Jahre menschlicher Geschichte überhaupt: Sie können nicht ohne die tiefgreifendsten ökonomischen Umwälzungen in dem innersten Zellensystem des Menschheitskörpers vorübergegangen sein!«[56]
Renners Auslegung des Satzes von Marx gibt sich also nicht mit der Fiktion einer statischen Widerspiegelung des Seins im Bewusstsein zufrieden; sie betont vielmehr den dynamischen Aspekt dieses Vorganges. Genau um diesen Fokus geht es Renner im Kern seiner Konzeption des »induktiven Marxismus«, den er in einem Artikel in *Die Gesellschaft* unter dem Titel »empirischer Sozialismus« in Anlehnung an sein Buch *Marxismus, Krieg und Internationale* von 1917 vorstellen wollte. Grundsätzlich zwar mit Renner übereinstimmend, hatte der Herausgeber der Zeitschrift, Rudolf Hilferding, dennoch Bedenken, was die Form der Darstellung des Renner'schen Ansatzes betraf. Renner unterstelle, dass innerhalb der Sozialdemokratie die immanente Marx-Exegese vorherrsche. Das möge, wie Hilferding in seinem Brief vom 23. Februar 1928 an Renner schrieb, vielleicht in der SDAP der Fall sein, nicht aber in der SPD. In ihr spiele die Berufung auf Marx keine besondere Rolle. Das liege daran, dass der Einfluss der Intellektuellen auf die Parteidiskussion in Deutschland weitaus geringer sei als in Österreich oder Frankreich.

»Wir haben gerade unter den jüngeren Leuten, auch unter den Intellektuellen, tüchtige Kräfte, die ich nie dazu bringen konnte, *Das Kapital* zu lesen. Du hast selbst bemerkt, dass das literarische Interesse gering ist. Aber es ist gering, trotzdem ›Die Gesellschaft‹ sich bewusst von dem, was Du Marx-Ideologie nennst, fernhält, und möglichst konkrete Analysen der Gegenwartsprobleme bringt.«[57]
Dadurch, dass Renner geneigt sei, die immanente Auseinandersetzung mit Marx-Texten als bloße Ideologie abzutun, laufe er Gefahr, die Stimmung zu verstärken, sich gar nicht erst um wissenschaftliche Erkenntnisse zu bemühen, sondern für Alltagsaufgaben schlicht Alltagslösungen zu finden: »Deine Darlegungen wirken deshalb viel einseitiger als Du sie selbst meinst. Dazu kommt noch eine meiner Meinung nach bedenkliche Terminologie. Du sprichst von ›empirischem Sozialismus‹. Wir sind aber gewohnt, das empirische Verfahren z. B. in der Technik in Gegensatz zu setzen zum wissenschaftlichen Verfahren. Warum also nicht ›wissenschaftlicher Sozialismus‹, da doch Wissenschaft nichts anderes ist als systematisch geordnete Erfahrung?« Es treffe zwar zu, dass nicht jede Berufung auf Marx »an sich jeder anderen gleichwertig« sei. Doch komme man um die Auseinandersetzung mit Marx'schen Schriften nicht herum, wenn der Nachweis geführt werden soll, »dass die anderen etwa dogmatisch-spekulativ verfahren«. Zwar sei es lächerlich, bei der Analyse des jetzigen kapitalistischen Wirtschaftssystems sich einfach auf Marx-Zitate zu berufen, weil ein solches Verfahren der Dynamik des Kapitalismus nicht gerecht werde. »Aber gerade diese Dynamik des Gesellschaftslebens aufzuzeigen, ist Hauptaufgabe und Grundgedanke des Marxismus. Es heißt das Kind mit dem Bade ausschütten, unsere eigene Position diskreditieren, wenn man gerade das, was Du ganz richtig als Hauptaufgabe siehst, als etwas bezeichnet, was man ohne Marx rein empirisch lösen könnte.«[58] Dieser Gefahr, so Hilferding, sei nur durch den undogmatischen Rekurs auf Marx-Texte zu begegnen. Er resümierte seine Kritik mit den Worten: »Ich glaube, alles, was Du sachlich sagen willst, lässt sich sagen, ohne dafür eine Form zu wählen, die wenigstens bei uns in Deutschland vom Studium von Marx noch mehr abschreckt, als es unsere Universitätsprofessoren getan haben.«[59]
Renner zeigte in seinem Brief vom 27. Februar 1928 Verständnis für

Hilferdings Kommentar. Der Artikel sei im Zusammenhang mit der Kritik an orthodoxen Positionen innerhalb des Austromarxismus entstanden. »Ich habe Dir schon in Berlin erzählt, dass ich die beiden Artikel in einem Anfall von Wut über Max Adler und teilweise auch über Otto und seine Wiener Schule niedergeschrieben habe, um mir meinen Unmut vom Herzen zu schreiben. Du hast ganz recht, dass sie in das deutsche Milieu nicht passen, das von dieser Sorte Austromarxismus beinahe gar nicht bedrängt ist, und dort einen Gegeneffekt erzielen könnten, der mir selbst unerwünscht ist. Natürlich brauchen wir mehr Studium von Marx, wir brauchen dieses Studium von der Art, dass die gegenwärtige Wirtschaft und der gegenwärtige Staat mit Marx'schen Methoden analysiert werden. Aber diese Analysen müssen wir leider selber machen, weil sonst niemand da ist. Sonst droht wirklich Marx der kommenden Generation Sozialisten ganz verloren zu gehen.«[60]

Was jedoch die Bezeichnung »empirischer Sozialismus« angehe, so halte er sie weiterhin für treffend. Man müsse sich nur hüten, einen Gegensatz zwischen Empirie und Wissenschaft zu konstruieren. Vielmehr komme es darauf an, alle rein deduktiv verfahrende Sozialwissenschaft, deren Ziel es nicht sei, die täglich neue Erfahrung zu registrieren und ins System zu bringen beziehungsweise ihr das System anzupassen, entschlossen als unwissenschaftlich zu etikettieren.[61] Wie eine so verstandene Sozialwissenschaft funktioniert und zu welchen Resultaten sie taugt, zeigte Renner exemplarisch in seiner Studie von 1929 *Wege der Verwirklichung*.

Wege zur Verwirklichung der Wirtschaftsdemokratie

Dass Karl Renner angesichts der sich zuspitzenden materiellen und ideologischen Konflikte zwischen dem bürgerlichen und dem sozialdemokratischen Lager seine Konsensstrategie keineswegs durch die Preisgabe oder Zurücknahme des Emanzipationsgedankens erkaufte, geht aus den Schriften hervor, die er zwischen 1927 und 1930 veröffentlichte. Insbesondere seine klassische Studie über die Wirtschaftsdemokratie *Wege der Verwirklichung* (1929) ist dem Emanzipationskampf der Arbeiterklasse gewidmet. Ausdrücklich wies Renner auf den semantischen Gehalt des Begriffs »Emanzipation« hin. Er leite sich von dem lateinischen Wort »mancipium« ab und bedeute so viel wie »das mit der Hand Gefangene‹, also den Kriegsgefangenen, der zum Sklaven (servus) wird, und drückt so seine rechtliche Unfreiheit aus. Emanzipation ist Befreiung aus der politischen Rechtlosigkeit und die Herstellung der Rechtsgleichheit für den Emanzipierten. Die Arbeiterklasse besaß bei ihrem Eintritt in die Geschichte zwar zumeist die persönliche Freiheit (zum Unterschied von dem hörigen Landvolk), aber keinerlei politisches Recht.«[62]

Aber »Emanzipation« hatte für Renner noch eine tiefere, eine anthropologische, das »Wesen« des Menschen betreffende Dimension: »Solange Menschen unter der Knute arbeiteten und mit den Früchten ihres Schweißes eine Ausbeuterklasse von Herren nährten, solange haben sie gegen die Herrschaft und Ausbeutung rebelliert.«[63] Bei allen Unterschieden der juristischen Formen, in denen sich diese Rebellion im jeweiligen historischen Kontext Ausdruck verschaffte, nennt Renner die Konfrontation der antiken Sklaven mit ihren römischen Herren, der Hörigen und Leibeigenen mit den adligen Grundbesitzern in den Bauernkriegen der Frühen Neuzeit und in der Französischen Revolution, der zünftigen Gesellen mit ihren Brotherren und den staatlichen Gewalten bis zum Dreißigjährigen Krieg und schließlich der proletarischen Arbeiter in der industriellen Revolution mit den kapitalistischen Unternehmern seit dem 19. Jahrhundert. Dieser unter industriellen Bedingungen geführte Klassenkampf werde freilich nicht mehr als Krieg oder bewaffnete Revolte geführt, sondern »als Angriffs- und Verteidigungskampf mit wirtschaftlichen Mitteln«.[64] Er habe im Übrigen zur Konsequenz, dass er trotz zeitweiliger Rückschläge »die Klasse materiell, rechtlich und geistig von Stufe zu Stufe emporhebt. Diese Bewegung ist durch die Entwicklungsgesetze des Kapitalismus selbst getragen und deshalb durch Gewalt nicht zu zerstören.«[65]

Was treibt die Menschen an, für eine bessere Gesellschaft zu kämpfen? Renner zeigt, dass es neben der materiellen Not das verletzte Rechtsgefühl der arbeitenden Menschen ist, das sie zum Widerstand motiviert, und dass dieser Gerechtigkeitssinn der Ausgangspunkt für das utopische Denken seit der Frühen Neuzeit schlechthin gewesen ist. Aber die sich in den Formen der Utopie artikulierende Auflehnung im Namen der Gerechtigkeit wird von Renner nicht als statischer Zustand, sondern als dynamischer Prozess gedeutet. Er hat für die Opfer des jungen Kapitalismus, die in den Fabriken Zwangsarbeit leisten mussten, zunächst Fluchtcharakter. Wie die utopischen Entwürfe einer besseren Welt in Morus' *Utopia*, Campanellas *Sonnenstaat* und Cabets *Reise nach Ikarien* zeigten, »flüchteten sie in das reine Gedankenreich der Utopie, in dem das Privateigentum durch Gemeinschaftseigentum ersetzt ist, wo die Menschen gemeinsam arbeiten und gemeinsam die Früchte ihrer Arbeit genießen, wie es die Vernunft gebietet. (...) Eine einzige Lebensgemeinschaft – auch in Bezug auf Ehe und Kinderaufzucht! Eine einzige Wirtschaftsgemeinschaft – sowohl in der Produktion wie im Konsum! Eine einzige Staatsgemeinschaft – in Hinblick auf Gesetzgebung und Verwaltung! Fix und fertig stellte sich die menschliche Einbildungskraft den *integralen Sozialismus* her, eine Organisation löste alle Fragen, die Beziehungen der Geschlechter und die Fortpflanzung, die wirtschaftlichen Verhältnisse, die politischen Einrichtungen.«[66]

Doch der Impetus, der aus diesem utopischen Ausgangspunkt folgte, entwickelte sich intern und extern weiter. Nachdem die utopischen Experimente eines integralen Sozialismus, wie sie insbesondere Robert Owen in seinen utopischen Kolonien in den USA auf den Weg brachte, gescheitert waren, gingen die Arbeiter dazu über, nicht dem Kapitalismus als Ganzem eine Alternative gegenüberzustellen, die alle Lebensbereiche umfasst, sondern ihre Emanzipation ausschließlich arbeitsteilig wirtschaftlich oder politisch voranzutreiben. So entstanden zwei Linien des Emanzipationskampfes der Arbeiterschaft, die Renner Ökonomismus und Politismus nannte. Auf der einen Ebene wurde versucht, im Kapitalismus selbst wirtschaftliche Verbesserungen der Lohnabhängigen zu erreichen (Gewerkschaften, Genossenschaften), auf der anderen Ebene setzte mit der Chartistenbewegung in England der Kampf um das allgemeine Wahlrecht ein. Der Zusammenhang zwischen beiden Emanzipationsbewegungen bestand darin, dass es in der Arbeiterschaft als nicht akzeptabler Widerspruch empfunden wurde, dass der rechtlich freie Proletarier, dem auf Dauer das Wahlrecht nicht vorenthalten werden konnte, in seinem Arbeitsleben den autoritären Strukturen der kapitalistischen Wirtschaft unterworfen war: Wenn der Staat durch eine demokratische Verfassung zivilisiert wurde, dann, so folgerte man, musste sich derselbe Prozess auch in den Fabriken und Werkstätten durch die Betriebsverfassungen als Rahmen einer Wirtschaftsdemokratie Geltung verschaffen.

Renners Konzeption der Wirtschaftsdemokratie untersucht ihren Gegenstand auf drei Ebenen. 1929 erschien die zweite erweiterte Auflage seiner klassischen Studie *Die soziale Funktion der Rechtsinstitute, besonders des Eigentums* (1904). Hier setzte sich Renner auf der ersten Ebene mit der Frage auseinander, welche Rolle der Staat bei der Vergesellschaftung kapitalistischer Funktionen als rechtsetzende Instanz spielt. Dieser Ansatz wurde im zweiten Kapitel ausführlich rekonstruiert und soll hier nicht erneut aufgerollt werden.

1924 erschien Renners Werk *Die Wirtschaft als Gesamtprozess und die Sozialisierung*. Auf dieser zweiten Ebene zeigt Renner, inwiefern der Kapitalismus selbst seiner eigenen Vergesellschaftung und damit seiner Aufhebung vorarbeitet. Dieser Aspekt von Renners emanzipatorischer Transformationsstrategie ist im fünften Kapitel dargestellt worden, weshalb sich eine nochmalige Darstellung erübrigt.

Neu dagegen ist der dritte Fokus von Renners Konzeption: seine Analyse der Umwandlung des »Gesamtarbeiters« von seinem passiven, leidenden Zustand zu einer aktiven antikapitalistischen Größe und deren Verhältnis zur Demokratie. Diese Transformation bildete Renner am Beispiel der Gewerkschaften und des Genossenschaftswesens ab. Da das Letztere bereits im fünften Kapitel behandelt wurde, hat sich unsere Aufmerksamkeit auf die Gewerkschaften als zentraler Pfeiler der Wirtschaftsdemokratie zu konzentrieren.

Die wichtigste Funktion der Gewerkschaften in ihrem Kampf um die Verbesserung der Lebensbedingungen der Arbeiter sah Renner in deren Loslösung aus der isolierten Stellung auf dem Arbeitsmarkt gegenüber dem Unternehmer durch kollektive Organisationen zunächst nach Berufen, dann nach Industriegruppen, die später in die Gewerkschaftskommissionen und schließlich in den Internationalen Gewerkschaftsbund einmündeten: »So entsteht eine weltweite, übernationale und überstaatliche Organisation, eine Demokratie, die weit mehr Mitglieder umfaßt, als die allermeisten Zwergstaaten, in die heute noch die Welt zerfällt und die sich trotz ihrer Armseligkeit als ›Souveräne‹ aufspielen. Diese Demokratie ist indessen nicht nur Demokratie ›in sich‹, sie demokratisiert vielmehr fortschreitend das gesamte Wirtschaftsleben und verändert so die *innere Struktur des Kapitals* selbst.«[67] In Anlehnung an Marx spricht Renner von »einer Entwicklung zum Fabriksystem«, welche die Individualität des Arbeiters auslöscht, »bis die Arbeiterschaft zum ›Gesamtarbeiter‹ wird, zu einem *realen Kollektivum*, dessen Glieder sich nach dem einheitlich beherrschenden Gesetz der Maschine, ja nach dem *einen Willen* des Kapitals bewegen«.[68] Dieser Vorgang vergesellschaftet zwar den Arbeiter, »aber nur passiv als leidendes Objekt fremden Willens. Es ist die Funktion der Gewerkschaften, den *Gesamtarbeiter* auch *bewußt* und *aktiv* herzustellen. Diese Herstellung bewußter und aktiver Gesellschaft ist, wenn irgendetwas, Sozialisierung. *Es ist die geschichtliche Mission, die Arbeiterschaft bewußt zu sozialisieren, von unten auf, auf demokratischem Wege!*«[69]

Renners Demokratieverständnis, das so eng mit dem Emanzipationsbedürfnis der Arbeiterklasse verbunden war, musste in einen Gegensatz zur Konzeption Hans Kelsens geraten, welche die Demokratie auf eine bloße Technik zur Generierung gesetzlicher Normen respektive auf »eine bestimmte Methode der Erzeugung der sozialen Ordnung«[70] reduzierte. Tatsächlich setzte sich Renner mit Kelsens Ansatz auf dem deutschen Soziologentag 1926 auseinander. Im ersten Schritt ließ er sich auf die These, Demokratie sei eine Technik, eine Maschine, durchaus ein: »Was ist Demokratie? Sie ist eine Maschinerie vom Menschengeist ausgedacht, um aus der Summe der Köpfe und Weltanschauungen das herauszubringen, was dem allgemeinen Willen und Nutzen des ganzen Volkes am nächsten ist. Eine solche Maschine ist die moderne Demokratie, ihr Wahlverfahren sowohl als auch ihr Parteiensystem.« Aber die Demokratie als bloße Technik werde in zweierlei Hinsicht im Sinne der Demokratie als Selbstbestimmung des Volkes unterlaufen. Einerseits komme es durch die demokratische Interaktion zu Lernprozessen. Denn »eine Wirkung dieser ständigen Selbstbespiegelung des Volksdenkens (ist) unbestreitbar: Diese erzieht das Volksganze und die Volksteile zu fortschreitender politischer Reife.« Andererseits ist »nicht das Technische der Demokratie soziologisch und politisch das Entscheidende, sondern ihr gesellschaftlicher Inhalt, der außerhalb der Rechtsform gelegen ist. Deshalb muss immer nach dem Volk und der Klasse gefragt werden, die die Demokratie realisiert. Will man zu einem abschließenden Ergebnis kommen, muß man über die staatliche Demokratie hinaus in die wirtschaftliche und die gesellschaftliche Demokratie vorstossen.«[71]

Hand in Hand mit der Konstituierung des aktiven Gesamtarbeiters treten den Gewerkschaften in der von Renner emanzipatorisch gewendeten Demokratie Arbeitgeberverbände gegenüber, mit denen sie Kollektivverträge abschließen, »die alles Wesentliche des Arbeitsverhältnisses festhalten«.[72] Es entstehen Rechtsverhältnisse zwischen Kapital und Arbeit, für deren Wahrung zunächst die Polizeibehörden, dann aber die Zivilgerichte und schließlich spezielle Gewerbegerichte zuständig sind. Im Zuge voranschreitender Verrechtlichung kommt es schließlich zu ständigen Schlichtungskommissionen und Tarifgerichten, die auf eine Entstaatlichung der Rechtspflege hinauslaufen, weil sie Angelegenheit der gesellschaftlichen Verbände von Kapital und Arbeit sind. Der Klassenkampf, so Renner, wird nicht aufgehoben, sondern findet nun am Beratungstisch statt und zivilisiert den Basiskonflikt der bürgerlichen Gesellschaft auch und vor allem in dem Maße, wie ein System der sozialen Versicherung die solidarischen Ressourcen der bürgerlichen Gesellschaft aktiviert. Für die Arbeiter bedeutet diese Verbesserung ihres Lebensstandards, so könnte man Renner ergänzen, dass sie in ihrer sozialen und wirtschaftlichen Existenz, falls sie sich für den ungehemmten Klassenkampf entschieden, weitaus mehr zu verlieren hätten als ihre Ketten.

Aber Renner warnte zugleich vor der syndikalistischen Illusion, der Klassenkampf der Gewerkschaften könne den Kapitalismus überwinden: »Wie weit der gewerkschaftliche Kampf auch treibt, er *kann die Tatsache des Mehrwerts nicht aufheben!* Nicht genug daran: Er kann den Unternehmergewinn beschränken, die Durchschnittsprofitrate senken – aber in dem Augenblick, wo er sie absorbieren sollte, stünde der Betrieb in der kapitalistischen Wirtschaftsweise still, er wäre seines Antriebs beraubt: Nicht einmal diesen einen Mehrwertteil kann er völlig ›abschaffen‹.«[73] In zweierlei Hinsicht wirken die Gewerkschaften jedoch als »Kulturfaktor«, »*ohne die kapitalistische Gesellschaftsordnung aus den Angeln zu heben*«[74]: Bei Beibehaltung des Mehrwerts erkämpfen sie eine permanente Erhöhung der Löhne und damit des Lebensstandards der Arbeiter. Andererseits zwingt der gewerkschaftliche Druck die Unternehmer zur fortwährenden Erhöhung der Produktivität durch technologische Innovationen, und zwar um ihren Profit zu sichern. Renner zufolge machen die Gewerkschaften die Betriebe so gesehen sozialisierungsreifer, aber sie selbst sozialisieren sie nicht unmittelbar. Ihre Funktion ist vielmehr, »den Gesamtarbeiter herzustellen, das heißt die *Arbeiterklasse als Produzenten und Lohnempfänger zu sozialisieren* – und das ist wahrhaftig Leistung genug!«[75]

Für Renner resultierte aus diesem Lehrstück eine grundsätzliche Konsequenz: Aus dem, was die Gewerkschaften zu leisten vermögen und was sie als ihre Grenzen innerhalb des Kapitalismus zu akzeptieren haben, folgt, »daß *die Sozialisierung sich in Teilfunktionen vollzieht*, daß sie jede Funktion getrennt erfaßt, daß sie auf allen Teilgebieten *ganz verschiedene Wege* geht und daß also die *Vorstellung einer Totalsozialisierung auf einen Schlag ein Ungedanke ist*«.[76] Die Sozialisierung hat sich Renner zufolge vielmehr im Spannungsfeld der »verständigen Arbeitsteilung zwischen der politischen und der Wirtschaftsdemokratie«[77] abzuspielen. Das, was den Staat der politischen Demokratie von allen wirtschaftsdemokratischen Organisationen unterscheidet, hervorhebt und über sie stellt, »ist die Funktion, durch das Gesetz die höchste Gewalt über alle auszuüben und die Aufgaben, die ihm von der Gesellschaft zugedacht sind, selbstherrlich in Anspruch zu nehmen. (Das, was man Souveränität nennt.) Er übt diese Macht aus dem Titel, daß er die *Volksgesamtheit*, die *Summe der Teile* sei und daher auch das *Schiedsrichteramt* zwischen den einander widerstreitenden Teilen innehabe.«[78]

Renner geht also nicht von einem absoluten Gegensatz zwischen Staat und Gesellschaft aus, sondern von einem dialektischen Verhältnis beider. Der Staat nimmt Impulse der Gesellschaft auf, wirkt aber kraft seiner gesetzgebenden Souveränität gestaltend auf diese zurück. Diese Dialektik setzt freilich voraus, dass die Organe der Wirtschaftsdemokratie vom Staat getrennte Teile der Gesellschaft sind. Doch sie sehen sich durch die rechtlichen Kodifikationen bereits vergesellschaftlicher kapitalistischer Teilfunktionen zugleich auf den Staat verwiesen. Außerdem übt der demokratische Staat das Schiedsrichteramt aus, wenn es zu Konflikten innerhalb der wirtschaftsdemokratischen Organisationen kommt. Dies vorausgesetzt, ist die Vorstellung des integralen Sozialismus – der kraft eines Dekrets mit einem Schlag für alle sozialen, politischen und privaten Bereiche gilt – für Renner der Beginn einer verhängnisvollen Fehlentwicklung. Diese spitzte er auf die Formel zu: »Generalsozialisierung ist Generalunsinn! Integralsozialismus ist Irrealsozialismus!«[79]

In seiner Schrift *Wege der Verwirklichung* führte Renner diesen Fehlschluss der schlagartigen Einführung des integralen Sozialismus auf das utopische Erbe der frühen Arbeiterbewegung zurück. Doch in seiner ebenfalls 1929 publizierten Arbeit *Staatswirtschaft, Weltwirtschaft und Sozialismus* nannte er eine zweite Quelle, die auf Karl Marx selbst und dessen revolutionstheoretisches Polarisierungstheorem verweist: »Karl Marx hat jene individualistisch-anarchistische Wirtschaftsweise erforscht und beschrieben, um sie zu verneinen, um die strahlende Entdeckung zu machen, daß die ›Freiheit‹ allseitige soziale Gebundenheit bedeute und von innen heraus dazu treibe, die blinde Naturgesetzlichkeit durch bewußte Leitung der Produktion durch die organisierte Gesellschaft zu ersetzen. Unvermittelt sollte die Diktatur des einheitlich organisierten Weltproletariats die Herrschaft über die Weltproduktion übernehmen, unvermittelt die liberale Gesellschaft in die sozialistische umschlagen – von Übergängen und Zwischenstufen, bei denen die schon bestehenden Staatsgewalten eine Rolle zu spielen haben, ist bei Marx kaum eine Andeutung zu finden. (…) Und diese Auffassung hat die deutsche Sozialdemokratie durch Jahrzehnte völlig beherrscht.«[80]

Viel hellsichtiger habe Lassalle die Zeichen der ökonomischen Entwicklung nach dem Ende des Manchesterliberalismus gedeutet, wenn er mit dem Staat der Bourgeoisie jenen des Proletariats konfrontierte. Renner stimmte Lassalles These uneingeschränkt zu, das Proletariat habe den Staat zu erobern, um ihn in seinem Interesse zu nutzen. Wenn Renner so die These des *Kommunistischen Manifests* ablehnte, der Staat der bürgerlichen Gesellschaft sei nichts weiter als der geschäftsführende Ausschuss der Bourgeoisie, so vertrat er dennoch die Auffassung, dass die ökonomischen Analysen des Kapitalismus, die Marx vorgelegt hatte, den wirtschaftlichen Untersuchungen Lassalles überlegen seien. Renners Marxismus wurde also durch Lassalles Staatsbegriff modifiziert. Er sah diese beiden einander gegenüberstehenden Positionen nicht als Gegensatz, sondern als sich ergänzende und gegenseitig korrigierende Standpunkte in seiner Gesellschaftstheorie. Diese Tatsache verdeutlicht die austromarxistische Herkunft Renners. Sie war unter anderem dadurch charakterisiert, dass sie einen marxistischen Purismus vermied und auch nichtmarxistische Positionen zu integrieren bereit war, wenn der sachliche Kontext dies erforderlich machte.

Die zunehmende Einmischung des Staates in die Wirtschaft, die die Zwischenstufen zwischen dem Ausgangspunkt und dem zukünftigen Ziel nach Marx' Tod prägten, brachte Renner bereits in seiner Weltkriegsschrift *Marxismus, Krieg und Internationale* (1917) auf die Formel der »Durchstaatlichung der Wirtschaft«. 1929 griff er erneut auf diesen Topos zurück, um die Rolle des Staates im nationalen und transnationalen Rahmen auf dem Weg zum Sozialismus zu verdeutlichen. Die Weltwirtschaft erzwinge den Weltstaat, da sie die zu eng gewordene Hülle des Nationalstaates sprenge. Aber die Konstituierung des Weltstaates setze die sozialstaatliche Eroberung der Nationalstaaten durch das Proletariat voraus. Aus dieser Entwicklung eröffne sich für das Weltproletariat eine neue Aufgabe: In dem Maße, wie sich der Sozialismus nur als Weltsozialismus voll verwirklichen lasse und gleichzeitig den Aufbau des Sozialstaats auf nationaler Ebene zur Voraussetzung habe, gebrauche das Proletariat den »Staat als Mittel zur Organisation der Welt – diese Bestimmung verkündet die große Wende in Begriff, Wesen und Wirkung des Staates«.[81]

Renner brach die Vision eines übernationalen Weltstaates auch auf die Bedingungen der österreichischen Republik der Zwischenkriegszeit herunter: »Die heutige Erzeugungsweise erfordert wegen der Reichweite aller technischen Mittel *große Wirtschaftsräume,* insbesondere erfordert industrielle Großproduktion *große volkreiche Märkte.* (…) Es wäre 1918 sehr wohl möglich gewesen, jeder Nation des Donaubeckens ihren Nationalstaat innerhalb ihrer geschlossenen Wirtschaftsgebiete zu geben und doch die Wirtschafts- und Verkehrsgemeinschaft aller beteiligten Staaten aufrecht zu erhalten. Das ist in den Friedensverträgen aller beteiligten Staaten mit aller Absichtlichkeit vermieden worden, das hätte eben der Bettelsouveränität der kleinen Völker Abbruch getan. Es hat ihrer Eitelkeit geschmeichelt, das Diadem der Herrschaft zu tragen, auch um den Preis, daß sie dabei wirtschaftlich verkümmern.«[82]

In diesem Zusammenhang kamen die Verhandlungen zwischen der deutschen und der österreichischen Regierung unter Schober über eine Zollunion beider Länder Renners Vorstellungen der Ökumene, der Konzeption großer Wirtschaftsräume voll entgegen. Man könne zwar, so Renner, über Zeitpunkt und das Verfahren der Verhandlungen streiten, dennoch sei »ein Schritt nach vorwärts vollzogen, bestimmt dazu, den Bann der Erstarrung, der über ganz Europa liegt und uns in Österreich völlig fesselt, zu brechen«.[83]

Nach dem Scheitern sowohl des Anschlusses an das Deutsche Reich als auch der Bildung einer Donauföderation als einheitliches Wirtschaftsgebiet stieg der Völkerbund für Renner mit Österreichs Aufnahme am 15. Dezember 1920 zur Garantie des Bestandes der Ersten Republik und zur »Zuflucht in künftigen Bedrängnissen«[84] auf. Dieser Beitritt hatte für Renner deswegen eine überragende Bedeutung, weil er im Völkerbund die historische Tendenz zu übernationalen Gebilden erstmalig institutionalisiert sah. Zwar sei dieser erste Durchbruch in der Zwischenkriegszeit am Widerstand der imperialistischen Kräfte gescheitert. »Aber diese Abwehr hat ihrerseits Gegenkräfte mobilisiert, die neue Welt gegen sich gesammelt und dahin gebracht, den Versuch mit größerer Entschlossenheit und mit verstärkten Kräften zu wiederholen: in der Organisation der Vereinten Nationen.«[85] Wie man sieht, hat Renner seiner Konzeption der Überwindung des Nationalstaates, die er schon vor dem Ersten Weltkrieg entwickelte, eine visionäre Dimension hinzugefügt, wenn er die UNO als Zwischenschritt auf dem Weg zum Weltstaat interpretierte.

Wenn Renner so die Meinung vertritt, für die Arbeiterschaft gelte jetzt die visionäre Parole »Organisiertes Proletariat aller Nationen, verbündet die Macht eurer Staaten zu Behufe der Organisation der Welt!«[86], so war er zu Beginn der Weltwirtschaftskrise 1929 optimistisch genug, die These zu wagen, der demokratische Wirtschaftsstaat auf dem Weg zum Weltstaat sei »*auf der ganzen Linie im Vormarsch:* eine neue Welt bildet sich im Schoß der alten.«[87]

Renners Kritik der »Bourgeoisrepublik« Bauers

Wer die Schriften Renners zwischen 1927 und 1930, vor allem die Topoi seiner Abhandlung *Wege der Verwirklichung* (1929), Revue passieren lässt, kommt um den Eindruck nicht herum, dass sein Optimismus hinsichtlich der sozialistischen Zukunft der sozialdemokratischen Arbeiterbewegung zunächst ungebrochen war. Allerdings hatte er bereits auf dem Parteitag von 1927 die Gefahren benannt, die ihr insbesondere von der verstärkten Aufrüstung der Heimwehren nach den Ereignissen des 15. Juli drohten. Vor diesem Hintergrund interpretierte Renner die Wahlen von 1930 zum Nationalrat als Richtungswahlkampf, der die Wähler im Kern mit der Alternative konfrontiere, ob die Erste Republik sich weiter in Richtung Faschismus oder hin zu einer Vertiefung der sozialen Republik entwickeln werde.

Im Vorfeld dieser »Richtungswahlen« kam es zu einer Kontroverse mit Otto Bauer, die als eine Fortsetzung der Auseinandersetzung auf dem Parteitag von 1927 gesehen werden kann. Auch jetzt ging es im Wesentlichen um die Koalitionsfrage. Doch der äußere Anlass war ein Streit über die sozio-politischen Kräfteverhältnisse der Ersten Republik nach dem 15. Juli. Der Ausgangspunkt war der Aufsatz Otto Bauers, den er unter dem Titel *Die Bourgeoisrepublik in Österreich* in *Der Kampf* veröffentlicht hatte. In ihm vertrat Bauer die These, »daß die Republik, die vor elf Jahren aus dem Willen und der Kraft der Arbeiterklasse entstanden war, nun schon vollends zu einem Klassenstaat der Bourgeoisie, zur Bourgeois-Republik geworden ist. Die österreichische Arbeiterklasse erlebt jetzt am eigenen Leib, wie sich auch in Österreich das allgemeine Entwicklungsgesetz der bürgerlichen Republik durchsetzt.«[88] Diese Kontroverse ist nicht nur beispielhaft für die Konvergenz der praktischen Forderungen im Wahlkampf 1930, die die beiden Parteistrategen verband, obwohl sie von verschiedenen Mustern der marxistischen Deutung der Ersten Republik ausgingen. Sie zeigt auch sehr deutlich, worin Otto Bauer die Grenzen des Theoretikers Renner sah. Und da Bauer als einer der brillantesten Marxisten der Zwischenkriegszeit zu gelten hat, sollte seine Sicht in einer Renner-Biografie nicht verschwiegen werden. Renner eröffnete seine Polemik gegen Bauers *Bourgeoisrepublik*, charakteristisch genug, mit der Aufzählung der Argumente in der Wahlagitation, die auch Bauer teilte: 1. Arbeiter, Angestellte und Beamte, die bisher der Sozialdemokratie fernstanden, können nicht mehr davon ausgehen, dass die SDAP in der Opposition stark genug ist, den erreichten Stand der sozialstaatlichen Gesetzgebung zu garantieren. Dieser sei nur zu halten, wenn diese Schichten für die Sozialdemokratie stimmen. 2. Nur unter der Bedingung, dass die SDAP gestärkt ins Parlament zurückkehrt, ist der Mieterschutz gegen den Druck der bürgerlichen Parteien zu halten: Grund genug für die kleinen Geschäftsleute und die bürgerlichen Mieter, für die Sozialdemokratie zu votieren. 3. Die Bevölkerung der Industriegebiete und die Bewohner Wiens können nur vor der agrarischen Hochschutzzollpolitik zu Lasten der Industrie, des Handels und des Fremdenverkehrs bewahrt werden, wenn die Sozialdemokratie mit einem deutlichen Stimmenzuwachs den bürgerlichen Fraktionen gegenübertreten kann. 4. Das geistige Österreich muss sich darüber im Klaren sein, dass es nur eine Partei gibt, die angesichts der Dominanz des Klerikalismus in der Lage ist, die geistige Freiheit zu schützen und die längst fällige Presse-, Ehegesetz- und Strafrechtsreform voranzubringen: die SDAP. 5. Es ist evident, dass die Bürgerblockparteien dem steigenden Einfluss der Heimwehren ausgesetzt sind und daher jeden Ansatz einer inneren Abrüstung blockieren.»Ohne parlamentarischen Sieg der Sozialdemokratie keine dauernde Befriedung des Landes.«[89]

Wie hervorgehoben, setzt die Kritik Renners nicht an diesem Wahlprogramm an, sondern an den Prämissen, aus denen es Bauer ableitet, nämlich seinem Konzept der »Bourgeois-Republik«. Dieses sieht er in Bauers Lehrsätzen konzentriert, die in folgendem Satz gipfelten: »Die bisherige Entwicklung der Republik hat unvermeidlich, unentrinnbar mit der Restauration der Bourgeoisie geendet«[90], eine These, die Bauer in die Form einer historischen Gesetzmäßigkeit kleide: »Sooft aber das Proletariat die Republik erzwungen hatte, hat die Bourgeoisie das Proletariat niedergeworfen, sich der Herrschaft in der Republik bemächtigt und die vom Proletariat begründete Republik in eine Bourgeoisrepublik verwandelt (…) Die Revolution des Proletariats, die die Monarchie zertrümmert, ist nur eine Phase in einem geschichtlichen Prozess, die mit der Bourgeoisrepublik endet.«[91] Renner kritisierte diesen Ausgangspunkt Bauers in doppelter Weise: In *normativer* Hinsicht wirke sich Bauers These verheerend auf die Zukunftsfähigkeit der SDAP aus, weil sie auf einen historisch begründeten Fatalismus hinauslaufe, der einer grandiosen Legitimation der Bürgerblock-Regierung Ignaz Seipels das Wort rede: »Ich habe noch niemals in einem gegnerischen Blatt oder Buche eine so glänzende Rechtfertigung der Politik Seipels gelesen. Danach wäre Seipel gerade das Instrument jenes historischen Gesetzes – in der kirchlichen Denkweise das Instrument der Vorsehung – gewesen, das uns, da wir das unvermeidliche, unentrinnbare Opfer dieser Entwicklung waren, historische Dialektik einpaukte.«[92]

Aber auch in *empirischer* Hinsicht lasse sich Bauers These, der Revolution folge im historischen Kontext notwendig die Restauration beziehungsweise der revolutionären Demokratie des Proletariats der Konservatismus der Bourgeois-Republik, weder historisch noch aktuell verifizieren. Bauers historische Analogisierung der bürgerlichen Revolutionen mit der Situation nach dem Ersten Weltkrieg kranke daran, dass er die Neuartigkeit der gegenwärtigen Klassenverhältnisse ignoriere: »Die Bourgeoisie von 1789, 1848, 1870, das Proletariat von 1789, 1848, 1870, beide Klassen 1920 und 1930, das sind doch nicht dieselben Größen, das sind nicht gleichwertige Größenverhältnisse.«[93] So komme Bauer zu einer völlig verkehrten Einschätzung der Klassenverhältnisse in der Ersten Republik. Er unterstelle als die normalste Tatsache der bürgerlichen Gesellschaft in diesem Land, Proletariat und Bourgeoisie stünden sich als relativ homogene Blöcke unversöhnlich gegenüber. In Wirklichkeit sei Österreich keine Bourgeois-Republik, sondern eine »kleinbürgerlich-bäuerliche Republik« in Form eines von kirchlichen Einflüssen dominierten Bundes, »der in seinem Herzen die von Sozialdemokraten beherrschte Republik Wien trägt«.[94] In praktischer Hinsicht aber sei das dualistische Klassenschema Bauers deswegen fatal, weil es die Homogenisierung des Bürgerblocks begünstige und dadurch ungewollt stärke. Die Schichten der österreichischen Variante der bürgerlichen Gesellschaft, Bourgeoisie, Kleinbürgertum, Bauernschaft und Proletariat, einige vor allem eines: eine bis zum Fanatismus gesteigerte politische Enttäuschung. »Die große Bourgeoisie ist enttäuscht, ihr alter Staat, die Staatsform ihrer Liebe, ist untergegangen; sie hat gehofft, in diesem Zwergstaat doch ihre Großwirtschaft aufrecht erhalten zu können und kann es nicht.«[95] Um ihre Großwirtschaft vor der Arbeiterschaft zu retten, fördere sie vergebens Heimwehren, betreibe eine reaktionäre, aber gescheiterte Umbildung der Verfassung und begünstige terroristische Aktivitäten. »Aber vergebens. Das Kleinbürgertum Wiens und der Provinzstädte sieht seine Repräsentanten in Bankenskandale und sonstige Korruptionsfälle verwickelt und ist frustriert. Die Bauernschaft fühlt sich bedroht vom Weltmarkt, nachdem dieser wieder Tritt gefasst hat. Sie fürchtet die Gefahr der Überschuldung und Verarmung. Aber auch die Arbeiterschaft, federführend an der Errichtung der Republik beteiligt, sieht sich zunehmend von dieser ausgeschlossen. Bereit, Opfer für die Rationalisierung der Wirtschaft zu bringen, muss sie nun erleben, dass diese zusammenschrumpft. Vom Weltmarkt abgedrängt, ist sie nun zu Kurzarbeit und Arbeitslosigkeit verdammt.«[96]

Worin liegt die Rettung? Es verwundert nicht, dass sie Renner zufolge nur von der Klasse kommen könne, die keine privaten Interessen habe und frei sei »von der geistigen Verengung unseres Landes«[97], der Arbeiterklasse. Voller Optimismus schrieb Renner: »Scheuen wir uns nicht zu sagen, daß wir die österreichische Politik führen wollen, und verlangen wir offen, daß die Bewohner dieses Landes uns zu diesem Zwecke mit einer wachsenden Stimmenzahl betrauen.«[98] So schließt sich der Kreis: Renners Wahlaufruf hätte auch Otto Bauer unterschrieben. Aber wie reagierte er auf Renners Kritik an seinem Republik-Szenario, jene Kritik, aus der Renner seinen Wahlaufruf entwickelt hatte?

Otto Bauer hat Renner in einem sehr persönlich gehaltenen, ebenfalls in *Der Kampf* veröffentlichten Brief geantwortet.[99] Dieser missvertstehe den Begriff »Bourgeoisrepublik«, wenn er unterstelle, damit sei die unmittelbare alleinige Herrschaft des Großbürgertums gemeint. Eine solche Bourgeois-Republik habe niemals unter den Bedingungen des allgemeinen Wahlrechts existiert: Gezwungen, die Regierungsgeschäfte bürgerlich-bäuerlichen Massenparteien zu überlassen, könne sie durch ihre wirtschaftliche Macht nur indirekt herrschen, ja, sie befinde sich nicht selten in Konflikten mit ihren politischen Repräsentanten. Renner könne nicht bestreiten, dass in diesem Sinne in Österreich eine so verstandene Bourgeois-Republik existiere, wie das Zusammenspiel zwischen dem Hauptverband der Industrie und dem christlichsozialen Parteibüro zeige.[100]

Renner glaube ferner, es sei falsch, die politischen Kräfteverhältnisse in der Perspektive einer marxistischen Klassenanalyse darzustellen, weil sie diejenigen erschrecke, auf deren Kooperation es ankomme: die aufgeklärten Teile des Bürgertums. Bauer hielt diese taktische Erwägung Renners für falsch. Vielmehr komme es darauf an, die der SDAP noch fernstehenden Angestellten und Arbeiter zu gewinnen, indem man ihnen den Klassencharakter der bürgerlichen Herrschaft vor Augen führe. Vor allem aber gelte es, die zwischen Kapital und Arbeit schwankenden Zwischenschichten der Kleinbürger, Bauern und Intellektuellen dem sozialdemokratischen Lager als Bundesgenossen zuzuführen: »Sie stoßen wir nicht ab, wir gewinnen sie vielmehr, wenn wir sie verstehen lehren, daß die regierenden Parteien, die sich als Vertreter des Kleinbürgertums, der Bauernschaft, der Gebildeten gebärden, immer mehr zu Werkzeugen des Großkapitals, zu Lakaien Rothschilds werden; daß ihr Regierungssystem die Demokratie zur Plutokratie verfälscht und die Gefolgschaft bürgerlich-bäuerlicher Massen für die kapitalistische Plutokratie mit Zugeständnissen an den Klerikalismus, an die Hakenkreuzelei, an den groben egoistischen Materialismus des Protzenbauern zahlt.«[101]

Dann wandte sich Bauer jener Kritik Renners zu, er suggeriere eine soziale Gesetzmäßigkeit revolutionärer Abläufe, die der Partei den Irrweg des Fatalismus weise. Bauer erinnerte Renner daran, dass er in seinen Schriften vor 1914 selbst an der Zurückweisung einer solchen trivialen Marx-Kritik mitgewirkt habe. Damals sei er von objektiven Gesetzmäßigkeiten in der staatlichen und gesellschaftlichen Entwicklung ausgegangen, die notwendig aus der Anpassung des soziokulturellen Überbaus an die materiellen wirtschaftlichen Verhältnisse folgten. Diese Methode, so habe er damals geschrieben, gebe eine erschöpfende Erklärung »über das, was aller Geschichte gemeinsam und von der Vergangenheit in die Gegenwart übertragbar ist«.[102] Und die angebliche Rechtfertigung Seipels als Vollstrecker einer historischen Notwendigkeit lasse sich mit Renners früheren Worten leicht widerlegen: »Diese Methode (...) gibt eine erschöpfende Aufklärung (...) nicht über die Agenten der Entwicklung, sondern über die Faktoren.«[103] Aber auch die Kritik Renners, der Revolutionsablauf treffe weder auf das englische noch auf das russische Beispiel zu, wies Bauer anhand von Entwicklungstendenzen in der Großen Englischen Revolution von 1642 bis 1649 und der russischen Oktoberrevolution von 1917 zurück.

Viel ernster müsse man die Kritik Renners nehmen, die Vergangenheit sei von der heutigen Welt so verschieden, dass Analogien in die Irre führten. In diesem Zusammenhang insistiere Renner immer wieder auf der Empirie. Aber er verwechsle die Empirie mit Intuition. Unter Berufung auf den wissenschaftstheoretischen Ansatz Ernst Machs komme es aller empirischen Wissenschaft darauf an, »daß sie jede neue Erfahrung mit den älteren, aus der Vergangenheit geläufigen Erfahrungen und den aus ihnen abstrahierten Gesetzen vergleicht. So ermitteln wir, inwieweit das, was wir erleben, sozialer Gesetzmäßigkeit entspricht, die auch die Entwicklung der Vergangenheit beherrscht hat, inwieweit es auf besondere *Zufälligkeiten* unserer Zeit und unseres Landes, auf Fehler unserer Politik zurückzuführen ist.«[104] Er stimme Renner zu, wenn dieser die Parteimitglieder immer wieder ermahne, die Tatsachen der Gegenwart immer so zu sehen, wie sie tatsächlich sind. Aber er könne nicht nachvollziehen, dass Renner gleichzeitig den Stellenwert der Theorie so reduziere, dass sie in einen Gegensatz zur Empirie gerate und besser ganz beiseitegeschoben werde. In Wirklichkeit sei die Theorie »nichts anderes als der große Schatz der Erfahrungen der Vergangenheit, der in unserer marxistischen Gedankenerbschaft aufgespeichert und geordnet ist.

Die Partei leidet nicht daran, daß unsere junge Generation zuviel, sondern daß sie zuwenig lernt.«[105]

Neben der methodischen Differenz unterschied sich Bauer von Renner aber auch im Ergebnis einer Zustandsdiagnose der Ersten Republik um 1930. Renner unterstelle ihm die These, das Proletariat sei immer der Betrogene des revolutionären Umbruchs. Das aber sei so nicht der Fall. Vielmehr stehe außer Frage, dass das Proletariat unter den Bedingungen der Bourgeois-Republik seine Interessen viel besser durchsetzen könne als unter halbfeudalen Bedingungen. Dennoch passe sich heute wie in früheren Zeiten der politische Überbau der ökonomischen Struktur der Gesellschaft in der Weise an, dass das die Wirtschaft beherrschende Kapital »auch die vom Proletariat aufgerichteten Republiken seiner Herrschaft unterwirft«.[106] Freilich habe Renner recht, wenn er argumentiere, aus den Tatsachen von gestern könne man keine Regeln für das Heute ableiten. Aber genau diese unsinnige Konsequenz unterstelle ihm Renner. Doch warum lasse er sich hinreißen, die rote Linie zulässiger Polemik zu überschreiten? Bauer sah den Grund darin, dass Renner den Streit über die Koalitionspolitik auf dem Parteitag von 1927 fortzusetzen suche. »In dieser ganzen Auseinandersetzung birgt sich doch nichts anderes als unser alter Gegensatz in der Bewertung der Koalitionspolitik. Du meinst: Die Entwicklung werde doch damit enden, daß die Sozialdemokratie die Republik mitregieren wird. Also könne man doch nicht sagen, daß die Entwicklung unabwendbar zur Bourgeois-Republik führe. Da nun bin ich freilich anderer Meinung.«[107]

Otto Bauers Replik auf Renners Kritik an seinem Konzept der Bourgeois-Republik ist nicht nur als Nachtrag zu dem Streit über die Koalitionsfrage auf dem Parteitag von 1927 wichtig. Sie gibt auch ein zeitgenössisches Paradigma wieder, das die Grenzen und Möglichkeiten von Renners eigener Position als Theoretiker des Marxismus und als pragmatischer und visionärer Politiker fokussierte und zur Diskussion stellt. Wie wir sahen, hat Friedrich Adler 1917 den ersten Versuch dieser Art unternommen.[108] Aber Adlers Ansatz, Renner als grenzenlosen Opportunisten zu stigmatisieren, schlug fehl, weil er die innere Konsistenz des Theorie-Praxis-Verhältnisses bei Renner außer Acht ließ. Otto Bauers

Charakterisierung Renners war sehr viel differenzierter und daher auch zutreffender. Er, Bauer, sei mit Renner seit dreißig Jahren freundschaftlich verbunden: »In diesen dreißig Jahren habe ich immer Deine Fähigkeit bewundert, mit beneidenswerter Intuition, das Neue, das Werdende rings um uns zu erfassen. In diesen dreißig Jahren habe ich aber auch oft erfahren, daß Du, wie alle Menschen, das Laster Deiner Tugend hast: daß Du dich immer wieder durch den Anblick des jeweils Neuen verleiten läßt, aus Augenblickssituationen eine ganze Weltanschauung zu revidieren. So ist es Dir im Krieg ergangen. So ergeht es Dir seit 1927 wieder.«[109]

Renners Antwort war charakteristisch genug und wirft ein scharfes Licht auf das hohe Niveau der zivilisierten sozialdemokratischen Streitkultur während der Ersten Republik: »Gern quittiere ich Otto Bauers abschließende Feststellung auch in meinem Namen: ›Deshalb haben wir in diesen dreißig Jahren oft und viel miteinander gerauft. Aber immer hat jeder von beiden gewußt, daß der andere aus ehrlichem und ebenso selbstlosem Bemühen um unsere gemeinsame Sache urteilt und handelt, wie er selbst. Darum haben alle unsere theoretischen und politischen Meinungsverschiedenheiten unsere alte Freundschaft nie beeinträchtigt.‹ Ich füge hinzu: Es gibt für eine große geschichtliche Bewegung kein größeres Glück als die ständig gebotene Gelegenheit, ihre Kämpfe und Ziele von verschiedenartigen, ja entgegengesetzten Geistigkeiten und Temperamenten erhellt zu sehen, immer vorausgesetzt, daß sie sich freihält von sektiererischer Rechthaberei und Spaltung.«[110]

7. Von der demokratischen Republik zum austrofaschistischen Ständestaat

1930 zog Karl Renner eine Bilanz über die innerparteilichen Folgen und Wirkungen der Katastrophe des 15. Juli 1927. In der Entwicklung der SDAP habe sich durch dieses Ereignis ein gravierender Paradigmenwechsel vollzogen. Bis 1927 galt, dass eine Koalition mit den Christlichsozialen nur dann in Frage kommt, wenn die SDAP als der stärkere Partner in sie eintritt. Dieser Kurs sei seit dem Wiener Parteitag von 1927 aufgegeben worden, da im Vordergrund als konkretes Ziel die Abrüstung der Heimwehren und des Republikanischen Schutzbundes stünde. Hinsichtlich dessen zeige sich die SDAP jetzt bereit, auch als schwächerer Partner in die Koalition einzutreten, wenn die Verhinderung eines größeren Übels (Bürgerkrieg, Faschismus) dies erfordert.[1] Die bis 1927 vorherrschende Maxime, beim Gewinn der Mehrheit allein zu regieren, gelte nicht mehr. Jetzt habe sich die Ansicht durchgesetzt, die Partei könne auch bei einem Gewinn von 51 oder 60 Prozent der Stimmen weder allein regieren noch absolut ihren Willen durchsetzen.[2] Bis 1927 ging, so Renner, die Mehrheitsmeinung in der SDAP von der Annahme aus, das politische System der parlamentarischen Demokratie tendiere in Richtung eines Zweiparteiensystems. Diese Prognose werde durch Seipels Politik der Einheitsliste aller bürgerlichen Parteien und durch die sozialdemokratische Doktrin von der *einen* reaktionären Masse des bürgerlichen Lagers gestützt. Jetzt dominiere dagegen die Einsicht, dass die Klasseninteressen des bürgerlichen Lagers sehr unterschiedlich seien und Raum gäben für eine Politik wechselnder Koalitionen.[3]

Vor allem hätten die Ereignisse des 15. Juli der eingeschworenen Parteitaktik auf Erringung der absoluten Regierungsmacht und der damit verbundenen sozialpsychologischen Pathologie der Omnipotenz den Boden entzogen. Deren Gefahr bestehe darin, dass sie das gegnerische

Lager eher zusammentreibe und zu einseitigen Koalitionen zwinge: »Diese immerwährende Voraussage unserer demnächstigen Alleinherrschaft schafft also hüben und drüben eine gefährliche Psychose. Seit der Julikatastrophe ist die überwiegende Mehrheit unserer Partei davon abgekommen, diese Psychose weiter zu nähren.«[4] Bis 1927 hatte, so Renner weiter, in der SDAP die Gesetzgebung des allgemeinen Wahlrechts eindeutige Priorität vor der Handhabung der Gesetze, also der Verwaltung. Hinsichtlich dessen habe der 15. Juli 1927 die SDAP gelehrt: »Hinein in die Verwaltung, wo immer dies zum Vorteile oder zur Verhinderung von Nachteilen dient! Das Proletariat versteht das leichter und früher als seine intellektuellen Führer!«[5] Ferner setze sich in der Partei immer mehr die Einsicht durch, dass Konzessionen an das bürgerliche Lager nicht zu vermeiden seien, wenn sie zum öffentlichen Frieden beitragen. So habe die Partei gelernt, Konzessionen auch beim Mieterschutz zu machen. Sei eine Belastung des Proletariats nicht zu vermeiden, so gelte jetzt die Maxime, es sei besser, »selbst das Maß dieser Last zu messen, als dies den Gegnern zu überlassen«.[6] Die Unterlassung der Obstruktion einer Neuordnung des Mieterschutzes habe zu keinen nennenswerten Austritten aus der Partei geführt.

Darüber hinaus hob Renner hervor, die SDAP sei aus den Ereignissen des 15. Juli 1927 mit einer gestärkten internen Führungsstruktur hervorgegangen. Der Grundsatz, dass die Partei immer das zu tun habe, was die letzte »Grenzgruppe der Unbesonnenen« wolle, gelte nicht mehr. Die Parteiführung spreche aus, was sie morgen zu tun haben wird, auch wenn sie dadurch in der Regel zunächst allein steht. »Notwendigkeiten, die in der Zeit liegen, die morgen jedermann erkennen wird, heute erkennen, ist Führung.«[7] Und nicht zuletzt hätte die Juli-Krise 1927 die Partei gelehrt, dass der rücksichtslose Klassenkampf darauf hinauslaufe, sowohl das proletarische als auch das bürgerliche Lager zu »Unfreien und Bettlern«[8] zu machen. In dieser Lage habe das Proletariat an ein Drittes appelliert: an das gemeinsame Interesse der Republik, Volkswirtschaft und Rechtsstaat zu erhalten. Dieser Kurswechsel bewirkte, wie Renner zusammenfassend feststellt, weder den Abfall einer nennenswerten Zahl der Mitglieder von der SDAP noch die Parteispaltung.

Es ist schwer auszumachen, ob diese Interpretation der inneren Verfassung der SDAP nach den Juli-Ereignissen 1927 den Tatsachen entsprach oder ob Renner seinen eigenen Ansatz lediglich in sie hineinprojizierte. Auf jeden Fall stellt sie eine Folie dar, die zeigt, mit welcher Erwartungshaltung Renner der politischen Entwicklung Österreichs Anfang der 1930er Jahre gegenüberstand. In ihrer Perspektive kann gesagt werden, dass er der weiteren Entwicklung der Ersten Republik zuversichtlich entgegensah, zumal die Neujustierung des Parteikurses die SDAP instand setze, der Herausforderung des Faschismus gewachsen zu sein. Zudem stieg die SDAP bei den Nationalratswahlen am 9. November 1930 mit 72 Mandaten zur stärksten Fraktion im Parlament auf, gefolgt von den Christlichsozialen mit 66, dem Nationalen Wirtschaftsblock und dem Landbund mit zusammen 19 sowie dem Heimatblock mit 8 Mandaten. Dieser Wahlerfolg nährte Renners Hoffnung, die schlimmsten Gefährdungen der Republik von rechts seien überstanden. »Die Warnung des Faschismus: ›Hört mit den blödsinnigen Wahlen auf!‹ hat eingeschlagen: Unser Volk fängt an, den Sinn des Wählens zu verstehen und daran seine Freude zu haben! *Die Wahl an sich, wie sie vor sich ging, war ein voller Sieg der Demokratie.* Ihr Ausgang hat einen faschistischen Putschversuch für geraume Zeit zur psychologischen Unmöglichkeit gemacht.«[9] In einem Brief an Fritz Darmstädter vom 29. Dezember 1930 schrieb er: »Wir in Österreich haben durch den Appell an den Rechtsstaat, indem wir Sozialisten uns ihm selbst unterwarfen, einen großen Teil unseres Bürgertums vom Faschismus geheilt und dadurch das Land aus einer gefährlichen Krise herausgeführt. Ich habe das Gefühl, daß wir, nachdem wir 1918 den Bolschewismus und 1930 den Faschismus überwunden haben, in Bälde politisch völlig genesen werden.«[10] Doch wie realistisch war dieses »Gefühl«? Wurde es durch die Entwicklung der Ersten Republik nach dem 15. Juli 1927 bestätigt? Und vor allem: Konnte er tatsächlich auf eine Koalitionsbereitschaft im bürgerlichen Lager rechnen, wie er im Streit mit Otto Bauer so offensiv betont hatte?

Das Scheitern eines Brückenbauers

Auf dem Parteitag von 1927 hatte Renner die These vertreten, der Bürgerblock sei nicht so festgefügt, wie er nach außen hin zu sein scheine. Tatsächlich musste dessen Architekt, Prälat Ignaz Seipel, nach einer Reihe von Bankenzusammenbrüchen, der beginnenden Weltwirtschaftskrise, die Österreich besonders hart traf, und seiner Aufwertung der Heimwehren zu einem Bündnispartner der Christlichsozialen von seinem Amt als Staatskanzler im April 1929 zurücktreten. Nun schien der Weg für intensive Sondierungsgespräche zwischen den Sozialdemokraten und dem bürgerlichen Lager frei zu sein, um gemeinsame Schnittmengen für ein mögliches Koalitionsprogramm auszuloten. Daran schloss der neue Regierungschef, der Industrielle Ernst Streeruwitz, an, der in seiner Regierungserklärung versöhnliche Töne anschlug, als er sein Kabinett als ehrlichen Makler zwischen den Lagern vorstellte, die gegeneinander um ihre legitimen Interessen kämpften, ohne freilich wie bisher die Gegensätze überspitzen zu wollen.

Auch Renner wies in seiner Replik im Nationalrat am 7. Mai 1929 darauf hin, wie notwendig die Beendigung des Kampfes um jeden Preis, den die Heimwehren unter Steidle, Pfrimer, Vaugoin und anderen gegen die Republik und die Sozialdemokratie führten, im staatspolitischen Interesse Österreichs sei: Er müsse notwendig den Bürgerkrieg auslösen, der unweigerlich auf die Zerstörung der wirtschaftlichen, sozialen und politischen Infrastruktur des Landes hinauslaufe. Andererseits verschwieg Renner aber auch die Hindernisse nicht, die einer Koalition mit den Christlichsozialen unter Streeruwitz im Wege standen. Nach neun Jahren Opposition habe man nicht nur erleben müssen, »daß wir nicht als parlamentarische Opposition behandelt wurden, sondern daß die Opposition durch die staatliche Verwaltung gleichsam außerhalb des Gesetzes gestellt und außerparlamentarisch bedroht wurde«.[11] Im Grunde genommen hätten die Bürgerblock-Regierungen ihre ganzen Energien auf ein Ziel konzentriert: den Kampf gegen die Sozialdemokratie und das Rote Wien. Ihr militanter Antimarxismus trage erheblich dazu bei, die dringenden wirtschaftlichen, sozialen und politischen Probleme des Landes zu vernachlässigen oder zu ignorieren.

Renner führte diese Ausgrenzung der Sozialdemokratie unter anderem darauf zurück, dass sich im christlichsozialen und bürgerlichen Lager eine wichtige Umgruppierung der Eliten vollzogen habe. Die alten Interessenvertreter, die im Rahmen der Republik von der Kommune über die Landesebene bis hin zur Zentralregierung die Interessen ihrer Klasse in mühevoller Kleinarbeit artikulierten, bündelten und durchzusetzen suchten, seien durch »Dreschflegelheroen«[12] ersetzt worden. Militaristisch auch in der Innenpolitik auf Gewalt setzend und sich dem faschistischen Vorbild annähernd, legten sie die sozialdemokratische Abrüstungsbereitschaft als Schwäche aus. Ihr Sammelbecken seien die Heimwehren, deren Einfluss auf die Christlichsozialen immer mehr zunehme. Dies vorausgesetzt, erschien Renner die bekundete

Kompromissbereitschaft von Streeruwitz so lange unglaubwürdig, wie der Protagonist der Heimwehr, der Minister des Heereswesens Carl Vaugoin, in seinem Kabinett bleibe:»Wir halten uns an die Tatsachen«, rief er dem Kanzler zu,»schaffen Sie andere Tatsachen, schaffen Sie andere Menschen, dann werden wir vertrauen können.«[13] Für Renner war in dieser Rede klar, dass eine Koalition mit dem bürgerlichen Lager nur dann trägt, wenn das Vertrauen nicht der Ausnahme-, sondern der Regelfall ist. Davon könne aber nicht ausgegangen werden.»Verständigung als Fassade und im Hinterhaus den Herrn Vaugoin«[14] reiche für das Vertrauen der Sozialdemokratie nicht aus.

Wie sehr die Skepsis Renners – bei aller Verhandlungsbereitschaft gegenüber dem bürgerlichen Lager – berechtigt war, sollte sich bald zeigen, als die Christlichsozialen die Regierung Streeruwitz wegen ihrer partiellen Kooperationsbereitschaft mit der SDAP stürzten und das Kabinett Schober an seine Stelle trat. Dabei wurde deutlich, dass es in Österreich keine bürgerliche Regierung mehr gab, die sich vom Einfluss der Heimwehren freimachen konnte. Die Heimwehren aber veränderten nach einer Reihe gescheiterter Putschversuche ihre Taktik: Sie strebten jetzt einen Staatsstreich von oben mithilfe einer sogenannten Verfassungsreform an, deren Vorlage im Nationalrat von Kanzler Schober begründet wurde. Karl Renner ergriff im Namen der Sozialdemokratie am 22. Oktober 1929 das Wort im Parlament und formulierte eine scharfe Kritik an diesem Entwurf, die in dem Diktum mündete, er sei »nichts anderes als ein Sozialistengesetz im 20. Jahrhundert«[15], das Österreichs Rechtskultur auf den Vormärz und den regressivsten Stand der Habsburgermonarchie von 1852 zurückwerfe.»So wird also der Nationalrat beschnitten, seine Arbeit auf Gastrollen beschränkt und infolge der Möglichkeit, beliebig die Sezession zu schließen, beliebig das Haus zu vertagen, beliebig aufzulösen, das Gesetzgebungsrecht durch die konkurrierende §14-Gesetzgebung (das Notverordnungsrecht des Bundespräsidenten, R. S.), das Budgetrecht durch das automatische Budgetprovisorium in Frage gestellt.«[16] Der frei gewählte Nationalrat sehe sich ferner geschwächt durch ein Dreikammersystem, indem man dem Parlament und dem Bundesrat einen Ständerat zur Seite stelle. Man greife damit auf ein Repräsentationsorgan zurück, das aus der Zeit vor der Französischen Revolution stamme und in seinen Auswirkungen nicht nur die freie Elitenrekrutierung unmöglich mache, sondern darüber hinaus notwendig die Bürokratie als Verkörperung des Staates stärke. Vom souveränen Volk als Ursprung und Herr der Verfassung bleibe kaum mehr als die Fassade.

Die Erben des entmachteten Parlaments aber seien die Bürokratie und der Bundespräsident, der, mit dem Oberbefehl über das Heer und der scheinbaren Legitimation der Direktwahl ausgestattet, eine Art Ersatzkaiser der ehemaligen Habsburgermonarchie darstelle: »Dieser Bundespräsident wird natürlich die Regierung einsetzen und absetzen können, er hat den Oberbefehl über das Heer, er ist der wahre Chef der Bürokratie, er ist mit einem Wort all das, was sich die Bureaukratie, was sich gewisse Kreise vordem in Gestalt des Monarchen an Macht gedacht haben.«[17] Vor allem aber komme es zur Beschneidung der individuellen Grund- und Bürgerrechte sowie der für die Ausübung der persönlichen Freiheit unverzichtbaren Schutzgarantie gegenüber staatlicher Willkür. Aber genau diesen Schutzwall reiße die im Entwurf vorgesehene Stärkung der Polizeigewalt nieder.[18] Renner ließ keinen Zweifel daran, wem der Abschied vom Erbe – die Grund- und Bürgerrechte – des frühbürgerlichen Emanzipationskampfes gelte: der Sozialdemokratie und den von ihr repräsentierten Arbeitern, welche die rechtlich geschützte, individuelle Freiheit – im Unterschied zu den Kommunisten – zu ihrem unverzichtbaren Identitätsmerkmal erhoben hätten.[19] Aber auch der Einbruch in die historisch gewachsene Kompetenz der Länder zugunsten der Zentralgewalt (wie die Aufhebung ihres Rechts zu Enteignungen für die Gründung kommunaler Wirtschaftsunternehmungen sowie ihrer Ordnungs-, Erziehungs- und Kulturfunktionen) diente nur einem Ziel: die Macht des Roten Wien und damit der Sozialdemokratie insgesamt zu zerschlagen.

Es ist charakteristisch für Renner, dass er selbst diesem düsteren Szenario eines neuen Sozialistengesetzes im 20. Jahrhundert positive Seiten abgewinnen zu können glaubte. Einerseits sei die gegebene Situation geeignet, so meinte er, in Analogie zum Sozialistengesetz im Deutschen Reich Energien in der Arbeiterklasse zu mobilisieren, »die einen Fürsten Bismarck zur Strecke gebracht und einen Kaiser Wilhelm II. gebeugt haben«.[20] Andererseits hätte nunmehr die Heimwehrbewegung, bisher im »Halbdunkel des Romantischen« verhüllt, die Maske fallen lassen: Die Sozialdemokratie könne nun dem Volk zeigen, »welch ein Anschlag auf seine Grundrechte geplant ist. (...) Wir wissen genau, mit welchen Argumenten wir dem Heimwehrschwindel nun entgegentreten können, wir wissen genau, was er plant und wie der Zukunftsstaat der Heimwehren aussehen wird.«[21] Die Sozialdemokratie, fest in der Aufklärung und in dem Glauben an die Vernunft verankert, so hob Renner hervor, sei der einzige Garant, dass es zu keiner faschistischen Diktatur kommen werde. Tatsächlich gelang es der SDAP, in Verhandlungen mit Schober die demokratische Substanz der Verfassung von 1920 zu retten. Doch dieses Entgegenkommen, verbunden mit Schobers Weigerung, den wegen Korruption überführten Grazer christlichsozialen Politiker Strafella zum Präsidenten der Bundesbahnen zu ernennen, führte zum Sturz des Regierungschefs. Bis zu den Neuwahlen am 9. November 1930 bestellte Bundespräsident Miklas ein Minderheitskabinett mit Vaugoin als Staatskanzler, Seipel als Außenminister und Heimwehrführer Starhemberg als Innenminister. Dieses Kabinett trat am 29. November 1930 zurück und wurde von der Regierung des Vorarlbergers Otto Ender mit Schober als Außenminister abgelöst.

In seiner letzten Rede vor seiner Wahl zum ersten Nationalratspräsidenten antwortete Renner im Nationalrat auf die maßvolle Regierungserklärung Enders. An Renners Einschätzung der politischen Kräfteverhältnisse in dieser Rede fällt auf, dass er trotz seines ungebrochenen Optimismus weit davon entfernt war, den Aufstieg der Sozialdemokratie zur stärksten Fraktion als Triumph zu feiern. Ahnte er, dass sich die realen Machtverhältnisse nicht mehr angemessen im Parlament abbildeten, sondern dass sich bereits im außerparlamentarischen Raum – beispielsweise im Heer, in der Bürokratie, in der Justiz und im Polizeiapparat – in Verbindung mit den Heimwehren eine entscheidende Machtverschiebung zugunsten des rechten Flügels des bürgerlichen Lagers vollzogen hatte? Jedenfalls galt der Großteil seiner Rede dem Verhältnis der Christlichsozialen zu den paramilitärischen Organisationen der Rechten. Vom politischen Katholizismus unter Ignaz Seipel gefördert, seien sie im Begriff, ihre Ziehväter für ihre faschistischen Interessen zu instrumentalisieren und die republikanischen Teile ihrer Partei in Geiselhaft zu nehmen. »Der christlichsozialen Partei ist eingeredet worden, daß sie hier einen neutralen, überparteilichen Bundesgenossen finden werde. In Wahrheit hat sie sich selbst ihren Nachfolger großgezogen! Denn eines ist sicher: Wer vom Faschismus ißt, der stirbt daran. (...) Es gibt keinen Kompromiß zwischen Recht und Gesetz und der Gewalt. (...) Alle Keime und Ansteckungen des Faschismus müssen aus dem öffentlichen Körper ausgeschieden werden, wir werden früher niemals Ruhe geben.«[22]

Zwar beteuerte Renner, dass die Sozialdemokratie loyale Opposition übe, und zwar verbunden mit der Bereitschaft zur Verständigung mit dem bürgerlichen Lager. Auch glaubte er, die Regierungserklärung Enders so interpretieren zu können, »daß er in allen Dingen den Weg der Verständigung mit der Opposition finden wollte«.[23] Aber Renner stellte zu diesem Zeitpunkt eine Bedingung, die das bürgerliche Parteienspektrum nicht mehr erfüllen konnte: nämlich die Politik der Diskriminierung der Sozialdemokratie aufzugeben und gemeinsam »den Kampf gegen den Faschismus zu führen bis zum endgültigen Sieg der Demokratie«.[24] War nicht Streeruwitz gescheitert, weil er den Sozialdemokraten zu stark entgegenzukommen schien? Musste nicht auch Schober gehen, weil er in den Verfassungsverhandlungen Kompromisse mit den Sozialdemokraten einging? Warum sollte es Otto Ender anders ergehen? Renner beantwortete diese Frage in seiner Rede mit dem Hinweis darauf, dass der Vizekanzler der Kabinette Renner von 1918 bis 1920, Jodok Fink, dessen republikanische Gesinnung niemand bezweifeln konnte, Enders Mentor war. Doch was 1918 bis 1920 Realität war, hatte 1930 den Charakter einer Vision, die von den realen Orientierungen der herrschenden Strömungen im bürgerlichen Lager nicht mehr gedeckt wurde.

Wohl nicht zufällig thematisierte Renner nach seiner Wahl zum Präsidenten des Nationalrats am 29. April 1931 die Gefahr des Auseinanderklaffens von Konsens und Konflikt in einem Maße, dass jener nicht mehr von diesem und dieser nicht mehr von jenem korrigiert werde. »Es ist selbstverständlich, daß in den verwickelten wirtschaftlichen und sozialen Beziehungen unserer Zeit Interesse gegen Interesse steht, daß sich gleiche Interessen zu Parteien zusammenballen und Parteien miteinander darum ringen, was Recht sein soll, was Gesetz werden soll. Diese Gegensätze etwa nicht zu verhüllen oder zu ersticken, sondern aufrichtig zur Erscheinung zu bringen und auf gemeinsamem Kampfboden einander gegenüberzustellen, ist die eine Aufgabe der Volksvertretung.«[25] Doch als Vorwegnahme der modernen Pluralismustheorie könne man nur durch die Einhegung dieses kontroversen Sektors in den Grundkonsens aller konfligierenden Interessen zu einem Kompromiss gelangen. Daher bestehe die andere Aufgabe der Volksvertretung darin,»daß auf diesem gemeinsamen Boden die widerstreitenden Privatinteressen vereinbart werden zu dem allgemeinen Interesse. Zu dem allgemeinen Besten! Und auf diesem Boden soll die Leidenschaft des Sonderstrebens umgesetzt werden in die Vernunft des Gesamthandelns.«[26]

Nun folgt ein Appell an den Nationalrat, der aus den Erfahrungen der blutigen Konflikte der zunehmenden Polarisierung der Ersten Republik hervorging:»Dieses Mittel der Integration des Volkswillens, das die Volksvertretung darstellt, kann durch nichts, durch kein Staatsorgan, vor allem nicht durch Gewalt ersetzt werden.«[27] Das aber setze bei allem Konflikt»die Achtung vor der Überzeugung des anderen«, das»Gefühl gegenseitiger Achtung«[28], also»das Bestreben, auch den anderen zu verstehen«[29], voraus. Aber die Bereitschaft, sich geistig und emotional in den Gegner hineinzuversetzen, war im bürgerlichen Lager längst dem Willen zur paramilitärischen Konfrontation gewichen. Wie konnte man den Schutzbund abrüsten, während die Gegenseite die Heimwehr aufrüstete? Alle sozialdemokratischen Bemühungen, die Waffenarsenale der paramilitärischen Organisationen abzubauen, scheiterten am Widerstand Seipels, dessen Tendenz, die Sozialdemokratie zu vernichten, immer deutlicher wurde. Renner selbst verspürte die eskalierende Polarisierung am eigenen Leib. Sein Rechtsanwalt Arnold Eisler erwähnt zum Beispiel in seinem Brief an ihn vom 28. November 1930 das Buch *Der Austrobolschewismus als Hüter der ›Gesetzlichkeit‹* von

Sigmund Kaff. In ihm setze der Verfasser »den Verleumdungsfeldzug gegen die Partei und die Genossenschaftsbewegung trotz der wiederholten gerichtlichen Widerlegung seiner perfiden Angriffe fort«. Diese Schmähschrift sei »zum großen Teil wieder gegen Dich (gegen Renner, R. S.) und Deine persönliche Ehre gerichtet«.[30]

Das Wiener Montagsblatt *Der Turm* verleumdete Renner, unter seiner Leitung seien achtzig Milliarden Schilling Arbeitergelder vergeudet worden. In seinem Schreiben vom 26. Juli 1928 teilte der Anwalt Renners seinem Mandanten mit, dass der Richter den verantwortlichen Redakteur Haselmayer in »allen Punkten schuldig erklärt« und ihn zu einer Geldstrafe von zweihundert Schilling (im Falle der Nichteinbringlichkeit eine Woche Arrest) sowie zur Veröffentlichung des Urteils im *Turm*, in der *Freiheit*, der *Arbeiter-Zeitung*, der *Reichspost* und im *Konsumverein* verurteilt habe. Die Druckkosten gingen zu Lasten des Angeklagten.[31] Abgesehen von den zahlreichen anonymen Schmähschriften gegen Renner könnte die Liste der Prozesse fortgesetzt werden – ein Indiz dafür, dass ihm sein lagerübergreifender Kooperationswille keineswegs eine faire Behandlung durch die bürgerliche Presse und Bücherproduktion sicherte. Schließlich ließ er Zeichen der Resignation erkennen, als er in einem Brief an das *Kärntner Volksblatt* schrieb: »Ich habe das Prozessieren satt und werde mich mit dieser Gesellschaft nicht mehr hinstellen, wenn es nicht absolut sein muss.«[32]

Das bürgerliche Lager (Christlichsoziale und Deutschnationale) ließ keine Bereitschaft zu einer Koalition mit den Sozialdemokraten unter fairen Bedingungen erkennen. Selbst Renner lehnte das Koalitionsangebot Seipels von 1931 ab, das zur Bekämpfung der Wirtschaftskrise auf ein Jahr begrenzt sein sollte. In diesem Falle hätte die Sozialdemokratie für unpopuläre Maßnahmen haftbar gemacht werden können, um dann anschließend wieder in die Opposition geschickt zu werden. »Wir sind uns alle einig, Genosse Bauer und ich«, führte Renner auf dem Parteitag der SDAP von 1931 aus, »daß *jetzt absolut kein Moment ist* zum Eintritt in die Regierung. Wir sind alle der Meinung, daß wir über Nacht dazu gezwungen sein könnten. Aber wenn das im normalen Lauf der Dinge auftreten sollte, muß vorher eines klar gestellt werden. Wir haben eine Erfahrung gemacht in den Jahren 1918 bis 1920, die

Erfahrung, *daß wir drinnen mit den Gegnern loyal und redlich zusammengearbeitet haben und daß sie uns draußen agitatorisch für alle Folgen des Krieges verantwortlich gemacht haben*, als wäre das alles Erbe der Republik. (Lebhafte Zustimmung) Wenn wir in die Regierung eintreten würden, so könnte man es, wenn es eine loyale Partei wäre, etwa wie das Zentrum in Deutschland, vielleicht wagen, aber mit unseren bürgerlichen Parteien werden wir das nicht tun, aus dem einfachen Grunde, *weil wir nicht zulassen werden, daß die Schuld des Regimes dieser zwölf Jahre, dieser ganze moralische, politische und ökonomische Zusammenbruch dann am Ende auf die Sozialdemokratie hinübergewälzt wird.* (Stürmischer, anhaltender Beifall).«[33]

Unter diesen Bedingungen stießen die Bemühungen Renners um Deeskalation und Abrüstung der paramilitärischen Potenziale, die er mit Bauer teilte, letztlich ins Leere. Zwar konnte die Sozialdemokratie die vom bürgerlichen Lager und den Heimwehren betriebene Verfassungsreform unter der Regierung Schober nicht verhindern, aber, wie gezeigt, deren Tendenz zu einer Diktatur des Bundespräsidenten bremsen. Inmitten einer außenpolitisch »heiklen Phase« im Zusammenhang mit dem Projekt einer Zollunion mit dem Deutschen Reich wurde Renner am 29. April 1931 »im zweiten Wahlgang mit den Stimmen der sozialdemokratischen Fraktion (…) als Erster Nationalratspräsident gewählt«[34], nachdem er zuvor schon als Kandidat für das Amt des direkt zu wählenden Bundespräsidenten fungiert hatte. Doch aufgrund der polarisierten innenpolitischen Situation sah man von einer Direktwahl ab. In dieser Zeit fand der Putsch der sich am italienischen Faschismus orientierenden Heimwehren unter Walter Pfrimer statt (12. und 13. September 1931). Zwar brach der Staatsstreichversuch zusammen, doch drohte neuerlich Gefahr, als am 20. Mai 1932 eine neue bürgerliche Regierung unter Engelbert Dollfuß ihr Amt antrat, ohne sich auf die komfortable Mehrheit des fragmentierten Bürgerblocks stützen zu können. »Dollfuß beabsichtigte, die Zügel nicht mehr aus der Hand zu geben. Der durch die hinzugekommene großdeutsche Opposition dramatisch knappen Abstimmungen im Nationalrat müde geworden, entschloß er sich, ab 1. Oktober 1932 mittels des alten ›kriegswirtschaftlichen Ermächtigungsgesetzes‹ aus dem Jahr 1917 mit Notverordnungen zu regieren. Immer deutlicher zeichnete es sich ab, daß Dollfuß gewillt war, zunehmend auf die Zustimmung und Kontrolle des Parlaments zu verzichten.«[35]

Die »Selbstausschaltung« des Nationalrats

Es entbehrt nicht einer tragischen Dimension, dass Renner am 4. März 1933 durch eine Unachtsamkeit in seiner Amtsführung als Erster Parlamentspräsident die von Dollfuß betriebene Ausschaltung des Parlaments beschleunigte.[36] Die Exekutive plante Sanktionen gegen streikende Arbeiter. Wegen der knappen Mehrheit der Regierungsfraktion wären sie von der Opposition nur mit einer, die Mehrheit verbürgenden Stimme abzuwenden gewesen. Daher trat Renner auf Anraten Otto Bauers und Karl Seitz' als Erster Parlamentspräsident zurück, ohne die Auswirkungen zu bedenken. Die für den Parlamentarismus der Ersten Republik verheerenden Konsequenzen traten sofort ein, als Renners Stellvertreter Rudolf Ramek und Sepp Straffner seinem Beispiel folgten. Damit war das Parlament ohne Präsidium und formal handlungsunfähig. Diese sogenannte »Selbstausschaltung des Parlaments« schuf, wie Robert Danneberg es ausdrückte, eine Lage für das »Kriegswirtschaftliche Ermächtigungsgesetz« (KWEG) von 1917.[37]

In der Sitzung der sozialdemokratischen Abgeordneten und Bundesräte am 4. März 1933 versuchte Renner auf legalem Wege zu retten, was noch zu retten war. Er teilte den anwesenden sozialdemokratischen Abgeordneten mit, er habe soeben mit Bundespräsident Miklas gesprochen. »Dieser will für morgen 5 Uhr nachmittags eine Obmännerkonferenz einberufen. Nachdem das Haus nicht führerlos sein kann, müsste der letzte Präsident es weiter führen bis zur Neuwahl des Präsidiums.«[38] Aber Miklas war zu diesem Zeitpunkt machtlos. Er konnte dem außerparlamentarischen Druck von rechts nicht standhalten, und so war Dollfuß' Griff zum »Kriegswirtschaftlichen Ermächtigungsgesetz« – um auf der Basis von Notverordnungen autoritär, also am Parlament vorbei, zu regieren –, das 1920 in die Verfassung aufgenommen worden war, nicht zu blockieren. Zwar versuchte Straffner am 15. März 1933, das Parlament wieder einzuberufen. Doch dessen Konstituierung scheiterte am gewaltsamen Eingreifen der Polizei. Dollfuß erklärte seinen Rücktritt als Kanzler einer demokratisch legitimierten Regierung. Bundespräsident Miklas stimmte zu und berief das Kabinett Dollfuß mit drei Heimwehrministern erneut: »Mit der als ›Selbstausschaltung‹ bemäntelten Mattsetzung des Nationalrats und dieser rechtswidrigen Aneignung legislativer Befugnisse war der kalte Staatsstreich vollzogen.«[39]

Dass die Dollfuß-Regierung schon früher ihre Beziehungen zum faschistischen Italien intensiviert hatte, wurde klar, als die *Arbeiter-Zeitung* am 8. Januar 1933 einen spektakulären Waffenschmuggel aufdeckte.[40] Auf dem Gelände der Hirtenberger Patronenfabrik war auf rund vierzig Eisenbahnwaggons eine Ladung von 84 000 Gewehren und 980 Maschinengewehren aus Italien eingetroffen. Es handelte sich um österreichische Waffen, die von der italienischen Armee im Ersten Weltkrieg erbeutet worden waren und die hier modernisiert werden sollten, um dann nach Ungarn zur Unterstützung der Aufrüstung unter Horthy transportiert zu werden. Dieser Vorfall zeigt, in welchem Maße sich das Dollfuß-Regime unter Preisgabe seiner Selbständigkeit zum Erfüllungsgehilfen des italienischen Faschismus gemacht hatte: Es unterstützte, wie diese Affäre zeigt, aktiv die Politik Mussolinis, der durch den Block Italien-Österreich-Ungarn ein Gegengewicht zu der wenig später erfolgten Machtübergabe an die Nationalsozialisten in Deutschland schaffen wollte.

Parallel zur außenpolitischen Intensivierung der Beziehungen zum faschistischen Italien ließen die ersten innenpolitischen Maßnahmen des neuen Regimes nicht auf sich warten: Einschränkung der Pressefreiheit durch Vorzensur oppositioneller Publikationen, Verbot öffentlicher Versammlungen und Demonstrationen, Beseitigung des Verfassungsgerichtshofs, die schleichende Aushöhlung der Finanzen Wiens, Polizeigerichtsbarkeit anstelle der ordentlichen Justiz, Terrorisierung der Arbeiter in den Betrieben, militärische Besetzung von Parteihäusern und nicht zuletzt die Eingliederung der Heimwehren in den regulären Staatsapparat.[41] Weitere Maßnahmen wie die Einrichtung eines offiziellen Propagandadienstes »besonders mit Blickrichtung auf den Rundfunk«[42] und die Einführung der Todesstrafe mit Tendenz zu einer eindeutigen Klassenjustiz zugunsten des bürgerlichen Lagers wurden zur Festigung der Diktatur ergriffen. »Dies war begleitet von Maßnahmen gegen das Streikrecht und dem Verbot von Wahlen in den Landtagen und Gemeinden, was offiziell vor allem mit der steigenden NS-Gefahr begründet wurde.«[43] Nicht zuletzt diente die »Einrichtung des Konzentrationslagers Wöllersdorf und die Einführung der Todesstrafe im Standrechtsverfahren«[44] der Ausweitung und Konsolidierung der austrofaschistischen Diktatur.[45]

Vor allem aber löste das Regime am 31. März 1933 den bewaffneten Arm der SDAP, den Republikanischen Schutzbund, auf und konfiszierte systematisch dessen Waffen, soweit man derer habhaft werden konnte. Die SDAP antwortete mit Demonstrationen; die Kommunisten forderten dagegen vehement den Aufstand. Renner lehnte die kommunistische Option ab, und zwar nicht nur, weil sie den Schutzbund in einen Zweifrontenkrieg verwickelt hätte. Wichtiger war für ihn, dass eine solche Aktion gegen die gesamte Tradition der österreichischen Sozialdemokratie seit Victor Adler gestanden hätte. »In nahezu fünfzigjähriger Arbeit hatte sie auf Grund der geltenden Gesetze zahllose, zum Teil machtvolle und reiche Institutionen der Partei, der Gewerkschaften, der Genossenschaften und Volkskultur aufgebaut, die sie nicht so leichten Sinnes der Gefahr der Zerstörung aussetzen konnte. Zudem war ihre ganze Anhängerschaft durch Viktor Adler und nach ihm durch alle seine Nachfolger zur gesetzlichen Aktion erzogen und zu jeglicher Verschworenentätigkeit, weil ungeschult, auch ungeeignet.«[46]

Außerdem schloss Renner anfangs nicht aus, dass durch die Intervention des demokratischen Westens der Vormarsch des Faschismus auf außenpolitischer Basis friedlich überwunden werden könne. Doch das westliche Ausland verhielt sich in der österreichischen Krise neutral. So richteten sich Renners Hoffnungen innenpolitisch darauf, durch eine besonnene Haltung das Schlimmste vermeiden zu können. Wie die sozialdemokratische Opposition im Nationalrat in Gestalt der Obstruktion mehr negative als positive Wirkungen gezeigt habe, so empfahl er in seiner antifaschistischen Strategie der SDAP eine Politik der

Zurückhaltung. »Die historische Situation kann so sein, daß der Appell an die Gewalt, an die Revolution den gewissen Sieg der Konterrevolution bewirken muß, derart, daß im Sinne des Proletariats zeitweilig am revolutionärsten ist *die Geduld, das Dulden, das Warten* und *Sichfügen!*«[47] Überlaute Klassenkampfparolen festigten nur die Reihen der Gegner. Zurückhaltung sei auch aus diesem Grund geboten.[48] Vor allem habe die Sozialdemokratie die Maxime anzuerkennen, dass eine bürgerliche Regierung mit einer parlamentarischen Mehrheit besser sei als eine Diktatur faschistischer Machthaber. »*Also müssen wir einer bürgerlichen Mehrheit zu regieren ermöglichen!*«[49]

Darüber hinaus hoffte er, dass die Heimwehrbewegung mangels Substanz in sich zusammenbrechen würde. In seinem Brief an Karl Kautsky vom 30. Oktober 1929 schrieb er: »Viel besser als aus allen anderen ökonomisch-politischen Unterlagen erklärt sich der Austrofaschismus aus dieser Armseligkeit. Und deshalb bin ich innerlich vollständig überzeugt, dass er ebenso armselig enden wird. Armselig, das heisst vielleicht mit vielem Radau, aber ohne dass es jemand wagt, zum Aeussersten zu schreiten. Über die Taktik, die man unter diesen Umständen einzuschlagen hat, läßt sich natürlich streiten. Ich meine, daß Ruhe und Geduld die besten Mittel sind. Absolut verkehrt ist jetzt Hochmut, Großsprecherei, Herausforderung. Da die Heimwehrer eine noch schlechtere Auslese von Herrschern liefern als die bestehende, ist es sogar gut, die bisherigen Gegner mit Respekt zu behandeln, wie schwer einem das auch fällt. Bleibt daher das Element, das in allen geschichtlichen Entwicklungen unberechenbar ist, so zum Beispiel der Zufall: Eine vereinzelte Gewalttat auf der einen oder anderen Seite, ein zufälliger bewaffneter Zusammenstoss.« Sie könnten die schrecklichsten Folgen hervorbringen. »Aber gerade den Zufall kann man nur schwer an die Kette binden und das ist das Bedenkliche.«[50]

Doch die Frage ist, welcher Preis seitens der Arbeiterschaft für einen solchen Attentismus zu zahlen und wie er ihr zu vermitteln ist. Renners Thesen zur Koalitionsfrage und zum Kampf gegen den Faschismus sind nicht unwidersprochen geblieben. Albert Lauterbach wies 1930 darauf hin, dass Renner die Faschismusfrage falsch stelle: Er verkenne die internationale Dimension des Faschismus in Mitteleuropa. Die

Revolutionen von 1918/19 seien vor allem von den proletarischen Schichten vorangetrieben worden. Zurzeit erlebe man den konterrevolutionären Gegenschlag, der, aufs Proletariat gerichtet, sich vor allem in den faschistischen Neigungen großer Teile der Bourgeoisie in Mitteleuropa äußere. Dies vorausgesetzt, müsse die Frage nicht lauten, wie Renner sie gestellt habe, »ob die Taktik der österreichischen Arbeiterbewegung ›schuld‹ am Aufkommen des Faschismus in Oesterreich gewesen ist, sondern nur dahin, ob diese Taktik der Arbeiterklasse Oesterreichs die entsprechenden Abwehrmittel gegen die österreichische Spielart des Faschismus verliehen hat«.[51] Es falle darüber hinaus schwer, die von Renner empfohlene Defensivstrategie als ein probates Mittel im Kampf gegen den Faschismus einzustufen. Hatte er nicht selbst den Austrofaschismus in einen engen Zusammenhang mit dem Frontgeist des Ersten Weltkrieges gebracht? Und war es nicht unausweichlich, dass Renners Taktik der Geduld, des Wartens und des sich Fügens in der Logik des Frontgeistes einer Aufforderung zum Angriff auf die sozialdemokratischen Errungenschaften gleichkam?

Aber auch Renners Vorschlag, die Sozialdemokratie habe in einer Situation der aktuellen Bedrohung durch den Faschismus die Aufgabe, alles zu tun, damit ein bürgerliches Kabinett effektiv regieren und so die Effektivität der parlamentarischen Demokratie unter Beweis stellen könne, stand Lauterbach zufolge auf tönernen Füßen. Denn ein solcher Kurs hätte bedeutet, dass ab 1927 die Mieten dem freien Wohnungsmarkt überantwortet worden wären. Ohne durch dieses Zugeständnis die »faschistischen Gelüste« des Bürgertums zu beseitigen, hätten Hunderttausende von Mitgliedern die SDAP verlassen und die faschistischen Aspirationen des bürgerlichen Lagers durch diesen Erfolg eher noch verstärkt. Konzessionen solcher Art, so Lauterbach, führten auch deswegen in eine Sackgasse, weil die Sozialdemokratie in Österreich »fast alle Bestandteile der bürgerlichen Intelligenz an sich gezogen hat«.[52] Insofern sei der Faschismus mit den Konzessionen an das bürgerliche Lager, die Renner vorschlage, nicht wirkungsvoll zu bekämpfen.

Die von Renner mit zu verantwortende »Selbstausschaltung des Parlaments« hatte also weitreichende Folgen für die Republik und ihre einzige verbliebene Säule in Gestalt der SDAP. Das wirft die Frage auf, ob Renner sich tatsächlich der ganzen Tragweite seines überhasteten Rücktritts als Parlamentspräsident bewusst war.

Renners Kampf um eine verlorene Republik

Wie reagierte also Renner auf sein Fehlverhalten als Nationalratspräsident bei der sogenannten »Selbstausschaltung des Parlaments« im März 1933? In seiner historiografischen Schrift *Österreich von der Ersten zur Zweiten Republik* schilderte er seine Rolle eher zurückhaltend und wertneutral: »Um die bedrohten Vertrauensmänner der Eisenbahner zu schützen, veranlaßte der sozialdemokratische Klubvorstand seinen Nationalratspräsidenten, Renner, zu demissionieren – die Regierungsparteien beantworteten den Schachzug geschickt und prompt, indem sie ihren Präsidenten zum Rücktritt veranlaßten.«[53] Renner konnte sein Verhalten durch Otto Bauer legitimiert sehen, der die Aussage Renners ausdrücklich bestätigte: »Da die Regierung nur eine Mehrheit von einer Stimme hatte, kam es auf jede Stimme an. Wir verloren aber eine Stimme dadurch, daß Renner als Präsident des Nationalrates den Vorsitz führte und deshalb nicht mitstimmen konnte. Wir glauben, es vor den Eisenbahnern nicht verantworten zu können, durch Renners Stellung als Präsidenten bei der Abstimmung zu unterliegen und damit Hunderte Eisenbahner der Maßregelung preiszugeben. Deshalb hat Renner wegen eines Konflikts mit den Christlichsozialen auf meinen Rat seine Präsidentenstelle niedergelegt.«[54] Das aber sei ein Fehler gewesen, weil als Antwort der christlichsoziale und großdeutsche Vizepräsident ebenfalls zurücktraten. Außerdem konnte sich Renner darauf berufen, dass sein Fehlverhalten keineswegs eine politische Richtungsänderung bewirkte: Dollfuß' Entschluss, eine Diktatur zu errichten, stand zu diesem Zeitpunkt bereits fest. Er hätte ohne Zweifel andere Gelegenheiten genutzt, um dieses Ziel zu erreichen.[55]

Und doch bleibt Renners Verhalten fragwürdig. Die Feststellung des Historikers Rudolf Neck gibt zu denken: »Der Rücktritt der drei Präsidenten des Nationalrats offenbarte eine unglaubliche Leichtfertigkeit und bewies, wie geringschätzig das Parlament von eigenen Organen behandelt wurde.«[56] Konnte Renner einfach zur Tagesordnung übergehen, wenn eindeutig war, dass die Folgen seines Rücktritts zumindest Dollfuß' Griff zur diktatorischen Gewalt beschleunigt hatte? Entlastete ihn Otto Bauers Übernahme der Verantwortung des Vorfalls wirklich, wenn man bedenkt, dass die letzte Entscheidung bei Renner selbst lag? Hatte er nicht längst das Renommee eines Staatsmannes erworben, der nicht automatisch der Direktive des Klubvorstandes zu folgen gezwungen war, sondern als Parlamentspräsident das Allgemeininteresse im Auge behalten musste? Und wie war es möglich, dass ein erfahrener Politiker wie Renner die Gefahr verkannte, durch seinen überhasteten Rücktritt als Nationalratspräsident Dollfuß den Weg zur Diktatur – wenn auch unfreiwillig – zu erleichtern, zumal diesem bei einer Ausschaltung des Parlaments der Rückgriff auf das »Kriegswirtschaftliche Ermächtigungsgesetz« offenstand?

Das KWEG wurde am 27. Juli 1917 neben der kaiserlichen Verordnung zur Neuregelung von Lohn- und Arbeitsverhältnissen (18. März 1917) erlassen und sollte, wie schon hervorgehoben, der Abwehr wirtschaftlicher Schädigungen und zur Sicherung der Versorgung der Bevölkerung mit Nahrungsmitteln dienen. So mussten beispielsweise Unternehmer, welche die Lohn- und Arbeitsbedingungen missachteten, mit Arrest bis zu drei Monaten oder mit Geldstrafen bis zu 20 000 Kronen rechnen. Beschwerdeführer konnten sich durch Berufsgenossenschaften vertreten lassen (Anerkennung der Gewerkschaften).[57] Beide Gesetze kamen vor dem Hintergrund der Februar-/März-Revolution 1917 in Russland zustande. Dass das KWEG aus der Verfassung von 1920 nicht entfernt wurde, mag mit dem fortschrittlichen Kontext zu tun haben, in dem es im Juli 1917 entstand. Es könnte aber auch erklären, warum Renner die Warnung ignorierte, das KWEG sei für einen Missbrauch von rechts offen. Genau diese Situation war nun eingetreten. Es ist keine Äußerung Renners bekannt, dass er seinen Rücktritt als Parlamentspräsident und seine Fehleinschätzung des möglichen

Missbrauchs des KWEG als Fehler bedauert hätte. Ist diese mangelnde Souveränität auf die Unsicherheit eines Aufsteigers von der Armut in Unter-Tannowitz zur politischen Elite seines Landes zurückzuführen, der fürchtet, das Eingeständnis von Fehlverhalten könnte seiner Reputation schaden?

Wie bewältigte Renner die drohende Perspektive, vor dem Scheitern der Ersten Republik und damit eines Kernstücks seines Lebenswerks als Politiker zu stehen? »Gelassen und zunächst auch ratlos verfolgte Renner von nun an die Entwicklung bis zum Februar 1934. Ja, es schien fast, als ob er – dem aufreibenden Geschäft des Politikers überdrüssig geworden und mit der Aussicht, sich endlich der Schriftstellerei widmen zu können – über seine Rolle als bloßer Beobachter der Szenerie gar nicht so unglücklich war.«[58] Rauschers Einschätzung ist nur teilweise zutreffend. Der einzige Augenzeuge, der Renners erste Reaktion auf die Folgen seines Rücktritts vom Amt des Ersten Nationalratspräsidenten zu berichten wusste, war sein Enkelsohn Karl Deutsch-Renner: »Zufälligerweise war ich gerade im Parlament, am 4. März 1933, als mein Großvater als Parlamentspräsident zurückgetreten war. Die Sitzung war am Anfang gar nicht so aufregend, ich war ja ziemlich oft im Parlament, aber plötzlich hat sich die Sache zugespitzt, mein Großvater ist zurückgetreten. Das ist jetzt Geschichte, alle Leute wissen, daß die zwei Vizepräsidenten ebenfalls zurückgetreten sind. Als wir dann mit dem Wagen zurückfuhren, bin ich in das Büro meines Großvaters gegangen, von wo wir dann zurückgefahren sind zu meinen Großeltern. Er hat damals gesagt: ›Naja, das hätte ich mir nicht gedacht!‹ Und dieser Ausspruch vom Großvater hat mich dann später eigentlich sehr überrascht, weil man immer gesagt hat, diese ganze Sache sei schon vorher abgemacht gewesen.«[59]

Renners erste Reaktion scheint also eine Mischung aus Überraschung und Gelassenheit gewesen zu sein. Aber davon, dass er sich in den folgenden Wochen und Monaten auf den Status eines bloßen Beobachters zurückgezogen hätte, kann freilich nicht die Rede sein. Die erste Herausforderung, der er sich stellte, steht im Zusammenhang mit der polizeilichen Verhinderung der Zusammenkunft des Parlaments am 15. März 1933, die vom ehemaligen Vizepräsidenten Straffner initiiert worden war. Wie sollte der Parteivorstand auf diese antidemokratische Provokation reagieren? Otto Bauer schilderte die Entscheidungssituation, in die auch Renner einbezogen war, durchaus selbstkritisch: »Das Parlament war ausgeschaltet. Die Diktatur etablierte sich. Der Versuch, am 15. März die Arbeit des Parlaments wieder aufzunehmen, wurde von Dollfuß mit polizeilichen Mitteln gewaltsam verhindert. Wir hätten darauf am 15. März mit dem Generalstreik antworten können. Nie waren die Bedingungen für einen erfolgreichen Kampf so günstig wie an jenem Tage. Die deutsche Gegenrevolution, die sich eben damals stürmisch vollzog, hatte in Deutschland die Massen aufgerüttelt. Die Arbeitermassen erwarteten das Signal zum Kampf. Die Eisenbahner waren noch nicht so zermürbt wie elf Monate später. Die militärische Organisation der Regierung war damals weitaus schwächer als im Februar 1934. Damals hätten wir vielleicht siegen können. Aber wir sind damals vor dem Kampf zurückgeschreckt.«[60]

Diese Äußerung Bauers ist freilich eine Ex-post-Aussage, die er nach dem Februaraufstand von 1934 im Exil formulierte. In der Situation von 1933 war der Vorstand der SDAP mit der Frage konfrontiert, wie die Partei mit der »Salamitaktik«[61] der autoritären Regierung auf dem Weg zur faschistischen Diktatur umgehen sollte. Das Problem für die Sozialdemokratie bestand darin, dass sich das Dollfuß-Regime – »für das sich sehr bald, als politischer Kampfbegriff, der Terminus *Austrofaschismus* herausgebildet hatte« – weitgehend des offenen Terrors enthielt: »Seine Methoden waren jene der juristisch ausgeklügelten Willkür, der sozialen Infamie, der subtilen Schikane, stets unter dem Aspekt der Vergeltung, der Revision eines spätaufklärerischen, massenpädagogischen Emanzipationsprojekts. Das Regime zielte, nach der Phase der Standgerichtsbarkeit, nicht auf die physische Vernichtung des Gegners, es zielte auf deren wirtschaftliche Existenz, es überantwortete sie einer Spirale von materieller Not und gesellschaftlicher Ausgrenzung.«[62]

Otto Bauer verkündete auf dem Außerordentlichen Parteitag von 1933, dass sich der Parteivorstand und der Bundesvorstand der Gewerkschaften auf vier Fälle geeinigt hätten, »in denen die Arbeiterschaft den Kampf auf jeden Fall wagen mußten«[63]: 1. Die Liquidierung der Rechte Wiens als Bundesland und die Einsetzung eines Regierungskommissars nach dem Vorbild des Staatsstreichs in Preußen. 2. Die Auflösung der freien Gewerkschaften. 3. Das Verbot der SDAP. 4. Die Einrichtung einer faschistischen Verfassung. Aber dieser Katalog hatte nur eine begrenzte Orientierungskraft, da er nur sehr schwer auf die Strategie der moralischen Zermürbung des zum »inneren Feind« deklarierten Gegners anwendbar war. Auch fehlte eine »Weisung für den Fall eines Generalstreiks (...), die Initiative sollte von den Massen ausgehen«.[64] Das Mobilisierungspotenzial der Arbeiterschaft hatte sich durch das von der Wirtschaftskrise bedingte Elend der Massenarbeitslosigkeit und durch die Ausgrenzungsstrategie der Regierung weitgehend erschöpft. Hinzu kommt, dass der Bürgerkrieg für den Parteivorstand, allen voran für Bauer und Renner, aufgrund seiner humanistischen Gesinnung keine wirkliche politische Lösung der Krise darstellte. Vielmehr boten sie alles auf, um den drohenden bewaffneten Konflikt unter allen Umständen zu vermeiden.

Wie Jacques Hannak bestätigen kann, signalisierte Dollfuß zunächst durchaus eine gewisse Verständigungsbereitschaft für eine friedliche Lösung des Verfassungskonflikts.[65] Renner und Bauer[66] reagierten mit Angeboten, die der autoritären Regierung Dollfuß weit entgegenkamen. Renner unternahm, »gedeckt durch das Plazet der Parteiexekutive einen neuen Verständigungsvorstoß. Er leitete Miklas, dem früheren Bundeskanzler Ramek, dem Badener Bürgermeister Kollmann und dem Obmann der Christlichsozialen, Czermak – Personen, die gemeinhin dem demokratischen Flügel der Christlichsozialen zugerechnet wurden –, sowie dem ehemaligen Vizekanzler Winkler (Landbund) eine schon paragraphierte Vorlage für ein ›Staatsnotstandsgesetz‹ zu.«[67] Dieses Staatsnotstandsgesetz, »das neben dem Nationalrat des allgemeinen Stimmrechts, wie er bestand, einen Ständerat vorsah«[68], erläuterte Renner in seinem Schreiben an Josef Löwenthal: »Der Gesetzentwurf vermeidet es, von Vollmachtserteilungen zu sprechen. Sein Leitsatz ist, bestehende Kompetenzen auf andere Organe zu übertragen, weil die letzteren rascher handeln können. Diese Übertragung soll aber die Grundlagen der Gewaltenteilung nicht verschieben. Die Gesetzgebung bleibt bei den Volksbeauftragten, nur geht sie vom National- und

Bundesrat über auf Staatsrat und Bundespräsidenten. Die Exekutive bleibt dem Ministerium, jedoch nimmt der Bundespräsident unmittelbar an der Exekutive teil, indem er im Ministerrat einen Kabinettssekretär sitzen hat und mit der Heeresleitung durch einen Kabinettadjutanten als Verbindungsoffizier in ständiger Verbindung steht.«[69] Dieses Staatsnotgesetz war insofern ein Versuch, den Nationalrat zu retten, als er ihm drei Funktionen zuordnete: die Deklaration der Unabhängigkeit Österreichs vom Nationalsozialismus, die Generalvollmacht zur Fortsetzung des Notverordnungskurses der Regierung und die Vertagung des Parlaments auf einen längeren Zeitraum.[70] Das sozialdemokratische Angebot enthielt also nicht nur eine weitgehende Duldung des autoritären Regimes, sondern auch das Bündnis gegen den Nationalsozialismus und damit eine Entlastung der Diktatur von einem innenpolitischen Zweifrontenkrieg. Doch Dollfuß lehnte diesen Kompromissvorschlag ab und ließ die gesetzte Frist bis zum 15. Januar verstreichen. Es ist schon ein »Optimismus der Verzweiflung« zu unterstellen, wenn die Gruppe um Renner und Helmer dennoch einen erneuten Vorstoß zur Rettung der parlamentarischen Demokratie unternahm[71], der erst durch den Ausbruch des Bürgerkrieges beendet wurde: »Die sozialdemokratischen Abgeordneten sollten durch eine Vorstandweisung veranlaßt werden, eine vom Landbund verfolgte Parlamentsaktion zu unterstützen. Dazu wurde Fühlung mit Graz, Salzburg, Linz und Klagenfurt aufgenommen, wo Heimwehrultimaten die bürgerlichen Parteien geschockt hatten.«[72]

Aber der Versuch, die Demokratie mit kommunikativen Mitteln zu retten, sollte ebenso scheitern wie die Vermeidung des Bürgerkriegs.[73] Es kam zu den Februarkämpfen 1934, und zwar unter weitaus schlechteren Bedingungen für die Sozialdemokratie als am 15. März 1933. Was der Bürgerkrieg für die SDAP und damit auch für Renner bedeutete, wird im nächsten Abschnitt zu behandeln sein.

Der Bürgerkrieg im Februar 1934

Mit der Ausschaltung des Parlaments, dem Verbot der *Arbeiter-Zeitung*, der Auflösung des Republikanischen Schutzbundes und der Verhaftung seiner führenden Funktionäre hatten die durch die Regierung Dollfuß evozierten Provokationen eine Eskalationsstufe erreicht, die sowohl der Parteivorstand als auch der illegalisierte Republikanische Schutzbund nicht unbeantwortet lassen konnten. Renner beschrieb die Reaktion des Parteivorstandes, der zum letzten Mal am 8. Februar 1934 zusammentrat, nüchtern und zustimmend zugleich: Er sei entschlossen gewesen, »auf keinen Fall das Signal zum Bürgerkrieg zu geben, sondern den Angriff von oben abzuwarten und der Regierung die Verantwortung zu überlassen. Trotz der Ungunst der äußeren und inneren Umstände, ohne viel Hoffnung auf den Sieg, ist man zur Verteidigung der republikanischen Verfassung und damit der eigenen politischen Existenz entschlossen, aber *bloß zur Verteidigung*. (Hervorhebung: R. S.) Folgt ihr auch ein nennenswerter Teil des Bürgertums und der Bauernschaft, so ist die Republik gerettet, bleibt man allein, so ist der Kampf aussichtslos. Aber er muß um der Ehre der Fahne willen aufgenommen werden.«[74]

Doch wie reagierten die im Untergrund agierenden, aber noch intakten Formationen des Schutzbundes? Setzten sie den Beschluss des Parteivorstandes durch? Das ist zum Teil sicherlich der Fall gewesen. Doch als am Montag, dem 12. Februar 1934, die Bundespolizei in das Hotel Schiff in Linz, den Sitz der lokalen Arbeiterorganisation, eindrang, um eine Waffendurchsuchung vorzunehmen, setzten sich Teile des Republikanischen Schutzbundes zur Wehr, ohne die Direktiven des Parteivorstandes abzuwarten. Es kam zu Schießereien, auch in anderen Stadtteilen. Vor allem sprang der Funke des Aufstandes nach Wien und Oberösterreich über. Gleichzeitig, so resümierte Renner, »läuft wie ein Uhrwerk der Aktionsplan der Regierung ab. Noch vor der Stunde seines Zusammentretens sind die Mitglieder des Parteivorstandes verhaftet, ebenso alle sozialdemokratischen Mandatare des Bundes und der Gemeinde Wien, alle namhaften Vertrauensmänner der Gewerkschaften. Die politische Partei ist aufgelöst, alle ihre wirtschaftlichen, sozialen, kulturellen Vereinigungen ebenso, alles Vermögen, das irgendwie mit der Arbeiterbewegung zusammenhängt, beschlagnahmt. Der Sicherheitsminister Fey führt das Kommando in Wien, Militär, Polizei, Heimatschutz und Schutzkorps sind aufgeboten, in dreitägigem Kampf wird die Erhebung niedergeworfen.«[75]

Für die österreichische Arbeiterbewegung endete der Bürgerkrieg 1934 mit einer Katastrophe. Renner berichtete, dass sich Gefängnisse und Anhaltelager mit Tausenden ihrer Vorkämpfer füllten und dass das Standgericht viele von ihnen hinrichten ließ. Aber auch die Gegenseite hatte eine Opferbilanz zu konstatieren, die auf die Härte der militärischen Auseinandersetzungen in vielen Landesteilen Österreichs hindeuten. Nach neueren Untersuchungen muss in der Tat festgestellt werden, »daß der Bürgerkrieg vom Februar 1934 einen hohen Blutzoll gefordert hat. Wenngleich sich genaue Zahlen nicht ermitteln lassen, so dürften die Verluste beim Schutzbund allein in Wien über 1000 Mann betragen haben. Von den Verlusten der staatlichen Streitkräfte und Zivilisten werden in Wien nach dem Stande vom 26. Februar 1934 angegeben: 156 Tote, darunter 109 Zivilisten, 26 Polizisten, 14 Schutzkorpsleute und 7 Bundesheerangehörige, sowie 356 Verwundete, darunter 233 Zivilisten und 123 Angehörige der staatlichen Streitkräfte. Das Bundesheer hatte gesamtösterreichisch 172 Mann an Verlusten erlitten: 30 Tote und 142 Verletzte. Die Exekutive hatte 53 Tote und 173 Verletzte, die bürgerlichen Wehrverbände 41 Tote und 87 Verletzte.«[76]

Was die Ursachen für die Niederlage der Arbeiterbewegung im Bürgerkrieg betrifft, so werden zwei Thesen vertreten, die einander ziemlich diametral gegenüberstehen. Nach Kurt Peball war dieser Bürgerkrieg nicht zu gewinnen, »weil er keinem wohlorganisierten Flächenbrand glich, sondern bloß aus lokalen, spontan ausbrechenden Brandherden bestand. Er konnte deshalb auch innerhalb von wenigen Tagen infolge der numerischen und wehrpolitischen Überlegenheit der Regierungstruppen zu deren Gunsten entschieden werden.«[77] Peballs These muss freilich um die Kritik Theodor Körners ergänzt werden, die dieser an der Abwehrkonzeption des Technischen Ausschusses des Republikanischen Schutzbundes übte. Ganz noch im militärpolitischen Denken des

Ersten Weltkrieges befangen, wollte dieser mit Zustimmung des Parteivorstandes dem Bundesheer so weit wie möglich mit analogen militärischen Gewaltmitteln gegenübertreten. Körner, einst dem k.u.k. Generalstab der österreichischen Armee an der Isonzo-Front im Großen Krieg angehörend, lehnte diesen Ansatz, reguläre Arbeiterbataillone aufzustellen, als ersten Schritt in die Niederlage ab. Ohne sich durchsetzen zu können, optierte er für eine Guerilla-Strategie, die den Gegner durch punktuelle bewaffnete Vorstöße jenseits der offenen militärischen Konfrontation moralisch zermürben sollte.[78]

Die andere These hat Rudolf Neck vertreten. Ihm zufolge waren »für das Scheitern des Aufstands nicht so sehr die militärischen Führungsmängel, sondern die politischen Fehler verantwortlich. Die Schutzbündler kämpften gegen die Unterdrückung ohne ein konkretes politisches Ziel; man war sich nicht im Klaren über Form und Inhalt der Demokratie, für die man stritt.«[79] Die ganze Desorientierung des Republikanischen Schutzbundes werde deutlich, wenn man dessen unmittelbare Ziele während der Februarkämpfe Revue passieren lasse: »Die Bandbreite reicht von der restaurativen Seite (eine Wiederherstellung des status quo der parlamentarischen Demokratie nach dem Stand vor dem 4. März 1933) bis zum radikalsten politisch-gesellschaftlichen Umsturz. Eine realistische Einschätzung des Möglichen ist kaum zu bemerken.«[80] Doch beide Richtungen waren aus heutiger Sicht, das heißt ex post betrachtet, mit dem Stigma des Scheiterns behaftet. Die restaurative Linie, die Renner und seine niederösterreichischen Freunde vertraten, war – nach dem Vorbild der Weimarer Koalition – auf die Zusammenarbeit mit den demokratischen Teilen des bürgerlichen Lagers angewiesen.

Gewiss gab es Stimmen im Umfeld der Christlichsozialen, die für eine solche Option angesichts des Erstarkens der Nationalsozialisten in Österreich eintraten. So schrieb der katholische Soziologe Ernst Karl Winter in seinem Brief an Karl Renner vom 5. März 1933, er habe unter einem Pseudonym »in letzter Zeit mehrfach in der ›Neuen Zeitung‹, dem (von Dr. Kogon) neu geleiteten Organ der christlichen Gewerkschaften für die Verständigung mit den Linken eine Lanze eingelegt«. Weitere Artikel in Zeitungen, so Winter, dienten dem Zweck der

»Zusammenfassung der Staatsparteien gegen den Nationalsozialismus: Als Katholik und als Konservativer bin ich der Ueberzeugung, dass Ihrer Partei nunmehr die Vorhand gebührt, und bin bereit, meine persönlichen Kräfte für diese Sache einzusetzen. Vielleicht ergibt sich bei einer Aussprache demnächst, dass es sich dabei um ganz konkrete Möglichkeiten handelt, über den toten Punkt, auf den Oesterreich durch den Seipelschen Kurs gekommen ist, hinauszukommen.«[81] Aber die kooperationswilligen Strömungen des bürgerlichen Lagers standen zu diesem Zeitpunkt nicht mehr als Bündnispartner zur Verfügung. Und die revolutionäre Option war in einer innen- und außenpolitischen Situation in dem Maße ebenfalls chancenlos, wie sich der Faschismus in allen seinen Spielarten auf dem Vormarsch befand.

Sofern sie nicht fliehen konnten oder es vorzogen, nicht ins Exil zu gehen, sondern in Österreich zu bleiben, wurden, wie bereits ausgeführt, die Mitglieder des Parteivorstandes der SDAP verhaftet, darunter auch Renner. »Wegen des Verbrechens des Hochverrats und der eventuellen Mitschuld am Hochverrat wurde am 12. Februar 1934 in Gloggnitz auch Karl Renner von Heimwehrleuten verhaftet. Im Wiener Polizeigefängnis auf der Roßauer Lände wurde er nun in einer 2,75 mal 2,75 mal 3,20 m großen Zelle mit sanitär erträglichen Verhältnissen untergebracht.«[82] Renners Briefe aus dem Gefängnis an seine Frau Luise zeigen, dass er frei von jeglichem Selbstmitleid war und die restriktiven Haftbedingungen mit eher stoischem Gleichmut ertragen hat. Er wisse zwar nicht, schrieb er seiner Frau, wie lange sein Gefängnisaufenthalt noch dauern werde. »Die Regierung hat zur Zeit viel mit sich selbst zu tun, daß sie kaum an uns denkt. Der Prozeß – soweit es den Parteivorstand und mich angeht – käme ihr sehr ungelegen.«[83] Doch er fürchte nichts für seine Person. Zwar gehe viel Zeit verloren, aber das bedrücke ihn nicht weiter, weil seine »Unterbringung hier unter den gegebenen Umständen nicht schlecht ist. Meine Zelle wird rein gehalten, die Verpflegung ist zwar primitiv, aber bringt keine Schädigung der Gesundheit. Leider nehme ich wieder zu, obschon ich ab und zu Marienbäder nehme.«[84] Im Übrigen fällt auf, dass er ganz ähnlich wie während seines Aufenthaltes in St. Germain regen Anteil an häuslichen Angelegenheiten in Gloggnitz nimmt. Auch macht sich Renner Sorgen über den Gesundheitszustand Robert Dannebergs, der an einem Augenkatarrh, und Karl Seitz', der an einer Magenverstimmung litt.[85] Renners Verhaftung wegen des Verdachts auf Hochverrat rief lagerübergreifend und international solidarische Reaktionen hervor. So schrieb ihm Smith W. Brookhart, Mitglied des Committee of Interstate Commerce im US-amerikanischen Senat: »Remembering my conference with you on cooperatives in 1923, it is hard for an American to realize that any government would be autocratic and foolish enough to put you in jail. I want to extend to you the hope that you will soon be released and your broad and human ideas will again triumph in your country.«[86] In seinem Brief vom 25. April 1934 richtete Friedrich Adler an Renner seine herzlichsten Wünsche für dessen baldige Entlassung aus seiner »jetzigen Lage«.[87] Die sozialdemokratische Bezirkskonferenz Bodenbach schickte Renner am 7. Mai 1934 über das Landesgericht Wien folgendes Telegramm: »Die Arbeiter des Bezirkes Bodenbach gedenken in unwandelbarer Freundschaft ihres alten Vorkämpfers. Sie erwarten mit Sehnsucht die Stunde des Wiedersehens zur bewährten Gemeinschaft im Kampfe um Recht und Freiheit.«[88] Und der Priester Wolfgang Pauker, ein ehemaliger Jugendgefährte, ließ Renner aus dem Stift Klosterneuburg am 21. Februar 1934 folgende Solidaritätsbekundung zukommen: »Ich kenne nicht Deinen momentanen Seelenzustand, aber ich denke schon seit Tagen viel an Dich, und wenn Du mich sehen wolltest, oder den Wunsch hättest, daß ich Dich besuchen sollte, so bin ich jederzeit gern bereit, zu Dir zu kommen. Du müßtest es mich nur über die Behörden wissen lassen.«[89]

Doch wie ging Renner persönlich mit seiner Inhaftierung um? Eine zentrale Herausforderung waren die zahlreichen Verhöre, auf die er sich einzustellen hatte. Jacques Hannak war der erste Biograf, der die Protokolle teilweise veröffentlichte. Da das geschlossene Konvolut, das ihm noch vorlag, nicht mehr auffindbar ist, beziehe ich mich im Folgenden auf seine Exzerpte. Sie beantworten eine Reihe biografisch relevanter Fragen: Wie verteidigte sich Renner gegen die Anklage des Hochverrats?

Wie beurteilte er das Verhalten des Parteivorstandes und Otto Bauers während der Februarkrise? Und in welchem Licht kommentierte er den Aufstand selbst? Renner distanzierte sich von den Ereignissen des 12. Februar. Dass er mit ihnen in »keiner Weise zu tun gehabt« habe, ergebe sich aus seiner ganzen Haltung seit 1927, den Bürgerkrieg »mit allen mir zugänglichen Mitteln«[90] verhindern zu wollen. Das treffe ohne Einschränkung aber auch für den gesamten Parteivorstand zu. Vielmehr sei »die ganze Partei auf die juristische und parlamentarische Kampfweise und nur auf diese eingestellt«[91] gewesen. Ohne Mitwirkung des Parteivorstandes und seiner eigenen Person sei der Aufstand in Linz als Reaktion auf die Einschränkungen der Presse- und Versammlungsfreiheit durch die Regierung »elementar« ausgebrochen: »Nicht sie, die Sozialdemokratische Partei, sondern die Regierung hat durch ihre Maßnahmen alle Sicherheitsventile beseitigt, so daß die Explosion als soziales Elementarereignis kam, das nur als geschichtliches Faktum und nicht kriminell beurteilt werden kann.«[92]

In seinem Verhör betonte Renner nachdrücklich, dass die »Sozialdemokratie als Organisation und ihre Mitglieder als Masse in der Front des geschriebenen, geltenden Rechts, auf der Seite der legal beschlossenen, in Kraft stehenden Verfassung (standen)«, die sie verteidigten. »Nicht sie waren im Angriff, nicht sie wollten eine Änderung des bestehenden Rechtszustandes. Sie wollten das geltende Gesetz und nichts als dieses. Einen Umsturz der bestehenden Rechtsordnung betrieb zunächst die Heimwehr und später die zu ihr übergegangene öffentliche Gewalt, die die verfassungsmäßigen Rechte beiseite setzte, um zu diesem Ziel (dem Umsturz, R. S.) auf einem Nebenwege zu gelangen.«[93] Immer wieder hob Renner hervor, der gesamte Parteivorstand habe auf dem Boden der Demokratie gestanden. Das treffe ohne Einschränkung auch auf Otto Bauer zu: »Bauer war (…) absolut und vorbehaltlos Anhänger der Demokratie. Er hat immer gewollt, daß Österreich eine ›demokratische Insel‹ sei und bleibe. Zu den russischen Bolschewiken stand kein österreichischer Sozialdemokrat in so leidenschaftlichem Gegensatz wie Bauer.«[94] Es gehört auch zur Persönlichkeit Karl Renners, dass er sich, mit der Anklage des Hochverrats konfrontiert, nüchtern, ohne falsches Pathos und ohne opportunistische Ausweichmanöver zur historischen Wahrheit bekannte. Falls Regierungspläne bestanden haben sollten, einen großen Schauprozess gegen führende Sozialdemokraten zu veranstalten, wurden sie bald fallengelassen: Zu sehr war das Regime im Ausland durch die blutigen Ereignisse des 12. Februar diskreditiert. So kam es, dass inhaftierte Sozialdemokraten ohne viel Aufsehen entlassen wurden, allerdings ohne Aufhebung des Gerichtsverfahrens und unter strenger polizeilicher Meldepflicht. Unter den Freigelassenen befand sich auch Karl Renner. »Nach seiner Entlassung am 20. Mai 1934 lehnte die Ratskammer des Landesgerichts für Strafsachen Wien I eine Haftentschädigung für Renner mit der Begründung ab, daß er den Verdacht, von den ›hochverräterischen Unternehmungen‹, die zur ›Empörung am 12. Februar 1934 führten‹, gewußt zu haben, nicht entkräften habe können.«[95] Zudem teilte ihm der stellvertretende Parlamentsdirektor Hugo Dostal die Aberkennung des Nationalratsmandates, die Einstellung der Bezüge und die Rückforderung der Eisenbahn-Ausweiskarte mit.[96] Am 31. Dezember 1935 erhielt Renner die amtliche Mitteilung der Staatsanwaltschaft Wien, dass der Bundespräsident aufgrund des Erlasses des Bundesministeriums für Justiz vom 23. Dezember 1935 angeordnet habe, das beim Landesgericht für Strafsachen anhängige Verfahren einzustellen.[97] »Von dieser Anordnung werden Sie hiermit über Erlass der Oberstaatsanwaltschaft vom 20.12.35 benachrichtigt«, was am 7. Januar 1936 durch das Landesgericht Wien I auch tatsächlich geschah.[98] Damit war für Renner die Einstellung der Voruntersuchung wegen des Verbrechens der Mitschuld am Hochverrat erfolgt. Gleichzeitig stand für ihn fest, dass seine Laufbahn als aktiver Politiker vorerst der Vergangenheit angehörte.

Nach seiner Haftentlassung zog sich Renner nach Gloggnitz zurück. Zwar traf er sich mit Parteivorstandsmitgliedern, die nicht emigrieren mussten. Doch mit Kontakten zu den Revolutionären Sozialisten, deren ideologischer Mentor der nach Brünn geflüchtete Otto Bauer war, hielt er sich zurück. »In Wien pflegte er mit seinen alten niederösterreichischen Parteifreunden einmal die Woche zu Karten- und Billardpartien in verschiedenen Cafés zusammentreffen. Später kam es auch zu halb geselligen, halb politischen Zusammenkünften in der Taubstummengasse.«[99] In einem Brief an Friedrich Adler, den er während eines Konferenzbesuchs in Paris am 27. Juli 1937 schrieb, argumentierte er, Illegalität sei unter bestimmten Umständen »*unvermeidlich*, ist *geboten*, wie wenig sie augenblicklich nütze. Sie kann nicht von Leuten gemacht werden, die 40 Jahre in Legalität ergraut sind. Von einem Geschäft, zu dem ich nicht tauge, halte ich mich ferne. Gibt es etwas, wozu man mich braucht, wird man mich finden. – Ich sehe nichts Derartiges, jetzt nicht und nicht in absehbarer Zeit.«[100] Umgekehrt hielten aber auch die Revolutionären Sozialisten Distanz zu Renner. Deutlich wurde dies, als Renner 1937 ein Bündnis mit der katholischen Opposition gegen den nationalen Kurs Kurt Schuschniggs anstrebte. Ziel war die Bildung einer Einheitsgewerkschaft, die von gewerkschaftlichen Führern wie Johann Böhm und Karl Mantler unterstützt wurde. Doch die Revolutionären Sozialisten zeigten Renners Initiative die kalte Schulter. »Je energischer Renner und andere den alten Plan einer lagerüberschreitenden Verständigung mit neuem Eifer verfolgten, umso schneller mußten die Gegensätze zur illegalen Parteileitung aufbrechen. Im Oktober verabschiedete eine Reichskonferenz der Revolutionären Sozialisten Beschlüsse zur Taktik der Partei, die den ›reformistischen und demokratischen Illusionen‹, die nach mehr als dreijährigem politischen ›Winterschlaf‹ im eigenen Lager erwacht waren, eine Absage erteilten.«[101]

Dieser kurzlebige Versuch einer Wiederbelebung seiner auch jetzt zum Scheitern verurteilten Konsensstrategie kann nicht darüber hinwegtäuschen, dass Renner die Zeit des Austrofaschismus unter Dollfuß und Schuschnigg als die tiefe Demütigung eines Mannes erlebte, der sein politisches Lebenswerk zerstört sah. »Selbst zu Zeiten des k.k. Absolutismus unter Stürgkh war die Sozialdemokratie nicht derart ausgeschaltet, geächtet und verfolgt gewesen wie seit dem Februar 1934. Zu keinem Zeitpunkt der habsburgischen Herrschaft hatte sich die österreichische Arbeiterbewegung solchen Repressionen ausgesetzt gesehen. Renner, der so stolz auf die republikanischen Errungenschaften im Zuge des Umsturzes von 1918 gewesen war, sollte die Demütigung durch den christlichen Ständestaat sein Leben lang nicht vergeben und vergessen.«[102]

Es verwundert daher nicht, dass Renner die Etablierung des Dollfuß-Schuschnigg-Regimes als einen gravierenden Wendepunkt seines Lebens begriff. Konfrontiert mit den Trümmern seines politischen Lebenswerkes, war es seiner pentagonalen Persönlichkeitsstruktur zu verdanken, dass er nicht resignierte. Stattdessen aktivierte er – wie zu der Zeit, als er in der Reichsratsbibliothek arbeitete – seine literarischen und wissenschaftlichen Kompetenzen, während seine aktiv politischen und erzieherischen Qualitäten mit der Zerschlagung seiner politischen Agenda in die Latenz gedrängt wurden.

Zeugnis für Renners ungebrochene Schaffenskraft während der Zeit des austrofaschistischen Regimes legt auch jenes nachgelassene Werk ab, das erst nach seinem Tod publiziert wurde: *Österreich von der Ersten zur Zweiten Republik*. Der erste Teil, der mit dem Zusammenbruch der Donaumonarchie und der Gründung der Republik beginnt und mit dem letzten Jahr des Schuschnigg-Regimes endet, lag 1938 vor. Den zweiten Teil, der die Annexion Österreichs und die Unterwerfung der Tschechoslowakei zum Gegenstand hat, nahm Renner erst 1948 in Angriff. Der dritte Teil, der das Verhältnis Österreichs zu Europa behandelt, »gibt fast unverändert wieder, was der Verfasser in dem Juliheft der amerikanischen Zeitschrift ›Foreign Affairs‹ unter dem Titel ›Österreich und Europa‹ ausgeführt hat«.[103] Bei dieser Schrift handelt es sich um eine historiografische Arbeit. Sie geht über deren Format aber insofern hinaus, als ihre konzeptionelle Stoßrichtung darauf abzielt, die kommende Politiker-Generation »durch die Kritik der verhängnisvollen Fehler«, die zum Scheitern der Ersten Republik führten, »vor deren Wiederholung zu behüten«.[104] So entwirft Renner ein politisches Szenario, das wie in einem Drehbuch seine Konzeption der auf Konsens basierenden Gestaltung der Zweiten Republik im Licht der Erfahrungen der Zwischenkriegszeit begründet. Darauf, dass ein solches Unternehmen, das einer Projektionsfläche für Renners Vorstellungen einer dauerhaften Koalition mit der ÖVP nach 1945 gleicht, nur um einen nicht unbeträchtlichen epistemischen Preis zu haben ist, hat Renners Weggefährte Julius Deutsch schon früh aufmerksam gemacht. Er mahnte noch vor dem Druck des Werkes wichtige sachliche Korrekturen respektive Ergänzungen an, von denen hier nur einige erwähnt werden können. Er kritisierte unter anderem, dass Renners »Kritik Otto Bauers etwas zu scharf ist und gemildert werden sollte«.[105] Überhaupt sei ihm aufgefallen, »dass Du von der Volkswehr, ihrer Errichtung, ihren Leistungen und ihrer Bedeutung in dem ganzen Buche nicht sprichst. Ich glaube, dass das nicht möglich ist, denn die Volkswehr hat in den ersten Jahren der Republik eine so grosse Rolle gespielt, dass es unmöglich ist, an ihr vorüberzugehen.«[106] Das Gleiche treffe auch für den Republikanischen Schutzbund zu. »Während Du die Heimwehr ausführlich beschreibst und Dich auch mit den führenden Leuten der Heimwehr sehr oft beschäftigst, wird der Republikanische Schutzbund hie und da erwähnt, aber nirgendwo beschrieben, obwohl für eine Beschreibung genug Material vorliegt. Ich glaube, dass der Republikanische Schutzbund im politischen Leben Österreichs eine so grosse und bedeutende Rolle gespielt hat (…), dass eine Darstellung einfach nicht zu vermeiden ist. Die paar kurzen Zeilen auf S. 90 sind zu wenig.« Bei der Beschreibung der Heimwehren blende Renner den Einfluss Mussolinis weitgehend aus, der durch Geldzuwendungen gravierend gewesen sei, wie aus dem Buch Starhembergs hervorgehe.[107] Auch falle auf, dass der Linzer Parteitag unerwähnt bleibe: »Ich brauche wohl nicht erst zu sagen, dass diese Lücke unter allen Umständen ausgefüllt werden müsste.«[108] In einer Fußnote habe Renner »Faschismus und Volksdemokratie einfach gleichgesetzt. Es scheint mir, dass das viel zu weitgehend ist.«[109] Auch gehe Renner auf den 12. Februar 1934 nur beiläufig ein. »Eine Darstellung der Kämpfe und sei sie noch so knapp, wird sich nicht vermeiden lassen. Ebenso unvermeidlich ist es, dass über die Hinrichtungen von Wallisch, Münichreiter etc. ein Wort gesagt wird. Ein Buch, in dem von diesen Ereignissen nichts steht, ist ja für die Arbeiterschaft kaum verständlich.«[110] Ebenfalls bemängelte Deutsch, dass Renner über die Vorgänge im bürgerlichen Lager viel berichte, aber die SDAP vernachlässige. Die SDAP erscheine nur als Widerpart des bürgerlichen Lagers. »Von den tüchtigsten Persönlichkeiten der Sozialdemokratie wird im ganzen Buche ausser Otto Bauer (und der ist nicht günstig beschrieben) nicht ein einziger beschrieben.« Das Rote Wien bleibe ausgeblendet, seine führenden Männer unerwähnt. »Weder

Glöckel noch Tandler kommen in dem Buche vor. Breitner und Danneberg werden nur nebenbei erwähnt.«[111] Einen Hinweis auf die Revolutionären Sozialisten in der Zeit von 1934 bis 1938 suche man schließlich vergeblich: »Man mag zu den RS stehen wie man will, aber sie haben zweifelsohne in einem gewissen Zeitraum eine gewisse Bedeutung besessen und können nicht totgeschwiegen werden.«[112] Vor allem aber bemerkte Deutsch, dass die Dokumentation von Renners Erklärung zur Anschlussfrage im »Ja«-Interview von 1938 in der frühen Version seines Buches fehlt, »obwohl Du auf Seite 282 in einer Fussnote die Erklärung Innitzers kritisch erwähnst. Deine Erklärung zur Anschlussfrage müsste meines Erachtens ohne jede Scheu der Nachwelt verständlich gemacht werden.«[113]

Diesen Einwand Deutschs berücksichtigte Renner in der Endfassung seines Werkes: Er erläuterte den Kontext und die Gründe für dieses Interview, das er in voller Länge in seinen Text integrierte. In unserem Zusammenhang ist Renners historiografisches Werk *Österreich von der Ersten zur Zweiten Republik* trotz der zutreffenden Einschränkungen Deutschs von entscheidender Bedeutung, weil es eine Analyse des Austrofaschismus enthält, der wir uns im folgenden Abschnitt zuzuwenden haben.

Renners Analyse des austrofaschistischen Regimes

Im ersten Teil des zweiten Bandes von *Österreich von der Ersten zur Zweiten Republik*, den er 1937 abschloss, hat Karl Renner seine Analyse des autoritären Regimes unter Engelbert Dollfuß und Kurt Schuschnigg vorgelegt. In seiner Auseinandersetzung mit dem Austrofaschismus findet sich kein Hinweis, dass er zu diesem Zeitpunkt der Marx'schen Bonapartismustheorie als Analyseraster systematische Bedeutung beigemessen hätte, wie dies für Otto Bauers Faschismustheorien zentral war.[114] Zwar spielte er, wie gezeigt, auf dem Parteitag von 1927 auf das Bonapartismusmodell an, als er am Beispiel des italienischen Faschismus zu verdeutlichen suchte, dass aufgrund eines Klassengleichgewichts und des daraus resultierenden Machtvakuums kleine entschlossene Gruppen durchaus die Macht an sich reißen könnten.[115] Auch brachte er den Immobilismus des Nationalrats in der Spätphase der Republik mit dem Klassengleichgewicht zwischen dem Bürgerblock und der Sozialdemokratie, der sich in ihm spiegle, in Verbindung. Doch im Zentrum seiner Analyse des Austrofaschismus steht ein eher ideologiekritisches Paradigma kollektiver Bewusstseinsformen.

Im Kern handelt es sich um ein mentalitätstheoretisches Konstrukt des »Frontgeistes«, dessen Ursprung bis in den Ersten Weltkrieg zurückreicht. Doch was ist unter »Frontgeist« zu verstehen? Um den Begriff zu erläutern, kontrastierte Renner ihn mit hegemonialen Bewusstseinsformen, wie sie sich in der Vorkriegszeit in breiten Bevölkerungsschichten im Kampf um das allgemeine Wahlrecht herausgebildet hatten. Alle führenden Männer, die in der Gründungsphase der Ersten Republik ein Rolle spielten, sahen in den Vorkriegs-Auseinandersetzungen um die Rechte einer demokratischen Volksvertretung und damit auch im Parlamentarismus ein erstrebenswertes Ziel. »In den Verfassungskämpfen der Vorkriegszeit hatten sie eine ausreichende parlamentarische Schulung erfahren, und auch für die Schwierigkeiten der parlamentarischen Arbeit wie des Parteienlebens überhaupt Verständnis gewonnen. Die wiederholten Rückfälle in absolutistische Regierungsmethoden hatten ihnen Achtung für die freiheitlichen Institutionen des Rechtsstaates aufgezwungen: die persönliche Freiheit, die Vereins-, Versammlungs- und Pressefreiheit, das allgemeine Wahlrecht, die richterliche Unabhängigkeit, die Kontrolle der Exekutive durch gewählte Volksvertreter erschienen ihnen darum als Güter, die man schätzt und verteidigt, als unerläßliche Grundlagen eines geordneten Staatswesens überhaupt. Diese überlieferte Geistesverfassung hatte die Aufrichtung der Ersten Republik und ihre anfänglich befriedigende Arbeit ermöglicht.«[116]

Aber im Laufe der Entwicklung der Ersten Republik, so Renner, begann eine neue Generation auf die Politik Einfluss zu nehmen, die nicht von den Kämpfen um Demokratie, sondern von den Materialschlachten in den Schützengräben des Ersten Weltkriegs geprägt war. Mit den Kampfregeln des Krieges besser vertraut als mit denen des parlamentarischen Verfahrens, machte sie erfolgreich Front gegen die anfangs vorherrschende pazifistische Stimmung, die von dem Wunsch »Nie wieder Krieg!« geprägt war. In dem Maße, wie die Gräuel des Krieges verblassten, rückte das Heroische des Krieges immer mehr in das Bewusstsein derer, »die den Krieg heil überstanden hatten. Im Grunde war es immer so, daß die Überlebenden sich am Ende lieber als Helden denn als Opfer des Krieges empfinden und aufspielen.«[117] Nach Renner verstärkten zwei Umstände diesen seelischen Wandel vieler Kriegsteilnehmer in Deutschland und in Österreich. Einerseits wurde gegen die katastrophale Niederlage die Tatsache ausgespielt, dass die Mittelmächte die ganze Welt in Angst und Schrecken versetzt hatten, während es ihnen gelungen war, den Krieg vom deutschen und ungarisch-österreichischen Territorium fernzuhalten. Zum andern fiel es der breiten Schicht der Reserveoffiziere schwer – im Krieg ans Befehlen gewöhnt und am Leitbild des »Herrenmenschen« orientiert –, sich nach der Rückkehr in die Heimat den Zwängen eines glanzlosen und subalternen Berufslebens zu beugen.

Ohne Verständnis der komplizierten Mechanismen der Wirtschaft und der Subtilitäten des Parlamentarismus schlossen sich, so Renner, die damals Dreißig- bis Vierzigjährigen nicht den Parteien, sondern den »Fronten« an. Den langweiligen Kampf der Ideen verachtend, glaubte man an die rasche Lösung aller Probleme durch den Einsatz der Waffen. Demokratische Selbstbestimmung ersetzten sie durch die militärische Disziplin von Befehl und Gehorsam. »Wenn Gott den rechten Führer schickt, ist alles gewonnen. Blinder Gehorsam des Gefolges, und wäre es nur eine kleine Minderheit des Volkes, sichert den Sieg. Der Krieg hat ja gelehrt, wie eine Minderheit sich Respekt verschafft!«[118]

Auch wenn, wie hervorgehoben, der bonapartismustheoretische Ansatz in Renners Faschismus-Analyse nicht zentral ist, so bemühte er ihn doch für die Erklärung der Massenwirksamkeit dieser Frontgeist-Ideologie: Sie wird auch dadurch zu einem massenwirksamen politischen Faktor, dass der Nationalrat angesichts der Wirtschaftskrisen und Bankenzusammenbrüche sowie der gegenseitigen innerparlamentarischen Blockierung der etwa gleich großen Lager handlungsunfähig geworden war. Die Folgen, so Renner, schufen eine fatale Situation: »Heldenkult, Frontgeist und Führerwahn machen sich (…) bei allen Parteien und sozialen Schichten bemerkbar, hier schwächer und dort stärker, überall verhängnisvoll«[119], weil sie einer allmählichen Faschisierung der österreichischen Gesellschaft Vorschub leisten.[120]

Aber mit der Erklärung der zunehmenden Bedeutung des »Frontgeistes« als antidemokratische und faschistische Tendenzen fördernder Faktor in der späten Ersten Republik ist zugleich auch die Frage nach der soziologischen Zuordnung dieses Topos aufgeworfen. Welche Schichten wurden von ihm mehr oder weniger affiziert? Es ist bemerkenswert, dass Renner sein eigenes sozialdemokratisches Lager gegenüber der Frontgeist-Ideologie nicht völlig immunisiert sah. Zwar stellte er fest, dass die Arbeiterschaft und die Sozialdemokratie sich am wenigsten von ihr beeindrucken ließen. Denn »der gemeine Mann bringt aus dem Krieg vor allem das Gefühl des Opfers heim, für ihn war der Krieg erschöpfende Plage, duldender Gehorsam, Verwundung oder Tod«.[121] Doch in der jungen Generation der Sozialdemokratie habe sich etwas geltend gemacht, was die Vorkriegsgeneration nicht kannte: eine Tendenz zur kritiklosen Gefolgschaftsbereitschaft und eine gewisse Affinität zum Personenkult. Auch wies Renner zu Recht auf militaristische Vorstellungen im Republikanischen Schutzbund hin, die schon angesprochen wurden: Sie fanden ihren Ausdruck in der strikt militärischen Ausrichtung des bewaffneten Arms der SDAP, die Alexander Eifler mit Unterstützung Otto Bauers gegen den Ansatz Theodor Körners durchsetzen konnte.[122] Aber diese Tendenzen stärkten eher kommunistische Vorstellungen in der sozialdemokratischen Jugend, ohne freilich die Einheit der Partei in Frage stellen zu können.

Dort aber, wo die Frontgeist-Gesinnung wirklich vorherrschte, so müssen wir Renner interpretieren, verstärkte sie faschistische Tendenzen, in welcher Spielart auch immer. Sie erfasste selbst die katholisch geprägte intellektuelle Jugend. »Die Wiener Universität war seit jeher der Tummelplatz wüster Schlägereien zwischen den nationalen und den klerikalen Studenten, erst seit dem Umsturz auch zwischen diesen und neuerstandenen sozialistischen Studentenvereinigungen.«[123] Im Schutz der akademischen Autonomie, die Eingriffe des Staates in die inneren Angelegenheiten der Hochschulen ausschloss, wurden die Universitäten zu Zentren nationalistischer Propaganda. »Die kirchlich gesinnte

Studentenschaft war allzeit in der Minderheit und ertrug den Terrorismus der Nationalgesinnten mit haßvoller Erbitterung.«[124] In der Spitzenorganisation CV (Cartellverband), der sich als effiziente Organisation zur Elitenrekrutierung bei der Besetzung öffentlicher Ämter und lukrativer Positionen in der privaten Wirtschaft erwies, sahen die christlich orientierten Intellektuellen in Ignaz Seipel ihren geistigen Führer.

Am intensivsten prägte die Frontgeist-Ideologie freilich die Heimwehren, deren Mannschaften sich vorwiegend aus der jungen Bauernschaft rekrutierten. Ursprünglich zum Schutz der bedrohten Grenzen gegründet, konnten sie auf die liegengebliebenen Waffen der zurückströmenden Armeen der Isonzo-Front zurückgreifen. Rückhalt fanden sie vor allem in der bäuerlichen Bevölkerung. »Es fehlte an ausreichender Mannschaft und an Geld, so lange, bis einige industrielle Großunternehmen sich anschlossen, aus keinem anderen Interesse, als gegen die geschlossene Phalanx ihrer sozialistischen Arbeiterschaft eine gelbe Organisation von Streikbrechern aufzustellen. Erst damit gelang die Aufstellung geschlossener Formationen.«[125] Zum leuchtenden Vorbild stieg die Diktatur Mussolinis auf, dessen Marsch auf Rom die Heimwehren zu einem Marsch auf Wien umstilisierten, um dort das Parlament zu liquidieren und dem Roten Wien ein Ende zu bereiten. Im Übrigen war die Heimwehr in drei Richtungen zersplittert. Die legitimistische Tendenz orientierte sich an Ungarn, die faschistische an Italien und die nationalsozialistische erwartete nach Hitlers Machtübernahme vom Deutschen Reich Hilfe.

Der politische Katholizismus in Gestalt der Christlichsozialen büßte in dem Maße seine Koalitionsfähigkeit nach links ein, wie seine demokratische Substanz nicht ausreichte, dem Druck der Heimwehren standzuhalten. »Kein Staatsmann fand sich im Bürgerblock, der in der festen Erkenntnis, daß in einem Staate nur eine einzige bewaffnete Exekutive bestehen dürfe und daß diese in der Hand der dem demokratischen Parlament verantwortlichen Regierung liegen müsse, rechtzeitig die parallele Abrüstung beider Formationen gefordert und erzwungen hätte.«[126] Es könne nicht bestritten werden, »daß die berufenen Vertreter der Sozialdemokratie, Otto Bauer und Julius Deutsch, in ernster Weise die einverständliche Abrüstung gefordert haben, allerdings mit der

Wirkung, daß das Angebot als ein bloßes Zeichen der Schwäche gedeutet wurde und unbeantwortet blieb«.[127] Aber statt zu erkennen, dass den Christlichsozialen die Heimwehr in ihrer Autonomie gefährlich werden könnte, glaubte Seipel sie im Kampf gegen die Sozialdemokratie instrumentalisieren zu können. So attestierte er ihr am 18. Dezember 1928 in Graz, dass nichts falscher sei als die Behauptung, die Heimwehren bedrohten die Demokratie.[128] In diesem Zusammenhang war für Renner die Entwicklung der Christlichsozialen unter der Hegemonie Seipels von entscheidender Bedeutung, der im Kampf gegen die Sozialdemokratie am Ende der Republik zunehmend auf ein Bündnis mit dem sich an Horthys Ungarn und an das faschistische Italien orientierenden Heimwehren hinsteuerte und dadurch eine entscheidende Säule der Ersten Republik zerstörte.

Für Renner war die innere Zerrissenheit der Christlichsozialen die ausschlaggebende Bedingung für die Hegemonie des »Frontgeistes« im bürgerlichen Lager und damit der austrofaschistischen Diktatur Dollfuß'. Denn in dieser Partei standen denjenigen, die Seipels geistige Führerschaft akzeptierten, immer noch demokratische Kräfte gegenüber. Doch auf diese Weise paralysiert, begann die gesellschaftliche Schicht der CV-Mitglieder, der auch Dollfuß angehörte, in das Machtvakuum einzuströmen. Mit der Berufung Dollfuß' zum Landwirtschaftsminister (18. März 1931) und zum Bundeskanzler sowie Außenminister (20. Mai 1932) wurde dieser Prozess beendet: Der »Frontgeist« avancierte »zum Mittelpunkt des politischen Lebens«.[129] Flankiert von den Feiern zur 250-jährigen Wiederkehr der Befreiung Wiens von der Türkenbelagerung und der 200. Wiederkehr des Todestages von Prinz Eugen, der als österreichischer Nationalheros mythologisiert wurde, gingen die CV-Mitglieder zur Offensive über: »Überall drängten die tatenfrohen, entschlossenen ›Vierziger‹ gegen die ›vergreisten Männer‹ der alten Schule vor, bereit, den Wagemut der Jugend an die Stelle der Erfahrung des Alters und die ›schöpferische‹ Gewalt an die Stelle der ängstlichen Wahrung des Rechtes zu setzen. Der überraschende Vorstoß der Nationalsozialisten bei den teilweisen Wahlen vom 24. April 1932 und der klägliche Ausgang der parlamentarischen Kämpfe um die Lausanner Anleihe trieben zur Tat.«[130]

Nachdem Seipel den Weg durch sein Immediatverhältnis mit den faschistischen Heimwehren gebahnt hatte, vollendeten, so Renner, Dollfuß und sein Nachfolger Schuschnigg das Projekt eines klerikalfaschistischen Regimes in Österreich. Außenpolitisch lehnte sich deren Diktatur vor allem an das faschistische Italien an, um sich unter dessen Protektorat gegenüber dem nationalsozialistischen Deutschen Reich zu behaupten. Zur Erreichung dieses Ziels entsprach Dollfuß im Februar 1934 dem Wunsch Mussolinis, die Sozialdemokratie gewaltsam zu zerschlagen und »sich außenpolitisch der Führung Italiens unterzuordnen«.[131] Die innenpolitische Folge der Ausschaltung der Sozialdemokratie bei gleichzeitigem Kampf gegen die Nationalsozialisten zwischen 1930 und 1936 war Renner zufolge die Reduktion der Massenbasis des Regimes auf ein Minimum. »Die politische Macht, die auf Grund der Wahlen von der gesamten Bürgerschaft ausgeübt und von der gesamten Arbeiterschaft kontrolliert wurde, also von den Mandataren der Volksgesamtheit getragen wird, konzentriert sich schrittweise auf einen immer engeren Kreis. Zuerst wird die organisierte Arbeiterschaft abgestoßen, ihr folgt zuerst die nationale Intelligenz und Mittelklasse, dann die um die Heimwehr gruppierte Bourgeoisie, weiter die legitimistische Schicht, und es bleibt neben der passiv gewordenen Bauernschaft im Grunde nur die kirchlich gesinnte Intelligenz der Cevauer und die nicht zu breite Schicht der wirklich Gläubigen: dieser innerste Zirkel trägt zum Schluß allein die Staatsgewalt.«[132]

Neben der »politischen Klasse« im engeren Sinn verfügte das austrofaschistische System freilich auch über eine Massenorganisation, und zwar in Gestalt der »Vaterländischen Front«. Deren Existenz hatte die Zerstörung des Parteiensystems zur Voraussetzung. Schließlich emanzipierte sich das Dollfuß-Regime auch von seiner Herkunftspartei, den Christlichsozialen: Sie wurde ebenso aufgelöst wie die anderen Parteien. Renner zufolge markierte die »Vaterländische Front« die entscheidende ideologische und soziologische Differenz zum deutschen und italienischen Faschismus. Während Hitlers sozialdarwinistische Ideologie die Weltherrschaft der arischen Rasse und Mussolini die Wiederherstellung des Imperium Romanum anstrebte, standen im Zentrum der österreichischen Variante des Faschismus die Ideologie der Schaffung eines eigenen Nationalgefühls, das als Schutzwehr gegenüber Hitlers alldeutschen Ideen wirken sollte. Wie die deutsche und italienische Variante zwar antiparlamentarisch und antimarxistisch orientiert, optierten die Vertreter des Austrofaschismus jedoch neben der staatlichen Gewalt für eine Ständeverfassung im Sinne der päpstlichen Enzyklika *Quadragesimo*. Ihren Rekurs auf das Führerprinzip verbanden sie mit der Ablehnung des totalitären Staates, »schon in Hinsicht auf die Selbstständigkeit der Kirche und ihrer Jugend- und Wohlfahrtsorganisationen«.[133] Den Einzelnen eine »gewisse Sphäre eigenen Rechts und eigener Initiative«[134] konzedierend, sollte bei der Regelung von Konflikten zwischen den Ständen der Staat als Schiedsrichter fungieren.

Doch auch die Entstehung der »Vaterländischen Front« stand Renner zufolge im Gegensatz zu der organisierten Massenbasis des deutschen und italienischen Faschismus. »Sie ist nicht im, sondern nach dem Kampfe gebildet und rekrutiert ihre Gefolgschaft aus öffentlichen Bediensteten, aus Unternehmerkreisen, die auf staatliche Lieferungen bedacht sind, und in vereinzelten Fällen aus Arbeitern, die aus Rücksicht auf die Beschäftigung des Betriebes über Vorstellungen des Unternehmers beitreten. Sie weist hohe Zahlen auf, aber irgendein Urteil darüber, inwieweit diese Gefolgschaft auch gesinnungsmäßig gewonnen ist und wieweit eine solche Gesellschaft auch im ernsten Kampfe sich erproben würde, wäre vorschnell und gewagt.«[135] Es sei, so Renner, die allgemeine Meinung um 1938 gewesen, »daß die Front für die Herrschenden – wenigstens zur Zeit noch – bloß den Wert der Selbsttäuschung hat und ihrer Selbstberuhigung dient«.[136] Und so müsse man annehmen, dass unter der Fassade von Ruhe und Ordnung die alten Fronten von 1934, nämlich der Sozialdemokraten einerseits und der Nationalsozialisten andererseits, weiterexistierten, »daß im Gegenteil die Gesinnungen vielfach noch radikaler unter der Oberfläche fortglimmten, daß die durch die wirtschaftliche und soziale Lage verursachten Spannungen nur bedrohlicher geworden waren, weil ihnen jedes Ventil fehlte. Äußerlich war das Land völlig ruhig, die Minderheit herrschte absoluter als je, aber diese Minderheit war durch den geschilderten Konzentrationsprozess kleiner geworden und keineswegs gewachsen.«[137]

Der Austrofaschismus unterschied sich in der Sichtweise Renners von der deutschen und italienischen Variante, so lässt sich zusammenfassend sagen, in zweierlei Hinsicht: Ideologisch auf ein reaktionäres Österreichbild fixiert, fehlte ihm im Kern eine kampferprobte, von ihren katholisch vorgegebenen Zielen überzeugte, jederzeit mobilisierbare Massenbasis. Und auf die Stützmacht Italien angewiesen, musste er ohne jenes wirtschaftliche, industrielle und militärische Machtpotenzial auskommen, das ihn außenpolitisch zu einem autonomen Faktor hätte machen können. Unter diesen Bedingungen hatte der klerikale Austrofaschismus dem deutschen Zugriff wenig entgegenzusetzen, als Mussolini für die Unterstützung seines Abessinien-Abenteuers Hitler freie Hand gab. Ohne den einzigen potenziellen Bündnispartner mit Massenbasis – in Gestalt der Sozialdemokratie – musste Schuschnigg 1938 unter demütigenden Umständen die Unabhängigkeit Österreichs preisgeben. Umgekehrt sah Renner in dieser Situation den Schlüssel zur Erklärung der Tatsache, dass die Arbeiterschaft den »Anschluss« Österreichs an das Deutsche Reich eher passiv hinnahm.

Dass die Dollfuß-/Schuschnigg-Diktatur der Sozialdemokratie alles nahm, was sie seit dem Ende des Ersten Weltkriegs aufgebaut hatte, gehört zu den wenigen traumatischen Erfahrungen Renners, die er in seiner politischen Laufbahn machen musste. Inwiefern sie sein Verhalten und sein politisches Denken im Schatten des »Anschlusses« Österreichs an das Deutsche Reich prägte, wird im folgenden Kapitel zu untersuchen sein.

8. Der »Anschluss« Österreichs an das Dritte Reich

In der biografischen Literatur und in der öffentlichen Meinung herrscht Konsens, dass Karl Renner mit dem »Anschluss« Österreichs an das Dritte Reich im März 1938[1] auf dem Tiefpunkt seiner politischen Laufbahn angelangt war, der seine Stellung als *homo politicus* und als moralische Instanz für große Teile der Bevölkerung seines Landes nachhaltig erschütterte. Der äußere Anlass dieses Absturzes, der bis auf den heutigen Tag sein ganzes Lebenswerk in einem prekären Licht erscheinen lässt, ist bekanntlich das Interview, das er dem *Neuen Wiener Tagblatt* am Sonntag, dem 3. April 1938, gab. In ihm verkündete Renner, er werde bei der bevorstehenden Volksabstimmung über den vollzogenen »Anschluss« Österreichs mit Ja stimmen. Selbst ein ihm so wohlgesinnter Biograf wie Jacques Hannak glaubte, nicht um die Feststellung herumkommen zu können, »daß er damit wahrscheinlich einen weittragenden Fehler beging. Noch wenige Monate zuvor hatte er in dem Gespräch mit dem französischen Außenminister Delbos sich erneut für das Ideal seines Lebens, für die Ökumene des Donauraumes, eingesetzt und einen neuen Plan zur Erwägung gestellt. Und nun äußerte er sich so, als ob die höchste geistige Leistung seines gesamten Daseins für ihn nur sozusagen einen Wechselbalg bedeutet habe, mit dem man vorlieb nehmen mußte, weil das eigentliche Lieblingskind, der Anschluß an Deutschland, eine verbotene Frucht war. Sogar in Nazikreisen herrschte die Meinung vor, daß diese Kundgebung Renners nicht ehrlich gemeint sein könne.«[2] Auf die für Renner verheerende Resonanz auf dieses Interview und die in seinem Windschatten publizierten beiden anderen Stellungnahmen wurde bereits hingewiesen[3], sodass sich weitere Kommentare erübrigen. Aber keine Renner-Biografie kann die Frage ignorieren, warum und unter welchen Umständen er sich zu diesem Schritt entschieden hat.

Renners Ja zum »Anschluss« und zum Münchner Abkommen

Das Interview, das Renner am 3. April 1938 dem *Neuen Wiener Tagblatt* gab, ist in einem zeithistorischen Kontext entstanden, den Renner selbst in seiner nachgelassenen Schrift *Österreich von der Ersten zur Zweiten Republik* erläutert hat. Zwar sei er durch die Beratungen im engsten Kreis ihm nahestehender Genossen zu dem Interview ermutigt worden. Aber für sein Bekenntnis zum »Anschluss« übernehme er die uneingeschränkte Verantwortung. Er bot dem Wiener NS-Bürgermeister Hermann Neubacher sogar an, mit einer Plakataktion für das »Anschluss«-Referendum vom 10. April 1938 zu werben.[4] Das Plakat wurde zwar gedruckt[5], aber nicht ausgeliefert. Die Parteikanzlei der NSDAP in München erlaubte nur das Interview.[6]

Was in unserem Zusammenhang zunächst interessiert, ist die zeitdiagnostische Lagebeurteilung während des geheimen Treffens Renners mit noch erreichbaren sozialdemokratischen Persönlichkeiten. Man sei übereingekommen, dass angesichts der Erfahrungen der italienischen Sozialisten im Widerstand gegen Mussolinis Regime »ein offener Kampf oder auch eine zurückhaltende Auflehnung fruchtlos war und nur vergebliche Opfer kosten mußte«.[7] Doch Diktaturen endeten entweder im Krieg oder durch eine innere Revolution. Mit beiden Möglichkeiten sei zu rechnen. Gezwungen, wieder ganz von vorn zu beginnen, müsse die Arbeiterbewegung die sich ihr bietenden Spielräume der inneren Widersprüche der Diktatur für ihren Befreiungskampf nutzen. Voraussetzung der Wiederaufnahme der »unterirdischen Bewegung« sei freilich die Vermeidung vorschneller Initiativen.

Eine öffentliche Aufforderung, gegen den »Anschluss« zu stimmen, würde ohne den Zugriff auf geeignete Medien (Presse, Rundfunk) nicht nur ins Leere zielen, sondern außerdem zu unnützen Opfern führen. Darüber hinaus müsse die Stimmung innerhalb der Arbeiterschaft berücksichtigt werden. Bereits 1929 äußerte Renner ein realistisches Urteil zumindest über einen Teil der nicht organisierten Arbeiter. In seinem Brief an Benedikt Kautsky vom 28. Oktober schrieb er: »Ich habe (…) ausgeführt, dass diese Bewegung (der Heimwehren, R. S.) bei uns sich

aus der Klassenstruktur der Gesellschaft wie aus der ökonomischen Lage des Landes einerseits, andererseits aber aus einer Ideologie ergibt, die wir nicht übersehen dürfen. Der Arbeitslose, aber auch der ehrgeizig und streberisch veranlagte Arbeiter fühlt sich durch die soziale Gesetzgebung wie durch die Gewerkschaftsorganisation gehemmt. Es entsteht wirklich bei einem Teil der Arbeiterschaft eine ausgewachsene Ideologie, dass die ›freie Arbeit‹ besser fahre als die staatlich regulierte. Dazu kommt noch die Werksgemeinschafts-Bewegung, welche ideologisch das Schicksal des Arbeiters mit dem Gedeihen des Werkes verbindet. Alle diese Ideengänge müssten in einem Lande mit starker Arbeitslosigkeit und problematischer Industrie mächtig werden.«[8]

Angesichts ihrer Erfahrungen mit den Februarkämpfen 1934 sahen selbst die ehemals in der SDAP organisierten Arbeiter im »Austausch des klerikalen Faschismus« mit dem Dritten Reich nicht das größte Unglück. Für die im Untergrund betriebene Propaganda gegen den deutschen Faschismus hätten die proletarischen Schichten erst dann ein offenes Ohr, wenn sie von den Verheißungen des »Tausendjährigen Reiches«

desillusioniert worden seien. Renner legitimierte also seine Interview-Initiative mit drei Argumenten: Erstens fühlte er sich in Übereinstimmung mit einem Kreis »sozialdemokratischer Persönlichkeiten«, deren attentistische Haltung angesichts des Faschismus in Deutschland, Italien und Spanien er zur Kenntnis nahm und teilte. Aus humanitären Motiven kam es ihm zweitens darauf an, mithilfe des Interviews voreilige Widerstandshandlungen zu vermeiden, die mit blutigen Opfern bezahlt worden wären, ohne der gemeinsamen Sache zu nützen. Und drittens sah Renner diese Empfehlung durch große Teile der Arbeiterschaft gedeckt, die aufgrund ihrer katastrophalen Erfahrungen mit dem Austrofaschismus zum Zeitpunkt des Referendums dazu tendierten, im »Anschluss« an das Deutsche Reich das geringere Übel zu sehen.

Doch nun zum Interview selbst. Auf die Frage des Journalisten, ob er sich zu seiner Stellung zur Volksabstimmung äußern wolle, antwortete Renner, er habe sich als erster Kanzler Deutschösterreichs zum Anschluss an die deutsche Republik ebenso bekannt wie als Präsident der Friedensdelegation von St. Germain: »Ich müßte meine ganze Vergangenheit als theoretischer Vorkämpfer des Selbstbestimmungsrechtes der Nationen wie als deutsch-österreichischer Staatsmann verleugnen, wenn ich die große geschichtliche Tat des *Wiederzusammenschlusses der deutschen Nation* nicht *freudigen Herzens* begrüßte.«[9] Renner betonte, der »Anschluss« habe jetzt den Status einer »*geschichtlichen Tatsache*«, hinter die man nicht mehr zurückgehen könne. Aber er fügte auch hinzu, dass er nicht mit jenen Methoden vollzogen worden sei, »zu denen ich mich bekenne«.[10] In seinem *World-Review*-Artikel erläuterte er diesen oft nicht hinreichend beachteten Nebensatz etwas ausführlicher: Da viele führende Sozialdemokraten verhaftet worden seien, habe er nur für sich selbst sprechen können, das »jedoch in dem Bewußtsein, daß mein Wort viele ehemalige Parteimitglieder bestimmen wird. Ich fügte ausdrücklich bei, die Methoden, mit denen der Anschluß errungen worden ist, wären nicht jene, zu denen ich mich bekenne. Ferner spräche ich als Sozialdemokrat. Ich erklärte dies Letztere, um den Verdacht auszuschließen, als hätte ich mich zum Nationalsozialismus bekehrt. Soweit die persönliche Seite der Angelegenheit.«[11]

Renners Aussage, mit dem »Anschluss« gehe das »traurige Zwischenspiel des halben Jahrhunderts, 1866 bis 1918, *in unserer gemeinsamen Geschichte unter*«[12], konfrontierte der Interviewer des *Neuen Wiener Tagblatts* mit der Frage: »Waren Sie, Herr Kanzler, nicht Freund einer *Donauföderation?*«[13] Die Frage der Donauföderation, antwortete Renner, habe zweimal auf der politischen Tagesordnung gestanden. Die eine Initiative gehe auf die erste Sitzung der Provisorischen Nationalversammlung zurück. Sie habe als verbindliche Richtschnur die folgende Prämisse formuliert: »Wir sind bereit, mit den befreiten Donauvölkern über eine Verbindung zu verhandeln – wollen diese eine solche nicht oder nur unter Bedingungen, die wider unsere Ehre sind, so wollen wir zum Reiche zurückkehren.«[14] Renner betonte, die Reaktion der ehemaligen Völker der Monarchie sei eindeutig gewesen: Sie hätten Gebiete Österreichs gewaltsam besetzt und dessen Wirtschaftskraft untergraben. Als Antwort sah sich die Provisorische Nationalversammlung am 12. November 1918 gezwungen, ein Bekenntnis zum Anschluss an das Deutsche Reich abzulegen.

Das zweite Mal, so Renner, brachten die alliierten Großmächte die Idee der sogenannten Donauföderation ins Spiel. »Sie sollte Österreich eine neue wirtschaftliche Zukunft und den Ausweg aus der erstickenden Beengtheit des Zollabschlusses eröffnen, um uns so den *nationalen Verzicht* durch wirtschaftliche Vorteile erträglicher zu machen.«[15] Doch die Westmächte hätten mit dieser Idee nur gespielt, ohne einen einzigen Schritt in Richtung ihrer Verwirklichung zu unternehmen. Innerhalb von zwanzig Jahren wurde die Donauraumpolitik zudem durch legitimistische Umtriebe so absurd gestaltet, dass auch ihr »wärmster Freund von dieser Alternative sich abkehren mußte«.[16] Vollends diskreditiert habe die Donauraumpolitik schließlich Schuschniggs Wende zum monarchischen Legitimismus. Dass es dazu kommen konnte, so hob Renner in seinem Artikel in der *World Review* hervor, liege nicht zuletzt auch daran, dass der Westen die österreichische Sozialdemokratie in ihrem Kampf um Demokratie schmählich im Stich gelassen habe: »Als die österreichische Arbeiterschaft, die Vorhut der Demokratie im Lande, 1934 niedergeschlagen wurde, hat sich im Westen keine Hand gerührt, dies zu hindern – man hat im Gegenteil erlebt, daß ein

Gesandter einer westlichen Macht in seinem gutbourgeoisen Denken frohe Genugtuung darüber äußerte, daß die Sozialdemokratie, gewiß kein Feind seines Landes, zu Sturz kam.«[17]

Renner rechtfertigte also sein Ja zum »Anschluss« mit dem von den ehemaligen Ländern der Donaumonarchie und dem Westen verschuldeten Scheitern der Donauraumpolitik. Dies vorausgesetzt, sei seine affirmative Position eine ökonomische Notwendigkeit, der er als Parteimann im Interesse des ganzen österreichischen Volkes Rechnung tragen müsse, auch wenn ihm diese Zustimmung ein großes Opfer abverlange.

»Es schmerzt mich als Demokrat einer Diktatur, als freier Sozialist einem militarisierten Staatssozialismus, als Kind eines humanen Jahrhunderts einem unfaßbaren Rassenregime mich unterwerfen zu müssen. Ich muß es tragen im Troste der Erkenntnis: Staaten bleiben, aber Systeme wechseln. Das, was ich mit allen Kräften gewollt, kann ich nicht verleugnen, weil es auf einem anderen als meinem Weg erreicht wird. Nicht meine Schuld, noch die der österreichischen Sozialdemokratie ist es, daß der Anschluß nicht auf demokratischem Wege verwirklicht ist, daß eine wirtschaftliche Entente der Donaustaaten gescheitert ist. Das aber, was ich zu erkennen glaube, was ich will, daß es geschehe, das auch vor aller Welt zu bekennen, halte ich für meine politische Pflicht. Daher meine Erklärung.«[18]

Aus beiden Texten, so kann zusammenfassend festgestellt werden, geht zweifelsfrei hervor, dass Renner sich zu seiner sozialdemokratischen Identität bekannte. Er lief nicht ins nationalsozialistische Lager über, sondern begründete den »Anschluss« in erster Linie wirtschaftspolitisch, und zwar mit dem von vielen Politikern geteilten Argument, der Kleinstaat Österreich sei aufgrund seines begrenzten Territoriums auf Dauer ökonomisch nicht überlebensfähig. Außerdem gab er seine Zustimmung unter dem Vorbehalt der Annahme, dass das Dritte Reich eine instabile, nicht auf Dauer gestellte Diktatur sei.

Nicht zuletzt sollte die Beurteilung des Renner'schen Verhaltens die Situation des Dritten Reichs im Frühjahr 1938 berücksichtigen. Dessen Entwicklung war zu diesem Zeitpunkt noch nicht abgeschlossen, auch wenn sich einige Strukturen bereits fest etabliert hatten. Bis 1936 war jeder Widerstand in Deutschland vom NS-Regime mit terroristischen Mitteln ausgeschaltet. Das Land war mit einem Netz von Konzentrationslagern überzogen. Terror und Unterdrückung mussten Renner aufgrund der zahlreichen Sozialdemokraten und Juden, die über Wien den Weg ins Exil suchten, bekannt gewesen sein. Wer diese Sicht vertritt, wird sich weigern, über den Fall Renner überhaupt noch mit einem gewissen Verständnis zu diskutieren. Doch wenn man Renner die volle Kenntnis des Terrors im Dritten Reich unterstellt, sieht man sich dann nicht mit der Frage konfrontiert, ob es ein Zeichen großer Zivilcourage war, als er mit Blick auf das Dritte Reich im Mai 1938 in der englischen *World Review* von »den Zwängen eines militärischen Staatssozialismus und einem unfassbaren Rassenregime«[19] sprach?

Berücksichtigen sollte man zudem die zeitliche Dimension. Der organisierte Judenpogrom der sogenannten »Reichskristallnacht« fand erst am 9./10. November 1938 statt, und der Zweite Weltkrieg hatte noch nicht begonnen. Infolgedessen existierte im Deutschen Reich immer noch eine einheitliche Verwaltung, die den Willkürakten der faschistischen Bewegung gewisse rechtsstaatliche Grenzen zog und keineswegs identisch mit den SS-Partikulargewalten in den später annektierten Gebieten war. Auch sollte man nicht vergessen, dass die Wannseekonferenz, auf der die Organisation der »Endlösung der Judenfrage« beschlossen wurde, erst im Januar 1942 stattfand. Renner hatte also im März 1938 noch allen Grund, von der Annahme auszugehen, die Residuen des autoritären Rechtsstaates könnten die schlimmsten Auswirkungen der destruktiven Kräfte der faschistischen Bewegung verhindern. Freilich kann diese »Historisierung« zwar vielleicht zum besseren Verständnis des Renner'schen Verhaltens beitragen. Zu dessen Exkulpation taugt sie allerdings nicht.

Lässt sich die zuletzt genannte Argumentationslinie auch auf den dritten Text Renners aus dem Jahr 1938 übertragen, nämlich auf seine Broschüre *Die Gründung der Republik Deutschösterreich, der Anschluß und die Sudetendeutschen*? Diese Frage kann mit keinem einfachen Ja oder Nein beantwortet werden. Das Münchner Abkommen, das mit Zustimmung der Regierungen Italiens, Großbritanniens und Frankreichs die Eingliederung des Sudetenlandes mit überwiegend deutschsprachiger Bevölkerung ins Deutsche Reich auf Kosten der Tschechoslowakei ermöglichte, wurde von Renner begrüßt. Woran der Völkerbund gescheitert sei, gelang ihm zufolge »im dramatischen Ablauf einiger Wochen durch die beispiellose *Beharrlichkeit und Tatkraft der deutschen Reichsführung*, vereint mit der weitblickenden *Staatsklugheit der Regierung Großbritanniens*, unter opferbereiter *Selbstüberwindung Frankreichs* und *heroischer Verzichtleistung der Tschechoslowakei* mit dem *Beistand Italiens*, ohne Krieg und Kriegsopfer über Nacht«[20]: die Revision einer Fehlentscheidung des Vertrags von St. Germain in Gestalt der mit den Westmächten einvernehmlichen »Lösung« der sudetendeutschen Frage.

Renner lobte das Münchner Abkommen ausdrücklich als eine Tat, die das in den Friedensverträgen von Versailles und St. Germain begangene Unrecht, soweit es die Sudetenfrage betrifft, rückgängig gemacht habe. Allerdings sei diese notwendige Korrektur zu Lasten der Tschechoslowakei erfolgt. »Das tragische Opfer der Fehler von St. Germain und ihrer Berichtigung durch München ist diesmal das tschechische Volk: dort verführt, über seine eigene Kraft sich zu erheben, ist es hier tief herabgestürzt worden, tiefer als seinem geschichtlichen Rang entspricht. Es büßt nur zum Teil eigene, es büßt noch mehr fremde Schuld.«[21] Steht Renners Bewertung des Münchner Abkommens in der Kontinuität des Interviews im *Neuen Wiener Tagblatt* und seines Artikels in der britischen Zeitschrift *World Review*? Das ist in der Tat insofern der Fall, als er auch dieses Mal eine Initiative Hitlers unterstützte: ein Schritt, der durch den Beschluss des Außerordentlichen Parteitages der SDAP von 1933 nicht gedeckt war. Mit dem »Anschluss« an Deutschland war, wie Otto Bauer in seinem Referat ausführlich und einleuchtend darlegte, die Fusion mit der Deutschen Republik gemeint, »der Anschluß an den Zuchthausstaat Hitlers wurde einmütig abgelehnt«.[22]

Auch wenn ein gewisses Bedauern über die Opferrolle des tschechischen Volkes mitschwingt, legte Renner in beiden Fällen eine bemerkenswerte Gleichgültigkeit gegenüber der Tatsache an den Tag, dass durch die genannten »Anschlüsse« sowohl die Österreicher als auch die Sudetendeutschen der Willkür einer hochterroristischen Diktatur unterworfen wurden. Zwar fehlt im Vergleich zu seinen beiden anderen öffentlichen Interventionen in der Sudeten-Schrift die Kritik an den Westmächten und an den Methoden der deutschen Reichsregierung (denn unter der Vermittlung Mussolinis hatte man sich auf eine angeblich »friedliche« Übereinkunft geeinigt), doch was auffällt, ist der große Vertrauensvorschuss, den Renner dem Vorstoß Hitlers in der Sudetenfrage entgegenbrachte. Er hängt wohl auch damit zusammen, dass er sowohl in der Frage des »Anschlusses« Österreichs als auch im Hinblick auf das Münchner Abkommen die dadurch bewirkte Revision des Friedensvertrages von St. Germain in die Kontinuität der von ihm mitbestimmten sozialdemokratischen Politik seit 1918 einzubinden versuchte. Ziel der obengenannten Schrift Renners war dann auch der historische Nachweis, dass beide Ereignisse »dem von der Republik *Deutschösterreich* bei ihrer Begründung 1918 und 1919 eingenommenen *Rechtsstandpunkt*«[23] entsprechen.

Kann Renners Begründung seines Ja zum »Anschluss« Österreichs und des Sudetenlandes überzeugen, wenn wir diese Zustimmung im Kontext der Situation des Jahres 1938 und nicht ausschließlich im Lichte unseres heutigen Wissens um den verselbständigten Primat der rassistischen Ideologie des Nationalsozialismus beurteilen? Zwei Feststellungen scheinen an dieser Stelle angebracht. Dass die Lösung der Sudetenfrage im Sinne Hitlers nur der Auftakt zur Expansionspolitik des Zweiten Weltkrieges werden sollte, haben nicht nur Renner, sondern auch Chamberlain und Daladier nicht antizipiert. Aus der Ex-post-Perspektive sind Fehlorientierungen immer leichter zu diagnostizieren als in der gegebenen Situation selbst. In dem damaligen Kontext scheint Renner davon ausgegangen zu sein, dass es Hitler mit dem Einbezug der Sudetendeutschen ins Dritte Reich ohne die Vergewaltigung der restlichen Tschechoslowakei würde bewenden lassen. Er unterstellte Hitler eine staatsmännische Position, die ihre Mission durch die Einigung der deutschen Nation und die Befreiung von allen Lasten der Friedensverträge sowie die Wiederherstellung ihrer wirtschaftlichen und militärischen Geltung in Europa erfüllt sah. »*Deutschland stand unbestreitbar auf dem höchsten Gipfel erreichbarer Macht. Sie zu behaupten, sie auf alle absehbare Zeit zu befestigen, erforderte nichts anderes als das einfachste Mittel: Haltmachen!*«[24] Aber wie viele andere Zeitgenossen auch erkannte

Renner erst später, dass dieses Gebot des »Haltmachens!« quer zu dem ideologischen Gesetz stand, unter dem Hitler und der deutsche Faschismus angetreten waren.

Gehen wir davon aus, dass für Renner nach den Erfahrungen, die Österreich bald nach dem »Anschluss« mit dem Dritten Reich machen musste, eine Ernüchterung einsetzte, so bleibt doch rätselhaft, wie er selbst noch 1941 mit seiner Sudeten-Schrift umging. So schrieb er am 12. November 1941 an Adolf Schärf, den er zu seinem literarischen Nachlassverwalter bestimmte: »Ich bitte Dich, den beiliegenden Plan zu lesen und zu überdenken: Ich wäre dankbar für Deinen Rat, was nach Deinem Urteil das im allgemeinen Wichtigste, was das zur gegebenen Zeit zur Veröffentlichung Geeigneteste und was das für meine engeren Freunde Interessanteste wäre.«[25] In seinem dem Brief beigelegten *Plan zur Bearbeitung des literarischen Nachlasses* notierte er unter der Rubrik »II. Nationale Frage«: »Zu publizieren: 1. Die Nation: Mythos und Wirklichkeit. Mit Nachwort (umfangreich): ›Nach zwei Weltkriegen.‹ 2. *Die Gründung der Republik Deutschösterreich und die Sudetendeutschen (Titel vielleicht etwas anders). Manuskript gesetzt, in druckreifen Fahnen vorhanden. Mit kurzem Nachwort publizieren.*« (Hervorhebung: R. S.)[26]

Wir kommen also um den Schluss nicht herum, dass Renner noch im November 1941 zu seiner Sudeten-Schrift stand. Er strebte sogar deren Publikation an, freilich mit der Einschränkung, der Druck müsse »zur gegebenen Zeit« »geeignet« sein. Adolf Schärf, der offenbar früh die Brisanz dieser Arbeit erkannte, konnte sie dann auch zunächst erfolgreich der Öffentlichkeit vorenthalten, weil er den zeitlichen Kontext nach 1945, wie es scheint, für Renner eher als rufschädigend einstufte. So bleibt der Text in der Renner-Bibliografie, die Hans Schroth[27] vorgelegt hat, unerwähnt. Freilich konnte Schroth die Arbeit auch aus formalen Gründen unberücksichtigt lassen, und zwar weil sie, wie schon hervorgehoben, zwar gesetzt, aber nicht publiziert worden war. Erst Anfang der 1990er Jahre machte Eduard Rabofsky[28] die Schrift, mit einer kritischen Einführung versehen, einer breiten Öffentlichkeit zugänglich.

Fest steht ferner, dass Renner glaubte, sich im übergeordneten Interesse des wirtschaftlichen Überlebens Österreichs über das Verbot des »Anschlusses« an das nationalsozialistische Deutschland auf dem Außerordentlichen Parteitag der SDAP von 1933 hinwegsetzen zu müssen. Wie immer man dieses Verhalten beantworten mag: Was für das »Ja«-Interview am 3. April 1938 gilt, trifft in der Außenwirkung auch für Renners Apologie des am 30. September 1938 geschlossenen Münchner Abkommens zu. Er tat »einen Schritt, der ihn zeit seines Lebens in ein schiefes Licht rücken wird, der bei all dem Mythos und der Heldenverehrung, die ihm später angedeihen, stets als Makel anhängt. Das Monument holt sich an diesem 3. April eine Schramme, mitten ins Gesicht. Zurück bleibt eine häßliche Narbe, die man zwar mit viel Make-up kaschieren kann, die aber doch immer sichtbar bleibt – ein Gesichtsverlust?«[29]

Welche Motive könnten Renner bewogen haben, seine Konsensstrategie, mit der er in der Ersten Republik das bürgerliche Lager umwarb, zumindest vorübergehend auch auf sein Verhältnis zum Dritten Reich anzuwenden? Dieser Frage haben wir uns in dem folgenden Abschnitt zuzuwenden.

Renners Motive zwischen österreichischem Patriotismus und Existenzangst

Schon zu Lebzeiten Renners stieß sein »Ja«-Interview von 1938 im Zusammenhang mit dem Einmarsch deutscher Truppen und der Einverleibung Österreichs in das Deutsche Reich auf Unverständnis und dezidierte Ablehnung. In der Regel interpretierte man seine Initiative als Anbiederung an das Dritte Reich. Nasko und Reichl können das Verdienst für sich reklamieren, Erklärungsversuche der Motive Renners zu diesem Schritt aufgelistet und auf ihren Wahrscheinlichkeitsgehalt hin untersucht zu haben. Sie setzen sich in diesem Zusammenhang mit vier Thesen auseinander.

Der erste im Umlauf befindliche Erklärungsversuch unterstellt, Renner habe durch sein Interview seine inhaftierten sozialdemokratischen Freunde retten wollen. Diese Version geht vor allem auf Oskar Helmer zurück. Nach dessen Aussagen hätten ihm Parteifreunde zu dem »Ja«-Interview geraten, um den jüdischen Genossen Robert Danneberg aus dem KZ zu befreien.[30] Aber diese Version ist für Nasko und Reichl wenig glaubwürdig. Was sie skeptisch stimmte, ist »erstens ihr ›Gerüchtecharakter‹, weil man das immer nur über dritte erfährt«, verbunden mit dem offensichtlichen Motiv, »Renner schützen und entschuldigen«[31] zu wollen. Vor allem aber spreche gegen diese These, »daß Renner selbst nie – zumindest in offiziellen und publizistischen Stellungnahmen – diese Version gegeben, sondern immer seine Freiwilligkeit zu diesem Schritt betont hat«.[32] Zwar räumen Nasko und Reichl ein, dass das Motiv der Rettung seiner Parteifreunde eine Rolle für Renners Entscheidung zu dem »Ja«-Interview von 1938 gespielt haben könnte. »Nur, und das ist entscheidend, dies ist weder die Grundmotivation für sein freiwilliges Angebot« und damit keineswegs »der auschlaggebende Impuls, noch ist er umgekehrt zum Interview gezwungen worden.«[33] Obwohl sich das Gerücht des Zwanges lange hielt, hat es Renner niemals als Alibi genutzt. »Warum? Aus Ehrlichkeit? Aus Angst, daß es nicht halten würde? Aus Überzeugung, weil er tatsächlich für den Anschluß ist?«[34]

Dem zweiten Erklärungsansatz liegt die Hypothese zugrunde, Renner habe aus Überzeugung für den »Anschluss« optiert. In seinem Interview für das *Neue Wiener Tagblatt* und in seinem Artikel für *World Review* weist er immer wieder auf die Kontinuität seines Einsatzes für den Eintritt Österreichs in das Deutsche Reich hin. Aber auch diese Option wird von Nasko und Reichl verworfen. Einerseits habe Renner selbst in beiden gedruckten Stellungnahmen die Donauföderation erwähnt, die aber aufgrund des Desinteresses der Westmächte politisch nicht zum Zuge gekommen sei. Andererseits habe Renner seit 1933 wiederholt vor einer militärischen Annexion Österreichs durch den deutschen Faschismus gewarnt: Dieser Gefahr sei nur durch eine starke Donauföderation zu begegnen. Deren Gelingen hätte also umgekehrt »eine Absage an einen Anschluß an Deutschland bedeutet, ebenso wie sie aufgrund des rein wirtschaftlichen Charakters auch die Eigenstaatlichkeit Österreichs erhalten hätte«.[35] Genau diese Konsequenz entlarve »die angeblich durchgehende Kontinuität des Anschlußgedankens als Mär, und wir sind damit dem, was Renner in den Jahren vor 1938 betrieben hat, bedeutend näher als dem freudigen Ja zum Anschluß«.[36]

Freilich könnten wir es nach dem »Anschluss« wieder mit dem Pragmatiker Renner zu tun haben, der sich auf die vollzogenen Tatsachen einstellt, um sich im politischen Spiel halten zu können – eine These, die vor allem von Anton Pelinka vertreten wird. Pelinka behauptet, Renners marxistische Option, dem kommenden Recht aus dem Schoß der alten Gesellschaft dadurch zur Realität zu verhelfen, indem man die »Kruste« sprengt, »die das junge Werden« des juristischen Überbaus im Sinne des Proletariats hemmt, führe zu einem Rechtspositivismus der »Tatsachen«, welcher den jeweiligen Status quo legitimiert: »Die Tatsachen? Sie sind nun einmal so. Die Legitimation der Tatsachen? Sie kann immer noch durch eine induktive, also eben aus diesen Tatsachen heraus entwickelte Theorie gewonnen werden.«[37] Dieser methodische Induktionismus sei verführerisch. Auch aus der Tatsache des »Anschlusses« und des unter Drohungen zustande gekommenen Münchner Abkommens von 1938 könne »Recht« abgeleitet werden. Tatsächlich habe Renner beide Tatsachen als legitim gerechtfertigt und als »Eintrittschance in eine praktisch-politische Rolle«[38] interpretiert.

Aber Pelinka übergeht die Frage, ob Renners Irrwege von 1938 nicht auch kontingenten Umständen geschuldet sind und keineswegs monokausal als Ausfluss seines rechtssoziologischen Ansatzes interpretiert werden können. Denn Renner wäre nicht Anhänger der marxistisch orientierten Sozialdemokratie, wenn sein Induktionismus – seine theoretische Durchdringung der Tatsachen – auf richtungslose Anpassung an den jeweiligen faktischen Status quo im Sinne eines politischen Opportunismus jenseits aller Prinzipien abzielte. Nur so ist zu erklären, warum sich Renner in dieser Situation offen zur Sozialdemokratie bekennt und nicht dem Nationalsozialismus anschließt. Vielmehr äußert er wiederholt die Erwartung, dass das NS-Regime nicht von Dauer sein wird und die Geschichte die Chance für einen Neubeginn der demokratischen Arbeiterbewegung bereithält. Diese These ist freilich um einen wichtigen Zusatz zu ergänzen: Seit 1907, als Renner in die Politik eintrat, hatte er als *homo politicus* ein Ego herausgebildet, das in allen Richtungsentscheidungen Österreichs und der Sozialdemokratie eine mehr oder weniger wichtige Rolle spielte. Wäre es da psychologisch plausibel, dass sich Renner bei den Zäsuren des »Anschlusses« Österreichs und der Sudetendeutschen in Schweigen hüllte?

Die dritte These vermutet, Renner habe das »Ja«-Interview aus Gründen des Selbstschutzes veröffentlichen lassen. Nasko und Reichl verweisen auf Renners gesetzte, aber nicht veröffentlichte Schrift *Die Gründung der Republik Deutschösterreich, der Anschluß und die Sudetendeutschen*, in der er einen »Abschied von sich selbst«[39] beziehungsweise eine »regelrechte Selbstdemontage«[40] betreibe. »Diese Schrift, die Renner im Sommer 1938 schreibt, beweist nicht nur einmal mehr Renners Fähigkeit der Selbstverleugnung, sondern reicht hier schon bis zur Rückgratlosigkeit, und zwar nicht so sehr in Bezug auf seine Anschlußbefürwortung und Rechtfertigung der Sudetenfrage im Sinne des NS-Regimes, als vielmehr aufgrund der Verleugnung all dessen, was er selbst für Österreich getan und geleistet hat. Renner, der 1918 wie kein anderer um die Stabilisierung und Erhaltung Österreichs bemüht, der so entscheidend an der Gründung dieses Staates beteiligt ist, betreibt hier eine regelrechte Kindesweglegung der 1. Republik, führt all das, was er je für diesen Staat erbracht, all das, wofür er gekämpft hat, ad absurdum und negiert Österreich und damit auch sich selbst total.«[41]

Für Nasko und Reichl ist eine solche Selbstdemütigung nur dann nachvollziehbar, wenn man unterstellt, Renner habe im Dritten Reich eine existenzielle Gefahr für sich und seine Familie gesehen: eine Bedrohung, für deren Abwendung er im Eigeninteresse einen tiefen Kotau vor dem Dritten Reich gemacht habe. Als Gründe nennen sie die Kenntnis Renners der Gewaltmethoden des Regimes, denen er potenziell als einer der führenden Sozialdemokraten exponiert ausgesetzt war. So kam es zu einem Zusammentreffen mit der Gestapo in seinem Haus, die nach dem Staatssiegel und Dokumenten des Friedensvertrages von St. Germain suchte. Die Angst vor der Wiederholung solcher »Besuche«, ja vor der Einlieferung ins Konzentrationslager sei keineswegs unbegründet gewesen, da das bei vielen Sozialdemokraten der Fall war. Zudem musste Renner erleben, dass sein von ihm sehr geschätzter jüdischer Schwiegersohn Hans Deutsch, von Nazi-Schergen in Wiener Neustadt misshandelt, ins Exil gezwungen wurde. »All diese sind keine ›heroenhaften‹, aber dafür ganz handfeste Gründe, warum sich Renner als ›Anschlußbefürworter‹ angeboten haben könnte. Daß sie überhaupt keine Rolle gespielt haben, ist fast unmöglich. Daß sie sogar die Hauptrolle gespielt haben – durchaus denkbar.«[42] Dann wäre aber auch die These Jacques Hannaks nicht zu halten, die Nazis hätten mit dem Interview darauf abgezielt, Renner zu diskreditieren. Auch bestätigte diese Interpretation Renners Selbstaussage, dass die Initiative zu dem Interview – ohne direktem nationalsozialistischem Zwang ausgesetzt gewesen zu sein – von ihm ausging.

Die vierte Variante läuft auf den Erklärungsversuch hinaus, Renners Arrangement mit dem Dritten Reich habe der Verhinderung von Opfern gedient. Wie bereits ausgeführt, stammt diese Version von Renner selbst. Mit seinem Ja wollte er die im Untergrund kämpfenden Genossen von einem bewaffneten Kampf gegen das Dritte Reich abhalten, den sie nur verlieren könnten. Er riet ihnen vielmehr zu warten, bis sich die Aktionsbedingungen besserten. »Ist dies der tatsächliche und ursprüngliche Impuls für Renners Interview, so kann man zwar sein ›Ja‹ an sich als Fehler verurteilen, ihm aber die humane und hehre Absicht dahinter nicht abstreiten.«[43] Doch Nasko und Reichl sind skeptisch, ob diese Argumentation zutrifft. Sie neigen eher zu der Ansicht, dass Renners Attentismusthese zwar für sein Ja eine gewisse Rolle gespielt haben mag, aber nicht der ausschlaggebende Impetus gewesen ist. Denn Renners Interview hatte auf die Abstimmung so gut wie keinen Einfluss. Auch ist nichts über gezielte Widerstandsaktionen der Sozialdemokraten bekannt, von denen er sie hätte abbringen können. Und was seine grundsätzliche Widerstandsbereitschaft betrifft, so wird ihr durch seine Aufforderung zum Stillhalten faktisch der Boden entzogen.[44] Freilich äußern hier Reichl und Nasko eine Vermutung, für die ein empirisch stichhaltiger Beweis fehlt.

Ein fünftes Erklärungsmuster für das Zustandekommen des »Ja«-Interviews im *Neuen Wiener Tagblatt* diskutieren Nasko und Reichl nicht. Es ist mehr indirekter Art und findet sich in Renners nachgelassener Schrift *Österreich von der Ersten zur Zweiten Republik*. Renner analysierte hier zunächst die Verbitterung über und den Hass großer Teil der sozialdemokratischen Arbeiterschaft gegen das von Dollfuß errichtete austrofaschistische System, das alle sozialstaatlichen Errungenschaften und das organisatorische Netzwerk zerstörte, die sich die Arbeiterklasse seit ihrer Entstehung erkämpft hatte. Darüber hinaus gingen entscheidende Anteile der katastrophalen Wirtschaftslage des Regimes infolge der Massenarbeitslosigkeit zu ihren Lasten. Viele ihrer Funktionäre saßen zusammen mit den ebenfalls verfolgten Nazis im Anhaltelager. Daher kam es nicht selten vor, dass in sozialdemokratischer Perspektive der »Hauptfeind« nicht der Nationalsozialismus, sondern der Austrofaschismus war. Diese Faktoren hatten Auswirkungen auf die Stellung der Arbeiterschaft zum »Anschluss« an das Deutsche Reich. Hitler, so schien es ihnen, konnte ihnen nicht nehmen, was seit dem Bürgerkrieg von 1934 bereits vom Austrofaschismus gewaltsam kassiert worden war. Und herrschte im Deutschen Reich nicht Vollbeschäftigung, die auch ihnen durch den »Anschluss« an Deutschland neue Arbeitsplätze versprach? Doch diese Hoffnungen wichen bald der Ernüchterung, als klar wurde, dass die »Ostmark« zu einem Ausbeutungsobjekt des Dritten Reichs depravierte und das Regime zielbewusst auf den Zweiten Weltkrieg zusteuerte. Könnte es nicht sein, dass Renner mit dieser eher positiven Erwartungshaltung der Arbeiterschaft gegenüber dem Dritten Reich und der nach wenigen Monaten eintretenden Enttäuschung und Distanzierung in verschlüsselter Form auch seinen eigenen Gesinnungswandel meinte?

Welche Motivation hinter Renners verhängnisvollem Schritt von 1938 stand, wird wohl niemals ganz aufzuklären sein. Sie »bleibt eines der großen Rätsel seiner Biographie (…). Im Grund genommen kann man es bis heute nicht gänzlich lösen, kann nur der einen oder anderen These über die Motivation des Handelns den Vorzug geben, die ihn manchmal eher, ein anderes Mal weniger angreifbar machen.«[45]

Dagegen ist die Frage, welche Folgen das »Ja«-Interview für Renners sozialdemokratisches Umfeld und für ihn selbst hatte, eindeutig zu beantworten. Nach Auswertung der Quellen ist der Schluss unausweichlich, dass Renners Schritt verheerende Auswirkungen auf das sozialdemokratische Widerstandspotenzial hatte. »Besonders tragisch und demoralisierend empfinden Inhaftierte in Dachau die Kunde von Renners Interview.«[46] Katastrophal aber war dieses Interview für Renners Ansehen selbst: »Es ist in jedem Fall wenig verwunderlich, daß gerade dieses ›Ja‹-Interview Renner bis heute vorgeworfen wird und als das Paradeexempel schlechthin für *den* Opportunisten Renner zitiert wird. Manchmal wird es in der Auseinandersetzung mit der Gesamtpersönlichkeit übermächtig, zum Teil auch überbewertet herausgestrichen, so als wäre dies das einzige, was einem zu Renner noch einfallen kann. Der Mann für alle Jahreszeiten muß es sich aufgrund seines oft schwindelerregenden, bisweilen nicht nachvollziehbaren Kurses gefallen lassen.«[47]

Mit der Einbindung Österreichs in das Dritte Reich war auch die Auslöschung der Identität dieses Landes verbunden, das nun als »Ostmark« innerhalb des totalitären Systems des nationalsozialistischen Deutschland in Erscheinung trat. Nachdem Renner begreifen musste, dass er mit seinen Hoffnungen von 1938 einem Trugbild aufgesessen war, sah er sich zu einer kritischen Korrektur seines NS-Bildes gezwungen.

Der Nationalsozialismus in der Sichtweise Renners

Dass Renner sowohl im Vorfeld der Nationalratswahlen im November 1930 als auch am Vorabend der Reichstagswahlen von 1932 in Deutschland von der Annahme ausging, der Faschismus sei am effektivsten mit dem Wahlzettel zu bekämpfen, ehrt ihn gewiss als Demokraten. Aber mangelte es ihm, zumindest ex post gesehen, nicht an Sensibilität gegenüber den außerparlamentarischen Machtmitteln des Faschismus, die sowohl 1930 in Österreich als auch 1932 im Deutschen Reich die demokratische Willensbildung schon längst als politischen Faktor weitgehend außer Kraft gesetzt hatten? Worauf gründete sich Renners Hoffnung, die Reichstagswahlen von 1932 würden den Faschismus in Deutschland stoppen können?

Im Kern ist es die These, dass Deutschland nicht mit Italien verwechselt werden dürfe, und zwar aus sozialstrukturellen und kulturellen Gründen. Das Deutsche Reich mit dem Gegensatz zwischen Nord- und Süddeutschland und den historischen Differenzen zwischen Protestantismus und Katholizismus, seinem viel zahlreicheren und geschulteren

Proletariat, seiner mitteleuropäischen Lage, seiner ökonomischen Verflechtung in den Weltmarkt, seiner wirtschaftlichen und kulturellen Reife sei ein Gemeinwesen, das anders beurteilt werden müsse als Italien.[48] Zudem habe der Faschismus längst einen Großteil seiner Faszination nach dem Sieg der Republik in Spanien 1931 und der wirtschaftlichen und staatsfinanziellen Misere der autoritären Rechtsregime in Polen und Ungarn eingebüßt. Die Gefahr sah Renner 1932 nicht im Aufbau einer faschistischen Diktatur oder einer Monarchie in Deutschland, sondern eher in einem Bürgerkrieg mit verheerenden wirtschaftlichen und kulturellen Konsequenzen.

Doch Renner zufolge stand außer Frage, dass die vom Proletariat 1918/19 errungene Demokratie »in ihrer Feuerprobe«[49] stehe, weil der Demokratie 1932 ein gefährlicherer Gegner gegenüberstand als die Kräfte, die 1920 hinter dem Kapp-Putsch standen. »Die gegenwärtige Prüfung ist ernster. Der Nationalsozialismus ist ausgezogen, die Demokratie im Prinzip und in der Idee zu verwerfen und hat für diese Idee der Negation mehr als ein Drittel des Volks selbst angeworben, er hat diesem seinen Anhang eine militärisch organisierte Formation beigegeben und sich das offene Ziel gesetzt, die Macht, alle Macht zu ergreifen, die ›dumme Wählerei‹ abzuschaffen und eine absolute Gewalt über die deutsche Nation aufzurichten. Der Staatsstreich eines großen, dem oberflächlichen Anschein nach einigen Volksteils im Namen einer ›Idee‹ ist etwas anderes als der Handstreich einiger tausend Verschworener.«[50]

Aber Renner stellte dieser Gefahr sein optimistisches Verständnis der Demokratie gegenüber, der er Wehrhaftigkeit und Integrationsfähigkeit attestierte. Er nannte das Reichsbanner in Schwarz-Rot-Gold und die Eiserne Front, welche die Nazis zwängen, ihre Putschpläne aufzugeben und als Partei in der Legalität zu agieren. Kurz: Sie seien im Begriff, sich im legalistischen Gestrüpp demokratischer Verfahrensweisen sowie in Koalitionszwängen zu verheddern und sich so in das parlamentarische System einzufügen. So gesehen habe die Demokratie nicht versagt, sondern gesiegt! Dem deutschen Faschismus bleibe nur eines: »Der Appell an die Demokratie!« Aber angesichts der Spaltung der Arbeiterbewegung bestehe die Gefahr, dass die Demokratie zwar als System bestehen bleibt, jedoch die Sozialdemokratie in der Demokratie versage. In diesem Falle könnte es zu einem Junker-Regime kommen. Darum gehe es in den kommenden Wahlen darum, die demokratische Volksvertretung »zu retten, zu bekräftigen und durchzusetzen. Die Demokratie wird die Wunde, die sie der Nation in einem Wahlgang geschlagen hat, im zweiten Wahlgang auch heilen.«[51]

Nicht nur die Demokratie, sondern auch die alten Eliten, so die Hoffnung Renners, würden die Nazis an einem erfolgreichen Griff zur Macht hindern. So schrieb er in seinem Brief an Toni Jansen vom 22. September 1932: »Natürlich verfolgen wir hier in Oesterreich alle Dinge in Deutschland mit brennendem Interesse und sind im Allgemeinen über die Lage der SPD beunruhigt. Ich persönlich bin auch jetzt Optimist. Die Regierung Papen ist das selbstverständliche Zwischenspiel, das den Erfolg haben muss, die Nazi zur Besinnung zu bringen. Diese Toren haben gemeint, dass die Reaktion, die Leute, die sie als Fanghunde gebraucht hat, sich als Beherrscher gefallen lassen wird. Zuguterletzt ist die Hitlerei auf dieselben Waffen der Demokratie angewiesen, die sie theoretisch verworfen hat. Die Partei wird im protestantischen Norden als bürgerliche Mittelpartei in beschränktem Umfang bleiben. In den proletarischen und halbproletarischen Anhang werden KP und SPD sich teilen. Das allerdings ist ein langsamer und zum Teil auch gefährlicher Prozess. Schlimm ist es nur für alle diejenigen, die dadurch persönlich betroffen sind. Es scheint, dass Löbe die Führung übernehmen wird. Ich würde das für sehr gut halten, weil er recht geschickt ist und auch im Bürgertum gilt.«[52]

Wir wissen heute, dass Renner die Dynamik des deutschen Faschismus in seiner Bewegungsphase unterschätzt hat. Spätestens mit der Machtübergabe an Hitler Ende Januar 1933 musste er zur Kenntnis nehmen, dass Österreich im nationalsozialistischen Deutschland einen Nachbarn hatte, der in Gestalt der österreichischen Nationalsozialisten die Innenpolitik seines Landes entscheidend zu beeinflussen begann. Grund genug für ihn, sich mit dem Nationalsozialismus, den er auch als deutschen Faschismus bezeichnete, auseinanderzusetzen. Dem zeitgenössischen Sprachgebrauch gemäß ist freilich bei ihm gelegentlich auch vom Hitlerismus die Rede. Einem Marxisten wie Renner wurde freilich diese Personalisierung einer ganzen sozialen Bewegung, die 1932 zur stärksten Fraktion im Reichstag aufgestiegen war, zum Problem. Aber Renner löste es nicht durch ein apodiktisches Verdikt dieses Terminus. Vielmehr ging er zunächst durchaus auf ihn ein, um freilich in einer späteren Phase seiner Analyse dessen Grenzen aufzuzeigen.

Welche Mentalitäten verbargen sich unter dem Begriff »Hitlerismus«? Nahtlos knüpfte Renner bei der Beantwortung dieser Frage an die Frontgeist-Ideologie an, die er bereits im Zusammenhang mit dem Austrofaschismus diskutiert hatte.[53] Es handelte sich also um eine Mentalität, die in den Schützengräben und den Materialschlachten des Ersten Weltkrieges geprägt wurde. Von der Korrelation zwischen Befehl und Gehorsam durchdrungen und von der Effizienz militärischer Hierarchien überzeugt, entstand eine kollektive Geisteshaltung, die von folgender Vorstellung ausging: »Männer ohne jeden ordentlichen Bildungsweg, ohne Familie, ohne Vermögen, gediente Offiziere und selbst Unteroffiziere hätten eben dadurch, daß sie forsch zugriffen, das Größte erreicht – siehe Mussolini in Italien, siehe Hitler in Deutschland. Sie hatten eben den überlieferten Kram, Demokratie, Parlamentarismus, Parteiwesen usw. benützt, wenn er nützte, und abgetan, wenn er im Wege stand. Lasset die Vierziger voraussetzungslos ans Werk und alles ist gerettet.«[54] Renners Analyse des Faschismus gibt sich aber nicht mit der Rekonstruktion der kollektiven Mentalitätsstrukturen der Weltkriegsgeneration zufrieden, die auch Hitler beeinflussten. Er ließ nie einen Zweifel daran, dass sein Aufstieg und der des Nationalsozialismus zur Macht, der die europäischen Kräfteverhältnisse mit einem Schlag veränderte, ohne externe und interne ökonomische und soziale Stützmächte nicht möglich gewesen wäre.

Wenden wir uns zunächst der außenpolitischen Konstellation zu, welche den erfolgreichen Griff des italienischen und deutschen Faschismus zur Macht begünstigte. Hier spielten nach Renner nicht der eine oder andere politische Fehler eine entscheidende Rolle, sondern die kapitalistische Struktur der führenden europäischen Mächte des Westens und die aus ihr folgende Furcht vor dem Bolschewismus. Vor dem Hintergrund dieser westlichen Interessenlage lasse sich eine Art historischer Notwendigkeit ableiten, dass das internationale Bankkapital Mussolini Anleihen gewährte, damit er sein Projekt der Beherrschung des Mittelmeerraumes vorantreiben konnte. Ebenso sei es das Ergebnis der geschilderten Umstände gewesen, »daß etliche Monate später, am 11. Jänner 1923, alliierte Truppen die Ruhr besetzten und die nationalen Leidenschaften, welche durch die deutsche Demokratie – auch dort wie in Österreich eine Koalition von Sozialdemokraten und Katholiken – mühsam gebändigt worden war, im Reiche aufpeitschten, um Hitler den Boden zu bereiten«.[55] In der Perspektive der kapitalistischen Hegemonialmächte des Westens, so müssen wir Renner interpretieren, waren während der Konstituierungsphase des Faschismus Hitler und Mussolini mit ihrem Anhang die entschiedensten Bollwerke gegen den Bolschewismus. Auch wenn man einem historischen Fatalismus nicht das Wort rede, komme man um die Einsicht nicht herum, dass »schwere und vermeidbare Versäumnisse des Westens (…) der friedfertigen Demokratie in Deutschland und Österreich das Grab geschaufelt und nationalistischen, im Wesen doch kriegerischen Gewalten zum nahen Sieg verholfen (haben)«.[56]

Andererseits geht aus Renners Analyse des Nationalsozialismus aber auch hervor, dass die Außenpolitik der Westmächte den Aufstieg des Nationalsozialismus zwar begünstigt habe. Doch die eigentlichen historischen Faktoren des Erstarkens des deutschen Faschismus waren ihm zufolge innenpolitischer Natur. Während Otto Bauer im Fokus des bonapartismustheoretischen Ansatzes den aus seiner Massenbasis resultierenden selbständigen Charakter der nationalsozialistischen Massenbewegung als eigenständige Größe zwischen Kapital und Arbeit betonte, näherte sich Renner sehr stark der sowjetmarxistischen Agenturtheorie des Faschismus in der Version Dimitroffs[57] an. Jedenfalls liegt dieser Schluss nahe, wenn er bei seinem Erklärungsversuch der Machtübergabe an die Nationalsozialisten die Rolle der »wirtschaftlichen Noblesse«[58] Deutschlands ins Spiel bringt. Sie habe darin bestanden, Hitler als Agitator im Dienst der Niederwerfung der sozialistischen Arbeiterbewegung zu instrumentalisieren. Zur Belohnung sei dem »so emporgebrachten Beherrscher der Massen« für »die Vertretung ihrer imperialistischen Interessen«[59] die Reichsgewalt ausgeliefert worden. Allerdings hätte sie sich dabei »in ein niedriges Spiel eingelassen und dabei den höchsten Einsatz, ihre ganze Existenz, eingebüßt«[60]: eine Wendung in Renners Argumentation, die ihn wieder der »verselbständigten Exekutive« des bonapartismustheoretischen Ansatzes annähert. Zu den Stützmächten des Nationalsozialismus, wenn auch mit verminderter Verantwortung im Vergleich zu den Industrievertretern, zählte Renner aber auch die Intellektuellen. Ihre Schuld äußere sich in der unpolitischen Naivität, dass sie »in der Isolierung ihrer Schreibtische, Katheder und Laboratorien die Vorgänge im Reiche in kindlichster politischer Unwissenheit und Gleichgültigkeit mit ansahen, als geschähen sie auf dem Monde«.[61] Sie gebärdeten sich aus ihren Gefühlen heraus national, »ohne sie so recht zu billigen und ohne sich dabei persönlich mit dem ›Schmutz der Politik‹ besudeln«[62] lassen zu wollen. Entgegen der in der gegenwärtigen Historiografie vorherrschenden These, die Massen seien die eigentlichen Triebkräfte und Profiteure des Faschismus gewesen, geht Renner umgekehrt davon aus, dass die industriellen Führungskader einerseits und die geistes- und naturwissenschaftlichen Eliten andererseits die Hauptverantwortlichen für die Errichtung der nationalsozialistischen Diktatur in Deutschland waren: »In keiner Nation der Welt war die Schicht der Intellektuellen so bar jeden politischen Interesses und Instinktes wie in der deutschen. Weder die übrige Masse des Bürgertums noch die Bauernschaft, noch die Arbeiterklasse sind für die Hitlerschen Abenteuer und Grausamkeiten verantwortlich zu machen. Denn sie allesamt besaßen, sobald Hindenburg das Reich ausgeliefert hatte, nicht die Möglichkeit, den rasenden Lauf des Unheils zu hemmen.«[63]

Explizit wandte sich Renner in diesem Zusammenhang gegen die These der Kollektivschuld des deutschen Volkes, die aus der Minderwertigkeit der deutschen Nation resultiere. Davon könne erst die Rede sein, wenn die Statistiker den Nachweis erbracht hätten, dass in Deutschland ein höherer Prozentsatz der Kriminalität, geistiger Erkrankungen und sadistischer Gewaltverbrechen vorliege als in anderen zivilisierten Nationen. Das aber sei nicht der Fall. Ebenfalls fehlten Belege dafür, »daß nationaler Hochmut, Rassenvorurteil und Führerwahn bloß einzelnen Völkern und unter diesen in ganz besonderem Maße dem deutschen Volk eigne«. Für Renner waren die Schlussfolgerungen aus diesem Befund evident: Anstelle der referierten Pauschalurteile bestehe die wirkliche Aufgabe darin, »die ökonomischen, sozialen und politischen Umstände zu ergründen, die das deutsche Volk ins Verderben geführt haben. Dabei werden die schweren Fehlmaßnahmen und Unterlassungen der anderen (der Westmächte, R.S.) nicht außer Betracht bleiben dürfen.«[64]

Ein weiteres Hindernis für die Erforschung der Ursachen des Dritten Reiches sah Renner in der »Titanenlegende, die um die Person Hitlers gesponnen« wurde und die ihn »entweder als Heros oder als Teufel schildert«.[65] Hitlers eigene Hybris werde oft noch überboten durch die Überschätzung seiner Beurteiler. Sie resultiere insbesondere aus der Hilflosigkeit vieler Intellektueller gegenüber dem Phänomen Hitler und dessen »Aufstieg aus dem Lumpenproletariat durch alle Schichten hindurch bis in die Höhen, wo über Völker und Staaten entschieden wird«.[66] Doch wie ungewöhnlich die Persönlichkeit und die politische Karriere Hitlers auch immer gewesen sein mag: Exzeptionell und einmalig waren sie nach Renners Sichtweise keineswegs. So seien Mussolini und andere Diktatoren, aber auch andere berühmte Staatsmänner und Ökonomen ebenso aus den Tiefen des Volkes aufgestiegen. Dies vorausgesetzt, hätten sich die »Intelligenzler« längst davon überzeugen können, »daß Schulzeugnisse nicht alles sind«.[67] Auch Hitlers zerrissene geistige Konstitution sei zwar »ungewöhnlich«, aber keineswegs »unerhört«: »Seine Geistigkeit ist ebenso dem höchsten Ideenflug zugänglich, wie dem niedrigsten Instinkte ausgeliefert, sein Charakter zeigt ebenso unwandelbare Festigkeit des Entschlusses wie eine höchst wendige Treulosigkeit, aus seinen Reden spricht ebensooft bezwingbare Aufrichtigkeit wie krasseste und plumpste Verlogenheit.«[68]

Hitlers zwiespältige Persönlichkeit, so kann man Renner interpretieren, eignet sich nicht zum Geniekult. Vielmehr liege der Schluss nahe, »daß diese Mischung ebensosehr das Produkt eines so widerspruchsvollen Lebensganges wie zugleich die Voraussetzung seiner Erfolge gewesen ist. Es ist nicht selten, daß das Schicksal den Charakter des Einzelmenschen ebenso hämmert wie zerschlägt.«[69] Renner warnte in diesem

Zusammenhang vor allem vor dem Fehlschluss, das Dritte Reich als Derivat aus den Widersprüchen der Persönlichkeit Hitlers ableiten zu wollen. Ideen verflüchtigten sich, wenn es nicht Menschen gebe, die ihnen folgen. »Die Führerlegende ruht auf reinem Aberglauben, der Führer ist nichts als der Reflex der Seelen der Geführten, wie diese selbst der Reflex der sie bestimmenden objektiven Umstände, er wird und wächst erst durch diesen doppelten Reflex und alles, was man mit Recht vom Führer aussagen kann, ist, daß er für die Aufnahme und Wiedergabe dieses Reflexes ein tauglicher Spiegel ist.«[70]

Was folgt für Renner aus dieser Diagnose? Es ist ein Plädoyer für eine materialistisch orientierte Analyse des Aufstiegs und Falls des Dritten Reichs. Renner empfiehlt dann auch, die Auseinandersetzung mit der Persönlichkeit Hitlers den Psychiatern und den Kriminalisten zu überlassen. Historiker und Politiker sollten sich vielmehr den objektiven Umständen zuwenden, welche die deutsche Katastrophe bewirkten. Nur aus ihrer Analyse heraus könnten zukünftige Fehlentwicklungen vermieden werden, die zur terroristischen Diktatur des deutschen Faschismus führten. Mit dieser Wendung schließt sich Renner zweifellos den marxistischen Faschismusanalysen der Zwischenkriegszeit an. Das geschieht explizit freilich erst in dem nachgelassenen Werk *Mensch und Gesellschaft. Grundriß einer Soziologie*, das während des Dritten Reiches Anfang der 1940er Jahre entstand. Renner verortet in diesem Werk den Faschismus nicht mentalitätsgeschichtlich oder agenturtheoretisch, sondern innerhalb des marxistischen Paradigmas der Bonpartismustheorie, wie Marx sie in seiner Schrift *Der achtzehnte Brumaire des Louis Bonaparte* entwickelt hatte.

Wie Louis Bonaparte als Napoleon III. sich als »Gesellschaftsretter« inszenierte, so profilierten sich Hitler und Mussolini analog in der Konstitutions- und Bewegungsphase des Faschismus in Deutschland und Italien. Aber ihre durchschlagende Wirkung, die zur Schaffung einer Massenbasis in den Zwischenschichten führte, hat sozio-politische Bedingungen: »Im allgemeinen ist die Voraussetzung dieser Gesellschaftsrettung jene Zwischenepoche, in der ein relatives Gleichgewicht der Klassen herrscht, in der die einen sich in ihrer herrschenden Stellung nicht mehr sicher fühlen, die anderen sich noch nicht die Kraft zu herrschen, zutrauen, in der sich beide Gruppen (also Bourgeoisie und Proletariat, R. S.) lange Zeit aneinander ergebnislos abgemüht haben und die Staatsmaschine beinahe zum Stillstand kommt.«[71] Das sei die Stunde der Zwischenschichten, des alten und des neuen Mittelstandes, die, zwischen den beiden Hauptklassen schwankend, bisher nur deren Anhang bildeten. Nun nutzten sie die Chance, im Klassengleichgewicht den Ausschlag zu geben. Die faschistische Massenbasis, die sich um charismatische »Gesellschaftsretter« wie Hitler schart, ist Renner zufolge dann vollendet, wenn zu ihr die Deklassierten aller Klassen stoßen: »der herabgekommene Aristokrat, der vom Konkurs bedrohte Bourgeois, der erfolglose Gewerbetreibende, der Lumpenproletarier. In diesem Zustrom aller Klassen sehen sie die wahre Volksgemeinschaft bestätigt und schreiben diese auf ihr Banner!«[72]

Renner zeigt nun, wie sich die faschistische Massenbewegung als Partei auf der Grundlage ihres Bündnisses mit den alten Eliten absolut setzt und als ihren radikalen Flügel eine Art »Blutorden« (Renner meinte wohl die SS) herausbildet, ohne Rücksicht auf staatliche Gesetze, religiöse Vorschriften oder sonstige »veraltete« Einrichtungen zu agieren sucht. Aber diese Tendenz ist im italienischen und deutschen Faschismus verschieden ausgeprägt. In Italien sei der Bewegungskern des Faschismus nie restlos zum Durchbruch gelangt, »weil die Partei mit Hilfe der Monarchie zur Herrschaft kam und neben dem königlichen Einfluß auch mit dem des Papsttums und der Kirche auf die Bevölkerung rechnen mußte. In der deutschen Republik fehlten diese Schranken oder brachen bald gänzlich zusammen.«[73] Im Gegensatz zu Italien, so könnte man Renner ergänzen, spalteten sich in Deutschland nämlich die alten Eliten der staatlichen Bürokratie, der Wehrmacht und der Industrie, sodass sich der Handlungsspielraum der Bewegungskräfte permanent erweiterte und die Machtsphäre der alten Eliten gleichzeitig einschränkte.[74] Am Endpunkt dieser Entwicklung angelangt, sind Banken, Großindustrie und Großgrundbesitz, die Hitler zur Macht verhalfen, ebenso machtlos wie die Gewerkschaften.

Vor allem aber arbeitete Renner hellsichtig den durchgehend parasitären Charakter des Nationalsozialismus heraus: »Alle seine sogenannten Schöpfungen sind nichts als freche, gewaltsame Aneignung fremden Gutes. Die staatliche Wirtschaftslenkung ist im ersten Weltkrieg durch Rathenau (...) vorgedacht und durchgeführt worden. Die Darrésche Agrargesetzgebung ist das Geistesprodukt der feudal-kirchlichen Reaktion vor der Jahrhundertwende. Alle Einrichtungen, die zum Schutze der Arbeiterbewegung berufen sind, waren ohne Ausnahme vom Proletariat nach dessen Vorkämpfern erdacht, begründet und vollendet worden (...): sie sind der Arbeiterklasse einfach mit Gewalt weggenommen und der DAF inkorporiert worden (...). Dieser Organisationsraub aber, das ist für den Nationalsozialismus kennzeichnend, wurde gegen keine andere Klasse so rücksichtslos durchgeführt. Diese Einseitigkeit beweist, daß der Grundgedanke der Bewegung von Haus aus die völlige Entmachtung der Arbeiterklasse gewesen ist.«[75] Historiker wie Hans Mommsen haben diese Substanzlosigkeit des deutschen Faschismus später näher untersucht und sie als die entscheidende Ursache der kumulativen Radikalisierung des Nationalsozialismus freigelegt, die zum Primat der rassistischen Ideologie und in ihrer Konsequenz zur Ermordung des europäischen Judentums führte.

Renners Analyse des Nationalsozialismus konvergierte, so kann zusammenfassend festgestellt werden, im Rahmen einer bonapartistischen Theorie mit den marxistischen Ansätzen, wie sie in den verschiedenen Varianten von Otto Bauer, August Thalheimer, Leo Trotzki[76] und anderen in der Zwischenkriegszeit entwickelt wurden. Aber im Gegensatz zu diesen geht für ihn der Faschismus nicht eins zu eins in den sozioökonomischen Faktoren auf, die ihn überhaupt erst ermöglichten. Im Kern ist er für Renner auch eine Art »Zivilisationsbruch« (Dan Diner), der in einem ideologisch motivierten rassistischen Antisemitismus gipfelte: »Das *fluchwürdige System der Judenverfolgungen* (Hervorhebung: R.S.) und das faschistische Gewaltregime hatten die Abscheu der Kulturwelt hervorgerufen. Aber das Beispiel Italiens und Spaniens hatte gezeigt, daß zu seinem Sturze keine noch so freiheitliche fremde Staatsmacht zu kriegerischer Einmischung veranlaßt werden konnte. Bis zum Ausbruch des zweiten Weltkrieges hatten sich die Abscheulichkeiten noch in gewisser Zurückhaltung betätigt, erst die Kriegspsychose sollte sie zu fessellosem, blutdürstigem Mordwahn steigern.«[77]

Wenn sich Renner in seiner Auseinandersetzung mit dem Nationalsozialismus Klarheit darüber zu schaffen versuchte, welche Faktoren das Dritte Reich konstituierten und damit zugleich die Situation schufen, in der er sich selbst als vorerst gescheiterter und kaltgestellter Politiker befand, so ist es doch von hohem biografischen Interesse, wie er die Zeit zwischen 1938 und 1945 verlebte und wie seine alltägliche Lebenswelt aussah. Diesen Fragen wird im folgenden Abschnitt nachgegangen.

Vom Politiker zum politischen Schriftsteller und Dichter

Zwar von der Gestapo überwacht, gehörte Karl Renner dennoch zu den wenigen Sozialdemokraten in Österreich, die ansonsten von den Nazis unbehelligt blieben. So konnte er in seiner Villa in Gloggnitz ein geruhsames Leben als Pensionär führen. Renner wünschte sich, so in einem Schreiben an die Großeinkaufsgesellschaft für österreichische Consumvereine vom 17. Dezember 1940, für seine Person »nichts als den ungestörten Genuß jenes beschaulichen Ruhestandes, den mir seinerzeit der Aufsichtsrat durch die Zuerkennung eines Ruhegenusses für mich und nach mir für meine Frau garantiert hat«.[78] In Gloggnitz, so in einem Brief an seinen exilierten Schwiegersohn Hans Deutsch-Renner in Haiti aus dem Jahr 1940, herrsche »absolute Ruhe«, wie es im »tiefsten Hinterland« nicht anders zu erwarten sei. Bei ausreichender Beheizung habe man die beiden zurückliegenden Winter gut überstanden. Von einem lästigen Ekzem sei er seit einem Dreivierteljahr geheilt. »Unser Gemüseacker hat mir angenehme Beschäftigung gegeben und diese hat sich auch gelohnt, wir waren gut versorgt. Obst war allerdings 1940 fast gar keines (1939 sehr viel!) Erdbeeren und Ribisl natürlich genug, so daß es auch an Jam (Konfitüre, R. S.) nicht gefehlt hat.«[79] Er fahre jede Woche am Donnerstag nach Wien, um seine achtzigjährige Schwester zu besuchen und zu beraten. Außerdem treffe er sich mit einigen Freunden im Café Weghuber, um mit ihnen Tarock zu spielen.

Renner führte das Leben eines rührigen und umsichtigen Hausvaters im Ruhestand, weil ihn die Umstände zwangen, der aktiven Poli-

Karl Renners Haus in Gloggnitz

tik zu entsagen. Doch Renner wäre nicht er selbst gewesen, kreiste sein Denken nicht doch auch um Politik. Wie bereits in der Zeit des Austrofaschismus reflektierte er in seinen Briefen während des Dritten Reiches die Fehlentwicklungen in der Vergangenheit sowie die politischen Konstellationen der Gegenwart und der Zukunft: Zwar sei er immer von der Maxime ausgegangen, dass ein Politiker mit allem rechnen müsse, aber die Katastrophe des Februar 1934 sei für ihn ein unverminderter Schmerz, bekannte er in einem Brief an Wolfgang Pauker vom 29. August 1941. »Mein einziger Verdruß 1934 war, daß das Opfer so unsinnig, so verhängnisvoll, so katastrophal für mein Land und Volk gefordert wurde.« Das Dollfuß-Regime sei so sinnlos und kurzsichtig vorgegangen wie selten eines in der Geschichte. »Man stand auf der oberen Sprosse der Leiter und zerschlug die unteren Sprossen, ohne zu ahnen, daß so die Leiter stürzen müsse. Nachdem man in die Arbeiterhäuser mit Kanonen geschossen, durfte man sich nicht wundern, daß in der Gefahr – sie trommelten schon an die Tore, und nur jugendlich-unreife Politiker konnten das übersehen – nicht eine Hand sich zur Verteidigung rührte.«[80]

Die zeitdiagnostischen Passagen seiner Briefe in dieser Zeit zeugen von Renners wacher Wahrnehmung einer Epoche im Umbruch. Seine Maxime war: Das Alte ist vergangen, aber die Konturen des Neuen haben sich noch nicht klar herausgebildet. In einem weiteren Brief an Wolfgang Pauker am 8. November 1941 bekannte er, dass er »viel an den Heimgang des alten Österreich, des Kaiserreichs und seiner ehrwürdigen Institutionen, an den Untergang des alten Reiches gedacht« habe, »das so vielen Völkern einen im Ganzen erfolgreichen Aufstieg im Schoße der westeuropäischen Kultur gebracht hat«.[81] Heute dagegen gehe man »samt und sonders einer ungewissen, höchst bedrohlichen Zukunft entgegen«.[82] Am 19. Dezember 1942 gestand er Hans Löwenfeld-Ruß in einem Brief, er komme sich wie ein erratischer Block vor. Da aber unwahrscheinlich sei, dass er »in aller Ewigkeit so liegen« bleibe, hege er die Hoffnung, er werde »noch eine Erdrevolution erleben und überleben«.[83] Die Dinge reiften. Die Welt gehe »mit erschreckender Tragik« einem Wendepunkt entgegen, »der keinen Stein mehr auf dem anderen liegen zu lassen droht. Armes Europa! Ein Rückfall in reine mittelalterliche Rassenvorurteile endet wohl in der schwersten Einbuße der weißen Rasse und dem Verlust der erreichten wertvollsten Teile dieser Erde an die gelbe Rasse!«[84] Renner glaubte, die »endgültige Erkaltung des abendländischen Herdes der Zivilisation« vorhersagen zu können. Dem Aufstieg Amerikas stellte er ein Europa gegenüber, das nicht mehr und nicht weniger sei »als das Armen- und Siechhaus der Welt«.[85]

Diese pessimistischen Ausblicke in die Zukunft dürfen nicht darüber hinwegtäuschen, dass sie eher Renners Stimmungsschwankungen zuzuordnen sind, die seinen grundsätzlichen Glauben an die Zukunftsfähigkeit des Sozialismus wohl überlagerten, aber nicht brachen. In seinem nachgelassenen Werk *Mensch und Gesellschaft* kam er zu dem Schluss, die globalisierten emanzipatorischen Ansätze der 1940er Jahre sprächen dafür, »daß der Sozialismus nach den furchtbaren Katastrophen, die unsere Generation Erdenkinder über sich hat ergehen lassen müssen, *die beherrschende Weltmacht* (Hervorhebung: R. S.) sein wird. Seine Parolen aber werden zu jenen, unter denen die lebende Generation gekämpft hat, neue, weittragende Parolen hinzufügen.«[86] Darüber, dass der Sozialismus klassenlose Gemeinwirtschaft ist, herrschte auch vorher schon Einverständnis,»wenn auch nicht volle Klarheit, insbesondere über die notwendigen Grenzen, über den Vorbehalt des Individuums in seiner staatsfreien Sphäre. Über die Frage jedoch, welche menschliche Gemeinschaft denn der Träger der Gemeinwirtschaft werden soll, haben ernsthafte Untersuchungen noch nicht stattgefunden. Soll es der Staat in seiner augenblicklichen Gestalt sein, wie ihn die Geschichte zustande gebracht hat, dieses Produkt jüngster und ältester Gewalt, hundert- und tausendjährigen Unrechts – oder sollen die Staatsgrenzen neu vermessen werden und nach welchen Grundsätzen?«[87]

Vor allem aber ist festzustellen, dass Renners Schaffenskraft sowie seine psychischen wie intellektuellen Energien auch unter den restriktiven Bedingungen des Dritten Reichs ungebrochen blieben. So schloss er im Herbst 1939 seine Lebenserinnerungen *An der Wende zweier Zeiten* ab, die mit seinem Eintritt in die Reichsratsbibliothek enden. Zwei weitere Bände, die seinen Lebenslauf bis zum Ende der Ersten Republik schildern sollten, waren projektiert. Zur Niederschrift dieser beiden Teile ist es freilich nicht mehr gekommen. Darauf, dass diese Schrift nicht ganz frei von Selbststilisierungen ist, wurde hingewiesen[88], doch das mindert ihren Quellenwert nicht. In Übereinstimmung mit seiner postum erschienenen Schrift *Von der Ersten zur Zweiten Republik* beschrieb Rauscher ferner, wie sich in großen Teilen der österreichischen Arbeiterschaft und wohl auch bei Renner selbst angesichts der Realitäten des NS-Alltags und der »Arroganz der Deutschen gegenüber den armen ›Ostmärkern‹«[89] allmählich »eine Art österreichisches Nationalbewußtsein (entwickelte). Freilich stand dem von Anfang an ein überdurchschnittlich reges Engagement vieler ›Alpen- und Donaudeutscher‹ in den verschiedenen Kadern der NSDAP, gerade in der SS, gegenüber. Für Renner waren sie unverbesserliche und charakterlose Profiteure des Gewaltregimes und ›Krippenfresser‹.«[90] Die neuen Rahmenbedingungen der politischen Abstinenz veränderten auch die Gemengelage der Kernschichten in Renners Persönlichkeit. Der Parteipolitiker und Staatsmann trat ebenso in den Hintergrund wie der vom Faktischen ausgehende Theoretiker der politischen Praxis. Stattdessen kamen der nach wie vor in marxistischen Kategorien denkende Jurist, Soziologe und Historiker sowie der visionäre Dichter in seinem Lebensbild zum Durchbruch.

Unter seinen in der NS-Zeit geschriebenen Büchern ragt zweifellos sein Grundriss einer Soziologie, den er im ersten Band seiner *Nachgelassenen Werke* unter dem Titel *Mensch und Gesellschaft. Grundriß einer Soziologie* entfaltete, hervor. Jacques Hannak berichtete, Renner habe die wesentlichen Teile des Buches in den Jahren 1942 und 1944 geschrieben. »Die Umstände, unter denen dieses geschah, waren keineswegs einfach. Renner lebte in Gloggnitz und schrieb dort stenographische Notizen, die sich relativ leicht verbergen ließen. Je einmal in der Woche fuhr er nach Wien, wo er im Café Weghuber seine allzeit getreue Sekretärin Tilde Pollak traf. Ihr schob er die stenographischen Aufzeichnungen zu und sie übertrug sie in Reinschrift und sorgte für ein sorgfältiges Versteck des Manuskripts. Gerade am Tage des 15. Juli 1944 übernahm sie ein paar wichtige und heikle Kapitel – sozusagen direkt unter der Nase der Gestapo, die ihre Späher bereits im Kaffeehaus sitzen hatte. Aber wie durch ein Wunder konnte sie mit den Papieren entwischen und damit ein großes Werk vor dem Untergang retten.«[91] Freilich verhinderte dieser Vorfall die Beendigung des Buches ebenso wenig wie die vielfältigen politischen Aktivitäten Renners nach dem Ende des Dritten Reiches. Lediglich die geplanten §§ 74 bis 93 und 95, also etwa ein Fünftel des Werks, wurden von Renner nicht ausgearbeitet.

Jeder Versuch, Renners Magnum Opus in allen seinen Facetten vorzustellen, sprengte den Rahmen dieser Biografie. Immerhin hat Jacques Hannak den Versuch einer Zusammenfassung unternommen: »Trotz dem Fehlen eines Fünftels macht das Werk kaum den Eindruck von etwas Unvollendetem. Es ist eine großartige Zusammenfassung der Hauptgedanken des gesamten wissenschaftlichen Lebens Renners. Noch einmal erblüht in organischer Verschmelzung zu einer Einheit Renners System des Rechts, der Nation, der Ökumene, des Staates. Noch einmal lernen wir den Historiker, Biologen, Psychologen ebenso kennen wie den Rechtstheoretiker, Staatsmann und Politiker. Noch einmal offenbart sich uns der große sozialistische Mensch Karl Renner.«[92] Selbst wenn wir das hagiografische Pathos dieser Würdigung abziehen, bleibt sie mit der nüchternen Feststellung Otto Weinbergers kompatibel: »Wollte man Renners Soziologie ganz allgemein charakterisieren, so müßte man sie als naturwissenschaftlich-biologisch, als marxistisch und antimetaphysisch bezeichnen. Er sieht die Gesellschaft, um bei seiner Terminologie zu bleiben, mit den Augen des ›Zoologen‹ und mit jenen des Marxisten.«[93] Es lohnt sich, diesen Aspekt des Renner'schen Werkes zu vertiefen. In den früheren Biografien wurde nicht hinreichend beachtet, dass Renner seinen soziologischen Ansatz im Spannungsfeld zwischen der Darwin'schen Evolutionstheorie und der Marx'schen Analyse der durch Arbeit vermittelten Auseinandersetzung des Menschen mit der Natur positionierte. Diese Interaktion stellt die Grundlage soziokultureller Überbauten dar, die eine biologisch nicht determinierte Sphäre der Artefakte konstituieren. Das mag, wie Weinberger hervorhebt, kein neuer Gedanke sein, aber er stellt einen wichtigen Baustein in Renners marxistischem Ideengebäude dar.

Auch wenn Renner in seinen Schriften vor 1934 nur gelegentlich auf die Darwin'sche Evolutionstheorie rekurriert, so war sie doch in seinem Denken immer präsent. Wie er in seiner Autobiografie berichtete, setzte er sich bereits in seiner Nikolsburger Gymnasialzeit mit Darwins Abstammungslehre auseinander. Er sei tief beeindruckt gewesen, wenn der zuständige Lehrer Franz Zelinka »uns die Entwicklung der organischen Welt in ihren Millionenjahren stetiger Variation und Auslese durch den Kampf ums Dasein und durch die Zuchtwahl vorführte«.[94] An anderer Stelle hob Renner die liberale Atmosphäre des Nikolsburger Gymnasiums hervor, in dem es trotz reaktionärer Einwirkungen des Unterrichtsministeriums möglich war, dass ein Lehrer wie Zelinka die Schüler mit Darwins Entwicklungslehre vertraut machen konnte.[95] Auch erwähnt Renner die Buchhandlung Naafe in Nikolsburg, in der Darwins *Die Entstehung der Arten* neben den Werken von Ibsen, Zola, Hauptmann und Nietzsche auf das besondere Interesse der Schüler stieß.[96] Darwins Selektionsprinzip, modifiziert durch ein Element Lamarckismus, schimmert ebenfalls durch, wenn Renner in seiner Autobiografie schilderte, wie sich die Schmiedehandwerker zu Stahlarbeitern entwickeln: »So ward da oben ein stählernes Geschlecht großgezogen – durch Jahrhunderte! –, ein Geschlecht, das den Stahl nur mit einem Kiesel zu ritzen, mit einem Hammerschlag erklingen zu machen brauchte, um zu wissen, was das Stück taugte. Ein Geschlecht, das sozusagen den Instinkt des Materials von Generation zu Generation vererbte, den starken Arm und zugleich die feine Hand, die sichere Schätzung der Maße und Gewichte, die Zollstock und Waage beinahe überflüssig machte. Vererbung und Erziehung wurden ergänzt durch die gute Schulung.«[97]

Die Darwin'sche Evolutionstheorie kommt auch in seinem Spätwerk *Mensch und Gesellschaft* immer dann zur Geltung, wenn Renner die Verwurzelung des Menschen in seiner biologischen Naturgeschichte behandelt. So heißt es paradigmatisch an einer Stelle: »Ein Ausleseprozeß von unvorstellbarer Dauer hat jene Horden (der Urmenschen, R. S.) überleben lassen, die ihrer Umwelt am besten angepaßt, durch geschlechtliche Zuchtwahl unter Ausschluß der Inzucht ertüchtigt und stärker vermehrt, in der Jagd und im Kampf mit anderen Horden überlegen waren.«[98] Aber sosehr er – nicht anders als sein Lehrer Karl Kautsky[99] – die Vergleichsebene Mensch/Tier betont und die komparatistische Achse Gott/Mensch als irrelevant ausblendet, so ist doch seine Distanzierung von einem dogmatischen naturwissenschaftlichen Naturalismus nicht zu übersehen. Tatsächlich gründet Renner seinen aus dem Nachlass herausgegebenen Band *Mensch und Gesellschaft* auf dem anthropologischen Muster, dem die große Mehrheit der marxistischen Sozialdemokratie vor dem Ersten Weltkrieg und in der Zwischenkriegszeit folgte.[100] Sofern der Mensch eine Emergenz seiner biologischen Naturgeschichte ist, treffen die Kategorien der Darwin'schen Evolutionstheorie wie Anpassung, Selektion, geschlechtliche Zuchtwahl und Kampf ums Dasein in ihrer Anwendung auf ihn zu. Dergestalt zwar im Tierreich verwurzelt, hat der Mensch aber auch eine soziokulturelle Natur, die – nicht genetisch determiniert – sein von ihm selbst geschaffenes artifizielles Gehäuse darstellt, in dem sein eigentliches vergesellschaftlichtes Leben stattfindet.

Nach Renner war es kein Zufall, dass Darwins *Entstehung der Arten* und Marx' *Kritik der politischen Ökonomie* im selben Jahr, nämlich 1859, erschienen sind: Wie Darwins Rekurs auf Malthus zeigte, musste die Gesellschaft erst in ein Konglomerat individueller Konkurrenzkämpfe zerfallen, bis Darwin den Kampf ums Dasein in der Natur entdecken konnte. Doch diese formale Gemeinsamkeit verführte die Vertreter des Manchesterliberalismus zu dem Schluss, dass die ökonomischen Kategorien wie Kapital, Lohn und Profit »ewige« Kategorien im Sinne eines Naturgesetzes seien. »So identifizierten sie die historisch bedingte soziale Zwischenspielmaske unversehens und unbeabsichtigt mit der zoologischen Maske ›Raubtier‹ und meinten wunders welche wissenschaftliche Tat vollbracht zu haben.«[101] Es sei die große wissenschaftliche Leistung von Karl Marx gewesen, die kapitalistische Verkehrsgemeinschaft »in ihrer soziologischen Eigenart erfaßt, von naturwissenschaftlichen wie juristischen Methoden unbeirrt beschrieben und historisch in die wandelnde Entwicklung der Menschheit als transitorische Notwendigkeit eingereiht zu haben. Mit dieser Tat hat er erst die Soziologie als abgegrenztes Forschungsgebiet konstituiert.«[102]

Nun setzt dieser Ansatz freilich eines voraus: Er muss zwar den Unterschied Tier/Mensch respektive Natur/Gesellschaft unterstellen, aber gleichzeitig den ganzen, das heißt biologischen und soziokulturellen Menschen als nichtdualistische Einheit ins Visier nehmen. Die Soziologie, wie Renner sie propagiert, hat also beide Dimensionen zu beachten. Zwar richtet sie ihr Hauptaugenmerk auf den gesellschaftlich-zivilisatorischen Aspekt der von Menschen geschaffenen Artefakte (Institutionen, Wirtschaft, Recht, Staat etc.), wird aber doch zumindest die biologischen, also naturwissenschaftlich zu erfassenden Fakten der menschlichen Natur mitberücksichtigen müssen. Es sind daher zwei Fehlentwicklungen, die es nach Renner zu vermeiden gilt: Wer nur die biologischen Wurzeln des Menschen fokussiert und ihnen die Eigenständigkeit seiner nichtgenetischen zivilisatorischen Potenz einseitig unterordnet, gerät auf die Abwege einer biologistisch ausgerichteten Soziologie, die sowohl anthropologisch unhaltbar als auch historisch widerlegt ist.

Renner weist darauf hin, dass Rassenfanatiker mit dem Ziel einer exkludierenden biologistischen Homogenität[103] die kriegerische Auseinandersetzung zwischen den Hauptrassen der Erde herbeisehnen. Aber die letzten Ursachen einer solchen Katastrophe liegen, wie ihre Protagonisten behaupten, »weder im ›Blut‹ noch in der Hautfarbe, sondern in wirtschaftlichen Verhältnissen und Gegensätzen«.[104] Wer aber umgekehrt den Menschen einseitig von seinen biologischen Wurzeln trennt, gerät in den Sog einer rein konstruktivistischen Soziologie. In ihrem Endstadium lässt sie den Menschen seine Evolution mit technischen Mitteln in die eigenen Hände nehmen. Dass in diese Richtung in Renners Gegenwart bereits gedacht wurde, beweisen die transhumanistischen Visionen englischer Naturwissenschaftler wie Bernal[105] und Haldane[106], die als Marxisten eine radikale technische Aufrüstung des Menschen zugunsten der physischen und intellektuellen Konstitution der Arbeiterklasse forderten. Deren Ziel war klar: die Ersetzung der Spezies Mensch durch eine andere ihr überlegene Art in einer Megazivilisation, die den Menschen aus seiner Verwurzelung im Tierreich löst.

Das zweite große Werk, das aus Renners Feder im Dritten Reich entstand, war sein an dem Lehrgedicht *De rerum natura* des spätrömischen Autors Lukrez orientiertes Buch *Weltbild der Moderne*.[107] Es handelt sich um einen in Versen und Gesängen verfassten Kommentar zur Geschichte der Naturwissenschaften. Renner spannte darin einen gewaltigen Bogen von den in Horden lebenden Urmenschen, die sich mit der sie umgebenden Natur noch in eins gesetzt fühlten, über die Schulen der vorsokratischen und der attischen Naturphilosophie bis hin zur römischen Stoa und zum christlichen Abendland, das die Natur im Rahmen der mittelalterlichen Scholastik essentialistisch zu begreifen suchte. Das *Weltbild der Moderne* beginnt sich dann in der Frühen Neuzeit mit naturwissenschaftlichen Heroen wie Galilei, Kepler und Kopernikus zu entfalten, welche gegen den Widerstand der katholischen Kirche den Planeten Erde aus dem Zentrum des Kosmos lösten. Sie begannen, naturwissenschaftliche Erkenntnis experimentell zu belegen und die Ergebnisse ihrer Beobachtungen in der Sprache der Mathematik zu artikulieren. Derart bahnbrechende Erkenntnisse gießt Renner ebenso in Versform wie die naturwissenschaftlichen Durchbrüche der Physik und der Chemie vom 17. Jahrhundert bis zu Renners Gegenwart in den 1940er Jahren.

Auch wenn Renner das *Weltbild der Moderne* mit der Renaissance beginnen lässt und die Auseinandersetzung der Menschen mit der Natur vor dieser Zäsur als deren Vorgeschichte begreift, ist der rote Faden, der seine Dichtung durchzieht, der einer tradigenetischen Evolution.[108] Renner unterstellt als Klammer dieser Entwicklung keine Teleologie, sondern eher das, was die moderne Anthropologie als »Wagenhebereffekt«[109] bezeichnet. Gemeint ist damit das menschliche Gehirn, das in der Lage ist, kulturelle, also genetisch nicht determinierte wissenschaftliche Erkenntnisse in einer Art kollektivem Gedächtnis zu speichern und, auch wenn es Dekaden oder gar Jahrhunderte dauert, viel früher aufgeworfene Probleme der Naturerkenntnis zu lösen und weiterzuentwickeln. So sind die Auseinandersetzungen der Menschen mit der Natur auf kognitiver Ebene zwar in eine Entwicklung eingebunden, aber sie verläuft in Renners poetischer Darstellung keineswegs geradlinig, sondern ist kontingenten Impulsen vor allem der Phantasie als dem Motor des Kreativen unterworfen. Im naturwissenschaftlichen Fortschritt erkennt Renner das rechte Maß zwischen dem auf das Messbare und Quantifizierbare angelegten Verstand und der kreativen Phantasie verwirklicht. Der Verstand, absolut gesetzt, würde sich in der Monotonie des Messbaren verlieren und in seinem Erkenntnisfortschritt stagnieren. Umgekehrt landete die Imagination im Okkulten, würde sie nicht durch den Imperativ des Messbaren, von dem die Verstandestätigkeit lebt, korrigiert werden.[110]

Wer dieses 424 Druckseiten umfassende Lehrgedicht gelesen hat, könnte im ersten Moment ratlos sein. Fast hinterlässt die Lektüre den Eindruck, als habe man es mit einem erratischen Block zu tun, der für sich selbst steht. Handelt es sich um das Produkt eines intellektuellen Eskapismus? Vielleicht sogar um eine Flucht vor den barbarischen Realitäten des Zweiten Weltkrieges und des Faschismus? Wie ist dieses Lehrgedicht in die Vita Renners, wie in sein Gesamtwerk einzuordnen? Ist der Versuch, quantifizierbare Wissenschaft in lyrische Form zu kleiden, nicht von vornherein zum Scheitern verurteilt? Dass die Abfassung dieses Lehrgedichts für Renner mehr war als bloßer Zeitvertreib eines Rentiers, beweisen einige Stellen aus seinen Briefen. Am 29. August 1941 schrieb er an Wolfgang Pauker: »Inzwischen habe ich mich von der Politik ganz abgewendet und den Musen zugekehrt. Augenblicklich habe ich eine größere didaktische Dichtung beendet – natürlich kann ich sie nicht publizieren, sie bleibt im Schreibtisch. Für uns Geistige ist es ein Glück, in diesen Reihen beheimatet zu sein.«[111]

Möglicherweise war die Publikation des Textes für Renner, wie Adolf Schärf vermutete, tatsächlich nebensächlich.[112] Denn eine weitere Briefstelle deutet darauf hin, dass das *Weltbild der Moderne* für Renner, nachdem er unfreiwillig aus der aktiven Politik ausscheiden und die Katastrophe des Zweiten Weltkrieges zur Kenntnis nehmen musste, eine wichtige psychische Kompensation darstellte. Die Abfassung dieses Werkes könnte für ihn nach den Erfahrungen des faschistischen Zivilisationsbruchs erheblich zur Wiederherstellung seines Glaubens an die konstruktiven Dimensionen der menschlichen Natur beigetragen haben. Jedenfalls schrieb er an Hans Löwenfeld-Ruß: »Inzwischen habe ich mich zum Troste darauf gestürzt, was ich an Neuerrungenschaften der Naturwissenschaft durch die Politik erträumt habe, nachzulesen, und war von ihren Triumphen so begeistert, daß ich eine – erschrecken Sie nicht – Lehrdichtung à la Lukrez ›De rerum natura‹ in 3 Büchern ›Unser Weltbild‹ niedergeschrieben habe. (...) Die Arbeit war ein wahres Seelenbad für mich – es ist doch was Großes um die Menschheit, trotz alledem.«[113] Robert Schediwy hat eine gut verständliche und kompetente Inhaltsangabe von Renners Lehrgedicht vorgelegt, auf die hier verwiesen sei. Zusammenfassend kommt er in seinem Essay *Dichtende Arbeiterführer. Bemerkungen zu Marx, Engels und zu Renners ›Weltbild der Moderne‹*[114] zu dem Schluss: »Vieles, was Karl Renner gesagt und getan hat, ist heute noch zu Recht umstritten. Nicht zu zweifeln ist allerdings an seinem außerordentlichen Geist, an seiner genialen Vielseitigkeit, die er sogar in seinem ganz und gar unzeitgemäßen Lehrgedicht zum Ausdruck brachte. In einer Zeit, in der Parteiführer der ehemaligen Arbeiterbewegung sich eher als Weinkenner und Hedonisten profilieren denn als klassische Bildungsbürger, kann jedenfalls die Erinnerung an Karl Renners dichterisches Werk den Blick für den Wandel des Zeitgeistes schärfen.«[115]

Darüber hinaus sprengt *Das Weltbild der Moderne* keineswegs den Rahmen von Renners Œuvre. Aus seinen *Lebenserinnerungen* erfahren wir, dass er am Nikolsburger Gymnasium eine hervorragende altphilologische Ausbildung erfahren hatte. Antike Philosophie und Geschichte hatten ihn so tief geprägt, dass er dieses Wissen im fortgeschrittenen Alter nur zu aktualisieren und abzurufen hatte. Als Repräsentant der alten Arbeiterbewegung in der Schule Karl Kautskys wissenschaftlich sozialisiert, war sein Weltbild durch und durch naturwissenschaftlich geprägt. Renner hatte teil an der Prämisse, dass es ohne die Anwendung der Resultate der Naturwissenschaften als Technik keine Industrialisierung und ohne die Industrialisierung kein Proletariat gäbe. Das verbindende Glied zwischen seiner humanistischen Bildung und seinem naturwissenschaftlichen Weltbild war der Gedanke der Aufklärung, der im Werk des Lukrez *Von der Natur der Dinge*[116] beide Linien konvergieren ließ. Wie Lukrez jenseits der mythischen Welt der Götter in der Natur ausnahmslos ihre immanente Kausalität, das heißt die Gesetze der Materie, wirken sah, hat sich Renner stets zu einem materialistischen Ansatz im Sinne des Marxismus bekannt.

Dass er sich für die Form eines Lehrgedichts entschied, hängt ebenfalls bruchlos mit den Prägungen seiner Persönlichkeit in der Arbeiterbewegung zusammen. Er hat sich früh, wie gezeigt wurde, als Lehrer der österreichischen Sozialdemokratie verstanden und engagiert in der Parteihochschule und anderen Fortbildungskursen unterrichtet. Als Verfasser politisch-sozialer Lyrik ist Renner seit seiner Jugendzeit hervorgetreten. Viele Gedichte, zuerst in der *Arbeiter-Zeitung* publiziert, sind der Öffentlichkeit in Sammelbänden zugänglich gemacht worden.[117] Und der Kritik, er lasse sich auf den unmöglichen Versuch ein, naturwissenschaftliche Erkenntnisse, die mit ihrer Quantifizierbarkeit und ihrer Kompatibilität mit mathematischen Zeichen stehen und fallen, in eine lyrische Form zu transferieren, entgegnete er mit den Worten des romantischen Dichters Novalis: »›Der Götter Leben‹, schreibt er, ›wißt – / Ist Mathematik!‹ – So der Dichter! / ›Die reine Mathematik ist / Religion!‹ – Vernehmt ihr's Richter?«[118]

Wie immer man die literarische Qualität von Renners *Das Weltbild der Moderne* beurteilen mag, für seine eigene Selbstverständigung, für den Versuch, mit sich selbst ins Reine zu kommen, ist dieses Werk von nicht zu unterschätzender Bedeutung. In diesem Sinne heißt es im »Ausklang« seines Lehrgedichts:

»Verzag nicht, wenn in diesem Augenblick
Die Erde ächzt in Leid und Mißgeschick:
Und stürzt die Welt im kriegerischen Grauen,
Die Wissenschaft wird wieder auf sie bauen.
Vereintes Werk von vielen tausend Geistern
Wird auch das Rätsel der Gesellschaft meistern:
Das Unrecht, das in blanken Waffen geht,
Und die Gewalt, die neues Unrecht sät,
Die Habsucht, die vom Schweiß der Mühsal protzt,
Und das Gemeine, das dem Reinen trotzt.
Gewalt ist mächtig, doch Gewalt ist Schuld,
Und stärker als Gewalt ist die Geduld!«[119]

Was sagen uns diese Zeilen? Die Wissenschaft (Natur- und Geisteswissenschaften) als Ausfluss der Vernunft, potenziert durch das »Werk von tausend Geistern«, ist in der Lage, die gesellschaftlichen Ursachen der auf Unrecht und Ausbeutung begründeten Gewalt freizulegen und zu beseitigen. Aber das geschieht nicht mit einem Schlag, sondern evolutionär. Renner rät daher zur Geduld, um der Gewalt Herr zu werden. War angesichts der bisher katastrophalsten aller historischen Weltsituationen Renners Mut, Hoffnung für die Zukunft zu schöpfen, eine Chimäre, eine haltlose Illusion? Schon wenige Jahre später, nachdem er diese Zeilen zu Papier gebracht hatte, war mit dem Zusammenbruch des Dritten Reiches die Chance gegeben, dass Geduld sich stärker erweisen konnte als die Gewalt. Ob und wie Renner diese Herausforderung annahm und was er aus ihr machte, ist im folgenden Kapitel zu untersuchen.

9. Der Architekt der Zweiten Republik

In seiner *Denkschrift über die Geschichte der Unabhängigkeitserklärung Österreichs und die Einsetzung der provisorischen Regierung der Republik*[1] schildert Renner ausführlich die Vorgeschichte seiner Kanzlerschaft zu Beginn der Zweiten österreichischen Republik. Nach dem Einmarsch der Roten Armee am 1. April 1945 in seinen damaligen Wohnort Gloggnitz im südlichen Niederösterreich am Fuß des Semmering unternahm er mehrere Spaziergänge durch den Ort, um sich bei der Roten Armee für die Sicherheit der Bewohner einzusetzen. Er wollte sie wohl auch durch seine Präsenz wissen lassen, dass er Gloggnitz nicht verlässt, um einer möglichen Panik vorzubeugen. Doch seine Kontaktaufnahme mit der Roten Armee, deren Fairness und konstruktive Haltung er lobte, brachte ein ganz anderes Resultat, als er es ursprünglich beabsichtigte. »Ich hatte mein Haus verlassen, um Schutz für meine Ortsgenossen zu suchen, nun aber schien die Möglichkeit nicht ausgeschlossen, für mein Volk und Land Schutz (...) und vielleicht einen Ausweg aus der Katastrophe zu suchen.«[2]

Tatsächlich musste Renner bald erkennen, dass die Offiziere der Roten Armee aufgrund von Weisungen aus Moskau und wegen seiner ehemaligen Funktionen in der Ersten Republik – als Kanzler, als Präsident der österreichischen Delegation bei den Friedensverhandlungen in St. Germain sowie als letzter frei gewählter Präsident des Nationalrats – in ihm einen wichtigen Ansprechpartner für den Aufbau eines neuen Gemeinwesens in Österreich sahen. Aber wie gestaltete sich diese Kooperation im Detail? Welche Probleme waren durch die Trennung Österreichs vom Deutschen Reich zu bewältigen? Und gibt es eine Kontinuität im wissenschaftlichen Werk Renners nach 1945?

Karl Renners Weg zum ersten Kanzler und zum Bundespräsidenten der Zweiten Republik

Die überlieferten Quellen legen nahe, dass im April 1945 eine Suchbewegung stattfand, die für die weitere Entwicklung Österreichs entscheidend werden sollte. Denn nicht nur Renner bemühte sich um den Kontakt zu den Führungsgremien der Roten Armee, ohne deren Hilfe oder zumindest Duldung sein Eintritt in die nationale Politik Österreichs schon im Ansatz gescheitert wäre. Umgekehrt bekundete auch der oberste Befehlshaber der Roten Armee, Josef Stalin, deutliches Interesse an dem Politiker Renner. Auf seine Veranlassung hin kam es am 5. April 1945 zum Treffen Renners mit Generaloberst Aleksej W. Zeltov. Die wichtigste Quelle ist der Bericht des Armeegenerals S. M. Schtemenko, der über eine Lagebesprechung im Moskauer Hauptquartier während des Einmarsches der Roten Armee in Österreich berichtete. Stalin habe eine für die anderen Anwesenden überraschende Frage in den Raum gestellt: »Wo ist eigentlich jener Sozialdemokrat Karl Renner, der ein Schüler von Karl Kautsky war? Er gehörte viele Jahre zur Führung der österreichischen Sozialdemokratie. Und war, wenn ich nicht irre, Präsident des letzten österreichischen Parlaments (...).‹ Niemand antwortete: die Frage kam unerwartet. (...) ›Man darf die einflußreichen Kräfte, die auf antifaschistischen Positionen stehen, nicht außer acht lassen‹, sagte J. W. Stalin. ›Die Hitler-Diktatur hat sicherlich auch den Sozialdemokraten etwas beigebracht (...).‹ Und wir erhielten den Auftrag, in Erfahrung zu bringen, was aus Renner geworden sei, und, sollte er noch leben, festzustellen, wo er sich aufhielt. Wir gaben die entsprechende Weisung telefonisch an die 3. Ukrainische Front durch.«[3]

Schtemenko berichtete weiter, dass am 4. April ein Bericht des Kriegsrats der 3. Ukrainischen Front in Moskau eingetroffen sei: »Karl Renner sei von sich aus im Stab der 103. Gardeschützendivision erschienen. Später erzählte man mir, wie es war: In den verrauchten Raum, in dem die Stabsoffiziere der Division bei der Arbeit waren, trat ein stattlicher Greis in strengem schwarzem Anzug und stellte sich deutsch vor. Zuerst schenkte ihm niemand besondere Beachtung. Dann aber kam einer von den Politarbeitern darauf, mit wem er es zu tun hatte, und er

Karl Renner und Theodor Körner auf dem
Weg zum Nationalrat am 29. April 1945

machte sofort seinen Vorgesetzten Meldung.«[4] Noch am selben Abend traf diese Meldung in Moskau ein. Wenn die militärischen Operationen an den Front gut liefen, pflegten Stalin, die Mitglieder des Hauptquartiers und der Regierung keine besonderen Fragen zu stellen. »Diesmal aber blieb J. W. Stalin während des Berichts über die Lage an der 3. Ukrainischen Front plötzlich stehen, sah die Vertreter des Generalstabs lange verschmitzt an und setzte sein unablässiges Hin und Her auf dem Läufer mit zufriedener Miene fort, als er sich davon überzeugt hatte, was ihm im Zusammenhang mit dem Telegramm über Renner durch den Kopf ging. Anschließend diktierte er uns ein Telegramm des Hauptquartiers an den Kriegsrat der 3. Ukrainischen Front. Es hatte folgenden Inhalt: 1. Karl Renner sei Vertrauen zu erweisen. 2. Ihm sei mitzuteilen, daß das Oberkommando der sowjetischen Truppen ihn beim Wiederaufbau der demokratischen Ordnung in Österreich unterstützen werde. 3. Renner sei klar zu machen, daß die sowjetischen Truppen in Österreich eingezogen seien, nicht um dessen Territorium zu annektieren, sondern um die faschistischen Okkupanten zu vertreiben. Das Telegramm trug die Unterschriften von J.W. Stalin und A.I. Antonow. Ich brachte es sofort in den Telegrafenraum zur Übermittlung an F.I. Tolbuchin.«[5]

Bereits am 15. April bedankte sich Renner für Stalins Entgegenkommen. Er wies zunächst auf die freundschaftlichen Begegnungen zwischen österreichischen Sozialdemokraten und Bolschewiken vor dem Ersten Weltkrieg hin. Zwar war Renner während Stalins Aufenthalt in Wien anlässlich seines Studiums der Nationalitätenfrage nicht mit ihm zusammengetroffen, doch er betonte, dass er Lenin persönlich auf der Friedenskonferenz 1917 in Stockholm kennengelernt hatte. Mit Rjasanow habe er gemeinsam in der Wiener *Arbeiter-Zeitung* gearbeitet, und »viele vor dem Zarismus flüchtende Genossen wohnten oder nächtigten wenigstens in meiner Wohnung auf der Durchreise in die Schweiz, manche von mir mit einem Paß ausgestattet«.[6] Dass Renner auch Trotzki erwähnt, mit dem er während dessen Aufenthalts in Wien verkehrte, wirft für viele Interpreten ein Problem auf. War es bloße Naivität, Stalin gegenüber den Namen seines vermeintlichen Todfeindes zu erwähnen? Oder war es der listige Versuch, mit vorgetäuschter Senilität Stalin die falsche Gewissheit zu suggerieren, er könne ihn leicht manipulieren? Wir wissen es nicht. Jedenfalls ist nicht bekannt, dass diese Erwähnung Trotzkis bei Stalin einen Kurswechsel hervorgerufen hätte: Die drei Punkte in Stalins Telegramm wurden nicht zurückgenommen oder modifiziert.

Die reichlich übertriebene Ergebenheitsadresse gegenüber Stalin, deren realpolitische Stoßrichtung heute freilich zunehmend anerkannt wird[7], darf nicht darüber hinwegtäuschen, dass »die Kooperation (...) auf rein rationaler Ebene statt(fand), obwohl Renner zuerst versuchte, menschliche Kontakte herzustellen«.[8] Auch hatte Renners Briefwechsel mit Stalin ein konkretes Äquivalent: Als hochrangigstes im Lande verbliebenes Mitglied des Parteivorstandes der SDAP habe er durch die Rote Armee die Freiheit des Handelns wiedererlangt. Er könne sich unter dieser Voraussetzung berufen fühlen, als letzter frei gewählter Präsident des Nationalrats für das ganze österreichische Volk zu sprechen. Selbstbewusst betonte Renner, als erster Kanzler der Republik verfüge er über die für eine Staatsgründung und die Einrichtung einer öffentlichen Verwaltung notwendigen Kompetenzen. »Ich habe es darum als absolute Pflicht betrachtet, meine Person voll und ganz in den Dienst dieser Sache zu stellen. Berufene Organe der Armeegruppe Tolbuchin haben sich bereit erklärt, mir die notwendigen Hilfsmittel zur Verfügung zu stellen. Das war nötig, da mir nicht einmal die Schreibmaterialien zu Gebote standen, die ersten Aufrufe zu entwerfen, keine Eisenbahn, keine Post, kein Auto, um sie zu verbreiten. Ohne die Rote Armee wäre keiner meiner Schritte möglich gewesen, und dafür bleibe nicht nur ich, dafür bleibt die künftige ›Zweite Republik Österreich‹ und ihre Arbeiterklasse Ihnen, Herr Marschall, und Ihrer siegreichen Armee für alle Zukunft zum Danke verpflichtet.«[9]

Doch diese für Renner nicht zuletzt auch durch Stalins Intervention ermöglichte Chance, unmittelbar beim Aufbau der Zweiten Republik an vorderster Front mitzuwirken, implizierte Legitimationsprobleme, die er in seiner *Denkschrift* ausführlich schilderte. Musste er nicht ohne ein direktes Mandat der Sozialdemokratischen Partei agieren? Standen im Fall des Scheiterns seiner Mission nicht sein guter Name und die politische Ehre seiner Partei auf dem Spiel? »Nach längerem innerem Ringen entschloß ich mich«, berichtet Renner, »alle Risiken auf mich zu nehmen, um möglicherweise doch Österreich die Chance zu geben, die verhängnisvolle Bindung an Hitler-Deutschland selbst zu zerreißen, rechtzeitig aus dem Krieg auszuscheiden, nach außen hin einen eben noch erträglichen Frieden und im Innern die Befreiung von der faschistischen Verknechtung zu erringen.«[10] Zwar teilte Renner die Befürchtung nicht, er könne durch die Kooperation mit der Roten Armee gegen seinen Willen am Aufbau einer bolschewistischen Diktatur in Österreich mitwirken, weil die Koalition mit den Vereinigten Staaten und Großbritannien die Sowjetunion an einseitigen Eingriffen in die soziale und wirtschaftliche Struktur Österreichs ebenso hinderten wie die »geistige Disposition des Österreichers«.[11] Von Anfang an klar war ihm aber auch, dass er »niemals als Beauftragter Rußlands die Mission übernehmen und durchführen konnte. *Mein Auftrag mußte von Österreich selbst kommen.*«[12]

Unterstützt von Tolbuchin, nahm Renner seine politische Tätigkeit zunächst in seinem Haus in Gloggnitz, später in Schloss Eichbüchl am Fuß des Rosaliengebirges auf. Unter den Augen der verantwortlichen Offiziere verfasste er acht Aufrufe an die Bevölkerung, die er an die Männer und Frauen von Österreich, an die österreichischen Soldaten in der deutschen Wehrmacht und die deutschen Soldaten auf österreichischem Boden, an das werktätige Volk von Österreich, an die Gemeinden, die Bauernschaft, die Arbeiterschaft, an das österreichische Bürgertum sowie an die Wienerinnen und Wiener richtete. In dem zuletzt genannten Appell heißt es: »Die Gewalt- und Raubpolitik, die seit den Tagen des Anschlußes an unseren Staat und Volk geübt wurde, hat ohnehin in den Herzen des ganzen österreichischen Volkes den Anschlußwillen ausgelöscht. Hitlers Politik hat die Anschlußidee für alle Zeit vernichtet.«[13]

Unterdessen veränderte sich jedoch die solitäre Position Renners, da sich vor allem in Wien die politischen Parteien der Ersten Republik erneut konstituierten und provisorische Gemeindeverwaltungen bildeten, die Kontakt zur Roten Armee hatten. »Zu meiner Freude konnte ich die Vorstellung, daß ich als einzelner zuerst allein das Volk zu erwecken haben würde, zugunsten der Gewißheit aufgeben, daß allenthalben, wo die Umstände es zuließen, die demokratischen Elemente sich ralliiert hatten und zur Tat übergegangen waren. Meine Pläne vorher, die ich lange vorher noch mitten im Kriege ersonnen und in den entworfenen Aufrufen niedergelegt hatte, mußten teilweise verändert werden. Es bedurfte weniger der Aufrufung der Österreicher als der Zusammenfassung, Organisation und Zielgebung.«[14]

Mithilfe der Roten Armee bezog Renner in Wien-Hietzing, Wenzgasse 2, eine Wohnung und richtete eine Art Büro ein. Oberst Piterski sorgte für die Unterbringung der Familie und der Sekretärin im ersten Stock und der Wache im Souterrain, während das Parterre als Verhandlungsraum reserviert wurde. Er übernahm es auch, die führenden Persönlichkeiten der demokratischen Parteien für den nächsten Tag in die Wenzgasse zu bestellen. »Die erwähnte Konferenz der politischen Vertrauensmänner in der Wenzgasse konnte nicht anders enden als mit dem einmütigen Beschluss aller nichtfaschistischen Parteien, das, was in vielen Gemeinden schon geschehen war, im ganzen Staate zu verwirklichen, ganz Österreich gegen den Faschismus aufzurufen, die Wiedergeburt der demokratischen Republik zu verkünden und die Selbständigkeit und Unabhängigkeit Österreichs wieder herzustellen. Es bedurfte kaum eines Wortes, um die einhellige Entschlossenheit aller festzustellen.«[15] Außerdem herrschte Konsens darüber, dass angesichts der desolaten Situation des österreichischen Staates ohne funktionierende Behörden, ohne Geld und konfrontiert mit den »Gespenstern des Massenhungers und der Massenseuchen«[16] sofortiges Handeln notwendig sei. Neuwahlen mussten also verschoben und die Vertreter der nichtfaschistischen Parteien bis dahin als legitime Volksvertreter angesehen werden. Außerdem kam man überein, »durch die Parteien sofort eine Provisorische Staatsregierung einzusetzen, die österreichische Republik wieder als selbständigen Staat aufzurichten und ihm alle seine Behörden und Ämter neu zu schaffen«.[17]

All diese Ziele waren jedoch nicht gegen, sondern nur mit der Roten Armee und letztlich dem Wohlwollen Stalins zu erreichen. Doch wie ist Renners Kooperation mit dem kommunistischen Diktator zu bewerten? Für eine eher kritische Beurteilung spricht, dass ihm die verbrecherischen Mechanismen des stalinistischen Repressionsapparates bekannt gewesen sein mussten. So schilderte ihm Jacques Hannak in einem Brief ungeschminkt die depravierende Wirkung der sowjetischen Gulags: »Heute möchte ich nur noch bemerken, dass Stalin bereits über die Phase hinaus ist, in der man sich damit begnügte, nur die ›Dissidenten‹ in Zwangsarbeit zu treiben oder zu liquidieren. Sklavenarbeit ist ein fressendes Geschwür, das unentrinnbar die Tendenz hat, sich immer weiter auszudehnen und, wenn es ›Dissidenten‹ nicht mehr gibt, sie einfach zu erzeugen. Wenn, woran zu zweifeln wenig Anlass besteht, Dallins Ziffern stimmen, so wird Russlands Industrielle Produktion heute zumindest zu einem Viertel von Sklavenarbeit besorgt.« Aus diesem Prozess gebe es kein Zurück mehr. In einem fürchterlichen Sinn bewahrheite sich der Satz von Karl Marx: »Die (Sowjet)-Arbeiter haben nichts zu verlieren als ihre Ketten.« Allerdings habe Marx es sich so nicht vorgestellt. »Wenn sie uns besiegen, ist alles verloren, noch viel mehr, als wenn uns Hitler besiegt hätte. Wie aber sollen wir mit ihnen fertig werden, wenn man gleichzeitig wahrnehmen muss, mit wieviel Dummheit auch die westliche Welt regiert wird?«[18] Aber die politische Analyse, so würde Renner wohl Hannak entgegnet haben, ist das eine. Und die harte politische Realität, in der man sich seine Partner nicht immer aussuchen kann, ist das andere. Tatsächlich stellt sich die Frage, wie Renner in der sowjetisch besetzten Zone Österreichs kritisch gegen das stalinistische System hätte Stellung beziehen können, wenn er gleichzeitig zugeben musste, dass es die Rote Armee war, die Österreich vom Faschismus befreite? Hätte er dann nicht auch das Bestreben, eine Teilung Österreichs – wie in Deutschland geschehen – unter allen Umständen zu vermeiden, aufs Spiel gesetzt? Und wäre dann nicht das gesamte Projekt einer demokratischen Zweiten Republik gefährdet gewesen?

Renners Briefe an Stalin, so devot sie auch verfasst waren, scheinen jedenfalls ihre beabsichtigte politische Wirkung nicht verfehlt zu haben: Die Rote Armee unterstützte Renners Politik der Konstituierung einer Provisorischen Regierung. Voraussetzung dafür war freilich die Neugründung des Parteiensystems. Als Renner in Wien ankam, war, wie schon erwähnt, dieser Schritt bereits vollzogen. Am 14. April »war im Roten Salon des Wiener Rathauses aus Sozialdemokraten und Revolutionären Sozialisten die Sozialistische Partei Österreichs (SPÖ) gegründet worden, obschon sich zunächst zwischen dem linken und dem rechten Flügel ein gewaltiger Graben auftat. Drei Tage später war in den Räumen des Wiener Schottenstifts aus Bauernbund, Wirtschaftsbund und Arbeitnehmerbund die Österreichische Volkspartei (ÖVP) entstanden, die Nachfolgerin der Christlichsozialen, die gleich von Beginn an eine ähnlich bedenkliche Nähe zur katholischen Kirche wie in der Zwischenkriegszeit zu vermeiden suchte. Dennoch gehörten ihrer Spitze etliche ehemalige Funktionäre des Ständestaats an. Auch bestand bereits eine moskautreue Kommunistische Partei (KPÖ), mit der nicht wenige der Revolutionären Sozialisten nur allzu gerne eine Einheitsfront zu bilden beabsichtigten.«[19] Umgekehrt protestierte die KPÖ sogar im Kreml gegen die Einsetzung Renners als Staatskanzler, allerdings ohne Erfolg.

Am 27. April 1945 konstituierte sich im Wiener Rathaus die Provisorische Regierung. Sie umfasste 29 Mitglieder, »davon elf Sozialisten, neun Christlichsoziale, sieben Kommunisten und zwei Parteilose«.[20] Obwohl sich in der Regierung einige ehemalige austrofaschistische Funktionäre befanden, erkannte Marschall Tolbuchin die Provisorische Regierung, also das vierte Kabinett Renner (27. April bis 20. Dezember 1945), noch am selben Tag an.»Dies geschah zu beiderseitigem Vorteil: Die Rote Armee, die noch vor vielen anderen Aufgaben stand, entlastete sich der Aufgabe, ein fremdsprachiges Land selbst zu verwalten, und die Provisorische Staatsregierung konnte alle zuverlässigen Männer von Begabung aus dem Volke zur Verwaltung heranziehen und so das unerläßliche Bindeglied zwischen Armee und Zivil herstellen.«[21]

Allerdings verstand Renner die Provisorische Regierung wohl vor allem deswegen als »Übergangskabinett«, weil seine ohnehin eingeschränkte Kompetenz auf die sowjetische Zone begrenzt blieb und die Anerkennung durch die amerikanische, britische und französische Besatzungsmacht noch ausstand. Neben der Durchführung von Neuwahlen war es die zentrale Aufgabe des Kabinetts Renner IV, seinen Kompetenzbereich mit Zustimmung der anderen drei Besatzungsmächte auf ganz Österreich auszudehnen. Es spricht für Renners Geschick, dass es ihm in einem komplizierten und langwierigen Prozess gelang, dieses Ziel zu erreichen: Der erfahrene Taktiker und Stratege Renner überzeugte insbesondere die skeptischen Briten davon, dass er und sein Kabinett keineswegs eine Marionette Stalins waren. Er setzte also die Glaubwürdigkeit der Provisorischen Regierung der jungen Republik durch, ohne das Vertrauen der Sowjetunion einzubüßen.

Dieser Prozess verlief nicht ohne Komplikationen, wie das Beispiel der Verhandlung über eine österreichisch-sowjetische Gesellschaft zur Ausbeutung von Erdölfeldern auf dem Territorium der Zweiten Republik am 28. August 1945 im Wiener Hotel Imperial zeigt. Renner verzögerte die Beschlussfassung. Seine Hauptargumente waren, dass Österreich die Rechte noch nicht kenne, die ihm nach Potsdam zustehen. Ferner sei die Rechtslage auch deshalb unklar, weil man nicht wisse, ob Österreich Reparationen zu bezahlen habe.[22] Ein weiteres Indiz für den Autonomiekurs Renners gegenüber der Sowjetunion ist eine Konferenz mit Vertretern der Roten Armee, in der es um sowjetische Hilfslieferungen für Österreich ging. Sie fand am 10. September 1945 wie-

Karl Renner vor dem
Nationalrat am 29. April 1945

derum im Hotel Imperial statt. Im Protokoll heißt es, Generalleutnant A. S. Scheltow, der Verhandlungsführer der Roten Armee, sei »beunruhigt, nicht so sehr über schleppende Verhandlungen, sondern über die Unklarheit, die sich in den Beziehungen Oesterreichs zu Sowjetrussland geoffenbart hat. (…) Der Kanzler habe vom Ergebnis der Beratungen des Politischen Kabinetts ihn nicht sofort informiert, die Kommission habe drei Vertreter, die nicht den Ämtern angehören, sondern der amerikanischen Konkurrenz (Blühdorn, Hauswirth und Janeschek), außerdem seien die Verhandlungen nicht diskret behandelt worden, endlich mache er darauf aufmerksam, dass der Vertrag einer Bestätigung durch die Alliierte Kommission nicht bedürfe.« Scheltow zog daraus unter anderem den Schluss, dass sich die Provisorische Regierung und der Kanzler von der bisherigen Politik der Freundschaft und der Hilfe zu distanzieren begannen. Das alles bilde ein unerwartetes neues Moment, über das er sich Klarheit verschaffen müsse: »Es ist für uns wichtig zu wissen, welche die Position des Kanzlers und der Regierung sei. Wir kamen, zum beiderseitigen Nutzen zu helfen, die Hand, die helfen sollte, ist in der Luft stehen geblieben. Ich habe gesagt, Regierung und Kanzler bewegen sich fort von den bisherigen Positionen. (...) Wir müssen also Konjew berichten, man zögere, die gebotene Hilfe anzunehmen. Die Tatsachen sprechen deutlicher als die begütigenden Worte des Kanzlers.«[23]

Dennoch ist es dem Verhandlungsgeschick Renners zuzuschreiben, dass es zu keinem irreparablen Vertrauensbruch mit der Sowjetunion kam. Eine weitere Voraussetzung für die Erweiterung der Autonomie der Provisorischen Regierung war selbstverständlich die Unabhängigkeit vom Deutschen Reich. Sie war nicht nur für die Legitimation der Zweiten Republik unverzichtbar, sondern auch als Geschäftsgrundlage der Verhandlungen mit den alliierten Siegermächten.

Die Trennung vom Deutschen Reich und die Konstituierung der Zweiten Republik

Noch am Tag ihrer Konstituierung verkündete die Provisorischen Regierung die Loslösung vom Deutschen Reich und die Ausrufung der Zweiten Republik. Die »Unabhängigkeitserklärung vom 27. April 1945«[24], deren Text Renner zugeschrieben wird, erfolgte an den Westmächten vorbei und stieß zunächst auf deren scharfen Protest. Dennoch steht heute trotz aller rechtlichen und demokratietheoretischen Vorbehalte außer Frage, dass sie als die Geburtsurkunde der Zweiten Republik gilt.

Von diesem Augenblick an befanden sich alle Staatsbürger wieder in einem Pflicht- und Treueverhältnis zur Republik Österreich. Die Proklamation machte den Weg frei für die Außerkraftsetzung der gesamten Gesetzgebung des Dritten Reiches, einschließlich der Nürnberger Gesetze.

In seiner Rede vor dem Nationalrat am 19. Dezember 1945 – nach den Wahlen am 25. November 1945 legte er sein Amt als Staatskanzler der bis dahin Provisorischen Regierung nieder, wenig später wurde er von der Bundesversammlung zum ersten Bundespräsidenten der Zweiten Republik gewählt – kam Renner noch einmal auf die Unabhängigkeitsproklamation zurück. Diese Rede ist bemerkenswert, da sie eine Art Rechenschaftsbericht über die Tätigkeit der Provisorischen Regierung darstellt, der Renner als letzter frei gewählter Parlamentspräsident der Ersten Republik als Staatskanzler vorstand. Wie es zur Entstehung der Provisorischen Regierung kam und welche Leistungen sie im Einzelnen vollbrachte, hatte Renner bereits in der *Denkschrift über die Geschichte der Unabhängigkeitserklärung Österreichs und die Einsetzung der provisorischen Regierung der Republik*[25] und in der Broschüre *Drei Monate Aufbauarbeit der provisorischen Staatsregierung der Republik Österreich* veröffentlicht.[26] Diese Themen streift Renner daher nur kursorisch.

Neu und richtungsweisend in Renners Rede war dagegen seine Bestimmung des Verhältnisses Österreichs zum Dritten Reich. Er kam zu dem Ergebnis, dass Österreich 1938 das erste Opfer der Aggression des deutschen Faschismus wurde. Ausdrücklich bezog er sich in der von ihm vor dem Nationalrat verlesenen *Proklamation* auf die Moskauer Erklärung der Außenminister Hull, Eden und Molotow von 1943.»Die Regierungen Großbritanniens, der Sowjetunion und der Vereinigten Staaten von Amerika kamen überein, daß Österreich, das erste freie Land, das der Hitlerschen Aggression zum Opfer gefallen ist, von der deutschen Herrschaft befreit werden muß. Sie betrachten den Anschluß, der Österreich am 15. März 1938 von Deutschland aufgezwungen worden ist, als null und nichtig. Sie geben ihrem Wunsche Ausdruck, ein freies und wiederhergestelltes Österreich zu sehen und dadurch dem österreichischen Volke selbst ebenso wie anderen benachbarten Staaten, vor denen ähnliche Probleme stehen werden, die Möglichkeit zu geben, diejenige politische und wirtschaftliche Sicherheit zu finden, die die einzige Grundlage eines dauerhaften Friedens ist.«[27]

Renner griff diese Deklaration begierig auf und entwickelte sie zu einer wichtigen Legitimationsgrundlage der Zweiten Republik weiter. Das Dritte Reich habe Österreich materiell und geistig ausgebeutet. Die Annexion beraubte Österreich »vieler seiner Güter (...), beispielsweise des Goldschatzes seiner Banken, der Stütze seiner Währung. (...) Die Annexionsmacht hat die wichtigsten Güter, vor allem die Schlüsselindustrien, in das rituläre Eigentum des Reiches oder von Reichsangehörigen zu bringen verstanden, teils mit List, teils mit Gewalt, teils in Rechtsformen, jedoch ausschließlich zu Kriegszwecken, die nicht unsere gewesen sind.«[28] Aber auch die geistige Verwüstung Österreichs während der siebenjährigen Okkupation lastete Renner fast ausschließlich der Tyrannei des Dritten Reiches ohne jede österreichische Beteiligung an: »Sieben Jahre lang hatte dieses Volk kein freies Wort, keine Stimme aus der gesamten Kulturwelt vernommen – nichts als großsprecherische Verheißungen eines Tausendjährigen Reiches des Wohlstandes, gepaart mit blutiger Bedrohung jedes Widerspruches.«[29] Jede Eigenart des österreichischen Volkes, alle seine geschichtlichen Erinnerungen seien aus den Gehirnen der Jugend ausgemerzt worden. Die Aufgabe der Provisorischen Regierung habe in Verbindung mit den Siegermächten vor allem darin bestanden, diese materiellen und geistigen Depravationen rückgängig zu machen und Österreich zu seiner ursprünglichen Authentizität zu verhelfen.

Nun enthielt aber die Moskauer Deklaration einen Zusatz, der Österreich in seinem Verhältnis zum Dritten Reich keineswegs vollständig exkulpierte: »Jedoch wird Österreich darauf aufmerksam gemacht, daß es für die Beteiligung am Kriege auf seiten Hitlerdeutschlands Verantwortung trägt, der es nicht entgehen kann, und daß bei der endgültigen Regelung unvermeidlich sein eigener Beitrag zu seiner endgültigen Befreiung berücksichtigt werden wird.«[30] Auch auf diese Einschränkung wusste Renner eine Österreich von aller Schuld freisprechende Antwort zu geben, und zwar eine Erwiderung, die er in eine Gegenfrage kleidete: »Wie konnte ein physisch geknechtetes, moralisch durch die Propagandamethode des Dritten Reiches beinahe überwältigtes, des eigenen Staates vollständig beraubtes und in die zusammenhanglose, unorganisierte Summe einzelner Individuen aufgespaltenes Volk auf seinem schmalen Boden die Zertrümmerung des Faschismus bewerkstelligen und das vollbringen, was die vereinigten Weltmächte erst in einem Kriege von fünf Jahren zu bewerkstelligen vermochten?«[31] Ein Volk ohne Namen, ohne Staat und ohne ein Gemeinschaftsorgan habe sich nicht selbst befreien können. Zuerst musste, so Renner, durch die alliierten Heere, allen voran die Rote Armee, die »fesselnde Kette zerschlagen« werden, »bevor wir unsere Glieder rühren konnten. Die Kette zersprang, und Österreich stand auf in allen seinen Dörfern und Märkten, Landstädten und Landeshauptstädten und vor allem in seiner Hauptstadt Wien.«[32]

Renner hat es verstanden, die Exkulpation Österreichs von den Verbrechen des Dritten Reichs zu einem wichtigen Element des Gründungsmythos der Zweiten Republik zu erheben. Kann man einem patriotischen Politiker wie ihm verübeln, dass er die »Steilvorlage« der Moskauer Deklaration nutzte, um Österreichs Ansehen vor sich selbst und vor der Welt durch seine vermeintliche Opferrolle zu rehabilitieren? War es nicht in der prekären Situation eines in vier Besatzungszonen aufgeteilten Landes notwendig, alles Belastende der Vergangenheit systematisch zu verdrängen und den Blick nach vorn auf einen republikanischen Neuanfang zu richten? Hätte die wirklich kritische Aufarbeitung der Vergangenheit Österreichs – das austrofaschistische Regime und das Dritte Reich – nicht den für die Neugründung der Demokratie notwendigen Konsens gefährdet? Es gibt sicherlich Gründe, diese Fragen zu bejahen. Aber es gibt auch eine historische Wahrheit, die vom Opfermythos Österreichs nicht gedeckt wird.[33] Man sollte Renner nicht unterstellen, dass er sie in vollem Umfang hätte erkennen können. So traf seine Feststellung zu, der österreichische Staat sei von den Nazis ausgeplündert worden. Auch konnte er sich darauf berufen, dass nicht wenige Österreicher das Dritte Reich als einen Albtraum erlebten. Doch die Vehemenz, mit der er die Opferthese propagierte, stimmt nachdenklich und lässt einen tiefen Einblick in einen wichtigen Charakterzug Renners zu: Im Gegensatz zu Otto Bauer war seine Fähigkeit zur Selbstkritik unterentwickelt oder sogar nichtexistent. Könnte es nicht sein, dass er diesen Mangel an Selbstreflexion aus einer patriotischen Motivation heraus auf die Rolle Österreichs im Dritten Reich projizierte?

Renners Exkulpationsstrategie, so nachvollziehbar sie in kurzfristiger Perspektive auch war, sollte sich mittel- und langfristig als gravierendes Legitimationsdefizit der jungen Republik erweisen, wie seine Marginalisierung des Widerstandes gegen den Nationalsozialismus und der Shoah zeigt.

Renners Umgang mit dem Widerstand gegen den Nationalsozialismus und mit dem Holocaust

Renners Version des Überganges vom Faschismus zur Zweiten Republik war von der Überlegung beherrscht, dass sich Geschichte nicht einfach wiederholt. Daher verbietet sich in seiner Betrachtungsweise die einfache Analogisierung des Systemwechsels in Österreich 1918 von der Habsburgermonarchie zur Ersten Republik und 1945 vom faschistischen Deutschen Reich zur Zweiten Republik. Zwar herrschte ihm zufolge nach der bedingungslosen Kapitulation 1945 wieder ein »Frontgeist« vor, der aber vielfach gebrochen sei. »Zunächst hat die schmachvolle Art der deutschen Kriegsführung es jedem Opfer schwergemacht, auf sie stolz zu sein. Weiter hat der Zusammenbruch des Führerprinzips auch bescheideneren Intelligenzen einerseits die tödlichen Gefahren jeder Diktatur und andererseits den Wert demokratischer Einrichtungen als Bürgschaft für ein geordnetes, segensreiches Gedeihen der Gemeinschaft klargemacht. Endlich hat ein Frontgeist anderer Art sich in den Vordergrund gedrängt. Jede Revolution und Gegenrevolution führt Persönlichkeiten in den Vordergrund, deren Kraft in der Vergeltung von Gewalt durch Gewalt und deren Tugend in der Festigkeit der Überzeugung und in der Ausdauer des Duldens liegt.«[34]

Wenn Renner dies als »wertvolle Eigenschaften« im Zusammenhang mit dem Wiederaufbau des Gemeinwesens bezeichnete, gibt er freilich Rätsel auf. Ist beispielsweise die »Kraft der Vergeltung von Gewalt durch Gewalt« tatsächlich eine Ressource, die den demokratischen Ansatz fördert? Oder spielte er auf die gewalttätigen Revolutionen von 1789 in Frankreich und von 1917 in Russland an? Verleitet nicht die »Tugend in der Festigkeit der Überzeugung« zu dogmatischem Denken und die »Ausdauer des Duldens« nicht zu einem Mangel an Zivilcourage, der demokratischer Kommunikation widerspricht? Oder meinte Renner mit dem zuletzt genannten Diktum gar sich selbst? Demgegenüber ist ihm sicherlich zuzustimmen, wenn er den Anspruch der überlebenden Opfer und Vorkämpfer der großen Bewegungen gegen den Faschismus (Partisanen, Maquis, Flüchtlinge, Eingekerkerte) hervorhebt, »das befriedete Gemeinwesen nun auch weiter zu führen und (sie) durch Betrauung mit öffentlichen Ämtern und Aufgaben schadlos« zu halten. Allerdings liege darin in der Übergangszeit die »unleugbare Gefahr, nämlich das Übel einer dilettantischen Staatsführung durch Zurückdrängung der zu dem neuen Werke in erster Linie berufenen Begabungen«.[35] Im Blick auf Österreich müsse im Übrigen zwischen den Opfern im Kampf zweier faschistischer Richtungen gegeneinander und den Opfern im Kampf gegen sie zu unterscheiden sein. Aber er ebnet diese Differenz und ihre Gewichtung auch wieder ein, wenn er schreibt, es gebiete die politische Klugheit in den meisten Fällen, »Vergangenes möglichst rasch vergessen zu machen und dadurch die Übergangsperiode tunlichst abzukürzen, um im Wiederaufbau keine Verzögerung zu erfahren. Vergeltung ist, ob es sich um Übles oder Gutes handelt, kein konstruktives Prinzip des Staatslebens.«[36] Auch hier stellt sich die Frage, ob das zuletzt genannte Zitat nicht eine Art Selbstlegitimation für Renners eigenen Attentismus ist.

Auch andere Dimensionen in Renners Nachkriegspolitik befremden aus heutiger Sicht. Zwar erließ die Provisorische Regierung ein Verfassungsgesetz »über Kriegsverbrechen und andere nationalsozialistische Untaten«[37], das im Falle von Verbrechen gegen die Menschlichkeit und gegen das Völkerrecht Strafen – Hinrichtungen mit eingeschlossen – vorsah. Doch andere Einstellungen Renners in der Auseinandersetzung mit dem Dritten Reich erscheinen mehr als problematisch. War seine Aussöhnung mit der katholischen Kirche im Rahmen der negativen Erfahrungen der Ersten Republik noch nachvollziehbar, so musste sein Desinteresse an der Würdigung des österreichischen Widerstandes bereits unter zeitgenössischen Bedingungen Skepsis hervorrufen, auch wenn er sich durchaus in Übereinstimmung mit der Mehrheit der österreichischen Bevölkerung fühlen konnte. So stellte Walter Rauscher fest: »Gleich vielen weitgehend unpolitischen Menschen hatte Renner während des Krieges die Auffassung vertreten, daß sich das NS-System einfach ›totlaufen‹ mußte und daß es ›von unten herauf‹ nicht zu stürzen war. Tausende Opfer hätten dies bewiesen. Folglich war er zu dem Schluß gekommen, daß der Nationalsozialismus bloß auf dem Schlachtfeld besiegt werden konnte.«[38] Nachdem dieser Fall eingetreten war, fiel in Renners Sichtweise der interne Widerstand wenig ins Gewicht und konnte daher weitgehend ignoriert werden. Diese Schlussfolgerung ist problematisch, zumal insbesondere die aus der Sozialdemokratie hervorgegangenen Revolutionären Sozialisten, aber auch die Kommunisten sowohl in der austrofaschistischen Diktatur als auch im Dritten Reich ihr Leben aufs Spiel gesetzt hatten.

Doch noch fragwürdiger ist Renners Distanz zum »unvorstellbaren Leidensweg der Juden«.[39] Auch wenn er diese Einstellung mit dem überwiegenden Teil der österreichischen Bevölkerung teilen mochte, gehörte sie zweifellos zu den dunklen Seiten der Persönlichkeit Renners als Politiker und Mensch. So stellte er, wie Robert Knight konstatiert, rund zwölf Monate nach der Befreiung von Auschwitz durch die Rote Armee »sein mangelndes Verständnis für die von der nationalsozialistischen Verfolgung betroffenen jüdischen Österreicher (...) am 10. Mai im Kabinett in der so heiklen Entschädigungsfrage unter Beweis«.[40] Er ließ keinen Zweifel daran, dass ihm die Entschädigung der Opfer des Bürgerkriegs vom Februar 1934 weitaus mehr am Herzen lag als »daß man jeden kleinen jüdischen Kaufmann oder Hausierer seinen Verlust entschädigt«.[41] Es sei ein für ihn nicht akzeptabler Makel, wenn die Rechte von 7 Prozent der Bevölkerung berücksichtigt würden und die Rechte der anderen Opfer leer ausgingen, die 47 Prozent der Bevölkerung ausmachten. »Ich erkläre hiermit, daß ich nicht imstande wäre, an der Weiterführung der Geschäfte des Staates teilzunehmen, wenn das Unrecht von 1934 nicht gutgemacht würde.«[42] In hohem Maß unsensibel, wenn nicht sogar unverständlich scheint sein Pragmatismus: »Karl Renner ließ dies deutlich erkennen, als er im Oktober 1945 im Zusammenhang mit der Seuchenbekämpfung sachlich feststellte: ›Wir haben nicht genug Ärzte. Die jüdischen Ärzte sind weg, die Naziärzte außer Dienst gestellt‹, und dann für die Lockerung der Entnazifizierung plädierte.«[43] Der Wiederherstellung der wirtschaftlichen und gesellschaftlichen Position der Juden begegnete er mit ablehnender Skepsis: »Und selbst wenn es Platz gäbe, (...) glaube ich nicht, daß Österreich in seiner jetzigen Stimmung Juden noch einmal erlauben würde, diese Familienmonopole aufzubauen. Sicherlich würden wir es nicht zulassen, daß eine neue jüdische Gemeinde aus Osteuropa hierher käme und sich hier etablierte, während unsere eigenen Leute Arbeit brauchen.«[44]

Wird hier eine Dimension der Persönlichkeitsstruktur Renners transparent, die seiner Herkunft aus den unterbürgerlichen Schichten der Gesellschaft geschuldet ist? Seine Fähigkeit, sich in die Mentalität der »kleinen« Leute hineinzuversetzen, hatte sicherlich den Vorteil, dass er wie kaum ein anderer marxistischer Theoretiker in der Lage war, die Politik an die Lebens- und Arbeitswelt der Masse der Bevölkerung zurückzukoppeln. Könnte ihr Preis darin bestanden haben, dass er nicht immer der Gefahr widerstand, deren Vorurteile zu reproduzieren? Es fällt indes schwer, Renners Indifferenz zum Holocaust, an der er selbst nach der Befreiung von Auschwitz am 27. Januar 1945 festhielt, lediglich aus den Prägungen seiner Herkunft abzuleiten. In den Lebenserinnerungen Karl Renners fällt nämlich auf, dass er eine eindeutig positive Position zu den Juden erkennen ließ: sei es, dass er sie in seiner Perspektive in sozialer und religiöser Hinsicht als gleichberechtigte Bürger wahrnahm, oder dass er konsequent Stellung gegen den Antisemitismus vor dem Ersten Weltkrieg bezog, wie er von Schönerer oder von Lueger vertreten wurde und insbesondere bei den Studenten an der Wiener Universität Anklang fand. So weigerte er sich, das hochverzinste Geldverleihen an die Weinbauern als eine spezifisch jüdische Tätigkeit zu denunzieren: »Das Geldverleihen wurde von Privaten und von Händlern besonders auf dem Lande gewerbsmäßig betrieben und gerade die Weinbauern fielen ihnen häufig zum Opfer, da der Weinbau recht schwankende Erträge aufweist. Solche wucherischen Geschäfte mit kleineren Weinbauern machten meines Erinnerns keineswegs nur Nikolsburger Juden, sondern ebenso reiche Weinbauern und christliche Geschäftsleute des Ortes mit jedermann und unter anderen auch ein Oberst des Ruhestandes, dem mein Vater noch im Jahre 1878 nicht weniger als 24 v. H. Zinsen zahlen mußte, die Wechselgebühren nicht gerechnet. Im Vergleiche damit war das hypothekarisch sichergestellte Darlehen Spielmanns (eines Juden, R. S.) mit einer zwölfprozentigen Verzinsung noch billig.«[45]

In Renners Lebenserinnerungen finden sich auch Aussagen, die auf ein eher respektvolles, wenn nicht sogar freundschaftliches Verhältnis zu Juden schließen lassen. So erwähnte er eine jüdische Händlerin, welche die Scheune des Renner'schen Anwesens als »Sammelstätte« nutzte. »Ich lief von Haus zu Haus zu den Bäuerinnen ›einsagen‹, daß die Käuferin da sei. Tagsüber brachte sie ihre Eiervorräte in die Scheune. Unser kleiner Flechtenwagen stand bereit, am Boden mit Häcksel bedeckt, und nahm die Schätze auf. Wie alle meine Geschwister im frühen Kindesalter mit Zugvieh und Fuhrwerk vertraut, fuhr ich nun abends mit dem Eierwagen, die Kuh ›Blassel‹ vorgespannt, mit der Frau nach Nikolsburg, in den Stadtteil, der als sogenannte Judenstadt eine eigene Gemeinde bildet, erhielt ein paar Sechserln Fuhrlohn für mich und fuhr wieder heim, wo ich nächtens eintraf.«[46] In diesen Kontext passt auch, dass Renner »tiefe Sympathie« für einen jüdischen Hausierer empfand, mit dem er sich aufgrund einer ähnlichen Religiosität und sozialen Lebenswelt verbunden fühlte. »Wir begrüßten uns regelmäßig mit einem Kopfnicken, denn auch er war im Gebet vertieft, bewegte im leisen Sprechen seine Lippen, um die Hand aber hatte er den Gebetriemen gewickelt. Nie kam es dazu, daß wir ein Wort miteinander wechselten, wir hatten uns eben jeder mit seinem Gotte zu unterhalten. Die Verschiedenheit des Glaubens gab zu denken, aber da war die gleiche Not des Lebens, die gleiche Armut, die gleiche Frömmigkeit, der täglich gleiche Weg und eine tiefe Sympathie faßte mich zu dem Manne, besonders seit ich gehört hatte, daß er fünf Kinder von seinem Wandergeschäfte zu versorgen hatte.«[47]

Nicht zuletzt auch in religiöser Hinsicht begegnete Renner dem jüdischen Glauben mit Respekt. »Ich las Lessings ›Nathan der Weise‹ und die Erzählung von den drei Ringen packte mich – ich mußte an die täglichen Begegnungen zwischen mir und dem jüdischen Hausierer denken, an den Knaben, der sein Vaterunser betete und an den Juden, der die Gebetriemen um die Hand geschlungen trug, beide mit verständnisvollem Blick wortlos sich begrüßend, beide in dem gleichen Kampf um die Existenz. Das war nun ohne Zweifel richtig, jeder Ring war dem anderen gleichwertig. Aber der Ring ist doch nur ein Symbol – dieselbe Weisheit kann in viele sehr verschiedene Symbole eingegliedert sein –, was aber ist sie selbst, was ist die Wahrheit? Und was ist er selbst, der in der Lessingschen Erzählung sich ja auch nur in das Symbol des gütigen und weisen Vaters verkleidet hat?«[48] Auch wenn die verschiedenen gleichberechtigten religiösen Ausdrucksformen die Frage des einen Gottes, den sie repräsentieren, offenlassen, zeigt dieses Zitat, dass Renner die jüdische Religion als gleichberechtigt mit dem Christentum und dem Islam anerkennt.

Durch Renners Lebenserinnerungen zieht sich ferner wie ein roter Faden seine Gegnerschaft gegenüber dem politischen Antisemitismus in Österreich: »Es waren jene Jahre, in denen die Bewegung Georg Schönerers die Hochschulen zu beherrschen begann, und jede zweite Erörterung, die ich mit Kern (einem Jugendfreund Renners, R. S.) pflegte, endete in Ausfällen gegen die Juden oder die Tschechen. Über meine wiederholten Einwendungen, ich könne das nicht verstehen, ich hätte in meinem Leben nichts erfahren, was einen solchen Haß gegen die einen oder anderen rechtfertigen würde, klopfte er mir in nachsichtiger Überlegenheit auf die Schultern und meinte: ›Du bist noch zu jung. Du bist noch zu grün, du hast noch keine politischen Erfahrungen.‹«[49] Als bei der Matura-Feier im Nikolsburger Gymnasium Wiener Studenten den Ausschluss der jüdischen Abiturienten forderten, stellte sich Renner nach eigenen Aussagen schützend vor sie.[50]

Renner berichtete, welch ernüchternden Eindruck eine Rede Karl Luegers im Wiener Musikvereinssaal auf ihn machte: »Ich sah ihn zum erstenmal: Eine jugendliche, hohe, mannhafte Erscheinung im schwarzen Gehrock, ein schöner Kopf, eine elegante und doch schlicht bürgerliche Haltung und vor allem eine wunderbare einschmeichelnde Stimme – welch ein Wohlgefallen ging von diesem Manne aus, welch ein Zauber besonders auf die Frauen, neben, vor mir, unten im Saale – auch Frauen hatten ja Zutritt. (…) Aber ach (…) nach meinem ›unpolitischen‹ Verstand hatte die schöne Rede überhaupt keinen Inhalt als den einen: Liebe Wiener, da sind wir, die Wiener und da sind die anderen, die Fremden. (…) Und Wien muß uns gehören, den Wienern. Und unser geliebtes Vaterland uns, den Österreichern.«[51] Im Grunde habe Lueger nur das artikuliert, wovon die Mehrheit im Saal ohnehin überzeugt gewesen sei. Er musste nicht überzeugen, sondern nur »verdolmetschen«, was ohnehin dem (fremdenfeindlichen und damit auch antisemitischen) Willen der Zuhörer entsprach.[52] Von nun an habe er im *Deutschen Volksblatt* eifrig die Auszüge aus den Reden der antisemitischen Führer gelesen, jedoch »nicht als Äußerungen einer Idee, die nach Gestalt ringt, sondern als Ausdruck dessen, was der kleine Mann von Wien, und insbesondere dessen, was der typische Hausherr von Wien, was das Dorf in Wien an überlieferten Vorstellungen festhielt«.[53] Dem entsprach, dass Renner die antisemitische beziehungsweise fremdenfeindliche Konnotation des Munizipalsozialismus Karl Luegers schonungslos aufdeckte. Lueger habe seinen Kampf gegen die großen Kapitalgesellschaften, die sich an Gaswerken, Straßenbahnen und Elektrizitätswerken bereicherten, und seine Option für den Munizipalsozialismus von Anfang an »in der verkappten Form des Kampfes gegen die ›Engländer‹ und den Juden ›Reitzes‹« geführt. »So machte er aus der sachlichen Notwendigkeit des Munizipalsozialismus, der um die Jahrhundertwende alle großen Städte Rechnung trugen, die allen voran die Verwaltung der Stadt Glasgow schon in den neunziger Jahren erfüllt hatte, eine persönliche Ruhmestat und einen Triumph der Christlichsozialen Partei.«[54] 1948 betonte Renner, dass der mit der Politik Luegers einhergehende Antisemitismus in den folgenden Jahren Österreich schweren wirtschaftlichen Schaden zugefügt habe. Die Tatsache, dass Juden den Handel und das Geldwesen in den östlichen Ländern der Monarchie kontrollierten, in Wien ihre Geschäfte abschlossen und diese Verbindungen durch Wechselheiraten konsolidierten, bewertete Renner durchaus positiv. Dieser Tatbestand beruhe nicht auf rassischen Eigenarten, sondern auf Fakten der Wirtschaftsgeografie. Ähnliche Phänomene ließen sich auch bei nichtjüdischen Geschäftshäusern beobachten. »Durch die Ausmerzung dieser Juden haben die Stadt Wien und Österreich unschätzbaren Schaden erlitten, denn durch Jahrhunderte bewährte Wirtschaftsbeziehungen sind dadurch zerrissen worden!«[55]

Renner nahm die Ablehnung des Antisemitismus nicht nur für sich, sondern für sein gesamtes politisches Ambiente in der SDAP in Anspruch. So richtete die Jewish Telegraphic Agency am 27. November 1929 an das Nationalratsmitglied Karl Renner die Frage, ob die vom *Sport-Montag* eingeleitete Kampagne gegen die angeblichen antisemitischen Strömungen in der SDAP zuträfen. Bisher sei die Anschuldigung von offizieller sozialdemokratischer Seite unwidersprochen geblieben.

In seinem Schreiben vom 30. November 1929 antwortete Renner: »Die Behauptung, dass in der Sozialdemokratie Oesterreichs irgendwelche antisemitischen Tendenzen wirksam seien, ist völlig unbegründet und ich ermächtige Sie, diese meine Benennung in jeder Ihnen wirksam erscheinenden Form der Oeffentlichkeit zugänglich zu machen.«[56] Die Indifferenz Renners gegenüber dem Holocaust und seine damit einhergehende Zustimmung zur nur sehr zögerlichen Restituierung jüdischen Eigentums auf der Grundlage der unter amerikanischem Druck bis 1949 erlassenen Rückstellungs-, Fürsorge- und Entschädigungsgesetze[57] (die Oskar Helmer mit seinem Diktum »Ich bin dafür, die Sache in die Länge zu ziehen«[58] auf den Punkt brachte) kann also nicht auf antisemitische Vorurteile zurückgeführt werden. Zudem sind weder persönliche noch ideologische Motive erkennbar, die Renner als Antisemiten kennzeichnen. Zu seinem jüdischen Schwiegersohn Hans Deutsch hatte er ein menschlich sehr gutes Verhältnis. Und die sozioökonomischen Kategorien seines induktiv marxistischen Ansatzes standen quer zu jeder Variante einer naturalistisch-biologistischen Rassentheorie: Dementsprechend ging Renner zum Judentum als ethnischem Kollektiv niemals auf Distanz.[59] Renners Neigung, aus »patriotischen« Erwägungen auch nach Auschwitz gegenüber den Juden beim Wiederaufbau der Republik restriktiv zu verfahren, zwingt vielmehr zu der Annahme, dass sie in Zusammenhang mit der Opferrolle Österreichs stand, die Renner aus der Moskauer Deklaration von 1943 ableitete und zu einer entscheidenden Grundlage seiner Nachkriegspolitik erhob. Aus ihr folgerte er möglicherweise, dass nicht nur Auschwitz eine »deutsche Tat« war, die im Kern mit Österreich nichts oder nur wenig zu tun hat. Darüber hinaus ließ die Leugnung der Mitschuld an den NS-Verbrechen den Schluss zu, dass »für Wiedergutmachung (…) allein der Rechtsnachfolger des Deutschen Reiches zuständig (war), also die Bundesrepublik Deutschland«.[60] Daher war er bemüht, österreichische Schuldgefühle angesichts des Genozids an den europäischen Juden gar nicht erst öffentlich zu thematisieren. Im Eingeständnis einer österreichischen Beteiligung an diesem Jahrhundertverbrechen sah er wohl auch deswegen einen gravierenden und daher zu vermeidenden Fehler, weil er den latenten Antisemitismus in der österreichischen Bevölkerung und dessen polarisierende Wirkung fürchtete, die den republikanischen Neuanfang möglicherweise hätte gefährden können.

Probleme des Übergangs von der Diktatur zur Demokratie

Andererseits kann mit Blick auf die Konsolidierung der Zweiten österreichischen Republik nicht bezweifelt werden, dass Renners taktisches Geschick und konzeptionelle Weitsicht, mit den restriktiven Bedingungen der unmittelbaren Nachkriegszeit fertigzuwerden, Respekt verdient. Er muss umso nachhaltiger ausfallen, als die Schwierigkeiten, mit denen die Provisorische Regierung konfrontiert war, über das Ausmaß der Herausforderungen im November 1918 hinausgingen. Das Staatsgebiet, auf das sich die Arbeit der Provisorischen Regierung zunächst erstreckte, setzte sich aus Wien und Niederösterreich, zu denen später die Steiermark und das Burgenland kamen, zusammen. Dieses Gebiet wurde von Nicht-Österreichern (Tschechoslowaken und Jugoslawen) sowie von Fremdarbeitern überflutet. Mangels Polizei und Grenzwachen bestand keine Möglichkeit, diesen Zustrom zu kontrollieren oder zu unterbinden. Gleichzeitig mussten sie aus humanitären Gründen untergebracht und ernährt werden. Hinzu kam, dass ein legalistisches Chaos die Innenpolitik belastete. Es war dadurch entstanden, dass das NS-Regime alle Österreicher unterschiedslos zu reichsdeutschen Staatsbürgern erklärt hatte. Um diese untragbare Situation zu bereinigen, musste die Provisorische Regierung die österreichische Staatsbürgerschaft neu begründen, und zwar mit der rechtlichen Konsequenz, dass »der Österreicher (...) als befreite Nation, der Reichsdeutsche als Feind zu behandeln«[61] sei. Dieser »Feinderklärung« war eine Strategie der »Austrofizierung« in Verbindung mit einer restriktiven Flüchtlingspolitik und einer »Pauschalverurteilung aller Sudetendeutschen als Nationalsozialisten«[62] eingeschrieben.

Auf der politischen Tagesordnung stand auch die Neuregelung des Staats- und Volksvermögens, weil das Hitler-Regime das öffentliche Eigentum Österreichs dem Deutschen Reich einverleibt hatte: »Die zweite Republik Österreich kam bettelarm zur Welt. Sie musste durch ein eigenes Repatriierungsgesetz ihr vormaliges Eigentum zurückverlangen.«[63] Eine vorrangige Aufgabe der Provisorischen Regierung bestand darin, alle gesetzlichen und administrativen Verfügungen zu liquidieren, »die dem Rassenwahn des Hitlerismus und dem sogenannten ›nationalsozialistischen Gedankengut‹ entsprangen«.[64] Ebenso gravierend war die Last der wirtschaftlichen Probleme, welche die Provisorische Regierung zu schultern hatte, hing doch von ihrer Lösung das Überleben der Bevölkerung ab. Die Situation der Volksernährung war 1945 in Österreich schlicht deswegen katastrophal, weil die östlichen Bundesländer genau zum Zeitpunkt des Anbaus der landwirtschaftlichen Nutzpflanzen zum militärischen Aufmarschgebiet und später zum Kriegsschauplatz wurden. Da die Männer noch nicht zurückgekehrt waren, konnte man auf keine geschulten Arbeitskräfte in der

Landwirtschaft zurückgreifen. Traktoren, Arbeitsgeräte etc. fehlten weitgehend. Aus diesem Grund war die Gefahr einer Hungersnot im Osten Österreichs weitaus virulenter als in den westlichen Bundesländern.[65] Dieser Tatbestand trat jedoch nach Renners Meinung weit hinter der fundamentaleren Tatsache zurück, dass Österreich, in dessen Hauptstadt beinahe ein Drittel der Bevölkerung wohne, über eine Bodenqualität verfüge, die »zu einem Großteil steiniges Alpenrevier ist«[66] – für ihn ausschlaggebend dafür, warum Österreich niemals in der Lage sein werde, sich autark zu ernähren.

Renner hob in diesem Zusammenhang lobend die Kooperation der Roten Armee bei Anbau und Ernte des Jahres 1945 und die zweimalige »freiwillige und hochherzige Zuwendung russischer Lebensmittel«[67] hervor, ohne die die Ernährungslage Österreichs noch katastrophaler gewesen wäre, als sie es ohnehin schon war. Gleichzeitig forderte er im Namen der Provisorischen Regierung eine Liberalisierung der Handelspolitik. Eine Korrektur der defizitären Ernährungssituation sei nur dann möglich, wenn Überschussprodukte der eigenen Industrie die Nahrungsmittelzufuhr aus dem Ausland decke.[68]

Schwere Sorgen bereitete der Regierung Renner auch die Kohlennot. Nur durch die Einfuhr aus dem Ausland zu mildern, sei das Eisenbahnwesen durch die Kriegsereignisse so zerstört gewesen, dass der Import lediglich schleppend erfolgen konnte. Ende Juni 1945 machte »der Zivilverkehr auf den Bahnen, den man mit dem Blutkreislauf im menschlichen Körper verglichen hat, kaum ein Zehntel des normalen Friedensverkehrs (aus). (...) Das Gesamtbild, das demnach unsere Wirtschaft bietet, verrät in allen seinen Zügen die drohende Gefahr, in der das österreichische Volk besonders angesichts des bevorstehenden Winters schwebt.«[69] Ein weiterer Krisenherd für die Wirtschaft der jungen Republik bestehe darin, dass das Land mit Banknoten des Deutschen Reiches überschwemmt sei. Zur Abwehr der Inflation habe die Provisorische Regierung die Rückkehr zur Schillingwährung beschlossen. Aber diese Währungsreform könne nur dann wirken, wenn sie im ganzen Staatsgebiet »in einem Zug«[70] durchgeführt werde.

Die zweite Säule des Renner'schen Krisenmanagements im Frühjahr 1945 nahm ihren Ausgang von der Neustrukturierung der Wirtschaft selbst. Es war Renners tiefe Überzeugung, dass angesichts der desaströsen Wirtschaftslage und der von ihr verursachten Ernährungskrise sowie der zu erwartenden Reparationsleistungen kein Weg an massiven staatlichen Interventionen in die ökonomischen Prozesse vorbeiführte. Einerseits sollten ihm zufolge kleinere Landwirtschafts- sowie Gewerbe- und Kleinhandelsbetriebe mit staatlicher Unterstützung rechnen können. Nicht wiederherzustellen seien freilich von den Nazis »arisierte« Firmen, vorwiegend Kleinunternehmen[71], deren Entschädigung nicht individuell, sondern über einen gemeinsamen Restitutionsfonds abzuwickeln war. Auch um den Besatzungsmächten den Zugriff zu verwehren, zielte Renners Wirtschaftskonzeption auf »staatliche Planung und Verwaltung des ehemals ›Deutschen Eigentums‹«[72], also der einstigen NS-Rüstungskonzerne, ab. Es lag in der Logik von Renners Ansatz, dass Großbetriebe aller Branchen sowie alle Geld- und Kreditinstitute gegen Entschädigung zu verstaatlichen seien. Zwar gelang es der ÖVP, den Großgrundbesitz und die Miethäuser unbehelligt zu lassen, doch was die Verstaatlichung der Schlüsselindustrien betraf, setzte sich Renner durch: Der Sozialdemokratie gelang nun gewissermaßen unter den konsensualen Bedingungen der Sozialpartnerschaft, woran sie in der Ersten Republik im Zeichen des offenen Klassenkampfs gescheitert war.

Renners Analyse der ökonomischen Lage Österreichs im Sommer 1945 läuft also auf zwei Forderungen hinaus: die sozialpartnerschaftlich abgesicherte Verstaatlichung der Schwerindustrie und die Erweiterung des Handlungsspielraums der Provisorischen Regierung. Die katastrophale Ernährungssituation des Landes war ihm zufolge nur zu bewältigen, wenn sich die Regierungskompetenz des provisorischen Kabinetts Renner auf das gesamte Territorium der Republik erstreckte. Das aber setzte innenpolitisch nicht nur die Zustimmung der Bundesländer, sondern vor allem auch jene der Besatzungsmächte voraus. Tatsächlich gelang es Renner, durch die Einberufung einer Konferenz aller Länder nach dem Vorbild von 1918 deren separatistische Tendenzen ebenso zu neutralisieren wie die antikommunistischen Vorstöße des konservativen Lagers. Erst jetzt war der Weg frei für die Zustimmung der Alliierten zu einem einheitlich administrierten österreichischen Territorium:

»Am 20. Oktober war es dann endlich soweit. Renner wurde erstmals vom Alliierten Rat empfangen, er erhielt dabei ein Memorandum überreicht, das allerdings bloß eine De-facto-Anerkennung der Provisorischen Regierung aussprach. Ihre Vollmachten wurden auf ganz Österreich ausgedehnt. Für die Legislative bedurfte es freilich der alliierten Zustimmung. Außerdem war die Gültigkeit einer militärischen Gesetzgebung davon unberührt. Der Freiraum, den die Sowjets der Regierung Renner gewährt hatten, wurde durch die streng gehandhabte Praxis der alliierten Gesetzgebungsapprobation merklich eingeengt.«[73]

Umgekehrt nahm die dritte Länderkonferenz den Bericht der Provisorischen Staatsregierung über die erfolgte Anerkennung mit Befriedigung zur Kenntnis und bedankte sich bei den alliierten Mächten für ihre Entschließung vom 20. Oktober 1945. Sie begrüßte die Ausdehnung der zentralen Regierungsgewalt auf das ganze Bundesgebiet als das unerlässliche Mittel, die wirtschaftlichen Kräfte der Republik zusammenzufassen und wirksam zu entfalten. Infolge des Krieges und der Aufteilung des Staatsgebietes in vier Zonen habe sich die Produktion in einem völlig desorganisierten und verkümmerten Zustand befunden. Zu beleben sei sie nur durch einheitliche Planung und durch den Zugang zum internationalen Warenverkehr sowie durch Kompensationsvereinbarungen und Handelsverträge. Es komme darauf an, die Volksernährung durch den Ausgleich der Güter im Inneren wie durch Zufuhren aus dem Ausland zu ergänzen und einheitlich zu gestalten. Der bisherige Zustand sei daher ruinös gewesen. In vier zwerghafte Wirtschaftsgebiete zerlegt und bar jeglicher Autarkie habe die österreichische Wirtschaft vor dem Zusammenbruch gestanden. Gleichzeitig erkannte die Länderkonferenz die oberste Leitung und Überwachung der Staatsregierung durch die Siegermächte an. Um der zivilen Staatsregierung »die volle, unbestreitbare Autorität im Innern wie nach aussen zu sichern, werden Staatsregierung und Länderkonferenz alles aufbieten, um die bereits angeordneten Neuwahlen in geordneter Weise termingemäss durchzuführen und so die demokratische Grundlage der zweiten Republik für alle Zeit fest und sicher zu verankern«.[74]

Renner hatte mit der Zustimmung der Ausweitung der Regierungskompetenzen auf das Territorium Österreichs in den Grenzen des Frie-

Theodor Körner gratuliert Karl Renner zum 80. Geburtstag

densvertrages von St. Germain ein wichtiges Ziel seines provisorischen Kabinetts erreicht und damit seine Autorität in den drei Regierungsparteien und gegenüber den Siegermächten gefestigt. Hatte der Staatsmann Renner durch diesen Erfolg den marxistischen Parteipolitiker konsumiert? Auch zur Beantwortung dieser Frage kann Rauschers Biografie erheblich beitragen. Renner hatte keineswegs vergessen, dass die Basis seiner Macht die neu gegründete SPÖ war. Er hatte deren Zustimmung, wenn er auf der Parteikonferenz am 26. Oktober 1945 verkündete, die Sozialdemokratie sei der »Vorkämpfer der neuen, der werdenden Welt, für das Wiedererstehen und die Neuordnung des eigenen Landes«.[75] Doch diese unstrittigen Ziele konnten nicht darüber hinwegtäuschen, dass die Partei von schweren Richtungskämpfen erschüttert war.

Es gab nicht nur Konflikte zwischen dem Parteivorsitzenden Karl Seitz und Renner. Auch der linke Flügel unter Erwin Scharf machte mobil. Walter Rauscher schilderte die innerparteiliche Konfliktlage, indem er Scharfs Bedauern betonte, »daß der Begriff ›Klassenkampf‹ ganz aus

Karl Renner feiert seinen 80. Geburtstag

dem Sprachschatz der Partei in Propaganda und Schulung verschwunden war. Scharf wollte aber die Massen auf die ›herrschende Klassenunterdrückung‹ aufmerksam machen und sie zu einem marxistischen ›Klassenbewußtsein‹ erziehen, um ›damit die Abwehrkräfte zu stärken‹. Diese Parolen hatte Renner schon vor Jahrzehnten besser gehört. Und sie lagen heute weniger denn je auf seiner Linie. Als Staatskanzler wollte er die Gegensätze nicht unterstreichen, sondern den Konsens bewahren, der für die Aufbauarbeit unbedingt erforderlich war.«[76] Er hielt Scharf entgegen, dass zwar der Klassenkampf die »unabänderliche Grundlage der Politik des Proletariats«[77] sei. Aber Handeln sei etwas anderes als Argumentieren. Die Praxis des politischen Lebens müsse sich nach den Geboten des Ortes, der Zeit und des Umstandes richten. Und die Hauptherausforderung sei zurzeit nicht die soziale Frage, sondern der Kampf gegen latente nationalsozialistische Einstellungen, denen auch große Teile der Arbeiterschaft erlegen seien. »Es ist zur Zeit nicht klug, von dieser Hauptsache abzulenken und auch ohne allen Erfolg.«[78]

Flankiert von den niederösterreichischen Genossen Adolf Schärf und Oskar Helmer, setzte Renner seine innerparteiliche Linie im Großen und Ganzen durch. Als Staatsmann jedoch konnte er das Verdienst für sich reklamieren, den Weg für freie Nationalratswahlen geebnet zu haben. Sie fanden am 25. November 1945 bei einer Wahlbeteiligung von 94 Prozent statt. Die ÖVP erreichte mit 85 Mandaten die absolute Mehrheit, die SPÖ folgte mit 76, die Kommunisten mit vier Sitzen im Nationalrat. Trotz seiner lagerübergreifenden Popularität hatte Renner also diese Wahl nicht für sich entscheiden können. Rauscher meinte, entscheidend für diese Niederlage sei die Frage nach dem Umgang mit den Nationalsozialisten gewesen: »Während SPÖ und KPÖ ein Wahlverbot für ehemalige Anwärter und Mitglieder der NSDAP, der SA und SS durchzusetzen verstanden hatten, propagierte die ÖVP, den bloßen Mitläufern des Gewaltregimes wieder die Hand zur Zusammenarbeit zu reichen. Haß sollte nicht mit Haß vergolten werden. Diese versöhnliche und taktisch kluge Strategie brachte die ÖVP bei den Angehörigen der zur Wahl zugelassenen ›kleinen Nazis‹ viel Sympathie. SPÖ wie KPÖ verlangten dagegen die rigorose Verfolgung und Bestrafung der Nationalsozialisten. In ihrer Wahlagitation führten sie der Bevölkerung die Greueltaten des Hitler-Regimes vor Augen, die von einem nicht geringen Teil der Österreicher nicht zur Kenntnis genommen wurden. Die Mehrheit wollte verdrängen und vergessen, nicht bereuen.«[79]

Was für Renner und die SPÖ fast noch gravierender war als das Problem des Umgangs mit den Nazis, war die Auseinandersetzung mit den früheren austrofaschistischen Funktionären und Politikern. Zwar wusste Renner sehr wohl zwischen jenen christlichsozialen Politikern zu unterscheiden, denen er eine demokratische und republikanische Gesinnung attestierte (unter anderem Leopold Kunschak), und jenen Funktionären, die das Bündnis mit den Heimwehren eingingen und Dollfuß den Weg in den austrofaschistischen Ständestaat ebneten. Für Letztere sah er in der neuen Republik keine Möglichkeit einer politischen Betätigung. Es ist bereits darauf hingewiesen worden, dass für Renner die Geburtsurkunde des Austrofaschismus mit dem Stigma behaftet war, die Uhr der Arbeiterbewegung um 150 Jahre zurückgestellt zu haben. Diese

Erfahrungen waren tief in Renners Emotionen verankert, denen er in seinem Brief an Josef Kollmann, Bürgermeister von Baden, am 17. April 1945 freien Lauf ließ: Er, Renner, sei als toleranter Sozialdemokrat bereit, bei den kommenden Wahlen »mit den aufrichtigen christlichsozialen Arbeitern und Bürgern zusammenzuarbeiten. (…) Aber das kann man der sozialdemokratischen Arbeiterschaft nicht zumuten, zu vergessen, daß der Faschismus ein von Mussolini aufgezwungenes Dollfuß-Gewächs gewesen ist, daß die österreichischen Arbeiter aller ihrer selbstgeschaffenen Einrichtungen beraubt (…), daß alle führenden Männer der Partei durch Dollfuß eingekerkert und nicht wenige von ihnen hingerichtet worden sind.«[80] Es sei nicht mehr als recht und billig, von der ÖVP zu fordern, »jene (…), die sich in herausfordernder und prominenter Weise faschistisch betätigt haben, das ist die engere Dollfußclique sowie die engagierten Heimwehrführer, (…) in der Versenkung verschwinden zu lassen.«[81]

Doch Renners Verdikt blieb folgenlos. Ehemalige Heimwehrführer beziehungsweise Funktionäre des Dollfuß-Schuschnigg-Regimes wie Figl, Raab, Hurdes, Gleißner und Gorbach konnten als Opfer des NS-Systems auf eine Legitimationsressource zurückgreifen, die ihnen die Fortsetzung ihrer politischen Karrieren in der Zweiten Republik ermöglichte. Andererseits erleichterte diese »Strategie des Beschweigens« austrofaschistischer Verstrickungen konservativer Politiker sicherlich, dass Renner seine politische Laufbahn am 20. Dezember 1945 zu krönen vermochte, als er mit Zustimmung der ÖVP zum ersten Bundespräsidenten der Zweiten Republik gewählt wurde. Über die Details seiner Amtsführung berichtete Rauscher akribisch; sie sollen daher an dieser Stelle nicht wiederholt werden. Anzumerken ist jedoch, dass Renner dieses Amt erfolgreich nutzte, um das zu erreichen, was ihm in der Ersten Republik nicht gelang: zum *pater patriae* aufzusteigen: »Renner strahlte Autorität aus, verzichtete aber jetzt gegenüber seinen Untergebenen auf unnötige Strenge. Der Linken innerhalb der SPÖ schien er noch konservativer geworden zu sein. Auf viele wirkte er als Vaterfigur: gütig, tolerant, gelassen, besonnen und liebenswürdig. Und er genoss es, das Präsidentschaftszeremoniell bei entsprechender Gelegenheit nur allzu deutlich zu betonen. Dabei litt der Sozialdemokrat keineswegs an schlechtem Gewissen, hielt er doch im Gegenteil die Einrichtungen seines Amtes im Vergleich zu denen anderer Kleinstaaten wie etwa der Tschechoslowakei und Ungarn für überaus bescheiden.«[82] Es kann kein Zweifel an Renners Bereitschaft bestehen, sich selbst als Staatsmythos zur Verfügung zu stellen, um der Zweiten Republik zu einer neuen Identität zu verhelfen. Umgekehrt war in großen Teilen der Bevölkerung das Bedürfnis vorhanden, auf dieses Angebot bereitwillig einzugehen.

Eine solche Rolle konnte er aber im Kontext der Zweiten Republik nur unter der Bedingung überzeugend ausüben, dass er sich vom Parteipolitiker zum Staatsmann entwickelte. Diese Transformation gelang ihm perfekt. Er verband in der Tat sein Amtsverständnis als Bundespräsident mit der »berechtigten Erwartung, meine Person den politischen Tageskämpfen zu entrücken«.[83] Seit seiner ersten politischen Versammlung vor fünfzig Jahren in politische Parteienkämpfe verwickelt, verbiete es ihm sein Amt, aktiv an Parteienveranstaltungen teilzunehmen, sodass er »gleichsam über den Wassern schwebe«.[84] Diese Distanz zu den Parteien, die sich nach seinem gescheiterten Versuch, eine Art informelles Präsidialsystem aufzubauen[85], noch vertiefte, ebnete Renner den Weg zu einer neuen Aufgabe, mit der ihn die junge Republik in ihrem Orientierungsbedarf nach zwei faschistischen Diktaturen konfrontierte: Er nutzte sein Amt als Vermittler einer demokratischen und rechtsstaatlich fundierten politischen Bildung – eine Kompetenz, die er sich während seines langen Lebens seit seiner Jugend in den Arbeiterbildungsvereinen angeeignet hatte. Nur war der Hauptadressat seines politischen Unterrichts jetzt nicht mehr die sozialdemokratische Anhängerschaft, sondern alle Schichten, Berufszweige und funktionalen Eliten der österreichischen Bevölkerung. Wer die Reden Renners in seiner Zeit als Bundespräsident liest, kommt um den Eindruck nicht herum, dass er das im Österreich der unmittelbaren Nachkriegszeit in der Öffentlichkeit umsetzte, was unter amerikanischem Einfluss in Deutschland »reeducation« genannt wurde. So gesehen war Karl Renner in der Gründungsphase der Zweiten Republik sowohl der *praeceptor Austriae* als auch der *pater patriae*.

Walter Rauschers Biografie setzt mit dem Begräbnis Renners im Januar 1951 ein. Er schildert diese mit großem Aufwand inszenierte Zeremonie als den Abschluss der Formierung eines Staatsmythos, der lagerübergreifend als Kristallisationskern einer neuen österreichischen Identität nach dem gescheiterten Anschluss von 1918 an das Deutsche Reich wirkte. Wer könnte dieser Beobachtung widersprechen? Und trotzdem lässt sie das Profil des marxistischen Theoretikers Renner hinter der Maske des Staatsmannes verschwinden. Doch Tatsache ist, dass der politische Theoretiker nach 1945 nicht verstummte. Wir haben uns also, wenn auch in gebotener Kürze, seinen wichtigsten Schriften nach der Gründung der Zweiten Republik zuzuwenden.

Karl Renner – ein Marxist als erster Bundespräsident der Zweiten Republik

Die Publizistik Renners kreiste nach der Erklärung der Unabhängigkeit Österreichs vom Deutschen Reich um zwei Schwerpunkte. Einerseits ging es ihm um die Neujustierung der Rolle Österreichs in der Weltpolitik, andererseits um den Stellenwert des methodischen Ansatzes seines »induktiven Marxismus« in der Untersuchungsperspektive der durch den Zweiten Weltkrieg hindurchgegangenen Gesellschaften. Der zuletzt genannte Aspekt ist insofern von prinzipieller Bedeutung, als in der Forschungsliteratur die These vertreten wurde, Renner sei eher »so etwas wie ein Allerweltshumanist, kaum ein Sozialist, sicherlich nicht ein Marxist«.[86]

Was den ersten Schwerpunkt betrifft, so spielten, wie diese Untersuchung zeigen konnte, für Renner seit dem Beginn seiner Publikationstätigkeit drei Optionen eine Rolle. Vor 1918 hielt Renner vorwiegend aus Gründen des geschlossenen Wirtschaftsraums, der »Ökumene«, am Erhalt des Territoriums der Habsburgermonarchie fest, allerdings unter der Voraussetzung der kulturellen Autonomie der zehn Einzelnationen und der Demokratisierung der bundes- und zentralstaatlichen Strukturen des Kaiserreichs. Nach dem Zusammenbruch der Monarchie brachte er die Donauföderation der Nachfolgestaaten als eine Art

Ersatzkonzeption ins Spiel, die eine Wirtschaftsunion bei vollständiger Aufrechterhaltung der nationalen Souveränität der Einzelstaaten beinhaltet hätte. Doch die alliierten Siegermächte ließen entscheidende Impulse für die Realisierung dieses Projekts vermissen, sodass es in der Ersten Republik scheiterte. Die katastrophalen Folgen dieser Fehlentwicklung lagen für Renner auf der Hand. Eine solche »Großmacht im Kleinen« wäre zwar niemals zu einer militärischen Expansion nach außen, wohl aber zu einer wirkungsvollen defensiven Verteidigung gegenüber imperialistischen Zugriffen der Großmächte in der Lage gewesen.

Als sich 1918 herausstellte, dass sich die ehemaligen Nationen der Habsburgermonarchie gegen eine Kooperation mit der Österreichischen Republik sperrten, optierte Renner für den Anschluss an das Deutsche Reich. Die Alliierten hätten es im Sinne der vierzehn Punkte Wilsons in der Hand gehabt, das Nationalitätenprinzip und das damit korrelierende Selbstbestimmungsrecht der Nationen durchzusetzen. Das implizierte zugleich die Möglichkeit des Anschlusses an die Weimarer Republik. Nur so sah Renner nach dem Scheitern der Donauföderation die Ökumene, das heißt den großflächigen Wirtschaftsraum, garantiert, die das ökonomische Überleben Österreichs hätte sichern können. Aber dieser Ansatz wurde im Friedensvertrag von St. Germain auf Betreiben Frankreichs unterbunden und zur weiteren Entscheidung an den Völkerbund verwiesen, der sich um dieses Projekt nur dilatorisch kümmerte. Renner resümierte die auf der Pariser Friedenskonferenz von den Alliierten ausgelösten Fehlentwicklungen wie folgt: »Unter dem Einfluß des Quai d'Orsay – dessen große Geister an ›Rache für Sedan‹ und ›Sicherung vor neuem Angriff‹ dachten – haben die leider nicht genügend unterrichteten Mächte einen dritten Weg gewählt, der weder national noch ökonomisch eine tragbare und haltbare Lösung bot, sondern alle in der Donaumonarchie offenbar gewordenen Gefahren in kleinerem Maßstab herstellte, dafür aber im Raum vervielfältigte, und der einen neuen Angriff nicht verhüten, sondern in jeder Weise nahelegen und erleichtern sollte!«[87]

In jenem Augenblick, als dem unter faschistischen Vorzeichen im März 1938 erfolgten »Anschluss« Österreichs an das Deutsche Reich 1945 die Grundlagen entzogen war, blieb für Renner die dritte Option bis zu seinem Lebensende zielführend: Nach den Erfahrungen der Ersten Republik, des austrofaschistischen Regimes und des Dritten Reiches muss Österreich, auf sich selbst gestellt, seine wirtschaftlichen, politischen und kulturellen Probleme nach dem Vorbild der Schweiz selbst lösen. Die Analogie mit diesem Nachbarstaat sei evident: »Beide republikanischen Staatswesen stellen eine geschlossene Völkerbrücke quer durch Mitteleuropa her, deren Bestand nicht nur die freie Verbindung seiner Völker im Frieden garantiert, sondern auch ihre heilsame Trennung im Falle beabsichtigter Kriege und vor allem, was uns selbst betrifft, die Aussicht, daß unser Volk endlich ebenso zur Ruhe komme wie die Schweiz nach dem Wiener Kongreß.«[88] Das setzte freilich die bereits beschriebene vollständige Abkoppelung vom Deutschen Reich voraus, und zwar bis hin zu der Konsequenz, dass sich auf österreichischem Boden befindliche Reichsdeutsche als »Feinde« zu betrachten seien. Allerdings warnte Renner vor den verheerenden wirtschaftlichen Konsequenzen einer nationalstaatlichen Isolierung. Als Kleinstaat habe Österreich nur dann eine Überlebenschance, wenn es Mitglied einer internationalen Megaorganisation wird: »War Österreich in der Zwischenkriegszeit völkerbundgläubig mehr als ein anderes Volk, so ist es heute UNO-gläubig, allen Enttäuschungen zum Trotz (…). Österreich ist und bleibt weltwirtschaftlich und weltstaatlich orientiert!«[89]

Renner sah die historische Tendenz zu übernationalen Gebilden in Gestalt des Völkerbundes erstmalig institutionalisiert. Zwar sei dessen Durchbruch in der Zwischenkriegszeit gescheitert, weil der Völkerbund nicht machtvoll genug war, die imperialistischen Kräfte zu bändigen. Im Gegenteil: Sie hätten zur Abwehr des Neuen, zu Auflehnungen gegen das Unvermeidliche aufgestachelt. »Aber diese Abwehr hat ihrerseits Gegenkräfte mobilisiert, die neue Welt gegen sich gesammelt und dahin gebracht, den Versuch mit größerer Entschlossenheit und mit verstärkten Kräften zu wiederholen: in der Organisation der Vereinten Nationen.«[90] Gewiss, auf dem Weg zur Vollendung der UNO sei noch eine Reihe von Hindernissen zu beseitigen, auch wenn die Idee ihren vollen Durchbruch erreicht habe. Doch schon jetzt könne man diese Weltföderation eine Internationale nennen. Denn die ihr zugrunde liegende Idee sei ohne Frage »der geschichtsmächtige Faktor unserer Zeit und der nächsten Zukunft, der Baumeister der neuen Staatenwelt und des endlichen Weltstaates!«[91] Wie man sieht, hat Renner seiner Konzeption der Überwindung des Nationalstaates, die er schon vor dem Ersten Weltkrieg entwickelte, eine visionäre Dimension hinzugefügt, wenn er die UNO als Zwischenschritt auf dem Weg zum Weltstaat interpretierte.

Der andere Schwerpunkt der Publizistik Renners seit der Unabhängigkeitserklärung Österreichs vom Deutschen Reich galt der Gedankenwelt des Marxismus, die seinen geistigen Horizont wie keine andere geistige Strömung geprägt hat. Trifft es zu, wie nicht wenige Interpreten meinen, dass er deren Pfade in der Spätphase seines Lebens als Bundespräsident zugunsten des »Königswegs« eines *pater patriae* verlassen hat? Die entscheidende Quelle zur Beantwortung dieser Frage ist der dritte Band seiner *Nachgelassenen Werke*, der unter dem Titel *Wandlungen der modernen Gesellschaft. Zwei Abhandlungen über die Probleme der Nachkriegszeit*[92] erschienen ist. Der Band umfasst die Schriften *Hundert Jahre Karl Marx: Erbe und Auftrag* sowie *Kapital und Arbeit*. Mit dem zuletzt genannten Text beschäftigen wir uns im Folgenden nicht weiter, weil er sich aus zwei früheren, in dieser Biografie bereits vorgestellten Arbeiten zusammensetzt, nämlich aus der Broschüre *Mehrarbeit und Mehrwert* (1902) sowie aus einer popularisierten Version des Buches *Die Wirtschaft als Gesamtprozess* (1924).[93] Aber allein schon die Tatsache, dass Renner beide Untersuchungen auch nach 1945 der Öffentlichkeit zugänglich machte, verneint die oben gestellte Frage. Denn in *Mehrwert und Mehrarbeit* ging es ihm um die didaktische Darstellung der im Titel genannten zentralen Kategorien der Marx'schen Kritik der politischen Ökonomie. Und in *Die Wirtschaft als Gesamtprozess* kam es Renner auf nichts weniger als darauf an, den dritten Band des Marx'schen *Kapitals* auf der Grundlage der ökonomischen Entwicklung des Kapitalismus und der Arbeiterklasse fortzuschreiben und zu aktualisieren.

Dass Renner in seinem theoretischen Werk als Bundespräsident keinen Paradigmenwechsel vornimmt, geht ebenso eindeutig aus dem Titel der ersten Schrift *Hundert Jahre Karl Marx: Erbe und Auftrag* hervor, die anlässlich des hundertsten Jubiläums des *Kommunistischen*

Manifests entstanden ist: Tatsächlich betrachtete Renner die austromarxistische Methode der Analyse gesellschaftlicher Phänomene nach wie vor als uneingelöstes Erbe und Auftrag für die Zukunft des demokratischen Sozialismus. Zwar war Renner 1947, als die Studie entstand, einer der wenigen noch lebenden Gründer des Austromarxismus, die dieses Erbe hinterließen. Doch ausdrücklich gedachte er im Vorwort der Persönlichkeiten dieser Schule: »Von den Mitbegründern und Mitarbeitern der Wiener ›Marxstudien‹ ist *Max Adler* vor dem Einbruch Hitlers 1935 eines natürlichen Todes gestorben. *Otto Bauer*, der 1934 nach dem Staatsstreich Dollfuß' in die Tschechoslowakei entronnen und später vor Hitler nach Paris geflüchtet war, ist daselbst 1938 den Mühseligkeiten, Entbehrungen und Erschütterungen des Flüchtlingsdaseins vorzeitig erlegen; *Rudolf Hilferding* ist, nachdem es ihm gelungen war, über die Schweiz nach Frankreich zu entkommen, nach dem Überfall auf dieses Land von den Schergen Hitlers gefangen und grausam ermordet worden; *Robert Danneberg* wurde nach Auschwitz verschleppt und dort vergast. Nebst diesen Opfern ist *eine lange Reihe von Mitarbeitern* der Wiener ›Marxstudien‹ in den Konzentrationslagern entweder verkommen oder gewaltsam liquidiert worden.«[94]

Neben dem Gedenken an die nicht mehr lebenden Gründungsmitglieder ist Renners Erwähnung der *Marx-Studien* hervorzuheben, weil sie den intellektuellen Fokus bezeichnen, um den herum sich die Schule des Austromarxismus konzentrierte. »In geteilten Rollen haben zunächst Max Adler die philosophischen, Otto Bauer die politischen und Karl Renner die juristischen und staatlichen Probleme zu bearbeiten übernommen, ohne daß die Verfasser sich auf ein spezielles Gebiet beschränken sollten. Die Monatsschrift ›Der Kampf‹ sollte die dauernde Tribüne der Zusammenarbeit werden.«[95] Obwohl das akademische Projekt »Austromarxismus« ein unbestrittener Erfolg war, weil es ihm gelang, die Marx'sche Methode produktiv auf neue Forschungsfelder anzuwenden und nach allen Richtungen hin auszubauen, konnten die Begründer dieser Schule als praktische Politiker der Ersten Republik viele angedachte Projekte nicht zu Ende führen. Hinzu kam, dass im Spannungsfeld des politischen Alltags, wie Renner betonte, die ursprüngliche Arbeit nicht immer aufrechtzuerhalten war: Es kam zu einer Pluralisierung der Schule, was sowohl die theoretischen Grundlagen als auch die taktischen Parolen der Bewegung betraf. Aber diese divergierenden Auffassungen waren nach Renner durchaus kompatibel mit dem Ansatz des Austromarxismus: Orthodoxe Einseitigkeiten ablehnend, so resümierte Renner 1946, »spiegelte sich« im austromarxistischen Paradigma »allmählich die ganze Breite der sozialistischen Gedankenwelt von der äußersten Rechten zur äußersten Linken wider – und das ist eher ein Vorzug als ein Vorwurf«.[96]

Aber Renner ging es nicht nur um das Bewahren des austromarxistischen Erbes. Er ließ sich auch von der Hoffnung leiten, »daß diese meine Arbeit der jungen sozialistischen Generation den Anstoß geben wird, durch eigene Forschung und Lehre die Schule des Austromarxismus fortzusetzen«.[97] Dieses Ziel sei aber nur zu erreichen, wenn man mit Marx über Marx hinausgehe. In der Auseinandersetzung mit der Entstehungs- und Wirkungsgeschichte des *Kommunistischen Manifests* von 1848 entwickelte Renner in diesem Sinne eine Konvergenz zwischen dem politischen Potenzial der Väter des Historischen Materialismus und dem wissenschaftlichen und politischen Programm des Austromarxismus. Dass er dabei auf frühere Erkenntnisse – besonders auf sein Konzept des »induktiven Marxismus« – zurückgriff, ist offensichtlich. Marx sei die Einsicht zu danken, dass alle politischen Begebenheiten »in letzter Instanz« (Engels) auf ökonomische Ursachen zurückzuführen seien. Für Marxisten bestehen die Herausforderungen nicht darin, aktuelle wirtschaftliche Veränderungen mit Marx-Zitaten kompatibel zu machen. Vielmehr komme es für sie darauf an, »die ökonomischen Veränderungen im Zeitablauf, vor allem also die rasch aufeinanderfolgenden Veränderungen in der Gestaltung des Kapitalismus, im Bestande der besitzenden und in der Lage der arbeitenden Klassen zu erforschen und festzustellen, da sie in letzter Instanz entscheiden«.[98] Aber zwischen den ökonomischen Faktoren und den Ereignissen an der Oberfläche der Gesellschaft gebe es eine Reihe von Zwischenfaktoren, »die man gemeiniglich als ›Überbau‹ zusammenfaßt und die gewissenhaft in Rechnung zu stellen sind, bevor dem kämpfenden Tagespolitiker im Namen Marxens praktische und taktische Formulierungen geboten werden können«.[99] Marx und Engels hätten bei der Abfassung des *Kommunistischen Manifests* den Frühkapitalismus vor Augen gehabt. Doch in dem abgelaufenen Jahrhundert habe sich dieses Wirtschaftssystem über den Hochkapitalismus, den Imperialismus und infolge zweier Weltkriege in seinen Grundlagen fundamental verändert. »Vor allem ist der staatliche Überbau der Welt (›die Zwischeninstanzen und die Oberfläche‹) so völlig verschieden von jenem des Jahres 1848, daß die vorbehaltlose Wiedergabe mancher markanter Sätze von Marx heute unmarxistisch ist.«[100]

Das Vorbild seines von den sozialen und ökonomischen Tatsachen ausgehenden methodologischen Ansatzes eines »induktiven Marxismus« sah Renner in den Selbstkorrekturen von Marx und Engels selbst. Sie nahmen diese ohne zu zögern vor, wenn sich die sozialen Kontexte veränderten. Marx selbst habe seinen Revolutionsenthusiasmus im *Manifest* von 1848 später als Illusion korrigiert. Und Engels müsse man attestieren, dass er dem revolutionären Barrikadenkampf in dem Augenblick abschwor, in dem die moderne Waffentechnik solche Aufstände als Falle des Klassenfeindes entlarvte, in die nur emotional und ideologisch Verblendete tappen würden. Er sah vielmehr, wie aus seinem Testament hervorgehe, im Aufstieg der Sozialdemokratie mittels Wahlen das probate Mittel, sich dem Sozialismus zu nähern. Eine austromarxistische Grundthese sah Renner auch darin, dass der Marxismus keine universal geltende Transformationsstrategie anzubieten habe. Vielmehr wird er unter unterschiedlichen sozialen, ökonomischen und kulturellen Rahmenbedingungen mit sehr verschiedenen Emanzipationskonzeptionen historisch in Erscheinung treten.

Einerseits folgte aus dieser Einsicht, dass Renner die doktrinäre Maxime der Bolschewiki ablehnte, der Weg zum Sozialismus könne nur nach dem Muster der russischen Oktoberrevolution verlaufen. Andererseits zeigte Renner für die Entstehung und die Struktur der Sowjetunion unter dieser Prämisse kaum weniger Verständnis als Otto Bauer: »Die Geschehnisse der Oktoberrevolution und alles, was aus ihr folgte, mußten sich somit aus den Notwendigkeiten der wirtschaftlichen Grundlagen und ihres politischen und geistigen Überbaus in diesem osteuropäisch-asiatischen Reiche ergeben und nichts ist abwegiger, als über sie ein Sittengericht zu halten oder einen Heldengesang anzustimmen.«[101]

Wohl auf den Personenkult um Stalin anspielend, stimmt Renner mit dem Diktum von Engels überein, »daß der Einzelne, den er als das ›lumpige‹ Individuum bezeichnet, auch dabei keinen höheren Ehrentitel beanspruchen kann als den, ein mehr oder minder taugliches Werkzeug einer notwendigen Entwicklung gewesen zu sein. Und dieses Lob ist hoch und würdig genug – was darüber ist, ist zumeist von Übel.«[102]

Renner nimmt also eine differenzierte Stellung zu der in der unmittelbaren Nachkriegszeit zur Hegemonie aufsteigenden identifizierenden Totalitarismustheorie ein. Zwar stimmt er ihr zu, soweit sie ihren Geltungsanspruch auf die Anwendung repressiver Herrschaftsmittel einschränkt. Beide Diktaturen, jene in der Sowjetunion und jene im Dritten Reich, hätten eine permanente Ausweitung und Stärkung der bürokratischen Herrschaftsform bewirkt. In Gestalt des Kommunismus drohe »das private, individuelle Leben sich immer enger in diese Maschinerie zu verstricken. Die jüngste Phase der europäischen Geschichte hat im Faschismus zwar keine Ausweitung, wohl aber eine solche Steigerung der Intensität der öffentlichen Gewalt in Gestalt des *totalitären Staates* hervorgebracht, daß er alles individuelle Recht zu vernichten droht.«[103] Diese Drohkulisse von Kommunismus und Faschismus, die individuelle Integrität des Menschen zugunsten kollektiver Größen wie »Klasse« oder »Volk« zu liquidieren, machte für ihn die Auseinandersetzung mit und das begründete Bekenntnis zu den Menschenrechten unausweichlich.

Dieser Notwendigkeit hat sich Renner vor und nach der großen Menschheitskatastrophe des Ersten und des Zweiten Weltkriegs gestellt, nämlich in zwei Vorträgen in der Österreichischen Liga für Menschenrechte am 29. April 1929 und auf Einladung derselben Institution im Auditorium Maximum der Wiener Universität am 22. November 1947.[104]

In beiden Versuchen, Genesis und Geltung der Menschenrechte zu begründen, fällt auf, dass Renner gegenüber Ansätzen des traditionellen und des modernen Naturrechts eine kritische Distanz erkennen ließ. Das christliche Naturrecht interpretierte er nicht im Licht der Stoa oder der Scholastik, sondern in der Gestalt der biblischen Zehn Gebote, wobei er Bezug auf die Gesetzestafeln des Mose auf dem Berg Sinai nahm.

Wie diese von Gott herrühren, ist auch der Staat als rechtssetzende Instanz Ausfluss des göttlichen Willens. Aber eine solche Annahme ist nach Renner in der Moderne kontrafaktisch. »*Der Staat ist von Gott.* Unsere Zeit, die Staaten schöpft und Staaten aufhebt, hat auch den Fetischcharakter des Staates zerstört.«[105] Anders verhält es sich freilich mit seiner Interpretation des modernen respektive des individualistischen Naturrechts. Die ursprünglich Gleichen und Freien verlassen nach dessen Muster den Naturzustand, um über einen Vertrag die Verfassungsregeln festzulegen, nach denen sie im Staat koexistieren wollen. Dabei behalten sie sich bestimmte natürliche Rechte vor, die sie nicht auf das Gemeinwesen übertragen: die individuellen Menschenrechte. Doch wie soll dieser Vertrag zustande kommen, wenn die Natur eine verbindliche Verpflichtung nicht kennt? Diese ist selbst »erst Produkt der Rechts- und Staatsordnung und kann weder Ursprung noch Wesen des Staats erklären«.[106]

Allerdings muss Renner einräumen, dass zwar das Muster des modernen Naturrechts in seiner Ableitung höchst umstritten ist. Aber ein »geschlossenes System, das allgemein Anerkennung gefunden hätte«[107] und an seine Stelle getreten wäre, fehlt. So heißt es in der Einleitung einer Rede Renners vom 12. März 1930, die die Sozialwissenschaftliche Arbeitsgemeinschaft unter dem Titel *Das Erbe des Rechtsstaates sichern!* im Januar 1962 veröffentlichte, zu Recht: »Renner lehnt zwar am Beginn seiner Ausführungen die Naturrechtsidee ab, nähert sich ihr aber praktisch doch wieder an jener Stelle, in der er die Allmacht des Gesetzgebers negiert: Er spricht von der ›staatlichen Vernunft‹ und von der ›weit voraussehenden staatsmännischen Klugheit, mit der man von seinen Rechten Gebrauch macht‹. Auch hier, in diesen Ausführungen ist die Mahnung an die Gegenwart unüberhörbar.«[108] Wie immer man diese Ambivalenz bewerten mag: Ein ausdrückliches Bekenntnis zum modernen Naturrecht sucht man vergebens. Vielleicht ist das neben der Begründungsproblematik deswegen der Fall, weil zum Beispiel John Locke das Privateigentum auf naturrechtlicher Grundlage als vorstaatliche Größe imaginiert und dadurch dem Zugriff des Staates entzieht. Auch könnte ihn die marxistische Kritik beeindruckt haben, das aus dem modernen Naturrecht generierte individuelle Prinzip der Gleichheit gelte bestenfalls in der Sphäre des politischen Marktes[109], nicht aber im Bereich der sozioökonomischen Reproduktion der kapitalistischen Klassengesellschaft.

Renner glaubte, den Fallstricken einer naturrechtlichen Begründung der Menschenrechte dadurch entgehen zu können, dass er sie historisch ableitete: Ihre Geltung setzte im Mittelalter ein, als die feudalen Barone in England die *Magna Carta*, die ihre Freiheitsrechte sicherte, gegen monarchische Willkürakte erzwangen. Diese Tradition habe sich dann im 17. Jahrhundert mit der *Bill of Rights* fortgesetzt, bis es dann zur *Erklärung der Bürger- und Menschenrechte* in der amerikanischen und der französischen Verfassung in der zweiten Hälfte des 18. Jahrhunderts kam. Der Geltungsanspruch der Menschenrechte, so müssen wir beide Vorträge Renners auslegen, beruht darauf, dass er durch die historischen Kämpfe im Rahmen einer Serie bürgerlicher Revolutionen kollektiv internalisiert wurde: zunächst vom Bürgertum in seiner emanzipatorischen Phase, dann aber, dessen Erbe fortführend und erweiternd, durch die Arbeiterklasse.

Diese Stoßrichtung der Begründung der Menschenrechte ist in beiden Vorträgen Renners gegenwärtig. Und doch unterscheiden sie sich in der Akzentuierung ihrer Aussagen. In seinem Vortrag von 1929 ging es Renner darum, das emanzipatorische Erbe der individuellen Menschenrechte durch die soziale Erweiterung ihres Geltungsanspruches zu ergänzen und zu korrigieren. In seiner Rede von 1947 war die Herausforderung, der die Menschenrechte standzuhalten hatten, eine andere: Angesichts der faschistischen und kommunistischen Leviathane ging es nach Renner um Sein oder Nichtsein der westlichen Zivilisation. Die individuellen Menschenrechte avancierten für ihn zum universalistischen Gradmesser der kulturellen Höhe eines Gemeinwesens. Doch er ließ nie einen Zweifel daran, dass man bei Anwendung dieser Messlatte an das faschistische und kommunistische Syndrom keineswegs zu dem Schluss gelangen könne, beide Systeme seien identisch. Denn im Gegensatz zum Faschismus impliziere das Regime der kommunistischen Sowjetunion Elemente der abendländischen Aufklärung. Daher könnten die im Osten erfolgten Einschränkungen der individuellen Menschenrechte »uns nur als läßliche Sünde gelten gegenüber dem, was uns heute beschäftigt, dem barbarischen Geisteszwang des Faschismus, insbesondere in Hitlerscher Gestalt«.[110]

Mit welchen weiteren Herausforderungen ist die austromarxistische Sichtweise Renners durch die Folgen des Zweiten Weltkrieges konfrontiert? Vier neue Sachverhalte habe sie zu fokussieren. Der Zweite Weltkrieg, so hob Renner hervor, verstärkte die schon vor ihm einsetzende Integration der Weltgesellschaft massiv: »Alle Staaten und Völker der Erde hängen in einer bis in unsere Tage unvorstellbar gewesenen Weise voneinander ab und miteinander zusammen. Dies nicht etwa diplomatisch oder politisch, sondern rein ökonomisch. (…) Der Zweite Weltkrieg (…) hat jedem, dem gemeinen Mann vor allem, klarmachen müssen, daß die Völker der Erde allesamt, von den Walfischfängern in den Eismeeren bis zu den Pflanzern in den Tropen, nicht ohne friedliche Zusammenarbeit gedeihen und vorwärtskommen, bei wiederkehrenden Kriegen aber nebeneinander verkümmern müssen.«[111] Dies vorausgesetzt, sei der Krieg zu einem Verbrechen an der Menschheit geworden. Diese Wahrheit ist nach Renner so fundamental, dass sie eine größere Bedeutung für sich reklamieren muss als »*die Tatsache der Ausbeutung der Individuen durch das unbestrittene und gewiß höchst wichtige und fortwirkende Gesetz vom Mehrwert*«.[112]

Ferner habe der Krieg eine völlig neue Qualität erlangt: »Alle früheren Kriege waren doch irgendwie ein spätes und verspätetes Nachspiel des Wettkampfes zweier Individuen, wer von beiden der Stärkere, Tüchtigere, Lebensfähigere sei, somit eine Form der positiven Auslese. Er entschied auch noch einigermaßen darüber, welche von zwei Nationen in Zukunft der Menschheit mehr verspreche. Dieser Gedanke der Auslese ist durch die Entwicklung der Waffentechnik einerseits und durch die Verflechtung aller Nationen in eine Schicksalsgemeinschaft andererseits absurd geworden.«[113] Schließlich versetzte der Zweite Weltkrieg dem kapitalistischen Imperialismus und in seinem Gefolge der kolonialen Ausbeutung einen tödlichen Schlag. Gleichzeitig biete die UNO ein Forum, auf dem die Gegensätze zwischen den Nationen nicht mit Waffen, sondern kommunikativ ausgetragen werden können. Aus der ökonomischen Gestaltung der Welt resultiere daher »im Sinne der Marxschen Lehre«[114] für den Sozialisten der eherne Imperativ:

»*Der Friede voran, ihn zu erhalten und zu befestigen, ihm zuliebe selbst Opfer zu bringen, vor allem das Opfer der absoluten Souveränität, ist zur Pflicht aller geworden, die sich irgendwie Sozialisten nennen und auf Marx' System berufen wollen.*«[115]

Spätestens mit diesem Friedensappell Renners an die Sozialisten der ganzen Welt, in dem er sich dezidiert auf das Marx'sche System beruft, ist klar: Auch der späte Renner, der als Bundespräsident bereitwillig die Rolle des *pater patriae* der wiedererstandenen demokratischen Republik Österreich spielte, hat sich als Marxist verstanden. Der Nebel der Mythologisierung seiner Person in der unmittelbaren Nachkriegszeit kann die Tatsache nicht verdecken, dass der Zweiten Republik ein Politiker und Theoretiker zunächst als Staatskanzler und dann als Bundespräsident vorstand, der seine Rolle als Mitbegründer des Austromarxismus zu keinem Zeitpunkt leugnete. Doch hielt Renner auch an seinem austromarxistischen Paradigma fest, sollte nicht verschwiegen werden, dass sich das Diskussionsklima in der Arbeiterbewegung der Zweiten Republik grundsätzlich von jenem der Zeit vor 1934 unterschied. Die großen marxistisch inspirierten Auseinandersetzungen auf den sozialdemokratischen Parteitagen oder in *Der Kampf*, in denen Otto Bauer, Karl Renner und Max Adler in ihren Ausführungen mit einer großen öffentlichen Resonanz rechnen konnten, schienen – zumal in der Frühphase der Zweiten Republik und wohl auch später – der Vergangenheit anzugehören.

Gabriele Proft beklagte in ihrem Brief an Karl Renner vom 6. Juli 1948, dass »auch bei uns im Lande des Austro-Marxismus sich heute niemand besonders mit der Lehre des Sozialismus beschäftigt. Das fühlt man nirgends so sehr als bei der Jugend. Die Diskussion in der ›Zukunft‹ darüber mutet einen ja oft kindisch an. In einer kurzen Aussprache mit einigen ungefähr dreißig Jahre alten Genossen erwähnte ich einmal neben dem deinen auch Max Adlers Namen. Sie hatten nie davon gehört und kennen natürlich auch nicht deine Schriften. Das sind die Kleinen, ja. Aber wie wird das in zehn Jahren sein?«[116]

Der Abschied von Karl Renner am 5. Januar 1951

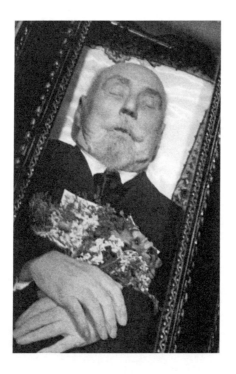

Epilog

Abschließend gilt es, sich der schwierigsten Herausforderung dieser Biografie zu stellen: dem Versuch einer zusammenfassenden Profilierung Renners als Mensch, Politiker und Theoretiker. Ginge man von dem Licht aus, das die Außensicht von Zeitgenossen und Biografen auf ihn wirft, ist man versucht, auf ein Diktum Schillers zurückzugreifen, mit dem er Wallenstein zu charakterisieren sucht: »Von der Parteien Hass und Gunst verwirrt / Schwankt sein Charakterbild in der Geschichte, / Doch euren Augen soll ihn jetzt die Kunst, / Auch eurem Herzen näher bringen.«[1]

Wir haben jedoch gesehen, dass die Außensicht nur einen Aspekt des biografischen Profils Renners aufleuchten lässt. Es geht auch darum, wie er sich selbst sah, und wie er sein Leben, die von ihm vertretene Politik sowie sein wissenschaftliches Werk im Medium wechselnder Neuorientierungen gestaltete. Tatsächlich hat es der Vita Karl Renners nicht an Wendepunkten gemangelt, die seinem Leben eine je neue Richtung gaben. Einige seien ins Gedächtnis gerufen: 1881 ermöglichte ihm sein Vater den Besuch des Gymnasiums in Nikolsburg. 1885 erfolgte die Versteigerung des Bauernhofs seiner Eltern und ihr Umzug ins Armenhaus, ein traumatisches Erlebnis, das zum Bruch Renners mit seiner bäuerlichen Herkunftswelt führte. 1890 entschied er sich für das Studium der Rechtswissenschaften und der Ökonomie statt der klassischen Philologie oder der Philosophie, wie es seine humanistische Bildung nahelegte. 1895 trat er als Beamter in die Reichsratsbibliothek ein und verabschiedete sein ursprüngliches Ziel, Rechtsanwalt im Dienst der Arbeiterbewegung zu werden. Gleichzeitig musste er sein Engagement in der SDAP vorübergehend aufgeben, übte aber durch seine zahlreichen Publikationen dennoch erkennbaren Einfluss auf sie aus, besonders in der Nationalitätenfrage. 1907 gab er seine Habilitationspläne auf und wurde sozialdemokratischer Politiker.

Seit Beginn des Ersten Weltkriegs Anhänger einer dezidierten Burgfriedenspolitik, erfolgte 1918 seine abrupte Wende vom Anhänger der Monarchie zu einem der federführenden Gründer der Ersten Republik. Nach dem Bruch der Großen Koalition zog er sich 1920 aus der Politik weitgehend zurück, um sich der Publizistik und der Lehrtätigkeit im Arbeiterbildungswesen sowie seinem Engagement in den Genossenschaften zuzuwenden. Die Ereignisse des 15. Juli 1927 motivierten ihn, auf Partei- und Bundesebene in die Politik zurückzukehren. Aber die einschneidendste Zäsur seiner politischen Laufbahn erfolgte am 4. März 1933 mit der sogenannten »Selbstausschaltung des Parlaments« und dem Beginn des austrofaschistischen Regimes unter Engelbert Dollfuß. Es folgte ein Leben als politischer Schriftsteller und Dichter, der während des austrofaschistischen und nationalsozialistischen Systems zahlreiche Werke für die Schublade verfasste. Im April 1945 erhob sich Renner im Alter von 75 Jahren erneut wie ein Phönix aus der Asche, um als Kanzler einer Provisorischen Regierung federführender Mitbegründer und später erster Präsident der Zweiten österreichischen Republik zu werden.

Diesem durch zahlreiche Umbrüche geprägten Leben stand eine Persönlichkeit gegenüber, die man zwar nicht als einen »Mann ohne Eigenschaften« (Robert Musil), wohl aber als einen »*homo politicus* ohne Brüche« bezeichnen kann. Ausgestattet mit einer ungewöhnlichen Arbeitskapazität und einer bis ins hohe Alter anhaltenden Kreativität, ruhte er in sich selbst. Die überlieferten gedruckten und ungedruckten Quellen lassen nirgendwo darauf schließen, dass er als Erwachsener jemals eine ernsthafte »Identitätskrise« überstehen musste. Nach dem Bruch mit seiner bäuerlichen Herkunft waren alle Elemente seiner Persönlichkeit präsent: als empirieoffener und zugleich visionärer Politiker, als austromarxistischer Theoretiker, als lyrisch-sozialer Dichter, als sozialdemokratischer Patriot und als Lehrer der Arbeiterklasse. Die Dynamik seiner Persönlichkeitsentwicklung bestand darin, dass er je nach wechselnden sozio-politischen Kontexten bestimmte Schichten seiner Persönlichkeit aktivierte, während andere in den Hintergrund traten.

Die Anfänge von Renners politischer Laufbahn standen im Zeichen seiner Lehrtätigkeit in den sozialdemokratischen Organisationen in Wien. In seiner Zeit als Bibliothekar des Reichsrates dominierte sein Theorieinteresse, das ihn zu einflussreichen Schriften über die Nationalitätenfrage motivierte. Ab 1907 wurde seine schriftstellerische Motivation von seinen Aktivitäten als sozialdemokratischer Abgeordneter im Reichsrat begleitet. Mit Beginn des Ersten Weltkrieges gingen sein visionär unterfüttertes Theorieinteresse im Gewand eines »induktiven Marxismus« und sein praktischer Kampf für die Burgfriedenspolitik an der Seite der Mittelmächte eine Synthese ein. In der Gründungsphase der Republik von 1918 bis 1920 erlebte der Politiker Renner seinen Zenit während der Zwischenkriegsperiode. In der Zeit seiner politischen Defensive nach dem Bruch der Großen Koalition 1920 profilierte sich Renner als Theoretiker der Genossenschaftsbewegung und erneut als Lehrer in der Parteihochschule sowie in anderen sozialdemokratischen Bildungsvereinen.

Nach der Katastrophe des 15. Juli 1927 trat Renner wieder als Politiker in Erscheinung, ohne jedoch seine wissenschaftlichen Publikationen zu vernachlässigen. Renner agierte auf Parteitagen als Hauptredner und zog vergebens alle Register seiner wissenschaftlichen und politischen Kompetenz, um den Bürgerkrieg zu verhindern. Mit dem austrofaschistischen Regime und erst recht mit dem Dritten Reich gewann der Lyriker und Dichter an Gewicht, während der Politiker, Lehrer und sozialdemokratische Patriot an Bedeutung verloren. Ab April 1945 betrat er als Politiker und sozialdemokratischer Staatsmann erneut die politische Bühne Österreichs. Nun sah er die Chance, seine innenpolitische Vision der Sozialpartnerschaft zu verwirklichen, und er tat alles, um dieses Ziel zu erreichen. Außenpolitisch betrachtete er die UNO visionär als Vorstufe eines Weltstaats. Trotzdem blieben gleichzeitig alle anderen Schichten seiner Persönlichkeit präsent. So tat er am Vorabend des Kalten Krieges nichts, um dem austromarxistischen Paradigma abzuschwören. Im Gegenteil, er bekannte sich zu ihm als Teil seiner Identität.

Karl Renner, der es aus verarmten bäuerlichen Verhältnissen in beiden österreichischen Republiken bis zu den höchsten Staatsämtern brachte, war ein sozialer Aufsteiger par excellence. Einige Biografen weisen zu Recht darauf hin, dass dieser phänomenale Aufstieg aus den Niederungen dörflicher Armut ohne einen ausgeprägten Willen zum Erfolg nicht zu erklären ist. Doch ebenso wichtig ist Renners Umgang mit seinen Niederlagen. Denn sein »Siegeswille« kann nicht darüber hinwegtäuschen, dass seine politische Laufbahn mit einer Serie von Rückschlägen gepflastert war. Er scheiterte 1918 mit seinem Versuch, die Donaumonarchie zu demokratisieren – und dadurch ihr Überleben zu sichern – ebenso wie mit seinem späteren Anschlussvorhaben an das republikanische Deutsche Reich. Seine Koalitionspolitik in der Ersten Republik funktionierte bis 1920, also nur so lange, wie die kommunistische Gefahr und die mobilisierbare Arbeiterschaft das bürgerliche Lager zur Zusammenarbeit veranlassten. Sein Versuch, den Bürgerkrieg in Österreich ab 1927 zu verhindern, misslang, weil der von Ignaz Seipel geführte parlamentarische Bürgerblock seine Koalitionsfähigkeit nach links zunehmend einbüßte. Und seine Strategie, sich mit dem Austrofaschismus und dem Nationalsozialismus zu arrangieren, hatte verheerende Auswirkungen auf die Sozialdemokratie und auf ihn selbst.

Doch das für seine Persönlichkeitsstruktur Entscheidende ist, dass er niemals aufgab: Politisch in die Defensive gedrängt, setzte er zwischen 1922 und 1927 sowie zwischen 1934 und 1945 sein wissenschaftliches und literarisches Werk ungebrochen fort. Im Spiegel ebenso der wegweisenden Leistungen wie der defizitären Dimension seiner Persönlichkeit war Renner nicht nur ein Siegertyp, sondern im Sinne David Riesmans[2] ein »innengeleiteter Mensch«, ausgestattet mit einer enormen analytischen, literarischen und politischen Begabung. Zwar offen für neue Entwicklungen in seinem sozialen Umfeld, trug er bei deren theoretischer Verarbeitung und Umsetzung in die politische Praxis seinen Kompass in sich selbst, auch und gerade dann, wenn er sich auf die »Fakten« des jeweiligen Lebenskontextes einließ.

Eine andere Frage ist: Wie ging er persönlich mit seinem Aufstieg um? Zwei Optionen standen ihm offen. Er hätte bei seiner Begabung und Willensstärke ohne unüberwindbare Probleme ins bürgerliche Lager einschwenken und dort eine Karriere in der Politik, in der Justiz oder in der Wirtschaft machen können. Doch Renner wurde Sozialdemokrat und hielt in seiner politischen und intellektuellen Entfaltung als Mann des rechten Flügels an dem Votum Victor Adlers wie an einem kategorischen Imperativ fest, unter allen Umständen den Primat der Einheit der Arbeiterbewegung zu wahren. Aber gleichzeitig versuchte er, der SDAP ein inkludierendes Gepräge zu geben, indem er die Koalitionsoption gegenüber dem bürgerlichen Lager offenhielt. In diesem Kontext ist Renners Autobiografie geeignet, Licht auf die lebensgeschichtliche Entwicklung seines »induktiven Marxismus« und seines Staatsverständnisses als Theoretiker sowie seiner das bürgerliche Lager einbeziehenden Konsensstrategie als praktischer Politiker zu werfen.

Wenn man die authentischen Passagen von Renners Lebenserinnerungen – jenseits seiner Stilisierung des eigenen Selbstbildes – analysiert, zeigt sich, dass er zutiefst von der sozialen Deklassierung seiner bäuerlichen Familie geprägt war. Dieses Urerlebnis wies ihm den Weg zum Sozialismus, den er bis zu seinem Lebensende nicht mehr verließ. Andererseits prägte ihn aber auch die Erfahrung, dass er seinen Aufstieg nicht zuletzt Hilfestellungen aus der bürgerlichen Lebenswelt der k.u.k. Monarchie zu verdanken hatte: die Internalisierung »bourgeoiser« Umgangsformen von der Kleidung bis zu den Essgewohnheiten in den bürgerlichen Familien, in denen er als Hauslehrer tätig war; die von Nikolsburger Honoratioren gewährten Freitische und die Unterrichtshonorare, die ihm seinen Lebensunterhalt sicherten; der Besuch eines bürgerlichen Gymnasiums in Nikolsburg, der ihm zu einer umfassenden humanistischen Bildung verhalf, und nicht zuletzt die Sicherung eines festen Einkommens als Beamter der Habsburgermonarchie. Hinzu könnte kommen, dass Renners sozialer Aufstieg aus der bäuerlichen Unterschicht in ihm die Einsicht reifen ließ, in Analogie zu ihm selbst benötige die Arbeiterschaft für ihre Emanzipation einen Verbündeten, der niemand anders sein konnte als die republikanischen Teile der Bauernschaft und des Bürgertums. Daher die zentrale Option Renners für eine Koalition zwischen dem bürgerlich-bäuerlichen und dem sozialdemokratischen Lager. In letzter Instanz sah er diesen Konsens – durch die Schriften Lassalles vermittelt – im Staat verkörpert, dessen Funktionen unter dem Druck der kämpfenden sozialdemokratischen Arbeiterbewegung in zunehmendem Maße deren Interessen bedienen würden.

Aber Renners innengeleitete Orientierungsstruktur hatte auch ihre Grenzen. Sie bestanden darin, dass seine Fähigkeit zur Selbstkritik nur schwach ausgebildet war. In seinem gesamten Schrifttum sucht man vergebens nach Äußerungen, die ein Bedauern oder jedenfalls ein Konstatieren begangener politischer Fehler erkennen lassen. Eine solche Fehlleistung war nicht nur seine Nähe zur Annexionspolitik der Mittelmächte im Ersten Weltkrieg, sein vorschneller Rücktritt als Parlamentspräsident 1933, sein oft kritisiertes »Ja«-Interview von 1938 anlässlich des »Anschlusses« Österreichs an das faschistische Deutsche Reich sowie seine Rechtfertigung des Münchner Abkommens, sondern auch seine ausgrenzenden Urteile nach dem Zweiten Weltkrieg über die Zukunft der Juden in Österreich. Zwar ist es nicht primäre Aufgabe eines Biografen, moralische Werturteile über einen Lebenslauf zu fällen. Aber diese besonders die Juden betreffenden Äußerungen vom Februar 1946, die im völligen Gegensatz zu seiner Ablehnung antisemitischer Vorurteile stehen, ist wenige Monate nach der Befreiung von Auschwitz, also im vollen Wissen um den Holocaust, durch keine »Historisierung« zu relativieren. Diese dunklen Seiten der Persönlichkeit Renners verbieten es, ihn zu einem »Helden« zu stilisieren.

Andererseits kann Renner nicht auf seinen Versuch von 1938, gemeinsame Schnittmengen mit den neuen nationalsozialistischen Machthabern auszuloten, und seine vor allem nach 1945 erkennbare Verdrängung der »jüdischen Frage« reduziert werden. Dagegen spricht, dass er in einer chaotischen Situation den Übergang von der Habsburgermonarchie zur Ersten Republik umsichtig organisierte und in den Friedensverhandlungen von St. Germain die österreichischen Interessen effektiv vertrat. An vorderster Front schuf er darüber hinaus die institutionellen Grundlagen der Zweiten Republik unter den restriktiven Bedingungen der Siegermächte entscheidend mit. Diese Feststellung scheint zutreffend zu sein, auch wenn der Nachweis der realen Anteile Renners unverzichtbar ist, um Legendenbildungen entgegenzuwirken. Auch greift zu kurz, wer seine Burgfriedenspolitik im Ersten Weltkrieg und seine Koalitionspolitik in der Ersten Republik als bloße Anbiederung an die damals herrschenden Mächte interpretiert. Vielmehr besteht die große Kontinuität seiner Theorie und Praxis darin, dass er konzeptionell die Grundlagen für das Modell der Sozialpartnerschaft legte. Mochte dieser Ansatz im Ersten Weltkrieg und in der Zwischenkriegszeit auch »visionär« erscheinen, so prägt er in der Zweiten Republik innenpolitisch deren Profil und stellte damit eine wichtige Grundlage für ihre spätere Erfolgsgeschichte her.

Renners flexibles politisches Reagieren auf sich wandelnde politische Kontexte ist nicht selten als Opportunismus ausgelegt worden. In der vorliegenden Biografie wurde versucht, diese Annahme mit der These zu konfrontieren, dass Renners Politikverständnis eine *variabel-praktische* und eine *statisch-normative* Komponente hatte. Auf der Ebene des praktischen Einsatzes der taktischen Mittel war er an Wendigkeit kaum zu überbieten. Bis zum Ende des Ersten Weltkrieges setzte sich Renner für einen demokratisierten Vielvölkerstaat ein, der durch einen monarchischen »Überbau« stabilisiert wurde. Als aber diese Chance durch das Versagen der alten Eliten vertan war, optierte er über Nacht für die demokratische Republik, das Selbstbestimmungsrecht der Völker und den Anschluss an das Deutsche Reich. Seine frühere Sympathie für eine monarchische Lösung der österreichischen Krise hinderte ihn nicht daran, mit seinem Amtsantritt als Staatskanzler innerhalb eines republikanischen Regierungssystems zu agieren, dessen basisdemokratische Elemente auf die französische Revolutionsverfassung von 1793/94 verweisen.

Als das Dritte Reich 1945 in Trümmern lag, setzte Renner zwar auf einen republikanischen Neuanfang, zugleich aber auf den Rumpfstaat Österreich in den Grenzen des Friedensvertrags von St. Germain. Am Vorbild der Schweiz orientiert, propagierte er nun eine spezifische österreichische Identität, allerdings eingebunden in die Weltgemeinschaft der UNO. Nach 1945 schrieb Renner unterwürfige Briefe an Stalin, um die Einheit Österreichs zu erhalten. Wenig später ging er auf Distanz zur Sowjetunion und suchte die Annäherung an die Westmächte, weil ihm dies für die Konsolidierung der Zweiten Republik unverzichtbar erschien. Dass diese Flexibilität Renners entscheidend dazu beitrug, die Grundlagen der Ersten und Zweiten österreichischen Republik zu legen, ist gezeigt und oft anerkennend kommentiert worden, obgleich der von ihm mitkreierte Opfermythos im Schatten des Dritten Reiches die politische Kultur des Landes erheblich belastet hat.³ Zwar räumten österreichische Politiker spätestens nach der »Waldheim-Affäre« gründlich mit dem Opfermythos auf und bekannten sich eindeutig zur österreichischen Mitschuld. Diesem Bekenntnis sind Taten wie unter anderem die Regelung zur Entschädigung der Zwangsarbeiter gefolgt. Doch das Misstrauen, das beispielsweise die aus technischen Gründen erfolgte Verzögerung eines Deportationsdenkmals in Wien hervorgerufen hat – dessen Errichtung werde absichtlich »auf die lange Bank geschoben«, weil sie angeblich überflüssig sei –, präsentiert »die Zeche für den bequemen, vielleicht sogar in mancher Weise notwendig erscheinenden Opfermythos der Nachkriegszeit«.⁴

Konstant blieb aber die normative Zielsetzung der praktischen Politik Renners, und zwar in dieser Reihenfolge: zuerst das österreichische Allgemeinwohl, dann die Emanzipation der Arbeiterklasse – jedenfalls in einer Auslegung, wie er sie verstand. Man muss aus diesem Grund zwischen Zweck und Mittel unterscheiden. Auf der *Mittel-Ebene* dachte er in Szenarien, die er ohne Skrupel den jeweiligen wechselnden Machtverhältnissen im Sinne einer möglichen Durchsetzung seiner Ziele anpasste. Dagegen wirkten auf der *Zweck-Ebene* die obengenannten Überzeugungen als normativer Horizont, an dem er zeit seines Lebens festhielt. Dass diese taktisch-strategische Flexibilität in Renners Politikverständnis seine übergeordneten normativen Ziele konterkarieren und damit scheitern lassen konnten, zeigen seine Annexionen in Osteuropa einschließende Kriegszielpolitik im Ersten Weltkrieg, seine Versuche des Arrangements mit dem Austrofaschismus und dem Dritten Reich sowie seine distanzierte Position zur Restituierung jüdischen Eigentums nach 1945. Diese Fallbeispiele werfen in den genannten Fällen ein prekäres Licht auf sein Verständnis des österreichischen Gemeinwohls und seine eigene sozialdemokratische Identität.

Seinen Politikansatz hat er als Gesellschaftstheoretiker und als Ökonom mit seinem Konzept des »induktiven Marxismus« und seinen von Lassalle inspirierten Antworten auf die Herausforderungen des Staats, des Rechts und der Demokratie theoretisch zu untermauern versucht. Renners Ansatz eines methodischen Marxismus ging zwar von Marxschen Kategorien wie Mehrarbeit, Mehrwert, Klasse, Klassenkampf etc. aus. Sie bezeichneten die Richtung, in die eine Untersuchung neuer Entwicklungstendenzen der bürgerlich-kapitalistischen Gesellschaft zu gehen hatte. Aber die Kategorien selbst müssen, so Renner, in der Dynamik der kapitalistischen Entwicklung fortwährend auf ihre empirische Validität überprüft und notfalls modifiziert werden. Als analytisches Muster bleiben sie unverzichtbar, doch ihr jeweiliger sozioökonomischer Inhalt ist angesichts der wechselnden Formen kapitalistischer Mehrwertproduktion stets neu zu bestimmen.

Dies vorausgesetzt, ist ein wichtiges Resultat dieser Biografie, dass sich der »rechte« Sozialdemokrat Renner bis zu seinem Lebensende im gleichen Maße als Marxist verstand wie der geistige Führer der österreichischen Sozialdemokratie der Ersten Republik Otto Bauer. Nach anfänglicher Freundschaft kühlte das Verhältnis zwischen den beiden ab, als Bauer 1917 aus der russischen Kriegsgefangenschaft zurückkehrte. Die bisherigen Biografien betonten den Antagonismus zwischen Karl Renner und Otto Bauer, ließen aber offen, in welchem Ausmaß diese Diskrepanz persönlicher oder sachlicher Natur war. Doch die Tatsache, dass der SDAP eine Spaltung erspart blieb, gibt zu denken. Muss vielleicht nicht doch von mehr Gemeinsamkeiten zwischen beiden Politikern ausgegangen werden, als man bisher angenommen hat?

Die vorliegende Biografie legt den Schluss nahe, dass bei der Analyse des Verhältnisses Renners zu Bauer zwischen einer innerparteilichen und einer außerparteilichen Ebene zu unterscheiden ist. Im außerparteilichen Raum wie der parlamentarischen Öffentlichkeit sind politische Diskrepanzen zwischen beiden kaum feststellbar. In allen wesentlichen Herausforderungen der Ersten Republik – vom Kampf gegen den Kommunismus als Modell für Österreich und von den Restaurationsversuchen der Habsburger über die Ablehnung von Seipels Genfer Sanierung bis hin zur Forderung nach einer inneren Abrüstung der paramilitärischen Formationen in der österreichischen Gesellschaft – stimmten Renner und Bauer überein. Aber in der innerparteilichen Öffentlichkeit der Parteitage und der publizistischen Medien der SDAP trugen die beiden ihre Meinungsverschiedenheit in der Koalitionsfrage und in der politischen Rhetorik offen aus.

Doch stellen diese Kontroversen sich ausschließende Positionen dar? Bauer wollte die Bewegung im Sinne von »Mehr Demokratie und mehr Sozialismus wagen!« vorantreiben und das Engagement der Parteimitglieder durch eine revolutionäre Perspektive festigen. Renner wollte das gewonnene Terrain der Partei, der Gewerkschaften und des Genossenschaftswesens durch das allmähliche Hineinwachsen in den Staat vertiefen. Ergänzen sich nicht beide Positionen in dem Sinne, dass das Engagement eine Rückkoppelung zur organisatorischen Kleinarbeit, diese aber eines vorantreibenden visionären Impulses bedarf, um nicht in Routine zu erstarren? Und lässt sich nicht umgekehrt sagen, dass sich Renner ebenfalls von visionären Horizonten leiten ließ, während der Realpolitiker Bauer vor allem in der Nationalitätenfrage externe und zugleich empirisch nachweisbare Rahmenbedingungen politischen Handelns ausmachte, denen die SDAP unter seiner Führung Rechnung zu tragen hatte?

In der Tat kommt der Visionär Renner immer dann ins Spiel, wenn es um die Überwindung des Nationalstaats geht. Aber »Vision« hat bei Renner nichts mit Messianismus und Eschatologie zu tun. Der Terminus »Vision« passt auf ihn nur, wenn man ihn im Sinne der klassischen Utopie versteht: als imaginierte Vorwegnahme eines besseren Zustandes der Gesellschaft, der zwar nicht ist, aber in der historisch-empirischen Welt werden könnte. Schon vor und während des Ersten Weltkriegs setzte er sich für eine demokratisierte Föderation des Vielvölkerstaates ein, weil er den Nationalismus historisch für überholt und politisch für reaktionär hielt. Konsequent sah er nach dem Scheitern der Donauföderation und des Anschlusses an das Deutsche Reich im Völkerbund die übernationale Institution der Zukunft. Dieser Versuch missglückte zwar, aber nach dem Zweiten Weltkrieg begrüßte er die UNO vorbehaltlos als neuen trans- und übernationalen Hoffnungsträger, der den Weltfrieden und die internationale Durchsetzung der Menschenrechte sichern könnte. Und er ging sogar über die Vereinten Nationen hinaus, wenn er sie als Vorstufe eines Weltstaates interpretierte.

Renner war mit dieser Option der realen Entwicklung in der Zwischenkriegszeit weit voraus. Denn erst nach der Katastrophe des Zweiten Weltkrieges waren die realpolitischen Voraussetzungen für trans- und übernationale Zusammenschlüsse gegeben, wie zum Beispiel die Europäische Union zeigt. Andererseits bestand Renner nach dem Zusammenbruch des Dritten Reiches auf der Rekonstruktion einer eigenständigen österreichischen Identität. Er verabschiedete die in der Ersten Republik von fast allen politischen Lagern vertretene These, Österreich sei, auf sich gestellt, wirtschaftlich nicht überlebensfähig. Und am Ende seines Lebens visionierte er eine Synthese zwischen dem nationalen und dem transnationalen Ansatz. Er stellte zwar einerseits die Weichen für eine österreichische Willensnation nach dem Vorbild der Schweiz, die sich gegenüber den deutschen Einflüssen verselbständigt. Aber er band sie andererseits übernational in das Weltkonzept der Vereinten Nationen ein, in denen er die Überlebensgarantie der kleineren Nationen sah.

Doch was macht Karl Renner über den österreichischen Kontext hinaus auch für die heutige Orientierung interessant? Welches Erbe mit einem generellen Geltungsanspruch hinterließ er? Dass er in der internationalen *scientific community* als einer der Gründungsväter der Rechtssoziologie seinen festen Platz behauptet hat, ist bekannt: Seine Plakette unter den fünfzehn bedeutendsten Rechtssoziologen kann man an den Wänden des International Institute for the Sociology of Law in Oñati (Gipuzkoa, Spanien) besichtigen.[5] Dieser Ruhm resultiert aus seiner 1904 veröffentlichten Schrift *Die soziale Funktion der Rechtsinstitute, besonders des Eigentums*. Als einer der ersten Rechtssoziologen untersuchte er die Frage, in welchem Maß das Recht von der Wirtschaft beeinflusst ist und in welchem Umfang es eine von der Ökonomie unabhängige Existenz führt, die es ihm umgekehrt ermöglicht, auch gestaltend auf die soziale Realität einzuwirken. Im Licht dieses Erkenntnisinteresses analysierte er am Beispiel des Rechtsinstituts des Privateigentums, ob das Recht bei gleichbleibendem juridischem Bestand in unterschiedlichen wirtschaftlichen Kontexten neue Funktionen ausübt, während frühere obsolet werden. Aber er richtete den analytischen Fokus nicht nur auf die Möglichkeit der Steuerung gesellschaftlicher Prozesse durch das Recht, sondern auch auf deren Entwicklungsblockierung durch eine Klassenjustiz. Ferner setzte er sich bahnbrechend mit den Bedingungen des Minoritätenschutzes durch rechtliche Kodifikationen einerseits und die Zivilisierung des Klassenkampfes durch Verrechtlichung der Konflikte zwischen Kapital und Arbeit in der bürgerlichen Gesellschaft andererseits auseinander.

An vorderer Stelle sind in diesem Zusammenhang auch seine Schriften zur Nationalitätenfrage zu nennen. Renner unterlag nicht dem Irrtum des orthodoxen Marxismus, mit der globalen Kapitalisierung als Vorstufe zum Sozialismus erledige sich das Problem der nationalen Identität von selbst.[6] Aber er war sich zugleich darüber im Klaren, dass ein chauvinistischer Nationalismus den Rückfall in eine atavistische Weltsicht mit katastrophalen Konsequenzen bedeutet. Wie der Bürgerkrieg in Jugoslawien und die bewaffneten Konflikte in der Ukraine gezeigt haben und zeigen, ist die destruktive Kraft des Nationalismus nach wie vor virulent. Gegen diesen machte Renner nicht nur verbal Front, sondern er konzipierte konkrete Vorschläge, wie der Nationalismus durch einen »übernationalen Staat« gebändigt werden kann. Im Kern ging es ihm darum, durch die Einbindung nationaler Souveränitäten in übernationale Einheiten wie den Völkerbund, die UNO oder gar einen Weltstaat die nationalistischen Energien in einen Patriotismus als Grundlage eines Weltfriedens zu verwandeln. Wer kann leugnen, dass diese von Renner vorangetriebene Denkrichtung heute in gleicher Weise auf der politischen Tagesordnung steht wie zu seiner Zeit?

Ein anderer überschießender Gehalt seines Lebenswerkes folgt zweifellos aus seiner Konzeption der »Durchstaatlichung der Wirtschaft«. Renner war Sozialist. Aber das von ihm nie aufgegebene Ziel tritt in seinem Werk hinter die Stufen auf dem Weg zu dessen Erreichung zurück. Dieser Pfad aber ist gepflastert mit den Bausteinen des Sozialstaates. Wie Renner damals den von England ausgehenden Manchesterliberalismus kritisierte, so würde er heute den Neoliberalismus missbilligen. Er polemisierte nicht gegen den Markt, wo dieser seine Funktion erfüllte, eine optimale Bedürfnisbefriedigung der Konsumenten zu sichern. Aber er wies auf das Destruktionspotenzial des

Marktes hin, das sich dann destabilisierend auf die Sozialsysteme, auf die Kultur und letztlich auf die Demokratie auswirken musste, wenn sich die Orientierung an ihm, vom Staat unreguliert, absolut setzt. Dieser Gefahr stellte er ein Konzept der »Durchstaatlichung der Wirtschaft« in den Bereichen, in denen Funktionen des Privateigentums bereits im Kapitalismus selbst vergesellschaftet waren, gegenüber. Dass er seine Vorstellungen, wie eine Wirtschaftsdemokratie zu organisieren sei, auf die Lage in den fortgeschrittenen Industrienationen heute eins zu eins übertragen hätte, ist unwahrscheinlich. Aber dass es nicht ausreicht, dem neoliberalen Entsolidarisierungsprozess lediglich mit Kritik ohne Alternativangebote zu begegnen, ist eine Lektion, die man in der Auseinandersetzung mit Renners Schriften lernen kann.

Eine weitere Aktualisierungsmöglichkeit des Renner'schen Werkes ergibt sich aus seinem Paradigma des »induktiven Marxismus«. Heute ist viel von der Krise des Marxismus die Rede. Renner hat gezeigt, dass von einer solchen Krise nur dann gesprochen werden kann, wenn man glaubt, durch den Rekurs auf Marx-Zitate die soziale Wirklichkeit und die ökonomischen Prozesse der bürgerlich-kapitalistischen Gesellschaft analytisch durchdrungen zu haben. Es gibt demgegenüber Indizien, dass sich der Marxismus als Methode zur Untersuchung ökonomischer und sozialer Prozesse auch heute noch durchaus behaupten kann, wenn man den Spuren Renners folgt. »Induktiver Marxismus« heißt für ihn nämlich, von den Erfahrungstatsachen der aktuellen Situation bei gleichzeitiger Öffnung zu den »bürgerlichen« Wissenschaftsansätzen auszugehen, um sie dann in einem zweiten Schritt in der Perspektive Marx'scher Kategorien wie Mehrarbeit und Mehrwert zu analysieren. Dies setzt freilich in der Praxis voraus, dass man die klassische Revolutionsperspektive aufgibt und durch konkrete Reformarbeit in den »Schützengräben des Kapitals« (Renner) ersetzt.

Die vorliegende Biografie erhebt keinen Anspruch darauf, das Rätsel Karl Renner gelöst zu haben. Auch war es nicht meine Absicht, den Katalog von Renner-Bildern um eine zusätzliche Variante zu erweitern. Wohl aber beabsichtigte ich, dem Leser Materialien zu den wichtigsten Lebensstationen Renners so zugänglich zu machen, dass er sich selbst sein eigenes Urteil über diese herausragende Persönlichkeit der österreichischen Arbeiterbewegung bilden kann. Wenn dieser Biografie hierzu ein innovativer Beitrag gelungen sein sollte, hat sie ihr selbstgestecktes Ziel erreicht.

Anmerkungen

Einleitung

1. Vgl. Gebhard 2012, S. 18
2. Vgl. Kastler 2013, S. VII
3. Hannak 1965
4. Leser 1968; Leser 1991, S. 99–111
5. Fischer 1970
6. Stadler 1970, S. 11–42
7. Nasko 1982
8. Goldinger 1988, S. 80–81
9. Pelinka 1989
10. Rauscher 1995
11. Nasko/Reichl 2000
12. Renner 1946
13. Renner 1953
14. Vgl. Gadamer 1972
15. Vgl. Schroth 1970
16. VGA/Nachlass Karl Renner/Karton 1, Mappe 2, fol. 94
17. Ebd.
18. Zitiert nach Soldt 2014, S. N4
19. Nasko/Reichl 2000, S. 22

1. Soziokulturelle Prägungen eines *homo politicus*

1. Vgl. Hainisch 1982, S. 165; Koref 1982, S. 228 ff.; Gruber 1982, S. 205 ff.; Korp 1982, S. 234; Habsburg-Lothringen 1982, S. 277; Lindner 1982, S. 166; Deutsch 1982, S. 167; Haub 1982, S. 169; Silbermann 1982, S. 170; Kreisky 1982, S. 230; Clark 1982, S. 186; Korab 1982, S. 226; Plöchl 1982, S. 250; Maisl 1982, S. 237; Gruber 1982, S. 206; Löw-Klein 1982, S. 223; Winkler 1982, S. 275; Hannak 1965, S. 14 f.; Fischer 1970, S. 7; Rauscher 1995, S. 12
2. Vgl. Frank 1982, S. 200; Hindels 1982, S. 216 f.; Matejka 1982, S. 241, 244; Neck 1982, S. 246; Scharf 1982, S. 256; Kreisky 1982, S. 234; Pelinka 1989, S. 14; Gruber 1989, S. 206; Bock 1982, S. 181; Klein-Löw 1982, S. 224; Scharf 1982, S. 255; Strauss-Ferneböck 1982, S. 267
3. Adler 1982, S. 163
4. Adler 1923, S. 62
5. Vgl. Nasko/Reichl 2000
6. A.a.O., S. 98
7. Renner 1946, S. 7
8. Ebd.

9 A.a.O., S. 8
10 Ebd.
11 A.a.O., S. 8 f.
12 Vgl. Nasko/Reichl 2000, S. 102 f., 106, 104, 111, 131
13 A.a.O., S. 98
14 Vgl. Zeittafel, S. 380–392
15 Vgl. OEStA/AVA/Nachlass Renner, Karton E/1731: 304
16 VGA/Nachlass Karl Renner/ Karton 2, Lade 23, Mappe 5
17 Renner 1946, S. 148
18 A.a.O., S. 149 f.
19 A.a.O., S. 150
20 A.a.O., S. 25
21 A.a.O., S. 58 f.
22 A.a.O., S. 59
23 A.a.O., S. 60
24 Nasko/Reichl 2000, S. 116
25 Renner 1946, S. 61
26 A.a.O., S. 62
27 A.a.O., S. 63
28 A.a.O., S. 64
29 A.a.O., S. 110
30 A.a.O., S. 94
31 A.a.O., S. 95
32 A.a.O., S. 95
33 Nasko/Reichl 2000, S. 107
34 A.a.O., S. 105
35 Renner 1946, S. 129
36 Nasko/Reichl 2000, S. 105
37 A.a.O., S. 107
38 Renner 1946, S. 207
39 Ebd.
40 Nasko/Reichl 2000, S. 112
41 Renner 1946, S. 185
42 A.a.O., S. 113
43 Nasko/Reichl 2000, S. 129
44 Renner 1946, S. 108
45 A.a.O., S. 194
46 A.a.O., S. 195
47 A.a.O., S. 199 f.
48 A.a.O., S. 112
49 Nasko/Reichl 2000, S. 130
50 Renner 1946, S. 162
51 A.a.O., S. 163
52 A.a.O., S. 166
53 A.a.O., S. 212
54 A.a.O., S. 215
55 A.a.O., S. 213
56 Ebd.
57 Renner 1982, S. 64
58 Jochmann 1982, S. 222
59 Renner 1982b, S. 62
60 A.a.O., S. 63
61 Deutsch-Renner 1982, S. 189
62 VGA/Nachlass Karl Renner/ Karton 2, Lade 23, Mappe 5
63 Ebd.
64 Renner 1982c, S. 59
65 Deutsch-Renner 1982a, S. 187
66 Deutsch-Renner 1982b, S. 188
67 Deutsch-Renner 1982, S. 189
68 Renner 1982a, S. 62
69 Neck 1982, S. 247
70 Chlup 1982, S. 184
71 OEStA/AVA/Nachlass Renner, Karton E/1731: 102
72 OEStA/AVA/Nachlass Renner, Karton E/1731: 271
73 Ebd.
74 Ebd.
75 Ebd.
76 OEStA/AVA/Nachlass Renner, Karton E/1731: 232
77 OEStA/AVA/Nachlass Renner, Karton E/1731: 64
78 Hannak 1965, S. 503 f.

2. Die Formung eines Sozialdemokraten

1 Renner 1946, S. 182
2 Vgl. Lassalle 1889
3 Renner 1946, S. 217
4 A.a.O., S. 250
5 A.a.O., S. 247
6 A.a.O., S. 246
7 A.a.O., S. 279
8 A.a.O., S. 282 f.
9 Vgl. Menger 1870
10 Vgl. Philippovich 1907
11 Renner 1946, S. 184
12 A.a.O., S. 256
13 A.a.O., S. 251
14 Ebd.
15 A.a.O., S. 200
16 Ebd.
17 A.a.O., S. 204
18 Vgl. OEStA/AVA/Nachlass Renner, Karton E/1731: 304
19 Renner 1946, S. 212
20 Vgl. Kapitel 1, S. 17, Anm. 1
21 Vgl. ebd. Anm. 2
22 Renner 1946, S. 225
23 A.a.O., S. 226
24 A.a.O., S. 241
25 A.a.O., S. 243
26 Vgl. Naturfreunde Internationale 2008
27 Renner 1946, S. 283
28 A.a.O., S. 215 f.
29 A.a.O., S. 261
30 A.a.O., S. 267
31 Ebd.
32 A.a.O., S. 268
33 A.a.O., S. 281
34 A.a.O., S. 279
35 A.a.O., S. 290
36 Ebd.
37 Ebd.
38 A.a.O., S. 240
39 A.a.O., S. 291
40 A.a.O., S. 292
41 Ebd.
42 Ebd.
43 Ebd.
44 Nasko/Reichl 2000, S. 129 f.
45 Zit. n. Rauscher 1995, S. 54
46 Ebd.
47 Renner 1950, S. 32 f.
48 A.a.O., S. 37 f.
49 A.a.O., S. 23
50 Renner 1982e, S. 49
51 Renner 1982, S. 83
52 Zit. n. Rauscher 1995, S. 55
53 Vgl. Renner 1917
54 Renner 1946, S. 293
55 Renner 1929d, S. V
56 Renner 1904, S. 2
57 Ebd.
58 Ebd.
59 Vgl. Richter 1907
60 Vgl. Bebel 1946
61 Renner 1904, S. 2
62 Ebd.
63 A.a.O., S. 3
64 Ebd.
65 A.a.O., S. 175
66 A.a.O., S. 179
67 A.a.O., S. 180
68 Ebd.
69 Vgl. Darwin 1963, S. 265
70 Renner 1904, S. 175 f.
71 A.a.O., S. 176
72 Ebd.
73 Vgl. Marx 1969/70
74 Renner 1904, S. 31
75 Ebd.
76 A.a.O., S. 32
77 Renner 1902, S. 18
78 A.a.O., S. 19

79 A.a.O., S. 20
80 Renner 1901, S. 2
81 A.a.O., S. 3
82 A.a.O., S. 4
83 A.a.O., S. 13 f.
84 Ebd.
85 A.a.O., S. 13
86 Ebd.
87 Ebd.
88 A.a.O., S. 13 f.
89 A.a.O., S. 5
90 Ebd.
91 A.a.O., S. 6
92 Ebd.
93 Ebd.
94 A.a.O., S. 8
95 Ebd.
96 A.a.O., S. 31
97 A.a.O., S. 12
98 Renner 1946, S. 194
99 Renner 1898, S. 6
100 Ebd.
101 A.a.O., S. 8
102 Ebd.
103 Ebd.
104 A.a.O., S. 19
105 Renner 1910, S. 57 f.
106 Renner 1906, S. 237
107 A.a.O., S. 248
108 Bauer 1923, S. 52
109 Bauer 1975, S. 581
110 Bauer 1923, S. 52
111 Bauer 1975, S. 582
112 Zit. n. Rauscher 1995, S. 349
113 Vgl. Kann 1973, S. 9 u. 17
114 Rauscher 1995, S. 55
115 Hannak 1965, S. 117
116 A.a.O., S. 121
117 A.a.O., S. 123
118 Zit. n. Musner 2014, S. 6, FN 5
119 A.a.O., S. 6
120 Hannak 1965, S. 129
121 Zit. n. Hannak 1965, S. 141
122 Rauscher 1995, S. 69
123 Hannak 1965, S. 158–161
124 Vgl. Mommsen 1963
125 Renner 1970, S. 25, 27
126 Renner 1970a, S. 36, 42
127 A.a.O., S. 45, 67, 71

3. Karl Renner im Ersten Weltkrieg

1 Münkler 2013, S. 9
2 Vgl. Rauchensteiner 2013
3 Renner 1916, S. 81
4 Vgl. Rauchensteiner 2013, S. 42 f.
5 Musner 2014, S. 23
6 Ebd.
7 Ebd.
8 Vgl. OEStA/AVA/Nachlass Renner, Karton E/1731: 304
9 Vgl. Kapitel 1, S. 31 f.
10 VGA/Partei-Archiv vor 1934/ Mappe 1/Sitzungsprotokolle PV, fol. 20–460, hier 272 f.
11 VGA/Partei-Archiv vor 1934/ Mappe 2/Sitzungsprotokolle PV, fol. 461–1007, hier 532
12 VGA/Partei-Archiv vor 1934/ Mappe 2, Sitzungsprotokolle PV, fol. 461–1007, hier 545
13 OEStA/AVA/Nachlass Renner, Karton E/1731: 5, fol. 1
14 Renner 1916, S. VIII
15 Renner 1929, S. 79
16 A.a.O., S. 79
17 A.a.O., S. 80
18 A.a.O., S. 81

19 VGA/Partei-Archiv vor 1934/ Sitzungsprotokolle PV, Mappe 1, fol. 1–200, hier 192 f.
20 Renner 1916a, S. 91 f.
21 Adler 1916a, S. 149, FN 1; vgl. Renner 1916a, S. 89
22 Adler 1916a, S. 152
23 Renner 1916, S. 127
24 OEStA/AVA/Nachlass Renner, Karton E/1731: 304
25 OEStA/AVA/Nachlass Renner, Karton E/1732: 248
26 VGA/Partei-Archiv vor 1934/ Mappe 1/Sitzungsprotokolle PV, fol. 201–460, hier 340 f.
27 Ebd., fol. 342 f.
28 Ebd., fol. 403 f.
29 Ebd., fol. 404
30 Ebd., fol. 405
31 Musner 2014, S. 35
32 Renner 1916, S. VII
33 A.a.O., S. 12
34 Ebd.
35 A.a.O., S. 13
36 A.a.O., S. 17
37 Ebd.
38 Ebd.
39 Vgl. Musner 2008, S. 45–63
40 Vgl. Kapitel 3, S. 87
41 Vgl. Renner 1916, S. 6–11
42 Vgl. a.a.O., S. 38–48
43 Vgl. a.a.O., S. 74–118
44 Vgl. Naumann 1915
45 A.a.O., S. 4
46 Ebd.
47 Ebd.
48 A.a.O., S. 200
49 Ebd.
50 Kautsky 1916, S. 5
51 Hilferding 1915, S. 227
52 Renner 1916, S. 151
53 A.a.O., S. 158
54 Kautsky 1916, S. 35
55 A.a.O., S. 36
56 Hilferding 1916, S. 55
57 Ebd.
58 Renner 1917, S. 199
59 A.a.O., S. 200
60 Vgl. hierzu Rauchensteiner 2013, S. 143
61 Ebd.
62 Renner 1917, S. 9
63 Ebd.
64 A.a.O., S. 5 f.
65 A.a.O., S. 4
66 A.a.O., S. 53, FN
67 A.a.O., S. 5
68 A.a.O., S. 6
69 Ebd.
70 A.a.O., S. 39
71 A.a.O., S. 314
72 A.a.O., S. 319
73 A.a.O., S. 318 f.
74 A.a.O., S. 318
75 Ebd.
76 A.a.O., S. 319
77 A.a.O., S. 7
78 A.a.O., S. 8
79 A.a.O., S. 37
80 A.a.O., S. 40–44
81 A.a.O., S. 44–50
82 A.a.O., S. 56–69
83 A.a.O., S. 60–94
84 A.a.O., S. 20; vgl. zu Renners Ansatz auch Adler 1916, S. 239–249
85 Renner 1917
86 A.a.O., S. 23
87 A.a.O., S. 25 f.
88 VGA/Nachlass Karl Renner/ Karton 2, Lade 23, Mappe 5
89 Renner 1917, S. 191–195
90 A.a.O., S. 196
91 A.a.O., S. 195–198

92 Ebd.
93 Vgl. Kapitel 3, S. 83
94 Renner 1917, S. 336–343
95 Kautsky 1918, S. 86
96 Ebd.
97 Vgl. Rauchensteiner 2013, S. 909
98 Bauer 1923, S. 54
99 A. a. O., S. 55
100 Vgl. zum Folgenden ebd.
101 A. a. O., S. 57
102 Vgl. Maderthaner 2005a, S. 71–94
103 Adler 1923, S. 62
104 A. a. O., S. 111
105 VGA/Partei-Archiv vor 1934/ Mappe 2/Sitzungsprotokolle PV, fol. e–i
106 Ebd., fol. h
107 Ebd., fol. f
108 Ebd., fol. h–i
109 Ebd., fol. g
110 Ebd.
111 Ebd.
112 Parteitag 1917, S. 121
113 Trotzki 1961, S. 195
114 A. a. O., S. 196
115 Vgl. Kapitel 3, S. 101 f.
116 VGA/Nachlass Karl Renner/ Karton 1, Lade 23, Mappe 5
117 Vgl. Kapitel 3, S. 92–96
118 Vgl. a. a. O., S. 104
119 OEStA/AVA/Nachlass Renner, Karton E/1731: 57–62, hier 58
120 Renner 1918, S. IV
121 Ebd.
122 Ebd.
123 Renner 1982f, S. 98
124 Renner 1970c, S. 9.
125 Erklärung 1917, S. 114
126 Ebd.
127 Ebd.
128 Ebd.
129 Ebd.
130 A. a. O., S. 116
131 Ebd.
132 Ebd.
133 Ebd.
134 A. a. O., S. 117
135 Ebd.
136 Vgl. zusammenfassend auch Renner 1918b, S. 18–30
137 Parteitag 1917, S. 119
138 A. a. O., S. 120
139 A. a. O., S. 121
140 A. a. O., S. 122
141 Erklärung der »Linken« 1917, S. 117
142 Resolution des sozialdemokratischen Parteitags 1917, S. 157
143 Bauer 1923, S. 63
144 A. a. O., S. 58
145 Nationalitätenprogramm der »Linken« 1918, S. 269–274
146 A. a. O., S. 273
147 A. a. O., S. 274
148 Renner 1918a, S. 294–308
149 A. a. O., S. 297
150 A. a. O., S. 299
151 Vgl. Saage 2008, S. 72 f.
152 Adler 1918, S. 8 f.
153 Vgl. Maderthaner 2008, S. 187–206

4. Karl Renner als Staatskanzler der Ersten Republik

1 Bauer 1923, S. 96
2 Vgl. Kapitel 2, S. 51 f.
3 Vgl. Beschluß 1918
4 Nasko/Reichl 2000, S. 40
5 A.a.O., S. 39
6 Vgl. Gulick 1976, S. 34–43
7 Fischer 1970, S. 112
8 Renner 1970d, S. 113
9 Ebd.
10 Ebd.
11 Ebd.
12 A.a.O., S. 115
13 Vgl. Fischer 1970, S. 118–134
14 VGA/Nachlass Karl Renner/ Karton 2, Lade 23, Mappe 5
15 Renner 1970e, S. 149
16 A.a.O., S. 153
17 A.a.O., S. 154
18 A.a.O., S. 155 f.
19 VGA/ Nachlass Karl Renner/ Karton 1, Mappe 1, fol. 24–32, hier 26
20 Rauscher 1995, S. 115
21 Vgl. Beschluß 1918
22 Vgl. Brauneder 1976
23 Vgl. Pelinka 1989, S. 51
24 Vgl. Saage 2005, S. 123–127
25 A.a.O., S. 125
26 Renner 1970f, S. 99
27 A.a.O., S. 100
28 Ebd.
29 A.a.O., S. 102 f.
30 A.a.O., S. 103
31 Renner 1919, S. 26
32 Ebd.
33 Ebd.
34 A.a.O., S. 30
35 Ebd.
36 Vgl. Euchner 1985, S. 32–42
37 Vgl. Renner 1923, S. 349–353
38 Bauer 1923, S. 163
39 Ebd.
40 A.a.O., S. 164
41 A.a.O., S. 165
42 A.a.O., S. 166
43 A.a.O., S. 167
44 Renner 1982g, S. 71 f.
45 A.a.O., S. 72
46 Ebd.
47 Bauer 1923, S. 243
48 A.a.O., S. 243 f.
49 Renner 1970g, S. 176
50 Ebd.
51 A.a.O., S. 177
52 A.a.O., S. 178
53 Ebd.
54 A.a.O., S. 177
55 Renner 1953, S. 25
56 A.a.O., S. 23
57 A.a.O., S. 23
58 A.a.O., S. 17
59 Ebd.
60 Ebd.
61 A.a.O., S. 21
62 Renner 1982h, S. 140
63 Vgl. Mikoletzky 2008, S. 179–186
64 Renner 1953, S. 26
65 A.a.O., S. 26
66 Renner 1982c, S. 59
67 Renner 1982, S. 64
68 Ebd.
69 A.a.O., S. 27
70 Ebd.
71 Ebd.
72 Ebd.
73 Ebd.
74 Vgl. OEStA/AVA/Nachlass Renner, Karton E/1731: 294–302, hier 299

75 Renner 1982, S. 29
76 Stadler 1970, S. 23
77 Renner 1970, S. 173 f.
78 A.a.O., S. 174
79 Vgl. Bundes-Verfassungsgesetz 1920 sowie Gulick 1976, S. 53–60
80 Bauer 1923, S. 221
81 Vgl. Noll 2008, S. 363–392
82 Zit. n. Hannak 1965, S. 407
83 A.a.O., S. 402 f.
84 Bauer 1923, S. 223
85 A.a.O., S. 224
86 A.a.O., S. 221
87 A.a.O., S. 222
88 A.a.O., S. 224
89 Vgl. Kapitel 3, S. 80 f.
90 Zit. n. Hannak 1965, S. 405
91 Vgl. Kapitel 2, S. 57–64
92 Vgl. Kelsen 2008
93 Vgl. OEStA/AVA/Nachlass Renner, Karton E/1731: 248–252, hier 248
94 Vgl. Kelsen 1981
95 Rauscher 1995, S. 123
96 A.a.O., S. 176
97 A.a.O., S. 181
98 Vgl. Benesch 2014, S. 122 f.

5. Der Rückzug aus der »großen Politik«

1 Rauscher 1995, S. 226
2 Renner 1970i, S. 190
3 A.a.O., S. 192
4 A.a.O., S. 194
5 A.a.O., S. 196
6 A.a.O., S. 197
7 Renner 1970i, S. 206
8 Renner 1953, S. 42
9 Ebd.
10 A.a.O., S. 42 f.
11 Vgl. Benesch 2014, S. 216
12 Fischer 1970, S. 14
13 Renner 1970j, S. 213
14 OEStA/AVA/Nachlass Renner, Karton E/1731: 5, fol. 138
15 Renner 1929c, S. 146
16 OEStA/AVA/Nachlass Renner, Karton E/1731: 5, fol. 143
17 Fischer 1970, S. 215
18 Renner 1970k, S. 222
19 A.a.O., S. 224
20 A.a.O., S. 221 f.
21 Renner 1970l, S. 233–248
22 Kelsen 1924, S. 51
23 Vgl. Kapitel 3, S. 89 f.
24 Kelsen 1924, S. 51
25 Ebd.
26 Stadler 1970, S. 30
27 Rauscher 1995, S. 242
28 A.a.O., S. 249
29 A.a.O., S. 242
30 Renner 1924, S. 5
31 Ebd.
32 Renner 1929a, S. 7
33 Ebd.
34 Renner 1924, S. 181
35 A.a.O., S. 348
36 Vgl. Strauß 1925, S. 233
37 Vgl. Kapitel 5, S. 170–173
38 Renner 1924, S. 369
39 A.a.O., S. 371
40 A.a.O., S. 372
41 Ebd.
42 A.a.O., S. 373
43 A.a.O., S. 359
44 Ebd.
45 Renner 1929a, S. 7
46 Vgl. Brazda/Schediwy 2008, S. 103–129
47 Adler 1916, S. 248

48 Nasko/Reichl 2000, S. 139 f.
49 Renner 1946, S. 33
50 Ebd.
51 Vgl. Nasko/Reichl 2000, S. 137–155
52 A.a.O., S. 143
53 Vgl. OEStA/AVA/Nachlass Renner, Karton E/1731: 304
54 Ebd.
55 Zit. n. Nasko/Reichl 2000, S. 146
56 Renner 1982i, S. 69
57 Vgl. OEStA/AVA/Nachlass Renner, Karton E/1731: 304
58 Vgl. Renner 1951
59 Renner 1926, S. 525
60 Ebd.
61 A.a.O., S. 526
62 A.a.O., S. 530
63 Ebd.
64 A.a.O., S. 532
65 A.a.O., S. 530
66 A.a.O., S. 529
67 Ebd.
68 A.a.O., S. 531
69 Ebd.
70 A.a.O., S. 532
71 A.a.O., S. 533
72 A.a.O., S. 535
73 Ebd.
74 A.a.O., S. 534
75 A.a.O., S. 535
76 Renner 1982k, S. 81
77 Vgl. Konrad 2008, S. 223–240, sowie Frei 1984
78 Rauscher 1995, S. 246
79 Vgl. Gulick 1976, S. 175–206
80 Vgl. a.a.O., S. 207–224
81 Vgl. a.a.O., S. 224–237
82 Rauscher 1995, S. 246
83 Renner 1926, S. 533
84 Maderthaner 2006, S. 362
85 Vgl. Gulick 1976, S. 238–251
86 Maderthaner 2006, S. 362
87 Protokoll 1926, S. 295
88 A.a.O., S. 296
89 Ebd.
90 A.a.O., S. 297
91 Ebd.

6. Der 15. Juli 1927, die Koalitionsfrage und die Perspektiven der Wirtschaftsdemokratie

1 Bauer 1923, S. 287
2 Ebd.
3 A.a.O., S. 288
4 Vgl. Botz 2008, S. 339–362
5 Linzer Programm 1926, S. 252
6 Vgl. Gulick 1976, S. 269–293
7 Vgl. Braunthal 1927 sowie Maderthaner 2006, S. 404–423
8 Danneberg 1927, S. 2
9 Braunthal 1927, S. 7
10 Vgl. Maderthaner/Musner 2005, S. 95–147
11 A.a.O., S. 96
12 Vgl. Trotzki 1929; KPÖ 1927
13 Zit. n. Braunthal 1927, S. 67
14 OEStA/AVA/Nachlass Renner, Karton E/1731: 5, fol. 26
15 Ebd., fol. 27
16 Ebd., fol. 28
17 Ebd., fol. 24
18 Rauscher 1995, S. 256
19 Renner 1970l, S. 235
20 Ebd.

21 A.a.O., S. 239.
22 A.a.O., S. 343
23 Vgl. Maderthaner/Musner 2005, S. 243
24 Renner 1970m, S. 267
25 A.a.O., S. 270
26 A.a.O., S. 271
27 Ebd.
28 Ebd.
29 Ebd.
30 Ebd.
31 Bauer 1978a, S. 472
32 A.a.O., S. 474–490
33 Protokoll 1927, S. 136
34 A.a.O., S. 135
35 A.a.O., S. 205
36 Ebd.
37 A.a.O., S. 136
38 A.a.O., S. 134
39 A.a.O., S. 137
40 A.a.O., S. 138
41 Ebd.
42 Ebd.
43 Ebd.
44 A.a.O., S. 143
45 A.a.O., S. 139
46 A.a.O., S. 144
47 Ebd.
48 Ebd.
49 Ebd.
50 A.a.O., S. 147
51 A.a.O., S. 149
52 OEStA/AVA/Nachlass Renner, Karton E/1731: 304
53 OEStA/AVA/Nachlass Renner, Karton E/1731: 5, fol. 61–74, hier 65
54 OEStA/AVA/Nachlass Renner, Karton E/1731: 7, fol. 649–766, hier 725
55 OEStA/AVA/Nachlass Renner, Karton E/1731: 7, fol. 918–957, hier 921
56 Ebd.
57 OEStA/AVA/Nachlass Renner, Karton E/1731: 90–113, hier 93
58 Ebd.
59 Ebd.
60 Ebd.
61 Ebd.
62 Renner 1929a, S. 22, FN 1
63 A.a.O., S. 51
64 Ebd.
65 Ebd.
66 A.a.O., S. 39
67 A.a.O., S. 56
68 Ebd.
69 A.a.O., S. 57
70 Vgl. Kelsen 1981, S. 94
71 OEStA/AVA/Nachlass Renner, Karton E/1731: 5, fol. 505 f.
72 Renner 1929a, S. 57
73 A.a.O., S. 65
74 A.a.O., S. 66
75 Ebd.
76 A.a.O., S. 6
77 A.a.O., S. 136
78 A.a.O., S. 137
79 A.a.O., S. 131
80 Renner 1929b, S. 42
81 A.a.O., S. 77
82 Renner 1931, S. 238
83 Renner 1931a, S. 194
84 Renner 1953, S. 30 f.
85 A.a.O., S. 259
86 Renner 1929b, S. 78
87 Renner 1929a, S. 128
88 Bauer 1980, S. 241
89 Renner 1930, S. 242
90 Zit. n. Renner 1930, S. 243
91 Ebd.
92 A.a.O., S. 243
93 A.a.O., S. 247
94 A.a.O., S. 254
95 Ebd.

96 Ebd.
97 A.a.O., S. 255
98 A.a.O., S. 256
99 Vgl. Bauer 1980a, S. 256–266
100 A.a.O., S. 257
101 A.a.O., S. 259
102 Renner 1906, S. 167
103 Ebd.
104 Bauer 1980a, S. 262
105 Ebd.
106 A.a.O., S. 263
107 Ebd.
108 Vgl. Kapitel 3, S. 106–114
109 Bauer 1980a, S. 266
110 Renner 1930b, S. 401 f., FN 1

7. Von der demokratischen Republik zum austrofaschistischen Ständestaat

1 Renner 1930d, S. 13
2 A.a.O., S. 14
3 A.a.O., S. 15
4 A.a.O., S. 14
5 A.a.O., S. 15
6 A.a.O., S. 16
7 Ebd.
8 A.a.O., S. 17
9 Renner 1930a, S. 497
10 Renner 1982l, S. 204
11 A.a.O., S. 280
12 A.a.O., S. 293
13 A.a.O., S. 300
14 A.a.O., S. 330
15 Renner 1970n, S. 339
16 A.a.O., S. 318
17 A.a.O., S. 326
18 A.a.O., S. 334
19 A.a.O., S. 332
20 A.a.O., S. 339
21 A.a.O., S. 340
22 Renner 1970o, S. 368
23 A.a.O., S. 374
24 Ebd.
25 A.a.O., S. 377
26 Ebd.
27 Ebd.
28 Ebd.
29 A.a.O., S. 378
30 OEStA/AVA/Nachlass Renner, Karton E/1731: 70–89, hier 84
31 Ebd.
32 OEStA/AVA/Nachlass Renner, Karton E/1731: 102
33 Renner 1982n, S. 110
34 Rauscher 1995, S. 271
35 A.a.O., S. 277
36 Vgl. Benesch 2014, S. 360 f., sowie Tàlos 2013, S. 29–33
37 Zit. n. Hannak 1965, S. 572
38 Vgl. VGA/Partei-Archiv vor 1934/ Protokolle der Klub-, Verbands-, Vorstands- und Bundesratssitzungen/Mappe 20. Div. Protokolle August–Dezember 1932, Jänner–März 1933, nicht paginiert
39 Holtmann 1978, S. 46
40 Vgl. Binder 1995, S. 278–294
41 Vgl. Hannak 1965, S. 581
42 Neck 1976, S. 306
43 A.a.O., S. 307
44 A.a.O., S. 309
45 Vgl. Tàlos 2013, S. 44–64
46 Renner 1953, S. 128
47 Renner 1930c, S. 134
48 A.a.O., S. 140

49 Ebd.
50 OEStA/AVA/Nachlass Renner, Karton E/1731: 58
51 Lauterbach 1930, S. 6
52 A.a.O., S. 9f.
53 Renner 1953, S. 126
54 Bauer 1976, S. 988
55 Vgl. Hannak 1965, S. 580f.
56 Neck 1986, S. 305
57 Musner 2014, S. 71f.
58 A.a.O., S. 280
59 Deutsch-Renner 1982, S. 193
60 Bauer 1976, S. 989
61 Neck 1976, S. 307
62 Maderthaner 2013, S. 86f.
63 Bauer 1978, S. 716
64 Neck 1976, S. 312
65 Vgl. Hannak 1965, S. 584
66 Vgl. Bauer 1980b, S. 341–360
67 Holtmann 1978, S. 84f.
68 Renner 1953, S. 134
69 Renner 1982m, S. 124
70 Vgl. Nasko 1982, S. 27f.
71 Vgl. Holtmann 1978, S. 90
72 A.a.O., S. 28
73 Vgl. Gulick 1976, S. 487–527
74 Renner 1953, S. 137
75 A.a.O., S. 138
76 Peball 1975, S. 32
77 A.a.O., S. 33
78 Saage 1987, S. 36f.
79 Neck 1976, S. 314
80 A.a.O., S. 317
81 OEStA/AVA/Nachlass Renner, Karton E/1731: 70–89, hier 70
82 Nasko 1982, S. 28
83 Renner 1982o, S. 128
84 Ebd.
85 Renner 1982p, S. 129
86 VGA/Nachlass Karl Renner/ Karton 1, Mappe 2, fol. 66–114, hier 69
87 Ebd., fol. 71
88 Ebd., fol. 72
89 Ebd., fol. 68
90 Zit. n. Hannak 1965, S. 606
91 Ebd.
92 A.a.O., S. 607
93 Ebd.
94 Ebd.
95 Nasko 1982, S. 29
96 VGA/Nachlass Karl Renner/ Karton 1, Mappe 2, fol. 67
97 Ebd., fol. 90
98 Ebd., fol. 91
99 Rauscher 1995, S. 294
100 VGA/Nachlass Karl Renner/ Karton 2, Lade 23, Mappe 5
101 Holtmann 1978, S. 292
102 Rauscher 1995, S. 294
103 Renner 1953, S. 10
104 A.a.O., S. 9
105 OEStA/AVA/Nachlass Renner, Karton E/1731: 17, fol. 34
106 Ebd.
107 Ebd., fol. 35
108 Ebd., fol. 36
109 Ebd., fol. 35
110 Ebd., fol. 36
111 Ebd.
112 Ebd.
113 Ebd., fol. 37
114 Vgl. Saage 1997, S. 114–117
115 Vgl. Kapitel 6, S. 196
116 Renner 1953, S. 118
117 Ebd.
118 A.a.O., S. 119
119 Ebd.
120 Vgl. Gulick 1976, S. 294–363
121 Renner 1953, S. 119
122 Saage 1987, S. 33–55
123 Renner 1953, S. 120
124 A.a.O., S. 120
125 A.a.O., S. 70

126 A.a.O., S. 74
127 Ebd.
128 A.a.O., S. 82
129 A.a.O., S. 121
130 Ebd.
131 A.a.O., S. 138

132 A.a.O., S. 145
133 A.a.O., S. 121
134 Ebd.
135 A.a.O., S. 145
136 Ebd.
137 Ebd.

8. Der »Anschluss« Österreichs an das Dritte Reich

1 Zum ereignisgeschichtlichen Kontext vgl. Talos 2013, S. 537–549
2 Hannak 1965, S. 652
3 Vgl. Kapitel 1, S. 17, die in der Anm. 2 aufgeführten Autoren
4 Vgl. Nasko/Reichl 2000, S. 57
5 VGA/Nachlass Karl Renner/ Karton 2, Lade 23, Mappe 5
6 Vgl. Nasko/Reichl 2000, S. 59
7 Renner 1953, S. 202
8 OEStA/AVA/Nachlass Renner, Karton E/1731: 57–62, hier 58
9 Renner 1982q, S. 132
10 A.a.O., S. 131
11 Renner 1982r, S. 133
12 Renner 1982q, S. 132
13 Ebd.
14 Ebd.
15 Ebd.
16 Ebd.
17 Renner 1982r, S. 135
18 A.a.O., S. 136 f.
19 Maderthaner 2006, S. 514
20 Renner 1938, S. 7 f.
21 A.a.O., S. 86
22 Herlitzka 1978, S. 693
23 Renner 1938, S. 8
24 Renner 1953, S. 226
25 VGA/Nachlass Karl Renner/ Karton 1, Mappe 2, fol. 66–114, hier 94
26 Ebd.
27 Vgl. Schroth 1970 sowie Schroth 1970a, S. 98–104
28 Vgl. Rabofsky 1991, S. I–XXVIII
29 Nasko/Reichl 2000, S. 55
30 A.a.O., S. 60
31 A.a.O., S. 61
32 Ebd.
33 Ebd.
34 Ebd.
35 A.a.O., S. 63
36 Ebd.
37 Pelinka 1989, S. 34
38 Ebd.
39 Nasko/Reichl 2000, S. 67
40 A.a.O., S. 69
41 A.a.O., S. 67
42 A.a.O., S. 71
43 Ebd.
44 A.a.O., S. 72
45 A.a.O., S. 75
46 A.a.O., S. 74
47 A.a.O., S. 75
48 Vgl. Renner 1932, S. 402
49 Ebd.
50 Ebd.
51 A.a.O., S. 405
52 OEStA/AVA/Nachlass Renner, Karton E/1731: 57–62, hier 57
53 Vgl. Kapitel 7, S. 255–263
54 Renner 1953, S. 113 f.

55 A.a.O., S. 59
56 Ebd.
57 Vgl. Saage 2007, S. 37–41
58 Renner 1953, S. 227
59 Ebd.
60 Ebd.
61 A.a.O., S. 227
62 A.a.O., S. 228
63 Ebd.
64 Ebd.
65 Ebd.
66 Ebd.
67 Ebd.
68 Ebd.
69 A.a.O., S. 228 f.
70 A.a.O., S. 229
71 Renner 1952, S. 383
72 Ebd.
73 A.a.O., S. 385 f.
74 Vgl. Saage 1987, S. 121–159
75 Renner 1952, S. 389
76 Vgl. Saage 1997, S. 107–117
77 Renner 1953, S. 226
78 Renner 1982s, S. 137
79 Renner 1982t, S. 143 f.
80 Renner 1982u, S. 138
81 Renner 1982v, S. 139
82 Ebd.
83 Renner 1982w, S. 143
84 Ebd.
85 Ebd.
86 Renner 1952, S. 396
87 Ebd.
88 Vgl. Kapitel 1, S. 18 f.
89 Rauscher 1995, S. 302
90 Ebd.
91 Hannak 1952, S. 29
92 A.a.O., S. 29 f.
93 Weinberger 1953, S. 734
94 Renner 1946, S. 130
95 A.a.O., S. 152
96 A.a.O., S. 156
97 A.a.O., S. 242 f.
98 Renner 1952, S. 56
99 Vgl. Renner 1929, S. 12–15
100 Vgl. Saage 2012
101 Renner 1952, S. 127
102 Ebd.
103 A.a.O., S. 57
104 A.a.O., S. 59
105 Vgl. Bernal 1970
106 Vgl. Haldane 1995
107 Vgl. Renner 1954
108 Vgl. Penzlin 1996, S. 20–22
109 Tomasello 2006, S. 16, 54, 59, 75, 254
110 Renner 1954, S. 277–278
111 Renner 1982u, S. 138
112 Schärf 1954, S. 8
113 Renner 1982x, S. 142
114 VGA/Nachlass Karl Renner/ Karton 2, Lade 23, Mappe 5, S. 20–22
115 Ebd., S. 22
116 Lukrez 1831
117 Vgl. Renner 1950
118 Renner 1954, S. 163
119 A.a.O., S. 422

9. Der Architekt der Zweiten Republik

1 Vgl. Renner 1945
2 A.a.O., S. 8
3 Schtemenko 1982, S. 260
4 Ebd.
5 A.a.O., S. 261
6 Renner 1982y, S. 148
7 Vgl. Karner 2015
8 Vgl. Sorokin 2015, S. 10
9 Renner 1982, S. 149
10 Renner 1945, S. 9
11 Ebd.
12 Ebd.
13 OEStA/AVA/Nachlass Renner, Karton E/1731: 315
14 Renner 1945, S. 12 f.
15 A.a.O., S. 22
16 A.a.O., S. 23
17 A.a.O., S. 22
18 VGA/Nachlass Karl Renner/ Karton 1, Mappe 2, fol. 66–114, hier 98
19 Rauscher 1995, S. 313 f.
20 A.a.O., S. 314
21 Renner 1945a, S. 6 f.
22 OEStA/AVA/Nachlass Renner, Karton E/1731: 309
23 OEStA/AVA/Nachlass Renner, Karton E/1731: 312–321, hier 318
24 Vgl. Unabhängigkeitserklärung 1945, S. 6 f.
25 Vgl. Renner 1945
26 Vgl. Renner 1945a
27 Zit. n. Renner 1970q, S. 399
28 A.a.O., S. 393
29 A.a.O., S. 389
30 Zit. n. Renner 1970q, S. 400
31 A.a.O., S. 388
32 A.a.O., S. 388 f.
33 Vgl. u.a. Bukey 2011
34 Renner 1953, S. 122, FN 24
35 A.a.O., S. 123
36 Ebd.
37 Rauscher 1995, S. 327
38 A.a.O., S. 325
39 A.a.O., S. 327
40 Ebd.
41 Knight 1988, S. 83
42 Ebd.
43 A.a.O., S. 60
44 A.a.O., S. 61
45 Renner 1946, S. 33
46 A.a.O., S. 44
47 A.a.O., S. 92
48 A.a.O., S. 162
49 A.a.O., S. 172
50 A.a.O., S. 178
51 A.a.O., S. 232
52 A.a.O., S. 232 f.
53 A.a.O., S. 234
54 A.a.O., S. 264
55 Renner 1953, S. 266
56 OEStA/AVA/Nachlass Renner, Karton E/1731: 68
57 Vgl. Bailer-Galanda 2015, S. 23–44, sowie Steininger 2015, S. 6
58 Vgl. Knight 1988
59 Vgl. Rathkolb 2015, S. 175
60 Vgl. Steininger 2005, S. 6
61 Renner 1945a, S. 12
62 Rathkolb 2015
63 Renner 1945a, S. 13
64 A.a.O., S. 14
65 A.a.O., S. 15
66 Ebd.
67 A.a.O., S. 17
68 Ebd.
69 A.a.O., S. 19
70 A.a.O., S. 20
71 Vgl. Rathkolb 2015, S. 101 f.
72 Vgl. a.a.O., S. 103

73 Rauscher 1995, S. 345 f.
74 OEStA/AVA/Nachlass Renner, Karton E/1731: 312–321, hier 313
75 Rauscher 1995, S. 348
76 Ebd.
77 A.a.O., S. 349
78 Ebd.
79 A.a.O., S. 353
80 Renner 1982z, S. 150
81 A.a.O., S. 151
82 A.a.O., S. 362
83 Renner 1950a, S. 83
84 Ebd.
85 Vgl. Rathkolb 2015, S. 86
86 Pelinka 1989, S. 14
87 Renner 1952, S. 251
88 Renner 1950a, S. 69
89 Renner 1953, S. 268
90 A.a.O., S. 259
91 A.a.O., S. 260
92 Vgl. Renner 1953a
93 Vgl. Kapitel 2, S. 63 f., sowie Kapitel 5, S. 166–168
94 Renner 1953a, S. 13
95 Renner 1946a, S. 5
96 A.a.O., S. 6
97 Renner 1953a, S. 13
98 A.a.O., S. 19
99 Ebd.
100 A.a.O., S. 20
101 A.a.O., S. 58
102 Ebd.
103 Renner 1946b, S. 2
104 Vgl. Renner 1948
105 OEStA/AVA/Nachlass Renner, Karton E/1731: 7, fol. 810–917, hier 824 f.
106 Renner 1950a, S. 121
107 Ebd.
108 VGA/Nachlass Karl Renner/Karton 2, Lade 23, Mappe 5
109 Vgl. Euchner 1987, S. 112 f.
110 Renner 1948, S. 51
111 Renner 1953a, S. 86 f.
112 A.a.O., S. 87
113 A.a.O., S. 87 f.
114 A.a.O., S. 88
115 Ebd.
116 VGA/Nachlass Karl Renner/Karton 1, Mappe 2, fol. 66–114, hier 103

Epilog

1 Schiller 1982, S. 533
2 Vgl. Riesman 1955
3 Vgl. u.a. Rath 2015, S. 46
4 Löwenstein 2015
5 Vgl. Renner o.J., S. 12
6 Vgl. Mommsen 1979, S. 195–217

Abkürzungsverzeichnis

AVA	Allgemeines Verwaltungsarchiv
AZ	Arbeiter-Zeitung
CSP	Christlichsoziale Partei
DAF	Deutsche Arbeitsfront
EU	Europäische Union
FAZ	Frankfurter Allgemeine Zeitung
Gestapo	Geheime Staatspolizei
GöC	Großeinkaufsgesellschaft für österreichische Consumvereine
k. Monarchie	königliche Monarchie (ungarische Monarchie)
k. k. Monarchie	kaiserlich-königliche Monarchie (österreichische Kronländer)
k. u. k. Monarchie	kaiserlich und königliche Monarchie (österreichisch-ungarische Doppelmonarchie)
KLG	Kriegsleistungsgesetz
KPD	Kommunistische Partei Deutschlands
KPÖ	Kommunistische Partei Österreichs
KWEG	Kriegswirtschaftliches Ermächtigungsgesetz
KZ	Konzentrationslager
MSPD	Mehrheitssozialdemokratische Partei Deutschlands
NS	Nationalsozialismus
NSDAP	Nationalsozialistische Arbeiterpartei Deutschlands
OEStA	Österreichisches Staatsarchiv
ÖVP	Österreichische Volkspartei
PV	Parteivorstand
RGBl.	Reichsgesetzblatt
RS	Revolutionäre Sozialisten
SDAP	Sozialdemokratische Arbeiterpartei
SPD	Sozialdemokratische Partei Deutschlands
SPÖ	Sozialistische/Sozialdemokratische Partei Österreichs
SS	Schutzstaffel
SWBV	Sozialwissenschaftlicher Bildungsverein
UNO	United Nations Organization
USPD	Unabhängige sozialdemokratische Partei Deutschlands
VGA	Verein für Geschichte der ArbeiterInnenbewegung

Zeittafel

Die Daten des folgenden Lebenslaufs von Karl Renner erheben keinen Anspruch auf Vollständigkeit. Das Kriterium ihrer Auswahl ist ihre Bedeutung für die Struktur der neun Kapitel dieses Buchs. Die angeführten Informationen wurden mit den Angaben der einschlägigen Daten der Vita Karl Renners abgeglichen.

I.

14. Dezember 1870	Geburt Karl Renners als siebzehntes oder achtzehntes Zwillingskind einer Bauernfamilie in Unter-Tannowitz (Mähren).
1873	Renners Eltern müssen aus wirtschaftlichen Gründen eine Hälfte ihres Hauses verkaufen.
1876	Renner ist ab Herbst Schüler der Volksschule in Unter-Tannowitz.
1881	Renner wird Schüler des Gymnasiums in Nikolsburg. Er überwindet heute unvorstellbare Hindernisse, um Zugang zu einer humanistischen Gymnasialbildung zu erlangen. Seinen Lebensunterhalt verdient er mit Nachhilfeunterricht in bürgerlichen Familien.
1885	Im Mai erfolgt die Versteigerung der Wirtschaft der Eltern, die ins Armenhaus umziehen müssen.
1889	Matura in Nikolsburg mit Auszeichnung.

II.

September 1889	Ankunft in Wien.
1. Dezember 1889 bis Ende September 1890	Renner nimmt vor dem Beginn des Studiums das Einjährig-Freiwilligenrecht beim 14. Korps-Regiment und später beim Verpflegungsregiment in Wien auf Staatskosten in Anspruch.

Wintersemester 1890/91	Beginn des Studiums an der juristischen Fakultät der Wiener Universität.
1890	Der Jurastudent Renner lernt die aus Güssing stammende, um zwei Jahre jüngere Luise Stoicsics kennen, mit der er zusammenlebt.
16. August 1891	Geburt der Tochter Leopoldine.
1892	Mitarbeit in der sozialistischen Zelle »Heiliger Leopold«.
1893	Renner beginnt, sozialistische Basistexte zu rezipieren, und verankert sich zügig als Aktivist, Lehrer und Organisator in der sozialdemokratischen Bewegung. Er tritt als Mitbegründer des Sozial-Wissenschaftlichen Bildungsvereins an der Universität Wien und des wissenschaftlichen Vereins »Die Zukunft« ebenso hervor wie als Generalsekretär der Österreichischen Gesellschaft für Arbeiterschutz. Seinen Lebensunterhalt verdient er weiterhin mit Nachhilfeunterricht in wohlhabenden Familien.
1895	Mitwirkung an der Gründung des Vereins »Naturfreunde«.
1895	Persönliche Begegnung mit Victor Adler.
1. Dezember 1895	Renner tritt auf Empfehlung seines Universitätslehrers Eugen von Philippovich eine Anstellung in der Parlamentsbibliothek an, nachdem er ursprünglich – seinem Vorbild Lassalle folgend – Rechtsanwalt werden wollte. Als Beamter muss er seine Bücher zunächst unter Pseudonymen veröffentlichen (Synopticus, Rudolf Springer, O. W. Payer, J. Karner). Er beschäftigt sich vor allem mit der Nationalitätenfrage in Österreich-Ungarn.
1897	Heirat mit Luise Stoicsics.
18. November 1898	Promotion zum Doktor beider Rechte.
1903	Karl Renner beginnt sich im Verein »Die Zukunft« als Theoretiker des Austromarxismus zu engagieren.
1904	In den *Marx-Studien* erscheint Renners bedeutendes Werk *Die soziale Funktion der Rechtsinstitute besonders des Eigentums*.

1905	Renner macht Vorschläge zur Reform des Ersten Wiener Consumvereins.
1906	Die SDAP erkämpft unter dem Einfluss der Russischen Revolution das allgemeine, gleiche Männerwahlrecht.
14. Mai 1907	Renner wird zum Abgeordneten des Wahlbezirks Neunkirchen in den Reichsrat gewählt. Als Mitglied des Budgetausschusses, des Justizausschusses, des Ausgleichsausschusses und des Steuerausschusses tritt er häufig als Redner vor das Plenum und optiert für eine föderalistische Neuordnung der Monarchie.
1908 bis 1921	Abgeordneter im Niederösterreichischen Reichsrat.
1911	Renner steigt zum Verbandsobmann der Österreichischen Konsumgenossenschaften auf. Er tritt für die Ausweitung des genossenschaftlichen Selbsthilfeprinzips auf den Wohnungsbau und die Landwirtschaft ein.
1912	Gründung des Kreditverbandes der österreichischen Arbeitervereine, um diese aus der Kreditabhängigkeit von den Großbanken zu lösen.

III.

August 1914	Zwar durch die Beschlüsse der Internationalen Sozialistischen Konferenzen (Stuttgart 1907, Kopenhagen 1910, Basel 1912) gehalten, gegen den Krieg und die ihn unterstützenden Mächte zu mobilisieren, entscheidet sich die SDAP wie die meisten sozialdemokratischen Parteien für die Erhaltung ihrer Errungenschaften und damit für eine Art »Burgfrieden« mit den kriegführenden Mittelmächten.
1914	Renner tritt in die Redaktion der *Arbeiter-Zeitung* ein, für die er in den folgenden Jahren Leitartikel schreibt. Daneben verfasst er wissenschaftliche Beiträge für das sozialdemokratische Theorieorgan *Der Kampf*.
1915	Renner profiliert sich als entschiedener Anhänger des »Verteidigungskrieges«, gerät in gefährliche Nähe zu den Durchhalte-Parolen der Kriegsparteien und lobt *Mitteleuropa*, das Buch des deutschen Kriegszielpolitikers

	Friedrich Naumann. Daneben tritt er durch Anregungen zur Arbeitsbeschaffung und Volksernährung hervor.
Anfang Juli 1915	Renner optiert im Parteivorstand dafür, nicht einfach auf Annexionen zu verzichten. Andernfalls lege man die Grundlagen für den nächsten Krieg. Er erklärt, der Osten sei ausschließlich Annexionsland.
1915	Renner tritt auf Vorschlag der Regierung mit Zustimmung des Parteivorstands in die Kriegsverteidigungsverkehrsanstalt und in den Approvisationsbeirat ein.
1916	Renner wird von Kaiser Karl zur Audienz eingeladen und ins Direktorium des kriegswirtschaftlichen staatlichen Ernährungsamts berufen. Die Zustimmung des Parteivorstands erfolgt im November. Doch 1917 muss Renner diese Position wieder aufgeben.
1916/17	Es erscheinen die beiden bedeutenden Sammlungen von Renners Weltkriegsaufsätzen: *Oesterreichs Erneuerung* (1916) und *Marxismus, Krieg und Internationale* (1917).
21. Oktober 1916	Friedrich Adler erschießt Ministerpräsident Karl Graf Stürgkh wegen des von ihm mit zu verantwortenden Kriegsabsolutismus.
Mai 1917	Vor dem Ausnahmegericht rechnet Friedrich Adler mit Karl Renners »Burgfriedenspolitik« ab und nennt ihn den »Lueger der Sozialdemokratie«. Renner hält sich nach diesem Affront politisch zurück und agiert mehr aus dem Hintergrund.
Winter 1917/18	Renner kann sich einen Sozialismus ohne die Dynastie der Habsburger noch immer nicht vorstellen. Er erhält das Angebot des Ministerpräsidenten, in die kaiserliche Regierung einzutreten, der Parteivorstand lehnt die Offerte jedoch ab.
14. bis 24. Januar 1918	Hunger- und Friedensstreik, aus dem die Bildung von Arbeiterräten hervorgeht. Unter der Leitung von Victor Adler, Karl Renner und Franz Domes verhandeln vierzehn Vertrauensmänner aus Wiener Neustadt mit Ernährungsminister General Höfer. Die Regierung verspricht Verbesserung der Versorgung, mehr Demokratie, Wiedereinführung des Zivilrechts im Krieg, dessen Beendigung

	zugesagt wird. Die Arbeiterräte akzeptieren diese Erklärung auf Wunsch von Adler, Renner und Domes.
Herbst 1918	Die Doppelmonarchie zerfällt in ihre Nachfolgestaaten.

IV.

21. Oktober 1918	Deutschösterreichische Abgeordnete konstituieren im Niederösterreichischen Landhaus in Wien die Provisorische Nationalversammlung für Deutschösterreich.
30. Oktober 1918	Nach der Bestellung von Staatssekretären wird Renner mit der Leitung des Staatsrates betraut. Dieser nimmt am selben Tag Renners Gesetz *Über die grundlegenden Einrichtungen der Staatsgewalt* einstimmig an. Ursprünglich nur für die Moderation der Büroarbeiten vorgesehen, wandelt sich das Amt der Leitung des Staatsrates durch Renners Persönlichkeit und durch den Druck der aufbegehrenden Arbeiterschaft Wiens mit ihren sozialen Forderungen zu dem eines Kanzlers der Provisorischen Regierung.
31. Oktober 1918	Vereidigung der neuen Regierung. Der letzte kaiserliche Ministerpräsident Heinrich Lammasch übergibt die Regierungsgeschäfte an den Staatsrat. Renner drängt mit Karl Seitz auf die Proklamation der Republik und die Abdankung des Kaisers. Ignaz Seipel versucht, diesen Vorgang zu verzögern.
9. November 1918	Der deutsche Kaiser Wilhelm II. dankt ab. Renner entwirft selbst eine Verzichtserklärung für Karl I. Nach der Umformulierung des Dokuments durch Prälat Seipel in dem Sinne, dass sich der Kaiser lediglich der Ausübung der Regierungsgewalt enthält, unterschreibt Karl das Dokument, das in der Öffentlichkeit gleichwohl als Abdankungsurkunde wahrgenommen wird.
11. November 1918	Renner und Bauer suchen den todkranken Victor Adler in dessen Wohnung auf, der am gleichen Tag stirbt.
12. November 1918	Die Provisorische Nationalversammlung nimmt die von Renner entworfene vorläufige Verfassung an. Artikel 2 lautet: Die demokratische Republik Deutschösterreichs ist Bestandteil der deutschen Republik. Vor der Prokla-

	mierung der Republik kommt es zu einem Aufstand radikaler Soldatengruppen, der zwei Tote und 33 Verletzte fordert.
16. Februar 1919	Die ersten Nationalratswahlen bringen eine Mehrheit der Sozialdemokraten. Die SDAP erhält 72, die CSP 69 und die Deutschnationalen 27 Sitze. Es kommt zur Großen Koalition zwischen Sozialdemokraten und Christlichsozialen unter Karl Renner als Kanzler und Jodok Fink als Vizekanzler.
3. April 1919	Der Nationalrat verweist Karl Habsburg des Landes. Die Republik übernimmt das Vermögen des Hauses Habsburg-Lothringen.
Mai 1919	Renner wird zum Leiter der österreichischen Friedensdelegation nach St. Germain bestellt, nachdem Seitz, Bauer und Fink die Übernahme dieser Funktion abgelehnt haben. Er erreicht Milderungen der harten Friedensbedingungen und empfiehlt dem Nationalrat erfolgreich deren Annahme.
November 1918 bis August 1920	In mehreren Stufen treibt die Regierung Renner die radikale Reform der Sozialgesetzgebung voran, welche die Bewunderung der internationalen Arbeiterbewegung hervorruft. Renner lobt Ferdinand Hanusch, den zuständigen Minister, als seinen besten und erfolgreichsten Mitarbeiter.
1920	Innerhalb der Großen Koalition mehren sich die Konflikte.
7. Juli 1920	Das Proporzkabinett Michael Mayr konstituiert sich; Renner leitet das Außenministerium.
1. Oktober 1920	Der Nationalrat beschließt die neue Bundesverfassung. Renner hatte Hans Kelsen den Auftrag erteilt, eine Verfassung nach englischem Vorbild zu entwerfen. Renners Initiative für eine neue Verfassung wurde durch seine Dichtung einer neuen Staatshymne begleitet: *Deutschösterreich, Du herrliches Land!*, vertont von Wilhelm Kienzl.
17. Oktober 1920	Neuwahlen zum Nationalrat. Die Sozialdemokraten fallen von 72 auf 66 Mandate zurück, dagegen legen die

	Christlichsozialen von 69 auf 82 Mandate zu. Letztere bilden unter Michael Mayr eine Minderheitsregierung.
23. November 1920	Renner antwortet im Nationalrat auf die Regierungserklärung Mayrs. Er lehnt in Übereinstimmung mit Otto Bauer die Fortsetzung der Koalition klar ab, weil die notwendige Vertrauensbasis nicht mehr existiere. Eine wirksame Opposition sei unverzichtbar für das Funktionieren einer parlamentarischen Demokratie. Auch sei sie ein geeigneteres Instrument zur Durchsetzung von Arbeiterinteressen als die Fortsetzung der Koalition als Juniorpartner der Christlichsozialen.

V.

November 1920 bis 15. Juli 1927	Die Richtlinien der Parteipolitik bestimmen jetzt Otto Bauer und sein Kreis. Renner zieht sich allmählich aus der »großen Politik« zurück, engagiert sich im Genossenschaftswesen und in den Arbeiterbildungsvereinen. Auch treibt er seine wissenschaftlichen Arbeiten voran, darunter *Die Wirtschaft als Gesamtprozess und die Sozialisierung*.
1921	Renner knüpft verstärkt an sein Engagement im Genossenschaftswesen vor dem Ersten Weltkrieg an. Er regt in der *Arbeiter-Zeitung* die Gründung einer Arbeiterbank als weitere Verbesserung des proletarischen Kreditwesens an.
31. März 1922 bis 20. November 1924	Ignaz Seipel wird Bundeskanzler und konstituiert den Bürgerblock. Der Kampf Seipels und der Mehrheit der Christlichsozialen gegen die Sozialdemokratie verschärft sich.
6. April 1922	Renner hält im Parlament eine kritische Rede anlässlich einer Gedenkmesse für Kaiser Karl im Wiener Stephansdom, die zu einer Demonstration für die Monarchie gerät.
24. November 1922	Renner kritisiert die drei Genfer Protokolle zur Sanierung der österreichischen Finanzen, die Seipel mit dem Völkerbund ausgehandelt hat, in einer Parlamentsrede nicht minder scharf als der Parteiführer Otto Bauer.
1. Januar 1923	Eröffnung der Arbeiterbank, deren erster Vorsitzender Renner ist, bis ein neu geschaffenes Unvereinbarkeits-

	gesetz seinen Rücktritt verlangt. Außerdem wirkt Renner an GöC-Geschäftsführerseminaren (Großeinkaufsgesellschaft für österreichische Consumvereine) mit. Er fördert die Wiener Volkshochschule und lehrt bis Ende der 1920er Jahre in Kursen für Arbeiterstudenten in Wien, aber auch in Deutschland.
30. Oktober bis 3. November 1926	Verabschiedung des »Linzer Programms«, das Renner in theoretischer und praktischer Perspektive für belastbar hält.

VI.

15. Juli 1927	Brand des Wiener Justizpalastes als Folge des Freispruchs im Prozess der rechtsradikalen »Mörder von Schattendorf«. Im Zuge des Parteitags geht Renner auf Oppositionskurs zu Otto Bauer. Der von ihm beeinflusste Parteivorstand erziehe die Arbeiterklasse im Sinne eines »revolutionären Getues« falsch. Richtungsweisend müsse die positive revolutionäre Tat der Verwaltung sein. In dem Maße, wie die SDAP in die politische Defensive gerät, gewinnt Renner gegenüber Bauer an innerparteilichem Einfluss zurück.
30. Oktober 1929	Angesichts der eskalierenden Provokationen der Heimwehren rät Renner in einem Brief an Karl Kautsky zu Ruhe und Geduld bei notwendiger Entschlossenheit der SDAP. Dagegen seien Hochmut, Großsprecherei und Herausforderung zu vermeiden.
9. November 1930	Bei den Nationalratswahlen von 1930 wird die SDAP mit 72 Mandaten zur stärksten Fraktion im Parlament, gefolgt von der CSP mit 66 sowie dem Nationalen Wirtschaftsblock und dem Landbund mit 19 sowie dem Heimatblock mit 8 Mandaten. Renner geht davon aus, dass Österreich 1918 den Bolschewismus und 1930 den Faschismus überwunden haben wird.
29. April 1931	Renner wird im zweiten Wahlgang zum Ersten Parlamentspräsidenten des Nationalrats gewählt. In seiner Antrittsrede ruft er zur Einigung der Parteien auf und erinnert daran, dass ein Großteil der Probleme Österreich von außen aufgedrängt worden sind.

August 1931	Renner ist Kandidat der SDAP für die Volkswahl zum Bundespräsidenten. Aus Furcht vor einer Kandidatur Seipels einigen sich die Sozialdemokraten mit den bürgerlichen Parteien auf eine Bestätigung von Wilhelm Miklas durch das Votum der Bundesversammlung.
November 1931	Auf dem Parteitag der SDAP bestätigt Renner das Votum Bauers, das Koalitionsangebot Seipels abzulehnen. Die Sozialdemokratie könne nicht die Verantwortung für die zwölfjährige Misswirtschaft des Bürgerblocks übernehmen.
4. März 1933	Da von den Christlichsozialen beantragte Sanktionen gegen streikende Arbeiter nur mit der Stimme Renners zu verhindern sind, tritt dieser auf Anraten Otto Bauers und Karl Seitz' als Parlamentspräsident zurück, ohne die Auswirkungen zu bedenken. Sie erfolgen umgehend, als die Stellvertreter Ramek und Straffner Renners Beispiel folgen. Dollfuß nutzt die Chance, erklärt die Aktionsunfähigkeit des Parlaments und errichtet, unter Mithilfe von Bundespräsident Miklas, eine faschistische Diktatur auf der Grundlage des »Kriegswirtschaftlichen Ermächtigungsgesetzes« von 1917.
15. März 1933	Straffner versucht, den Parlamentsbetrieb wieder in Gang zu setzen, scheitert jedoch am Eingreifen der Polizei. Der Parteivorstand, auch Renner, verzichtet auf die Ausrufung des Generalstreiks, weil er die Lähmung der Arbeiterschaft aufgrund der Wirtschaftskrise befürchtet.

VII.

November 1933	Gedeckt von der Parteiexekutive, unternimmt Renner einen Verständigungsvorstoß. Er schlägt eine Modellvorlage für ein »Staatsnotgesetz« vor, das dem Ständestaat Dollfuß' weit entgegenkommt. Doch dieser lehnt jeden Kontakt ab. Zusammen mit Helmer unternimmt Renner dennoch weitere Versöhnungsversuche.
12. Februar 1934	Teile des Republikanischen Schutzbundes in Linz wehren sich gegen eine Entwaffnungsaktion durch das Dollfuß-Regime. Das ist der Auslöser des Bürgerkriegs, der auf beiden Seiten zahlreiche Tote und Verletzte fordert.

Nach Ausrufung des Standrechts wird eine große Zahl von Schutzbündlern ins Gefängnis geworfen, sehr viele sogar hingerichtet.
Renner wird wegen des Verdachts auf Hochverrat von Mitgliedern der Heimwehr in Gloggnitz verhaftet und in ein Wiener Polizeigefängnis gebracht. Die Protokolle der Verhöre während der Haft zeigen, dass Renner die Hauptursache des Aufstandes in den Rechtsbrüchen des Dollfuß-Regimes sieht.

1. Mai 1934   Die neue ständestaatliche Verfassung tritt in Kraft. Renner erklärt, dass damit die Uhr um 150 Jahre zurückgedreht worden sei.

20. Mai 1934   Renner wird aus der Haft entlassen. Die Ratskammer des Landesgerichts Wien lehnt eine Haftentschädigung ab, da der Verdacht auf Unterstützung des Aufstandes von Teilen des Republikanischen Schutzbundes angeblich nicht entkräftet werden konnte.

15. Juli 1934   Renner zieht sich nach Gloggnitz in die »innere Emigration« zurück und geht auf Distanz zu den Revolutionären Sozialisten. Gleichzeitig intensiviert er seine Arbeit an der Autobiografie *An der Wende zweier Zeiten* und seinem historiografischen Werk *Österreich von der Ersten zur Zweiten Republik*.

VIII.

26. März 1938   Uniformierte suchen in Renners Wohnung nach Archivmaterialien aus seiner Kanzlerzeit. Renner rechnet mit dem Schlimmsten, wird aber nicht verhaftet.

3. April 1938   Renner gibt im *Neuen Wiener Tagblatt* sein »Ja«-Interview zum »Anschluss« Österreichs an das Dritte Reich. Die verheerenden Auswirkungen für ihn selbst und für die Sozialdemokratie nimmt er in Kauf.

Mai 1938   Renner begründet sein Interview in einem Beitrag in der englischen Zeitschrift *World Review*.

Dezember 1938   Renner will in einem NS-Verlag eine Broschüre veröffentlichen, in der er das Münchner Abkommen rechtfertigt. Sie wird gesetzt, aber nicht gedruckt.

März 1938 bis April 1945	Renner zieht sich vollständig nach Gloggnitz zurück. Er arbeitet an seinem Grundriss einer Soziologie unter dem Titel *Mensch und Gesellschaft* sowie an seinem Lehrgedicht *Weltbild der Moderne*.

IX.

Ende März 1945	Renner zeigt sich in Gloggnitz in der Öffentlichkeit und bittet die Einwohner zu bleiben und den Einmarsch der Roten Armee abzuwarten.
1. April 1945	Einmarsch der Roten Armee in Gloggnitz.
3. April 1945	Renner interveniert bei der sowjetischen Ortskommandantur für die Gloggnitzer Bevölkerung. Er bietet seine Dienste für die Wiedererrichtung der Österreichischen Republik an. Der Politoffizier der 103. Garde-Schützendivision erkennt Renner. Ein Deutsch sprechender Offizier bringt ihn nach Hochwolkersdorf.
5. April 1945	Aufgrund der persönlichen Weisung von Stalin kommt es zur historischen Begegnung mit Generaloberst Aleksej W. Zeltov. Stalins Richtlinie lautet, Renner Vertrauen entgegenzubringen.
9. April 1945	Die Sowjets geleiten ihn und seine Familie in das Schloss Eichbüchl am Fuß des Rosaliengebirges. Renner entwirft hier die ersten Proklamationen.
14. April 1945	Aus Sozialdemokraten und Revolutionären Sozialisten konstituiert sich als Nachfolgeorganisation der SDAP die Sozialistische Partei Österreichs (SPÖ).
15. April 1945	Renner schreibt seinen berühmten Brief an Stalin. Er versichert ihm das Vertrauen der österreichischen Arbeiterklasse. Die Zukunft des Landes gehöre zweifellos dem Sozialismus.
17. April 1945	Aus Wirtschafts-, Bauern- und Arbeitnehmerbund kommt es zur Gründung der Österreichischen Volkspartei (ÖVP) als Nachfolgeorganisation der CSP.
17. April 1945	In einem Brief an Josef Kollmann bietet Renner eine Zusammenarbeit mit den integren Teilen der Christlichsozialen an, aber nicht mit der »Dollfußclique«, die er

	aus dem politischen Leben ausgegrenzt wissen will. Diese Position lässt sich nicht durchhalten, wie die politischen Karrieren von Leopold Figl und Julius Raab in der Zweiten Republik zeigen.
19. April 1945	Renner begibt sich von Gloggnitz zum Befehlshaber der 3. Ukrainischen Front Marschall Tolbuchin nach Wien. Er bezieht eine Villa im 13. Bezirk, in der Wenzgasse 2.
23. April 1945	Da Renner in Wien bereits die Anfänge eines demokratischen Parteilebens vorfindet, kommt es in seiner Wohnung in der Wenzgasse zur Einigung über ein politisches Kabinett unter Renners Leitung. Grundlage ist ein Proporz aus SPÖ, KPÖ und ÖVP. Die drei politischen Parteien erklären in ihrer Proklamation u. a. die Wiederherstellung der demokratischen Republik Österreich im Sinne der Verfassung von 1920 und die Annullierung des »Anschlusses«.
27. April 1945	Konstituierung des Kabinetts Renner IV (27.4.–20.12.1945). Das Konzentrationskabinett wird am selben Tag von Marschall Tolbuchin anerkannt.
29. April 1945	Renner versichert den Wienern, möglichst bald Wahlen durchzuführen.
4. Juli 1945	Unterzeichnung des ersten Kontrollabkommens in London durch die Europäische Beratungskommission. Es installiert die alliierten Gremien als eine Art Überregierung sämtlicher österreichischer Organe.
9. Juli 1945	Das Zonenabkommen teilt Österreich in vier Besatzungszonen auf; in Wien wird eine interalliierte Verwaltung eingerichtet.
Ende August 1945	Sich als objektiver Mittler zwischen den Parteien verstehend, ermahnt Renner die Parteien zur Mäßigung und kritisiert Heimwehrtendenzen in der ÖVP, radikale Vorstöße der KPÖ sowie illoyale Verhaltensweisen in der SPÖ.
Herbst 1945	Renner gibt dem US-Hochkommissar Mark W. Clark zu verstehen, dass er mit dem Westen zusammenarbeiten wolle, ohne sich von den Sowjets zu entfremden.

September bis Oktober 1945	Durch die Abhaltung von drei Länderkonferenzen strebt Renner die Erhaltung der Landeseinheit und die Ausdehnung der bisher auf die sowjetische Zone begrenzten Kompetenz der Provisorischen Regierung auf Gesamtösterreich an. Es kommt dabei zur Zurückdrängung des Einflusses der KPÖ.
20. Oktober 1945	Der Alliierte Rat erkennt die Regierung Renner als gesamtösterreichische Institution an. Renners Hauptziel ist die Wiederherstellung der Souveränität Österreichs und die Sicherung der Versorgungslage des Landes. In diesem Sinne regt er den Aufbau eines bescheidenen Bundesheeres an.
25. November 1945	Wahlen zum Nationalrat. Die ÖVP erhält 85, die SPÖ 76 und die KPÖ vier Mandate. Es kommt zu einer Konzentrationsregierung mit Figl als Kanzler und Schärf als Vizekanzler.
20. Dezember 1945	Die Bundesversammlung einigt sich auf die Wahl Karl Renners zum Bundespräsidenten.
Dezember 1945 bis Dezember 1950	Als Bundespräsident hält Renner Äquidistanz zu den Parteien. Er strebt die Unterstützung der westlichen Alliierten an, ohne jedoch mit der Sowjetmacht zu brechen.
31. Dezember 1950	Renner stirbt an den Folgen eines Herzinfarkts.

Quellen und Literatur

I. Archivmaterialien

Österreichisches Staatsarchiv Wien (OEStA) und
Allgemeines Verwaltungsarchiv (AVA)

1. OEStA/AVA/Nachlass Renner, Karton E/1731: 5, fol. 1, 25–28, 65, 138, 143, 505–506
2. OEStA/AVA/Nachlass Renner, Karton E/1731: 7, fol. 649–766, hier 725
3. OEStA/AVA/Nachlass Renner, Karton E/1731: 7, fol. 810–917, hier 824 f.
4. OEStA/AVA/Nachlass Renner, Karton E/1731: 7, fol. 918–957, hier 921
5. OEStA/AVA/Nachlass Renner, Karton E/1731: 17–22, hier 17, fol. 34–37
6. OEStA/AVA/Nachlass Renner, Karton E/1731: 57–62, hier 57, 58
7. OEStA/AVA/Nachlass Renner, Karton E/1731: 64
8. OEStA/AVA/Nachlass Renner, Karton E/1731: 68
9. OEStA/AVA/Nachlass Renner, Karton E/1731: 70–89, hier 70, 84
10. OEStA/AVA/Nachlass Renner, Karton E/1731: 90–113, hier 93
11. OEStA/AVA/Nachlass Renner, Karton E/1731: 102
12. OEStA/AVA/Nachlass Renner, Karton E/1731: 232
13. OEStA/AVA/Nachlass Renner, Karton E/1731: 248–252
14. OEStA/AVA/Nachlass Renner, Karton E/1731: 299
15. OEStA/AVA/Nachlass Renner, Karton E/1731: 271
16. OEStA/AVA/Nachlass Renner, Karton E/1731: 304
17. OEStA/AVA/Nachlass Renner, Karton E/1731: 309
18. OEStA/AVA/Nachlass Renner, Karton E/1731: 312–321, hier 313, 318
19. OEStA/AVA/Nachlass Renner, Karton E/1731: 315

Verein für Geschichte
der Arbeiterbewegung Wien (VGA)

1. VGA/Nachlass Karl Renner/Karton 1, Mappe 1, fol. 24–36, hier 26
2. VGA/Nachlass Karl Renner/Karton 1, Mappe 2, fol. 66–114, hier 67
3. VGA/Nachlass Karl Renner/Karton 1, Mappe 2, fol. 66–114, hier 68
4. VGA/Nachlass Karl Renner/Karton 1, Mappe 2, fol. 66–114, hier 69
5. VGA/Nachlass Karl Renner/Karton 1, Mappe 2, fol. 66–114, hier 71
6. VGA/Nachlass Karl Renner/Karton 1, Mappe 2, fol. 66–114, hier 72
7. VGA/Nachlass Karl Renner/Karton 1, Mappe 2, fol. 66–114, hier 90

8. VGA/Nachlass Karl Renner/Karton 1, Mappe 2, fol. 66–114, hier 91
9. VGA/Nachlass Karl Renner/Karton 1, Mappe 2, fol. 66–114, hier 94
10. VGA/Nachlass Karl Renner/Karton 1, Mappe 2, fol. 66–114, hier 98
11. VGA/Nachlass Karl Renner/Karton 1, Mappe 2, fol. 66–114, hier 103
12. VGA/Nachlass Karl Renner/Karton 2, Lade 23, Mappe 5, nicht paginiert
13. VGA/Partei-Archiv vor 1934/Mappe 1/Sitzungsprotokolle PV, fol. 1–200, hier 192 f.
14. VGA/Partei-Archiv vor 1934/Mappe 1/Sitzungsprotokolle PV, fol. 20–460, hier 272 f.
15. VGA/Partei-Archiv vor 1934/Mappe 1/Sitzungsprotokolle PV, fol. 201–460, hier 340
16. VGA/Partei-Archiv vor 1934/Mappe 1/Sitzungsprotokolle PV, fol. 201–460, hier 340 f.
17. VGA/Partei-Archiv vor 1934/Mappe 1/Sitzungsprotokolle PV, fol. 201–460, hier 342 f.
18. VGA/Partei-Archiv vor 1934/Mappe 2/Sitzungsprotokolle PV, fol. 461–1007, hier 532
19. VGA/Partei-Archiv vor 1934/Mappe 2/Sitzungsprotokolle PV, fol. 461–1007, hier 545
20. VGA/Partei-Archiv vor 1934/Mappe 2/Sitzungsprotokolle PV, fol. 461–1007, hier 545 f.
21. VGA/Partei-Archiv vor 1934/Mappe 2/Sitzungsprotokolle PV, fol. e–i
22. VGA/Partei-Archiv vor 1934/Protokolle der Klub- Verbands-, Vorstands- und Bundesratssitzungen, Mappe 20. Div. Protokolle August–Dezember 1932, Jänner–März 1933, nicht paginiert

II. Gedruckte Quellen und Literatur

Adler 1916	Friedrich Adler: *Die Ideen von 1789 und die Ideen von 1914*. In: *Der Kampf, Sozialdemokratische Monatsschrift*. Bd. 9. Wien 1916, S. 239–249
Adler 1916a	Friedrich Adler: Mutwilliger Streit oder politischer Gegensatz? In: *Der Kampf, Sozialdemokratische Monatsschrift*. Bd. 9. Wien 1916, S. 148–152
Adler 1918	Friedrich Adler: *Nach zwei Jahren. Reden gehalten im November 1918. Mit einem Anhang: Ein Manifest aus dem Jahre 1915*. Wien 1918
Adler 1923	Friedrich Adler: *Vor dem Ausnahmegericht*. Jena 1923
Adler 1982	Friedrich Adler: *Renner leistet gerade jetzt der Partei allgemeine Dienste*. In: Nasko 1982, S. 163–164
Bailer-Galanda 2015	Brigitte Bailer-Galanda: *Rückstellung, Entschädigung und

	andere Maßnahmen für Opfer des Nationalsozialismus von 1945 bis zum Washingtoner Abkommen 2001. In: Stefan Karner/Walter M. Iber (Hg.): *Schweres Erbe und »Wiedergutmachung«. Restitution und Entschädigung in Österreich. Die Bilanz der Regierung Schüssel.* Innsbruck/Wien/Bozen 2015, S. 23–44
Bauer 1923	Otto Bauer: *Die österreichische Revolution.* Wien 1923
Bauer 1975	Otto Bauer: *Die Nationalitätenfrage und die Sozialdemokratie.* In: Ders.: *Werkausgabe.* Bd. 1. Wien 1975, S. 49–622
Bauer 1976	Otto Bauer: *Der Aufstand der österreichischen Arbeiter.* In: Ders.: *Werkausgabe.* Bd. 3. Wien 1976, S. 957–997
Bauer 1978	Otto Bauer: *Die politische Lage. Rede auf dem außerordentlichen Parteitag 1933.* In: *Werkausgabe.* Bd. 5. Wien 1978, S. 696–728
Bauer 1978a	Otto Bauer: *Parteitag 1927.* In: Ders.: *Werkausgabe.* Bd. 5. Wien 1978, S. 499–507
Bauer 1980	Otto Bauer: *Die Bourgeoisrepublik in Österreich.* In: Ders.: *Werkausgabe.* Bd. 9. Wien 1980, S. 240–255
Bauer 1980a	Otto Bauer: *Ein Brief an Karl Renner.* In: Ders.: *Werkausgabe.* Bd. 9. Wien 1980, S. 256–266
Bauer 1980b	Otto Bauer: *Klassenkampf und »Ständeverfassung«.* In: Ders.: *Werkausgabe.* Bd. 9. Wien 1980, S. 341–360
Bebel 1977	August Bebel: *Die Frau und der Sozialismus.* Berlin 1977
Benesch 2014	Markus Benesch: *Die Wiener Christlichsoziale Partei 1910–1934. Eine Geschichte der Zerrissenheit in Zeiten des Umbruchs.* Wien/Köln/Weimar 2014
Berchtold 1967	Klaus Berchtold (Hg.): *Österreichische Parteiprogramme 1868–1966. Mit einer Einleitung versehen von Klaus Berchtold.* Wien 1967
Bernal 1970	John Desmond Bernal: *The World, The Flesh and The Devil. An Inquiry into the Future of the three Enemies of the Rational Soul (1929).* London 1970
Beschluß 1918	*Beschluß über die grundlegenden Einrichtungen der Staatsgewalt.* In: Staatsgesetzblatt für den Staat Deutschösterreich, Jg. 1918. Ausgegeben am 15. November 1918
Binder 1995	Dieter A. Binder: *Der Skandal zur »rechten« Zeit. Die Hirtenberger Waffenaffäre 1933 an der Nahtstelle zwischen Innen- und Außenpolitik.* In: Michael Gehler/Hubert Sickinger (Hg.): *Politische Affären und Skandale in Österreich. Von Mayerling bis Waldheim.* Thaur u.a. 1995, S. 278–294
Bock 1982	Fritz Bock: *Die zwei dunklen Punkte Renners.* In: Nasko 1982, S. 181–182

Botz 2008 — Gerhard Botz: *Gewaltkonjunktur, Arbeitslosigkeit und gesellschaftliche Krisen.* In: Konrad/Maderthaner 2008, S. 339–362

Brauneder 1976 — Wilhelm Brauneder (gem. mit Friedrich Lachmayer): *Österreichische Verfassungsgeschichte. Einführung in Entwicklung und Strukturen.* Wien 1976

Braunthal 1927 — Julius Braunthal: *Die Wiener Julitage 1927. Ein Gedenkbuch.* Wien 1927

Brazda/Schediwy 2008 — Johann Brazda/Robert Schediwy: *Pragmatische Sozialisierung. Die Großeinkaufsgesellschaft österreichischer Consumvereine (GöC).* In: Konrad/Maderthaner 2008, Bd. II, S. 103–122

Brünner Nationalitätenprogramm 1899 — *Das Brünner Nationalitätenprogramm 1899.* In: Berchtold 1967, S. 144–145

Bukey 2011 — Evan Burr Bukey: *Hitlers Österreich. »Eine Bewegung und ein Volk«.* Hamburg/Wien 2011

Bundes-Verfassungsgesetz 1920 — *Gesetz vom 1. Oktober 1920, womit die Republik Österreich als Bundesstaat eingerichtet wird.* In: *Staatsgesetzblatt für die Republik Österreich.* Jg. 1920. Ausgegeben am 5. Oktober 1920, 140. Stück

Chlup 1982 — Ada Chlup: *Mein Vater war mit Dr. Renner befreundet.* In: Nasko 1982, S. 184–185

Clark 1982 — Mark W. Clark: *So erlebte ich Renner.* In: Nasko 1982, S. 185–187

Danneberg 1927 — Robert Danneberg: *Die Wahrheit über die »Polizeiaktion« am 15. Juli. Bericht der vom Wiener Gemeinderat zur Untersuchung der Ereignisse vom 15. Juli eingesetzten Kommission.* Wien 1927

Darwin 1963 — Charles Darwin: *Die Entstehung der Arten durch natürliche Zuchtwahl.* Übersetzung von Carl W. Neumann. Stuttgart 1963

Deutsch 1982 — Julius Deutsch: *1892 in Renner einen seltsamen Menschen gefunden.* In: Nasko 1982, S. 166–167

Deutsch-Renner 1982 — Karl Deutsch-Renner: *Mein Großvater, der Staatskanzler und Bundespräsident.* In: Nasko 1982, S. 189–197

Deutsch-Renner 1982a — Leopoldine Deutsch-Renner: *Mein Vater vergaß meine Matura.* In: Nasko 1982, S. 187

Deutsch-Renner 1982b — John Deutsch-Renner: *Mein Großvater gab mir Lateinnachhilfe.* In: Nasko 1982, S. 188

Erklärung 1917 — *Die Erklärung der »Linken«.* In: Protokoll 1917, S. 113–118

Euchner 1985 — Walter Euchner: *Otto Bauer und die Sozialisierung in Österreich 1918/19.* In: Detlev Albers/Horst Heimann/Richard

	Saage (Hg.): *Otto Bauer: Theorie und Politik.* Berlin 1985, S. 32–42
Euchner 1987	Walter Euchner: *Vom Nutzen der Natur- und Menschenrechtsidee für die Linke.* In: Komitee für Grundrechte und Demokratie (Hg.): *Jahrbuch 1986.* Einhausen 1987, S. 109–116
Fischer 1970	Heinz Fischer (Hg.): *Karl Renner. Portrait einer Evolution.* Wien/Frankfurt/Zürich 1970
Frank 1982	Wilhelm Frank: *Karl Renner und die KPÖ.* In: Nasko 1982, S. 200–201
Frei 1984	Alfred Georg Frei: *Rotes Wien. Austromarxismus und Arbeiterkultur. Sozialdemokratische Wohnungs- und Kommunalpolitik 1919–1934.* Berlin 1984
Gadamer 1972	Hans-Georg Gadamer: *Wahrheit und Methode. Grundzüge einer philosophischen Hermeneutik.* 3. erw. Aufl., Tübingen 1972
Gerhard 2012	Josef Gerhard: *Neuer Name für Renner-Ring?* In: *Kurier.* Nr. 118. Wien, 28. April 2012, S. 18
Goldinger 1988	Walter Goldinger: *Karl Renner.* In: Österreichisches Biographisches Lexikon 1815–1950. Wien 1980, S. 80–81
Gruber 1982	Karl Gruber: *Karl Renner wurde rot im Gesicht.* In: Nasko 1982, S. 205–207
Gulick 1976	Charles A. Gulick: *Österreich von Habsburg zu Hitler.* Wien 1976
Habsburg-Lothringen 1982	Otto Habsburg-Lothringen: *Renner brachte konstruktive Ideen für Neuorganisation des Donauraumes.* In: Nasko 1982, S. 277
Hainisch 1982	Michael Hainisch: *Wenigen Männern verdankt die Heimat so viel.* In: Nasko 1982, S. 165
Haldane 1995	John Burdon Sanderson Haldane: *Daedalus, or Science and the Future (1923).* In: Krishna R. Dronamraju (Hg.): *Haldanes Daedalus Revisited.* Oxford/New York/Tokyo 1995, S. 23–50
Hannak 1952	Jacques Hannak: *Karl Renners geistesgeschichtliche Leistung.* In: *Karl Renner, Mensch und Gesellschaft. Grundriß einer Soziologie.* Wien 1952, S. 11–30
Hannak 1965	Jacques Hannak: *Karl Renner und seine Zeit.* Wien 1965
Haub 1982	Haub: *Das sudetendeutsche Proletariat immer unterstützt.* In: Nasko 1982, S. 168–169
Herlitzka 1978	Ernst K. Herlitzka: *Außerordentlicher Parteitag 1933.* In: Otto Bauer: *Werkausgabe.* Bd. 5. Wien 1978, S. 693–695

Hilferding 1915	Rudolf Hilferding: *Europäer, nicht Mitteleuropäer!* In: *Der Kampf, Sozialdemokratische Monatsschrift.* Bd. 8. Wien 1915, S. 357–365
Hilferding 1916	Rudolf Hilferding: *Phantasie oder Gelehrsamkeit? Auch eine mitteleuropäische Frage.* In: *Der Kampf, Sozialdemokratische Monatsschrift.* Bd. 8. Wien 1915, S. 54–63
Hindels 1982	Josef Hindels: *Karl Renner ohne Legende.* In: Nasko 1982, S. 213–219
Holtmann 1978	Everhard Holtmann: *Zwischen Unterdrückung und Befriedung. Sozialistische Arbeiterbewegung und autoritäres Regime in Österreich 1933–1938.* München 1978
Hymne der Republik	Hymne der Republik. In: de.wikipedia.org/wiki/ Deutschösterreich,_du_herrliches_Land
Jochmann 1982	Rosa Jochmann: *Befreundet war ich mit Renners Frau Luise.* In: Nasko 1982, S. 222
Kann 1973	Robert A. Kann: *Renners Beitrag zur Lösung nationaler Konflikte im Lichte nationaler Probleme der Gegenwart.* In: *Sitzungsberichte der Österreichischen Akademie der Wissenschaften.* 279. Bd. (1973/74), S. 1–18
Karner 2015	Stefan Karner: »*Frappierende Doppelzüngigkeit Renners.*« Interview v. Petra Stuiber in: *Der Standard* (online-Ausgabe). Wien, 7. April 2015
Kastler 2013	Ursula Kastler: *Ein widerständiges Leben. Marko Feingold wird am 28. Mai 100 Jahre alt.* Interview in: *Salzburger Nachrichten.* Wochenendbeilage, Salzburg, 25. Mai 2013, S. VII
Kautsky 1916	Karl Kautsky: *Die Vereinigten Staaten von Mitteleuropa.* Stuttgart 1916
Kautsky 1918	Karl Kautsky: *Kriegsmarxismus. Die theoretische Grundlegung der Politik des 4. August.* Wien 1918
Kelsen 1924	Hans Kelsen: *Otto Bauers politische Theorien.* In: *Der Kampf, Sozialdemokratische Monatsschrift.* Bd. 17. Wien 1924. S. 50 ff.
Kelsen 1981	Hans Kelsen: *Vom Wesen und Wert der Demokratie.* 2. Neudruck der 2. Aufl. Tübingen 1929. Aalen 1981
Kelsen 2008	Hans Kelsen: *Reine Rechtslehre* (1934). Tübingen 2008
Klein-Löw 1982	Stella Klein-Löw: *Karl Renner ... ein ausgeklügelt Buch.* In: Nasko 1982, S. 223–225
Knight 1988	Robert Knight (Hg.): »*Ich bin dafür, die Sache in die Länge zu ziehen.*« *Wortprotokolle der österreichischen Bundesregierung von 1945–52 über die Entschädigung der Juden.* Frankfurt am Main 1988

Konrad/Maderthaner 2008	Helmut Konrad/Wolfgang Maderthaner (Hg.): *Das Werden der Ersten Republik. ... der Rest ist Österreich.* Bd. I u. II. Wien 2008
Konrad 2008	Helmut Konrad: *Das Rote Wien. Ein Konzept für eine moderne Großstadt?* In: Konrad/Maderthaner 2008, Bd. I, S. 223–240
Korab 1982	Wilhelm Korab: *Karl Renner hatte politischen Weitblick.* In: Nasko 1982, S. 226–228
Koref 1982	Ernst Koref: *Dr. Karl Renner – Erinnerungen und Würdigung.* In: Nasko 1982, S. 228–232
Korp 1982	Andreas Korp: *Ich war einer der engsten Mitarbeiter Renners in der Konsumgenossenschaft.* In: Nasko 1982, S. 233–234
KPÖ 1927	Kommunistische Partei Österreichs (Hg.): *Die Wiener Junikämpfe.* Wien 1927
Kreisky 1982	Bruno Kreisky: *Ich betrachte mich als einen von Renners Schülern.* In: Nasko 1982, S. 234–235
Lassalle 1889	Ferdinand Lassalle: *XXVII. Assisen-Rede vor den Geschworenen zu Düsseldorf am 3. Mai 1849 gegen die Anklage: Die Bürger zur Bewaffnung gegen die Königliche Gewalt aufgereizt zu haben.* London 1889
Lauterbach 1930	Albert Lauterbach: *Zur politischen Entwicklung in Oesterreich.* In: *Die Gesellschaft.* 2. Bd., 7. Jg. (1930), S. 6–12
Leser 1968	Norbert Leser: *Zwischen Reformismus und Bolschewismus. Der Austromarxismus als Theorie und Praxis.* Wien 1968
Leser 1991	Norbert Leser: *Karl Renner (1870–1950).* In: Walter Euchner (Hg.): *Klassiker des Sozialismus.* Bd. II: Von Jaurès bis Marcuse. München 1991, S. 99–111
Lindner 1982	August Lindner: *Vorträge vor Handwerksgesellen.* In: Nasko 1982, S. 165–166
Linzer Programm 1926	Das »Linzer Programm« der Sozialdemokratischen Arbeiterpartei Österreichs, 1926. In: Berchtold 1967, S. 247–264
Löwenstein 2015	Stephan Löwenstein: *Österreichischer Opfermythos. Diskreter Blick in die Vergangenheit: Wie Österreich das Kriegsende begeht.* In: *Frankfurter Allgemeine Zeitung.* Frankfurt/Main, 27. April 2015, S. 8
Lukrez 1831	Titus Lucretius Carus: *Von der Natur der Dinge.* Übers. v. Karl Ludwig von Knebel. 2. Aufl. Leipzig 1831
Maderthaner/Musner 2005	Wolfgang Maderthaner/Lutz Musner: *Der Aufstand der Massen. Phänomen und Diskurs im Wien der Zwischenkriegszeit.* In: Wolfgang Maderthaner: *Kultur, Macht, Geschichte. Studien zur Wiener Stadtkultur im 19. und 20. Jahrhundert.* Wien 2005, S. 95–147

Maderthaner 2005a — Wolfgang Maderthaner: *Friedrich Adler und Graf Stürgkh. Zur Psychologie eines Attentats.* In: Ders.: *Kultur, Macht, Geschichte.* Wien 2005, S. 71–94

Maderthaner 2006 — Wolfgang Maderthaner: *Von der Zeit um 1860 bis zum Jahr 1945.* In: Peter Csendes/Ferdinand Opll (Hg.): *Wien: Geschichte einer Stadt.* Bd. 3: *Von 1790 bis zur Gegenwart.* Wien/Köln/Weimar 2006, S. 175–544

Maderthaner 2008 — Wolfgang Maderthaner: *Die eigenartige Größe der Beschränkung. Österreichs Revolution im mitteleuropäischen Spannungsfeld.* In: Konrad/Maderthaner 2008, Bd. I, S. 187–206

Maderthaner 2013 — Wolfgang Maderthaner: *Opfer verlorener Zeiten. Der Nachfebruar.* In: Verein für Geschichte der Arbeiterbewegung (Hg.): *Abgesang der Demokratie. Der 12. Februar 1934 und der Weg in den Faschismus.* Wien 2013, S. 83–96

Maisel 1982 — Karl Maisel: *Karl Renner kam zu meinem 60. Geburtstag.* In: Nasko 1982, S. 237–238

Marx 1969/70 — Karl Marx: *Das Kapital.* Bd. I–III. Berlin 1969/70

Matejka 1982 — Viktor Matejka: *Kritische Bemerkungen eines beständigen Österreichers zu Karl Renner.* In: Nasko 1982, S. 239–244

Menger 1871 — Carl Menger: *Grundsätze der Volkswirtschaftslehre.* Wien 1870

Mikoletzky 2008 — Lorenz Mikoletzky: *Saint Germain und Karl Renner. Eine Republik wird »diktiert«.* In: Konrad/Maderthaner 2008, Bd. I, S. 179–186

Mommsen 1963 — Hans Mommsen: *Die Sozialdemokratie und die Nationalitätenfrage im habsburgischen Vielvölkerstaat. Das Ringen um die supranationale Integration der zisleithanischen Arbeiterbewegung (1867–1907).* Wien 1963

Mommsen 1979 — Hans Mommsen: *Otto Bauer, Karl Renner und die sozialdemokratische Nationalitätenpolitik in Österreich 1905–1914.* In: Ders.: *Arbeiterbewegung und Nationale Frage. Ausgewählte Aufsätze.* Göttingen 1979, S. 195–217

Münkler 2013 — Herfried Münkler: *Der Große Krieg. Die Welt 1914 bis 1918.* 2. Aufl. Berlin 2013

Musner 2008 — Lutz Musner: *Im Schatten von Verdun. Die Kultur des Kriegs am Isonzo.* In: Konrad/Maderthaner 2008, Bd. I, S. 45–64

Musner 2014 — Lutz Musner: *Die Österreichische Sozialdemokratie und der Erste Weltkrieg.* In: Verein für Geschichte der ArbeiterInnenbewegung (Hg.): *Dokumentation 1–4/2014.* Wien 2014, S. 3–87

Nasko 1982	Siegfried Nasko: *Karl Renner in Dokumenten und Erinnerungen*. Wien 1982
Nasko/Reichl 2000	Siegfried Nasko/Johannes Reichl: *Karl Renner. Zwischen Anschluß und Europa*. Wien 2000
Nationalitätenprogramm der »Linken« 1918	*Das Nationalitätenprogramm der »Linken«*. In: Berchtold 1967, S. 158–163
Naturfreunde Internationale 2008	Naturfreunde Internationale. Redaktion: Manfred Pils (Hg.): *Karl Renner – Naturfreund und Europäer. Gesammelte Vorträge des internationalen Symposiums »Dr. Karl Renner – Naturfreund und Europäer«, 16. Juni 2007*. Wien 2008
Naumann 1915	Friedrich Naumann: *Mitteleuropa*. Berlin 1915
Neck 1976	Rudolf Neck: *Der Februar 1934 in Österreich (Fakten und Probleme)*. In: Internationale Tagung der Historiker der Arbeiterbewegung (X. Linzer Konferenz, 10.–14. September 1974): *Arbeiterbewegung und Faschismus. Der Februar 1934 in Österreich*. Wien 1976, S. 303–317
Neck 1982	Rudolf Neck: *Zur Person Karl Renners*. In: Nasko 1982, S. 246–247
Noll 2008	Alfred J. Noll: *Entstehung der Volkssouveränität? Zur Entwicklung der österreichischen Verfassung 1918 bis 1929*. In: Konrad/Maderthaner 2008, Bd. I, S. 363–380
Panzenböck 1985	Ernst Panzenböck: *Ein deutscher Traum. Die Anschlußidee und Anschlußpolitik bei Karl Renner und Otto Bauer*. Wien 1985
Peball 1975	Kurt Peball: *Februar 1934: Die Kämpfe*. In: Ludwig Jedlicka (Hg.): *Das Jahr 1934: 12. Februar. Protokoll des Symposiums in Wien, 5. Februar 1974*. München 1975, S. 25–33
Pelinka 1989	Anton Pelinka: *Karl Renner zur Einführung*. Hamburg 1989
Penzlin 1996	Heinz Penzlin: *Gehirn–Bewußtsein–Geist: Die Stellung des Menschen in der Welt*. In: H. G. Hasse/E. Eichler (Hg.): *Wege und Fortschritte der Wissenschaft. Beiträge von Mitgliedern der Sächsischen Akademie der Wissenschaft zu Leipzig zum 150. Geburtstag ihrer Gründung*. Berlin 1996, S. 3–33
Philippovich 1907	Eugen von Philippovich: *Grundriss der politischen Ökonomie*. Tübingen 1907
Plöchl 1982	Willibald M. Plöchl: *Wie ich mit Renner bekannt wurde*. In: Nasko 1982, S. 249–250
Protokoll 1917	*Protokoll der Verhandlungen des Parteitages der deutschen sozialdemokratischen Arbeiterpartei in Österreich. Abgehalten in Wien vom 19. bis 24. Oktober 1917*. Wien 1917

Protokoll 1926	Protokoll des sozialdemokratischen Parteitages 1926. Abgehalten in Linz vom 30. Oktober bis 3. November 1926. Wien 1926
Protokoll 1927	Protokoll des sozialdemokratischen Parteitags 1927. Abgehalten vom 29. Oktober bis 1. November 1927 im Ottakringer Arbeiterheim in Wien. Wien 1927
Provisorische Verfassung 1919	»Provisorische Verfassung«. Gesetz vom 14. März 1919 über die Volksvertretung (St.G.Bl. 179/1919): www.verfassungen.de/at/
Rabofsky 1991	Eduard Rabofsky: *Einführung*. In: Renner 1991. S. I–XXVIII
Rath 2015	Ari Rath: *Österreichs langer Weg der Verdrängung*. In: Der Standard. Wien, 25./26. April 2015, S. 46
Rathkolb 2015	Oliver Rathkolb: *Die paradoxe Republik. Österreich von 1945 bis 2015*. Wien 2015
Rauchensteiner 2013	Manfried Rauchensteiner: *Der Erste Weltkrieg und das Ende der Habsburgermonarchie 1914–1918*. Wien/Köln/Weimar 2013
Rauscher 1995	Walter Rauscher: *Karl Renner. Ein österreichischer Mythos*. Wien 1995
Renner o.J.	de.wikipedia.org/wiki/Karl_Renner
Renner 1899	Karl Renner (Synopticus): *Staat und Nation. Staatsrechtliche Untersuchung über die möglichen Prinzipien einer Lösung und die juristischen Voraussetzungen eines Nationalitätengesetzes. Mit einer Literaturübersicht*. Wien 1899
Renner 1901	Karl Renner (Rudolf Springer): *Staat und Parlament. Kritische Studie über die Österreichische Frage und das System der Interessenvertretung*. Wien 1901
Renner 1902	Karl Renner (O.W. Payer): *Mehrarbeit und Mehrwert*. Wien 1902
Renner 1904	Karl Renner (J. Karner): *Die soziale Funktion der Rechtsinstitute, besonders des Eigentums*. Wien 1904
Renner 1906	Karl Renner (Rudolf Springer): *Grundlage und Entwicklungsziele der Österreichisch-Ungarischen Monarchie. Politische Studie über den Zusammenbruch der Privilegienparlamente und die Wahlreform in beiden Staaten, über die Reichsidee und ihre Zukunft*. Wien/Leipzig 1906
Renner 1910	Karl Renner: *Der deutsche Arbeiter und der Nationalismus. Untersuchungen über die Größe und Macht der deutschen Nation in Österreich und das nationale Programm der Sozialdemokratie*. Wien 1910
Renner 1916	Karl Renner: *Oesterreichs Erneuerung. Politisch-programmatische Aufsätze*. Wien 1916

Renner 1917	Karl Renner: *Marxismus, Krieg und Internationale. Kritische Studien über offene Probleme des wissenschaftlichen und des praktischen Sozialismus in und nach dem Weltkrieg.* Stuttgart 1917
Renner 1918	Karl Renner: *Marxismus, Krieg und Internationale. Kritische Studien über offene Probleme des wissenschaftlichen und des praktischen Sozialismus in und nach dem Weltkrieg.* 2., bis Neujahr 1918 erg. Aufl. Stuttgart 1918
Renner 1918a	Karl Renner: *Marx oder Mazzini?* In: *Der Kampf, Sozialdemokratische Monatsschrift.* Bd. 11. Wien 1918, S. 294–308
Renner 1918b	Karl Renner: *Der taktische Streit.* In: *Der Kampf, Sozialdemokratische Monatsschrift.* Bd. 11. Wien 1918, S. 18–30
Renner 1919	Karl Renner: *Was ist Klassenkampf?* Berlin 1919
Renner 1921	Karl Renner: *Demokratie und Rätesystem.* In: *Der Kampf, Sozialdemokratische Monatsschrift.* Bd. 14. Wien 1921, S. 54–67
Renner 1923	Karl Renner: *Die Arbeitsverfassung der Revolution. Zur Würdigung von Ferdinand Hanusch.* In: *Der Kampf, Sozialdemokratische Monatsschrift.* Bd. 16. Wien 1923, S. 349–353
Renner 1924	Karl Renner: *Die Wirtschaft als Gesamtprozess und die Sozialisierung. Populärwissenschaftlich dargestellt nach Karl Marx' System.* Berlin 1924
Renner 1926	Karl Renner: *Wirtschaftsdemokratie. Die Genossenschaften.* In: *Der Kampf, Sozialdemokratische Monatsschrift.* Bd. 19. Wien 1926, S. 525–535
Renner 1928	Karl Renner: *Auf dem Wege zur grossen Erneuerung. Ein Nachwort zum Brüsseler Kongreß.* In: *Die Gesellschaft.* 2. Bd., 5. Jg. (1928), S. 289–301
Renner 1929	Karl Renner: *Karl Kautsky. Skizzen zur Geschichte der geistigen und politischen Entwicklung der deutschen Arbeiterklasse. Ihrem Lehrmeister Kautsky zum 75. Geburtstag gewidmet.* Berlin 1929
Renner 1929a	Karl Renner: *Wege der Verwirklichung. Betrachtungen über politische Demokratie, Wirtschaftsdemokratie und Sozialismus, insbesondere über die Aufgaben der Genossenschaften und der Gewerkschaften.* Berlin 1929
Renner 1929b	Karl Renner: *Staatswirtschaft, Weltwirtschaft und Sozialismus.* Berlin 1929
Renner 1929c	Karl Renner: *Die Christlichsozialen in Österreich und das Zentrum im Reiche.* In: *Die Gesellschaft.* 2. Bd., 6. Jg. (1929), S. 137–148

Renner 1929d	Karl Renner: *Die Rechtsinstitute des Privatrechts und ihre sozialen Funktionen: Ein Beitrag zur Kritik des bürgerlichen Rechts.* Tübingen 1929
Renner 1930	Karl Renner: *Ein anderes Österreich.* In: *Der Kampf, Sozialdemokratische Monatsschrift.* Bd. 23. Wien 1930, S. 241–256
Renner 1930a	Karl Renner: *Der Wahlsieg und der Parteitag.* In: *Der Kampf, Sozialdemokratische Monatsschrift.* Bd. 23. Wien 1930, S. 497–504
Renner 1930b	Karl Renner: *Großen Entscheidungen entgegen!* In: *Der Kampf, Sozialdemokratische Monatsschrift.* Bd. 23. Wien 1930, S. 401–406
Renner 1930c	Karl Renner: *Grundsätzliches zum Kampf der österreichischen Sozialdemokratie gegen den Faschismus.* In: *Die Gesellschaft.* 1. Bd., 7. Jg. (1930), S. 130–140
Renner 1930d	Karl Renner: *Zur Taktik der österreichischen Sozialdemokratie. Ein Schlußwort von Karl Renner.* In: *Die Gesellschaft.* 2. Bd., 7. Jg. (1930), S. 13–17
Renner 1931	Karl Renner: *Innereuropäische Wirtschaftspläne.* In: *Der Kampf, Sozialdemokratische Monatsschrift.* Bd. 24. Wien 1931, S. 237–246
Renner 1931a	Karl Renner: *Zollunion und Anschluß.* In: *Der Kampf, Sozialdemokratische Monatsschrift.* Bd. 24. Wien 1931, S. 194–200
Renner 1932	Karl Renner: *Versagt oder bewährt sich die Demokratie? Bemerkungen zur politischen Krise in Deutschland.* In: *Der Kampf, Sozialdemokratische Monatsschrift.* Bd. 25. Wien 1932, S. 401–405
Renner 1938	Karl Renner: *Die Gründung der Republik Deutschösterreich, der Anschluß und die Sudetendeutschen. Dokumente eines Kampfes ums Recht. Herausgegeben, eingeleitet und erläutert von Dr. Karl Renner, seinerzeit Präsidenten der Friedensdelegation von St. Germain en Laye.* Wien 1938
Renner 1945	Karl Renner: *Drei Monate Aufbauarbeit der provisorischen Staatsregierung der Republik Österreich.* Wien 1945
Renner 1945a	Karl Renner: *Denkschrift über die Geschichte der Unabhängigkeitserklärung Österreichs und die Einsetzung der provisorischen Regierung.* Wien 1945
Renner 1946	Karl Renner: *An der Wende zweier Zeiten. Lebenserinnerungen.* Wien 1946
Renner 1946a	Karl Renner: *Die neue Welt und der Sozialismus. Einsichten und Ausblicke des lebenden Sozialismus.* Salzburg 1946
Renner 1946b	Karl Renner: *Demokratie und Bureaukratie.* Wien 1946

Renner 1948	Karl Renner: *Die Menschenrechte. Zwei Vorträge, vor und nach der großen Menschheitskatastrophe.* Wien 1949
Renner 1950	Karl Renner: *Lyrisch-soziale Dichtungen. Eine Auswahl zum 80. Geburtstag des Verfassers.* Wien 1950
Renner 1950a	Karl Renner: *Für Recht und Frieden. Eine Auswahl der Reden des Bundespräsidenten Dr. Karl Renner.* Wien 1950
Renner 1951	Karl Renner: *Sozialismus, Arbeiterschaft und Genossenschaft. Skizze einer ökonomischen Theorie des Genossenschaftswesens.* Hamburg 1951
Renner 1952	Karl Renner: *Mensch und Gesellschaft. Grundriß einer Soziologie.* Wien 1952
Renner 1953	Karl Renner: *Österreich von der Ersten zur Zweiten Republik.* Wien 1953
Renner 1953a	Karl Renner: *Wandlungen der modernen Gesellschaft. Zwei Abhandlungen über die Probleme der Nachkriegszeit.* Wien 1953
Renner 1954	Karl Renner: *Das Weltbild der Moderne.* Wien/Stuttgart/Zürich 1954
Renner 1970	Karl Renner: *Allgemeines Wahlrecht und Finanzautonomie. Rede vom 27. Juni 1907.* In: Fischer 1970, S. 21–28
Renner 1970a	Karl Renner: *Freiheit der Wissenschaft. Rede vom 30. Juni 1908.* In: Fischer 1970, S. 29–44
Renner 1970b	Karl Renner: *Die Nationalitätenfrage. Rede vom 26. November 1909.* In: Fischer 1970, S. 46–76
Renner 1970c	Karl Renner: *Hunger und Not. Rede vom 8. Oktober 1918.* In: Fischer 1970, S. 91–95
Renner 1970d	Karl Renner: *Die Gründung der Republik. Rede vom 12. November 1918.* In: Fischer 1970, S. 111–118
Renner 1970e	Karl Renner: *Kanzler der Koalitionsregierung. Rede vom 15. März 1919.* In: Fischer 1970, S. 135–159
Renner 1970f	Karl Renner: *Von der Monarchie zur Republik. Rede vom 30. Oktober 1918.* In: Fischer 1970, S. 97–108
Renner 1970g	Karl Renner: *Über die Koalition. Rede vom 21. April 1926.* In: Fischer 1970, S. 170–186
Renner 1970h	Karl Renner: *Der Friedensvertrag. Rede vom 6. September 1919.* In: Fischer 1970, S. 161–174
Renner 1970i	Karl Renner: *Die bürgerliche Minderheitsregierung. Rede vom 23. November 1920.* In: Fischer 1970, S. 189–203
Renner 1970j	Karl Renner: *Gegen Restauration und Reaktion. Rede vom 6. April 1922.* In: Fischer 1970, S. 209–214
Renner 1970k	Karl Renner: *Die Genfer Sanierung. Rede vom 24. November 1922.* In: Fischer 1970, S. 215–232

Renner 1970l		Karl Renner: *Gegen die Gewalt. Rede vom 3. Februar 1927.*
		In: Fischer 1970, S. 233–248
Renner 1970m		Karl Renner: *Zur Reform des Strafrechts. Rede vom*
		21. September 1927. In: Fischer 1970, S. 249–276
Renner 1970n		Karl Renner: *Verfassungsreform oder Sozialistengesetz?*
		Rede vom 22. Oktober 1929. In: Fischer 1970, S. 301–341
Renner 1970o		Karl Renner: *Die letzten freien Wahlen. Rede vom*
		5. Dezember 1930. In: Fischer 1970, S. 343–374
Renner 1970p		Karl Renner: *Präsident des Nationalrats. Rede vom 29. April*
		1931. In: Fischer 1970, S. 375–378
Renner 1970q		Karl Renner: *Staatskanzler und Bundespräsident. Rede vom*
		19. Dezember 1945. In: Fischer 1970, S. 381–402
Renner 1982		Karl Renner: *Die wichtigsten Persönlichkeiten sind gar nicht*
		in St-Germain. An Luise Renner. In: Nasko 1982, S. 64–65
Renner 1982a		Karl Renner: *Freude über das eigene Familien-»Nest«.*
		An Hans Deutsch. In: Nasko 1982, S. 62
Renner 1982b		Karl Renner: *Tagesablauf in St-Germain. An Luise Renner.*
		In: Nasko 1982, S. 62–64
Renner 1982c		Karl Renner: *In St-Germain »völlig eingesperrt«. An Luise*
		Renner. In: Nasko 1982, S. 59–60
Renner 1982d		Karl Renner: *Sozialisten müssen nicht »ungebildete und*
		unwissende Rauhbeine« sein. An Marianne Fischer-Lednice.
		In: Nasko 1982, S. 83–85
Renner 1982e		Karl Renner: *Die Partei soll Persönlichkeiten für Imagebildung*
		nutzen. An Dr. Viktor Adler. In: Nasko 1982, S. 49
Renner 1982f		Karl Renner: *Gegensatz zu Otto Bauer aus politischer Klug-*
		heit. In: Nasko 1982, S. 98
Renner 1982g		Karl Renner: *Hanusch war mein bester und erfolgreichster*
		Mitarbeiter. An Julie Hanusch, die Witwe von Staatsse-
		kretär a. D. Ferdinand Hanusch. In: Nasko 1982, S. 71–72
Renner 1982h		Karl Renner: *Über die Delegierung nach St-Germain.*
		An Staatskanzler a. D. Dr. Hans Löwenfeld-Ruß. In: Nasko
		1982, S. 140–141
Renner 1982i		Karl Renner: *Zur Gründung der Arbeiterbank. An Bundes-*
		kanzler Dr. Hans Schober. In: Nasko 1982, S. 69
Renner 1982j		Karl Renner: *Mit dem Proletariat von Kindheit an verbunden.*
		An Präsident Anton Hueber. In: Nasko 1982, S. 47–48
Renner 1982k		Karl Renner: *Ich wage ein politisches Wort. An Minister*
		Dr. Alfred Gürtler. In: Nasko 1982, S. 80–82
Renner 1982l		Karl Renner: *Wir haben Bolschewismus und Faschismus über-*
		wunden. An Dr. Fr. Darmstaedter, Mannheim. In: Nasko 1982,
		S. 104–195

Renner 1982m	Karl Renner: *Entwurf eines Staatsvollmachtgesetzes. An Kabinettsdirektor Josef Löwenthal.* In: Nasko 1982, S. 124–125
Renner 1982n	Karl Renner: *Was will die Partei? Renners große Rede auf dem Parteitag 1931.* In: Nasko 1982, S. 108–110
Renner 1982o	Karl Renner: *Über das Leben in der Zelle. An Luise Renner.* In: Nasko 1982, S. 127–128
Renner 1982p	Karl Renner: *Schon drei Monate der Freiheit beraubt.* In: Nasko 1982, S. 129
Renner 1982q	Karl Renner: *»Ich stimme mit Ja.« Interview im Neuen Wiener Tagblatt vom 3. April 1938.* In: Nasko 1982, S. 131–132
Renner 1982r	Karl Renner: *Warum ich mit Ja gestimmt habe.* In: Nasko 1982, S. 133–137
Renner 1982s	Karl Renner: *In beschaulichem Ruhestand. An die Großeinkaufsgesellschaft österreichischer Consumvereine Wien.* In: Nasko 1982, S. 137
Renner 1982t	Karl Renner: *Zwischen Gartenarbeit und Tarockieren. An Hans Deutsch-Renner in Haiti.* In: Nasko 1982, S. 143–144
Renner 1982u	Karl Renner: *In der Bewegungsfreiheit beeinträchtigt. An Dr. Wolfgang Pauker, Stift Klosterneuburg.* In: Nasko 1982, S. 138
Renner 1982v	Karl Renner: *Das Alte geht unwiederbringlich verloren. An Dr. Wolfgang Pauker, Stift Klosterneuburg.* In: Nasko 1982, S. 139
Renner 1982w	Karl Renner: *Die Welt geht in erschreckender Tragik einer Peripetie entgegen. An Staatssekretär a. D. Dr. Hans Löwenfeld-Ruß.* In: Nasko 1982, S. 142–143
Renner 1982x	Karl Renner: *Was jetzt wird, ist ein völlig anderes. An Staatssekretär a. D. Dr. Hans Löwenfeld-Ruß.* In: Nasko 1982, S. 142
Renner 1982y	Karl Renner: *Die Rote Armee traf mich in Gloggnitz an. An Marschall Stalin, Moskau.* In: Nasko 1982, S. 148–150
Renner 1982z	Karl Renner: *Zusammenarbeit, aber ohne Dollfußclique.* In: Nasko 1982, S. 150–151
Renner 1991	Karl Renner: *Die Gründung der Republik Deutschösterreich, der Anschluß und die Sudetendeutschen. Dokument eines Kampfes ums Recht. Herausgegeben, eingeleitet und erläutert von Dr. Karl Renner, seiner Zeit Präsident der Friedensdelegation von Saint-Germain en Laye. Mit einer Einführung von Eduard Rabofsky.* 2. Aufl. Wien 1991
Resolution des …	*Resolution des sozialdemokratischen Parteitages 1917.* In: Berchtold 1967, S. 156–158

Richter 1907	Eugen Richter: *Sozialdemokratische Zukunftsbilder. Frei nach August Bebel.* Berlin 1907
Riesman 1955	David Riesman: *The Lonely Crowd: A Study of the Changing American Character.* In collaboration with Reuel Denney and Nathan Glazer. New Haven 1955
Saage 1987	Richard Saage: *Wehrhafter Reformismus. Zur Körner-Rezeption Ilona Duczynskas.* In: Ders.: *Arbeiterbewegung, Faschismus, Konservatismus.* Frankfurt am Main 1987, S. 33–55
Saage 1987a	Richard Saage: *Der italienische und der deutsche Faschismus.* In: Ders.: *Arbeiterbewegung, Faschismus, Konservatismus.* Frankfurt am Main 1987, S. 121–159
Saage 1997	Richard Saage: *Faschismustheorien.* Mit einem Vorwort »Zwanzig Jahre danach: Faschismustheorien und ihre Kritiker.« 4. Aufl. Baden-Baden 1997
Saage 2005	Richard Saage: *Demokratietheorien. Historischer Prozess – Theoretische Entwicklung – Soziotechnische Bedingungen. Eine Einführung.* Wiesbaden 2005
Saage 2007	Richard Saage: *Faschismus. Konzeptionen und historische Kontexte. Eine Einführung.* Wiesbaden 2007
Saage 2008	Richard Saage: *Die deutsche Frage. Die Erste Republik im Spannungsfeld zwischen österreichischer und deutscher Identität.* In: Konrad/Maderthaner 2008, S. 65–82
Saage 2012	Richard Saage: *Zwischen Darwin und Marx. Zur Rezeption der Evolutionstheorie in der deutschen und österreichischen Sozialdemokratie vor 1933/34.* Wien/Köln/Weimar 2012
Scharf 1982	Erwin Scharf: *In der Erdölfrage stand ich auf Seiten Renners.* In: Nasko 1982, S. 255–256
Schiller 1982	Friedrich Schiller: *Wallenstein. Ein dramatisches Gedicht.* In: Ders.: *Dramen I.* Frankfurt am Main 1982, S. 529–776
Schroth 1970	Hans Schroth: *Karl Renner. Eine Bibliographie.* Hg. vom Verein für Geschichte der Arbeiterbewegung. Einleitung: Karl R. Stadler; Mitarbeit: Elisabeth Spielmann, Gerhard Silvestri, Ernst K. Herlitzka. Wien 1970
Schroth 1970a	Hans Schroth: *Karl Renner. Bibliographie zur Geschichte der österreichischen Nach-Arbeiterbewegung.* In: *Archiv. Mitteilungsblatt des Vereins für Geschichte der Arbeiterbewegung.* Heft 4, Oktober/Dezember, 10. Jg. Wien 1970, S. 98–104
Schtemenko 1982	S. M. Schtemenko: *Karl Renners Besuch im April 1945.* In: Nasko 1982, S. 259–261
Silbermann 1982	Albert Silbermann: *Renners Ideen sind unantastbare normative Prinzipien sozialistischer Staatspolitik.* In: Nasko 1982, S. 170

Soldt 2014	Rüdiger Soldt: *Noch einmal Eschenburg. Der Doyen der Politologie und seine NS-Vergangenheit.* In: *Frankfurter Allgemeine Zeitung.* Nr. 72. Frankfurt/Main, 26. März 2014, S. N4
Sorokin 2015	Andrej Sorokin: »*Aber eigentlich hat Renner alle überspielt.*« Die *Gründung der Zweiten Republik war ein harter Kompromiss.* In: *Der Standard.* Wien, 25./26. April 2015, S. 10
Stadler 1970	Karl R. Stadler: *Dr. Karl Renner (14.12.1870–31.12.1950). Wissenschaftler, Politiker, Staatsmann.* Wien 1970
Steiniger 2015	Rolf Steiniger: *Österreicher als Täter. Wiedergutmachung für Opfer des NS-Regimes.* In: *Frankfurter Allgemeine Zeitung.* Nr. 92. Frankfurt/Main, 21. April 2015, S. 6
Strauß 1925	Emil Strauß: *Rezension über Karl Renner: Die Wirtschaft als Gesamtprozess und die Sozialisierung. Berlin 1924.* In: *Der Kampf, Sozialdemokratische Monatsschrift.* Bd. 18. Wien 1925, S. 233–235
Strauss-Ferneböck 1982	Amalia Strauss-Ferneböck: *Mit Renner in Unter-Tannowitz und St-Germain.* In: Nasko 1982, S. 263–267
Talos 2013	Emmerich Talos: *Das austrofaschistische Herrschaftssystem. Österreich 1933–1938.* Münster 2013
Tomasello 2006	Michael Tomasello: *Die kulturelle Entwicklung des menschlichen Denkens. Zur Evolution der Kognition.* A. d. Englischen v. Jürgen Schröder. Frankfurt am Main 2006
Trotzki 1929	Leo Trotzki: *Die österreichische Krise. Die Sozialdemokratie und der Kommunismus.* Wien 1929
Trotzki 1961	Lev D. Trockij: *Mein Leben. Versuch einer Autobiographie.* Übers. v. Alexandra Ramm. Berlin 1961
Unabhängigkeitserklärung 1945	*Unabhängigkeitserklärung vom 27. April 1945.* Veröffentl. am 1. Mai 1945 im Staatsgesetzblatt für die Republik Österreich. In: *Der Standard.* Wien, 25./26. April 2015, S. 6–7
Verosta 1982	Stephan Verosta: *Begegnungen mit Karl Renner.* In: Nasko 1982, S. 264–274
Weinberger 1953	Otto Weinberger: *Karl Renner als Soziologe.* In: *Zeitschrift für die gesamte Staatswissenschaft.* Bd. 109. Tübingen, 1953, S. 726–736
Winkler 1982	Ernst Winkler: *Renner in der Parteischule.* In: Nasko 1982, S. 275

Danksagung

Mein Interesse am Austromarxismus geht auf die 1970er Jahre zurück. In Absetzung von der Orthodoxie des Sowjet-Marxismus zeigte diese Schule, dass das Marx'sche Paradigma, tief verwurzelt im Emanzipationsdenken des frühen Bürgertums, nicht nur mit der parlamentarischen Demokratie des allgemeinen Wahlrechts vereinbar ist; vielmehr eröffnete sie neue Forschungsfelder, die in der Perspektive zentraler Marx'scher Kategorien weiterführend untersucht werden können. Doch das Spektrum an innovativen Denkern und Politikern dieser Richtung ist breit gefächert: Es reicht von bekannten Namen wie Otto Bauer und Rudolf Hilferding bis hin zu Max Adler und Karl Renner, um nur die wichtigsten Exponenten dieser Richtung zu nennen.

Dass mein biografischer Versuch Karl Renner gilt, habe ich Anregungen des Geschäftsführers des Dr.-Karl-Renner-Instituts, Mag. Karl Duffek, und dem Generaldirektor des Österreichischen Staatsarchivs, Universitätsdozent Dr. Wolfgang Maderthaner, zu verdanken. Sie wiesen mich darauf hin, dass Renner ein hochkomplexes wissenschaftliches und politisches Werk hinterlassen hat, dem in den letzten Jahren nicht die Aufmerksamkeit zuteilwurde, die es verdient. Dass ich den Versuch unternahm, diesem Desiderat mit der vorliegenden Biografie zu begegnen, musste ich nicht bereuen. Die Auseinandersetzung mit dem Leben und Werk Renners gewährte mir Einblicke in die Theorie und Praxis des Austromarxismus, die weit über das hinausgehen, was ich bisher über diese Schule und ihren politischen Kontext wusste.

Darüber hinaus gewährte sie mir die Gewissheit, dass ein Emanzipationsprojekt wie das des Austromarxismus zwar scheitern, die von Karl Renner aufgezeigten Möglichkeiten einer humaneren Existenz aber trotz aller unleugbaren »Fehler« ihres Protagonisten als uneingelöstes Erbe nach wie vor aktuell bleiben kann. Doch dieses Resultat mag dem Leser erst nach der Lektüre des vorliegenden Buches einleuchten. Der Weg zu seiner Fertigstellung war mühsam und ohne die Unterstützung vieler Personen und Institutionen nicht zielführend. An erster Stelle möchte ich meine Frau Dr. Ingrid Thienel-Saage nennen. Sie unterstützte mich bei der Archivarbeit ebenso nachhaltig wie bei der Diskussion wichtiger Forschungsfragen. Mit ihrer Empathie für den lebensnahen Politiker und Theoretiker Karl Renner hat sie mir darüber hinaus immer wieder die Gewissheit verschafft, dass ich an einem sinnvollen Projekt arbeite. Ihr gilt mein herzlicher Dank für ihre konstruktive Kritik ebenso wie Prof. Dr. Helga Grebing und Prof. Dr. Andreas Mehl für ihre geäußerten Einwände und Korrekturen, die entscheidend zum Gelingen des vorliegenden Projekts beigetragen haben. Dass ich die volle Verantwortung für den vorgelegten

Text und seine Interpretationen trage, versteht sich von selbst. Dem Verleger Herbert Ohrlinger vom Paul Zsolnay Verlag Wien danke ich für die Publikation der vorliegenden Biografie und Dr. Barbara Sternthal sowie Bettina Wörgötter für das sorgfältige und kompetente Lektorieren des Textes. Dessen Gestaltung erfolgte nach den Regeln der neuen deutschen Orthografie. Jedoch wurde innerhalb der Zitate die alte bzw. vom Autor gewählte Rechtschreibung beibehalten.

Die Basis des vorliegenden Versuchs setzt sich neben der Forschungsliteratur aus den gedruckten Texten Renners und den Archivmaterialien zusammen. Für die erste Kategorie danke ich den Mitarbeitern der Universitätsbibliothek der FU Berlin, insbesondere der Bibliothek Stein, die mir die zahlreichen Renner-Publikationen zügig zugänglich machten. Zwei vom Dr.-Karl-Renner-Institut unterstützte Wien-Aufenthalte im Österreichischen Staatsarchiv und im Archiv des Vereins für Geschichte der AbeiterInnenbewegung bestätigten mir, wie unverzichtbar für das vorliegende Projekt die nicht publizierten und schwer zugänglichen Dokumente, insbesondere die Korrespondenz Karl Renners, sind. Auch hier bin ich der Leitung und den Mitarbeitern beider Archive, insbesondere Generaldirektor Dr. Wolfgang Maderthaner und Geschäftsführerin Mag. Michaela Maier, zu großem Dank verpflichtet. Nur durch ihre Zuarbeit konnte ich die effiziente Auswertung des umfangreichen Renner-Nachlasses zügig vorantreiben.

Richard Saage
Berlin, im November 2015

Personenregister

Adler, Friedrich 17, 85 ff., 106 ff., 113 f., 121, 164, 171, 220, 249, 252
Adler, Max 45, 57, 99, 111, 204, 339, 346
Adler, Victor 17, 45, 51 f., 54, 56, 71, 83 f., 87 ff., 124, 129, 140, 188, 236, 352
Antonow, Alexei Innokentjewitsch 306
Archimedes 133
Austerlitz, Friedrich 109 f.

Badeni, Kasimir Felix 65
Bauer, Otto 57, 74, 82, 102, 106 f., 111 ff., 117, 121, 123 f., 134, 136 f., 141 f., 147 ff., 153 ff., 158 f., 162 ff., 168, 180 ff., 188, 190, 194 ff., 214 ff., 225, 232 ff., 239 f., 242 f., 250 f., 254 f., 258 f., 271, 284, 289, 316, 339, 341, 346, 357 f.
Bawerk, Eugen Böhm von 46
Bebel, August 59
Beethoven, Ludwig van 52
Bernal, John Desmond 298
Bernstein, Eduard 99
Bismarck, Otto von 27, 76, 229
Blühdorn, Rudolf 312
Böhm, Johann 252
Bonaparte, Louis (Napoleon III.) 287
Braunthal, Julius 185, 187
Breitner, Hugo 179, 255
Brookhart, Smith W. 249

Cabet, Étienne 206
Campanella, Tommaso 206
Chamberlain, Neville 272
Chlup, Ada 38
Cicero, Marcus Tullius 26
Clemenceau, Georges 142, 144

Cole, George Douglas Howard 169
Compère-Morel, Adéodat 85
Csmarits, Matthias 186
Czermak, Emmerich 243

Daladier, Édouard 272
Dallin, David J. 309
Danneberg, Robert 87, 234, 249, 255, 274, 339
Darmstädter, Fritz 225
Darré, Walter 289
Darwin, Charles 61, 295 f.
Delbos, Yvon 264
Deutsch(-Renner), Hans 34, 37 f., 129, 277, 290, 324
Deutsch, Julius 253 ff., 259
Deutsch-Renner, John 37
Deutsch-Renner, Karl 37, 241
Deutsch-Renner, Leopoldine 35, 37
Dimitroff, Georgi 284
Diner, Dan 289
Dinghofer, Franz 125
Dollfuß, Engelbert 149, 233 ff., 239 f., 242 ff., 252 f., 255, 260 f., 263, 278, 291, 332 f., 339, 350
Dostal, Hugo 251

Ebert, Friedrich 86
Eden, Anthony 314
Eifler, Alexander 258
Eisler, Arnold 231
Eldersch, Matthias 109
Ellenbogen, Wilhelm 45, 155, 165
Ender, Otto 229 f.
Engels, Friedrich 62, 120, 300, 340 ff.
Eschenburg, Theodor 14

Eugen Franz, Prinz von Savoyen-Carignan 260

Fey, Emil 246
Fichte, Johann Gottlieb 52
Figl, Leopold 333
Fink, Jodok 138, 142, 161, 230
Fischer, Heinz 9 ff., 153, 160
Franz Joseph I., Kaiser 77
Freud, Sigmund 181
Freundlich, Jakob 45

Galilei, Galileo 298
George, David Lloyd 143
Gleißner, Heinrich 333
Glöckel, Otto 157, 180 f., 255
Goethe, Johann Wolfgang von 52
Goldinger, Walter 9 f.
Gorbach, Alfons 333
Grössing, Josef 186
Gürtler, Alfred 142, 179

Haase, Hugo 85
Haldane, John Burdon Sanderson 298
Hannak, Jacques 9 f., 20, 36, 42, 75, 77 f., 147, 150, 243, 249, 264, 278, 294, 309 f.
Hanusch, Ferdinand 81, 130, 134 ff.
Hauptmann, Gerhart 295
Hayek, Friedrich August von 46
Hegel, Georg Wilhelm Friedrich 23, 44, 48, 150, 166
Heilinger, Alois 149
Heilmann, Ernst 150
Helmer, Oskar 244, 274, 324, 332
Hilferding, Rudolf 45, 57, 88, 93 f., 96, 111 f., 202 ff., 339
Hindenburg, Paul von 285
Hitler, Adolf 9, 259, 261 ff., 271 ff., 279, 282 ff., 304, 307 ff., 314 f., 326, 332, 339, 345
Horthy, Miklós 190, 198, 235, 260
Hueber, Anton 171

Hull, Cordell 314
Hurdes, Felix 333
Huysmans, Louis 84

Ibsen, Henrik 295
Innitzer, Theodor, Kardinal 255

Jansen, Toni 282
Jaurès, Jean 83
Jerusalem, Wilhelm 26
Jerzabek, Anton 161
Jochmann, Rosa 35

Kaff, Sigmund 232
Kant, Immanuel 52, 99, 150 f.
Kapp, Wolfgang 281
Karl I., Kaiser 82, 128, 141
Karner, Dr. J. (Pseud. K. Renners) 56
Kautsky, Benedikt 265
Kautsky, Karl 45, 93 f., 96, 99, 104 f., 112 f., 237, 296, 301, 304
Kelsen, Hans 147, 149 ff., 163 f., 208
Kennan, George F. 79
Kepler, Johannes 298
Kerenski, Alexander Fjodorowitsch 113, 159
Kern, Hans 322
Kienzl, Wilhelm 127
Knight, Robert 319
Kogon, Eugen 247
Kollmann, Josef 243, 333
Konjew, Iwan Stepanowitsch 313
Kopernikus, Nikolaus 298
Körner, Theodor 246 f., 258
Kornhuber, Mizzi 39
Kornitzer, Alois 26
Kun, Béla 139
Kunschak, Leopold 156, 332

Lamarck, Jean-Baptiste de 295
Lassalle, Ferdinand 44 f., 49 f., 54, 68, 168, 175, 211 f., 353, 356

413

Lauterbach, Albert 237 f.
Ledebour, Georg 85
Lenin, Wladimir Iljitsch 306
Leser, Nobert 9 f.
Lessing, Gotthold Ephraim 321
Leuthner, Karl 45, 108, 115
Liebknecht, Karl 85
Lincoln, Abraham 120
Lipiner, Siegfried 53
Löbe, Paul 282
Locke, John 343
Löwenfeld-Ruß, Hans 142, 292, 300
Löwenthal, Josef 243
Lueger, Karl 9, 108, 110, 320, 322 f.
Lukrez (Titus Lucretius Carus) 298, 300 f.

Mach, Ernst 219
Maderthaner, Wolfgang 181, 187
Mahler, Alma 38
Malthus, Thomas Robert 296
Mantler, Karl 252
Maria Theresia 66
Marius, Gaius 30
Marx, Karl 19, 44 ff., 55, 57, 61 ff., 79, 95, 97 ff., 120, 150, 166 ff., 175, 199 ff., 208, 211 f., 255, 219, 287, 295 ff., 300, 309, 338 ff., 345 f., 357, 362
Mataja, Heinrich 130
Mayr, Michael 156 f., 161
Mazzini, Giuseppe 120
Mehring, Franz Erdmann 45
Menger, Carl 28, 46 f., 62 f.
Miklas, Wilhelm 229, 234 f., 243
Mill, John Stuart 48
Mises, Ludwig von 46
Molotow, Wjatscheslaw Michailowitsch 314
Mommsen, Hans 289
Morus, Thomas 206
Mose, Prophet 342
Muchitsch, Vinzenz 82

Müller, Hermann 84 ff.
Münichreiter, Karl 254
Münkler, Herfried 79
Musil, Robert 350
Musner, Lutz 187
Mussolini, Benito 190, 196, 235, 254, 259, 261, 263, 265, 272, 283 f., 286 f., 333

Nasko, Siegfried 9 ff., 15, 18, 20, 28, 30, 37, 39, 54, 124, 171 f., 274 f., 277 f.
Naumann, Friedrich 92 ff., 103, 106, 112
Neck, Rudolf 38, 240, 247
Neubacher, Hermann 265
Nietzsche, Friedrich 295
Novalis 301

Owen, Robert 173 ff., 178, 206

Pauker, Wolfgang 249, 291 f., 299
Payer, O. W. (Pseud. K. Renners) 56, 63
Peball, Kurt 246
Pelinka, Anton 9 f., 276
Pernerstorfer, Engelbert 52 f., 82, 87, 108 f., 115
Pfrimer, Walter 226, 233
Philippovich, Eugen von 28, 46 f., 53 f., 75
Pinter, Johann 186
Piterski, Georgij I. 308
Pollak, Tilde 294
Proft, Gabriele 114, 346

Raab, Julius 333
Rabofsky, Eduard 273
Ramek, Rudolf 234, 243
Rathenau, Walther 289
Rauscher, Walter 9 f., 20, 78, 151, 155, 179, 241, 293, 318, 330, 332 f., 335
Reichl, Johannes 9 ff., 15, 18, 20, 28, 30, 39, 54, 124, 171 f., 274 f., 277 f.
Renner, Anna 40
Renner, Ignaz 40

Renner, Johann 40 f.
Renner, Luise 32 ff., 39, 52, 54, 143, 248
Renner, Matthäus 21, 24
Reumann, Jakob 82
Rhodes, Cecil 93
Richter, Eugen 59
Riesman, David 352
Rintelen, Anton 191
Rjasanow, Dawid Borissowitsch 306
Robespierre, Maximilien 131
Rodbertus, Karl 157
Rohrauer, Alois 50 f., 55
Rousseau, Jean-Jacques 151

Schärf, Adolf 13, 273, 300, 332
Scharf, Erwin 330 f.
Schediwy, Robert 300
Scheltow, Alexej S. 312
Schiller, Friedrich 52, 349
Schlesinger, Therese 87
Schober, Johannes 161, 173, 213, 227, 229 f., 233
Schönbauer, Ernst 142
Schönerer, Georg von 320, 322
Schroth, Hans 12, 273
Schtemenko, Sergej Matwejewitsch 304
Schulze-Delitzsch, Hermann 44
Schuschnigg, Kurt 252 f., 255, 261, 263, 268, 333
Seipel, Ignaz 156, 158 f., 161, 184, 188, 190, 198 f., 216, 219, 222, 225, 229 ff., 248, 259 ff., 352, 357
Seitz, Karl 82, 142, 155, 165, 234, 249, 330
Sesser, Julius 45
Skaret, Ferdinand 82
Smith, Adam 98
Springer, Rudolf (Pseud. K. Renners) 56
Stadler, Karl R. 9 f.
Stalin, Josef 111, 304 ff., 309 ff., 342, 355
Starhemberg, Ernst Rüdiger 229, 254

Steidle, Richard 196, 226
Steinbach, Peter 14
Steinwender, Otto 130
Stoicsics, Luise s. Renner, Luise
Strafella, Georg 229
Straffner, Sepp 234 f., 241
Streeruwitz, Ernst 225 ff., 230
Stürgkh, Karl Graf 17, 78, 80, 107 f., 252
Sulla, Lucius Cornelius 30
Synopticus (Pseud. K. Renners) 56

Taaffe, Eduard 65
Tandler, Julius 179, 255
Thalheimer, August 289
Tolbuchin, Fjodor Iwanowitsch 306 f., 311
Trotzki, Leo 78, 110 f., 289, 306
Tscharmann, Hieronymus 186
Tscharmann, Josef 186

Vaillant, Édouard 85
Vaugoin, Carl 226 f., 229
Vogelsang, Karl von 157
Vukovich, Andreas 172

Wagner, Richard 52
Waldheim, Kurt 356
Wallenstein, Feldherr 349
Wallisch, Koloman 254
Wandruszka, Adam 103
Weinberger, Otto 295
Wels, Otto 86
Wieser, Friedrich von 46
Wilhelm II., Kaiser 229
Wilson, Woodrow 139, 143, 336
Winkler, Franz 243
Winter, Ernst Karl 247

Zelinka, Franz 295
Zimmermann, Alfred 162
Zeltov, Aleksej W. 304
Zola, Émile 295